Führen und
geführt werden

Basistexte Personalwesen

Herausgegeben von Oswald Neuberger

Bd. 3

Oswald Neuberger

Führen und geführt werden

3., völlig überarbeitete Auflage von „Führung"

36 Abbildungen und 11 Tabellen

 Ferdinand Enke Verlag Stuttgart 1990

Professor Dr. Oswald Neuberger
Lehrstuhl für Psychologie I
Wirtschafts- und Sozialwissenschaftliche
Fakultät der Universität Augsburg
Universitätsstr. 2, 8900 Augsburg

CIP-Titelaufnahme der Deutschen Bibliothek

Neuberger, Oswald:

Führen und geführt werden / Oswald Neuberger. - 3., völlig
überarb. Aufl. von "Führung". - Stuttgart : Enke, 1990
  (Basistexte Personalwesen ; Bd. 3)
  Bis 2. Aufl. u.d.T.: Neuberger, Oswald: Führung
  ISBN 3-432-94053-X
NE: GT

© 1990 Ferdinand Enke Verlag, P.O.Box 10 12 54, D-7000 Stuttgart 10
Printed in Germany
Druck: Copy-Center 2000, D-8520 Erlangen

Inhaltsverzeichnis

1. Einleitung

1.1. Vorbemerkungen

Zum Titel

Die ersten beiden Auflagen dieses Buchs sind unter dem Titel "Führung" erschienen. Ich habe mich zum neuen Titel "Führen und Geführt werden" entschlossen, weil ich damit meine veränderte Sicht der Dinge zum Ausdruck bringen möchte. Daß es ums "Führen" geht ist klar; der Zusatz "Geführt werden" läßt zwei Lesarten zu, die beide gemeint sind: Zum einen soll über die Führer(innen) *und* auch über die Geführten geredet werden, wobei diese nicht nur als Objekte, sondern auch als Subjekte der Führung betrachtet werden: Geführte führen ihre Führer. Zum anderen sind Führer weder alleinige, noch autarke Gestalter der Wirklichkeit: sie wie ihre Unterstellten werden "geführt" durch technischen Sachzwang, Regeln und Vorschriften, Werte und Ideologien und die sozialen Konstellationen, in denen sie verankert sind. Würde man sich ausschließlich auf die personale Sichtweise verengen, entgingen einem wichtige apersonale Determinanten.

Zum Geschlecht der Führung

Wie PORTER & GEIS (1981, S. 39) feststellen, war Führungsforschung bisher eine Forschung *"von Männern, an Männern und für Männer"*: männliche Führungsforscher haben an männlichen Führern für männliche Auftraggeber und Zielgruppen geforscht. Dies dokumentiert sich vor allem in der Sprache: es ist fast ausschließlich von *dem* Führer, *dem* Vorgesetzten, *dem* Chef etc. die Rede. Das Führungsstereotyp ist das Stereotyp des Mannes; KRUSE (1987) stellt fest, *"...daß* Männer *mit Eigenschaften wie 'unabhängig', 'objektiv', 'aktiv', 'dominant', 'aggressiv', 'wettbewerbsorientiert', 'selbstbewußt' usw. bedacht werden,* Frauen *dagegen als 'abhängig', 'unterwürfig', 'subjektiv', 'emotional', 'sanft', 'empfindlich', 'nicht wettbewerbsorientiert' usw. beschrieben werden, und zwar von männlichen und weiblichen Versuchspersonen"* (S. 255). Außerdem registriert sie, daß *"vorwiegend die den Männern zugeschriebenen Eigenschaften* positiv bewertet *werden, die weiblichen eher negativ"* und daß *"im Gesundheitswesen Tätige solche eher Männern zugeschriebenen Eigenschaften auch auswählen, um einen normalen, gesunden* Menschen, *wohlgemerkt Menschen, zu beschreiben"* (a.a.O.) Und: *"Eine genauere Analyse zeigt aber auch, daß das Stereotyp des Mannes genau solche Eigenschaften enthält, die man auch dem typischen* Führer *zuschreibt, die Frau dagegen mit Attributen belegt wird, die für die* Geführten, *die Untergebenen charakteristisch sind ... Danach scheint die Welt überzeugt zu sein:* Der Mann ist Führer bzw. der Führer ist ein Mann" (a.a.O.).

In jüngster Zeit beginnt sich die Lage zu ändern, zumindest insoweit als eine verstärkte Bereitschaft zu beobachten ist, sich mit den Gründen für die Unterrepräsentation von Frauen in Führungspositionen ernsthaft auseinanderzusetzen (s. etwa TER-

BORG 1977, BAYES & NEWTON 1989, PARKIN & HEARN 1987). RIGER & GALLIGAN (1980) fanden in ihrem Literaturüberblick zwei verbreitete Analyse-Strategien: eine person- und eine situationszentrierte. Die *personzentrierte* sucht die Gründe für die Benachteiligung in den Erziehungspraktiken und Rollenzuweisungen unserer Gesellschaft, die Frauen so vorformen, daß sie für die konkurrenzorientierte, emotionsarme, einseitig leistungsorientierte Berufswelt nicht im gleichen Maß wie Männer vorbereitet (präpariert !) werden. Die *situationsorientierte* dagegen betont eher die objektiven Verhältnisse in Organisationen: Frauen sind in der Minderzahl. Weil es weniger Frauen in Führungspositionen gibt, wird ihnen - im naturalistischen Fehlschluß - die Befähigung für Managementpositionen abgesprochen; sind sie aufgestiegen, werden sie stärker und kritischer beachtet, wenn sie sich über zugeschriebene Rollenmuster hinaus entwickeln wollen; sie werden seltener befördert und entwickeln *deshalb* anstelle der Vorliebe z.B. für Arbeitsinhalte ein verstärktes Interesse an Kolleg(inn)enkontakten ...; sie bedrohen mit ihren Karrierewünschen das Selbstverständnis und die Privilegien von Männern; die Besetzung von Führungspositionen erfolgt durch Männer und sie kooptieren Personen aus ihrer "ingroup"; Frauen haben seltener gleichgeschlechtliche Mentoren, weil aufgestiegene Frauen das "Bienenkönigin-Syndrom" zeigen: ihre herausgehobene Sonderstellung wollen sie nicht dadurch gefährden, daß sie anderen Frauen ebenfalls in Führungspositionen verhelfen ...

Es ist für mich (als Mann und als einzelner) schwierig, mich über Konventionen der Wissenschaftssprache hinwegzusetzen und die Überlegungen und Ergebnisse der Führungsforschung umzuschreiben, um schon im Berichten über Führung Diskriminierung zu vermeiden. Ich habe mich deshalb entschlossen, möglichst häufig den geschlechtsneutralen Plural zu verwenden, statt vom Führer von der Führungskraft zu reden oder abwechselnd von dem oder der Vorgesetzten zu sprechen. Damit ändere ich nicht die Tatsache, das Führungspositionen männlich beherrschtes Terrain sind; ich mache aber darauf aufmerksam, daß dies nicht natur-notwendig, sondern sozialgeschichtlich so ist.

1.2. Führungsbegriff und Führungstheorien

Will man sich auf dem Gebiet der Führung orientieren, so trifft man auf unübersichtliches Gelände: Es gibt beeindruckende Pracht-Straßen, die aber ins Nichts führen, kleine Schleichwege zu faszinierenden Aussichtspunkten, Nebellöcher und sumpfige Stellen. Auf der Landkarte der Führung finden sich auch eine ganze Reihe Potemkinscher Dörfer, uneinnehmbarer Festungen oder wild wuchernder Slums. Was die vorliegenden Dokumentationen anbelangt, so kann man sich dem sarkastischen Kommentar von SIEVERS (1988) anschließen, der vielen Schriften über Führung mehr Heiz- als Erkenntniswert zuspricht.

Ich habe in der Abb. 1.1 eine Art Ahnentafel der meistverbreiteten Ansätze der Führungstheorie entworfen. Damit möchte ich mehreres verdeutlichen:

- 3 -

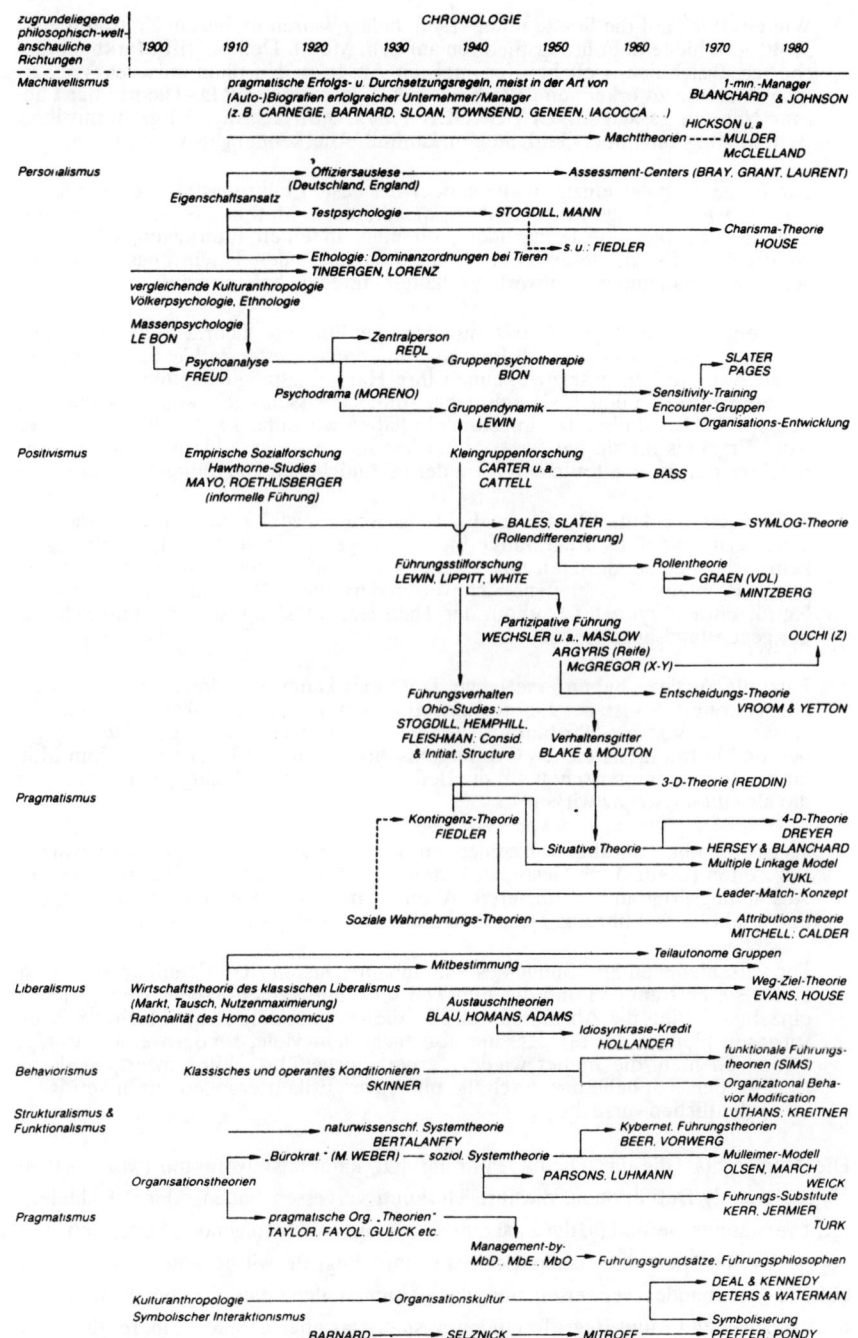

Abb. 1.1: **Eine Chronologie von Führungstheorien**
(aus NEUBERGER 1987, Sp. 1497-1498)

a) Wie ein Blick auf die Spalte unter "1980" belegt, waren in diesem Zeitraum etwa 30-40 verschiedene Führungstheorien auf dem Markt. Den Begriff Markt gebrauche ich absichtlich, weil bei den meisten Ansätzen ein ökonomisches Verwertungsinteresse zu erkennen ist (ich habe dazu in meiner S.P.D.-Theorie der Führung Näheres gesagt, s. NEUBERGER 1984). Die Nachfrage ist groß, mit ihrer Befriedigung kann man Geld, Stellen, Einfluß, Anerkennung usw. gewinnen.

Die Frage nach der einzig richtigen oder der besten Führungstheorie ist genauso sinnvoll wie die Frage an einen Arzt, was die beste Methode ist, gesund zu werden oder zu bleiben. Je nachdem, ob man an einen Internisten, Chirurgen, Naturheiler, Psychotherapeuten, Epidemiologen, oder Ernährungsspezialisten gerät, wird man andere Antworten erhalten - und alle haben recht!

Wer eine anwendungsreife wissenschaftliche Führungstheorie entwickelt, geht normalerweise davon aus, daß Führung ein *wohldefiniertes Problem* ist: Die rationalen Akteure "Vorgesetzte" kennen ihre Handlungsmöglichkeiten (h) und die Situationen (s), in denen sie einsetzbar sind; sie wissen auch, was sie wollen (w) und welche Ergebnisse (e) ihr Handeln haben wird und kennen den Wert, den jedes Ergebnis für sie hat (we). Außerdem haben sie eine klare Entscheidungsregel (r), die sie anleitet in der Wahl der bestmöglichen Handlungsalternative.

Leider (Gottseidank ?) trifft im Führungsbereich wohl keine dieser Voraussetzungen zu, so daß es programmierbare Lösungen nicht geben kann. Führung ist kein sachliches, sondern ein soziales und kein wohl-, sondern ein schlechtstrukturiertes Problem. Verschiedene Sichtweisen derselben (?) Situation sind nicht Beleg für ein embryonales Stadium der Theorieentwicklung, sondern hilfreich und der gegenstandsangemessen.

b) Fast alle Ansätze haben eine lange Tradition; kaum ein Modell wird aus dem Nichts kreiert. So ist der *Eigenschaftsansatz* schon mehr als 2000 Jahre alt; Machiavelli hat vor fast 500 Jahren Ratschläge zum besten *Führungsverhalten* gegeben und in traditionsreichen Großorganisationen wie der Kirche oder dem Militär wußte man immer schon um die Bedeutung personunabhängiger Regelungen, die als *Führungsersatz* wirken.

Es ist fruchtbar, darüber nachzudenken, warum bestimmte Ansätze zu bestimmten Zeiten (wieder) ins Gespräch kommen und wie Epidemien Lehrbücher und Ausbildungsprogramme infizieren. Aktuelle Beispiele: visionäre, transformative und symbolische Führung. Dazu wird unten noch einiges zu sagen sein.

c) Die verschiedenen Sprößlinge des Stammbaums lassen sich "Familien" zuordnen, denen sie entstammen und die zum Teil sehr alte Namen haben (wenngleich in einzelnen Fällen die Abstammungslinie, die ich gezeichnet habe, nicht unwidersprochen bleiben dürfte). Es sind also nicht sehr viele, sondern einige wenige Grund-Themen, die immer wieder variiert, fortgeführt, differenziert, modernisiert werden. Ich habe das durch die plakativen Etikettierungen am linken Rand zu verdeutlichen versucht.

Die Attraktivität, die das Thema "Führung" hat, kann aus abstrakten (wortwörtlich: abgehobenen!) Definitionen, die ihre Herkunft vergessen haben oder verschleiern, nicht verstanden werden (s. die Zusammenstellung auf der folgenden Seite, Tab. 1.1). Solche Definitionen sind "lexikalisch", weil ihre Begriffe wie in einem Wörterbuch zirkulär aufeinander verweisen und dabei unterstellen, daß die zur Bestimmung herangezogenen Grund-Begriffe eindeutig sind. Das aber ist alles andere als selbstverständlich (s. etwa die Bezugsbegriffe "Unsicherheitsreduktion", "Einfluß", "Struktur in Interaktion", "Motivation" usw.).

"Führung ist jede zielbezogene, interpersonelle Verhaltensbeeinflussung mit Hilfe von Kommunikationsprozessen" (BAUMGARTEN 1977, S. 9).

"... organisatorische Führung besteht aus Unsicherheitsreduktion" (BAVELAS 1960, S. 492).

"Im Rahmen der Aktualisierung von Beziehungen in der Unternehmung wird durch Führung, bezogen auf einzelne Handlungssituationen, sowohl ein Handlungsanstoß, als auch eine Verhaltenssteuerung geführter durch führende personale Elemente erreicht" (BLEICHER & MEYER 1976, S. 38).

"Führung ist richtungsweisendes und steuerndes Einwirken auf das Verhalten anderer Menschen, um eine Zielvorstellung zu verwirklichen; es umfaßt den Einsatz materieller Mittel. Ein wesentliches Merkmal erfolgreicher Führung ist ihre Dynamik" (HEERES-DIENST-VORSCHRIFT 100/200, Nr. 101).

"Führen heißt eine Handlung vollziehen, die - als Teil eines gemeinsamen Problemlösungsprozesses - Struktur in eine Interaktion bringt" (HEMPHILL 1967, S. 98).

"Führung ist eine Interaktionsbeziehung, bei welcher der eine Beteiligte (der Führer) ein auf die Erreichung eines von ihm gesetzten Zieles gerichtetes Verhalten beim anderen Beteiligten (dem Geführten) auslöst und aufrecht erhält" (LATTMANN 1982, S. 49).

"Führung ist ein Prozeß der Ursachenzuschreibung an individuelle soziale Akteure" (PFEFFER 1977, S. 104).

"Führung ist Fremd-Willensdurchsetzung i.S. einer intendierten, direkten, asymmetrischen Fremdbestimmung, die im Wege informierender, instruierender und motivierender Aktivitäten erfolgt" (SEIDEL 1978, S. 81).

"Aus einer operanten Perspektive kann Führung als der Prozeß der Vorgesetztenstrukturierung der Verstärkungskontingenzen in der Arbeitssituation betrachtet werden" (SIMS 1977, S. 134).

Führung wird verstanden "als Beeinflussung der Einstellungen und des Verhaltens von Einzelpersonen sowie der Interaktionen in und zwischen Gruppen, mit dem Zweck, gemeinsam bestimmte Ziele zu erreichen. Führung als Funktion ist eine Rolle, die von den Organisationsmitgliedern in unterschiedlichem Umfang und Ausmaß wahrgenommen wird" (STAEHLE 1980, S. 338).

"Führung wird verstanden als systematisch-strukturierter Einflußprozeß der Realisation intendierter Leistungs-Ergebnisse; Führung ist damit im Kern zielorientierte und zukunftsbezogene Handlungslenkung, wobei diese Einwirkung sich auf Leistung und Zufriedenheit richtet" (STEINLE 1978, S. 27).

"Führung... die Durchsetzung von Herrschaft auf dem Wege der Motivation" (STÖBER, BINDIG & DERSCHKA 1974, S. 9).

Führung wird als "eine Tätigkeit definiert, die die Steuerung und Gestaltung des Handelns anderer Personen zum Gegenstand hat" (WILD 1974, S. 158).

"Führung in Organisationen: Zielorientierte soziale Einflußnahme zur Erfüllung gemeinsamer Aufgaben in/mit einer strukturierten Arbeitssituation" (WUNDERER & GRUNWALD 1980, Bd. I, S. 62).

Tab. 1.1: Führungsdefinitionen

Bleibt man auf der lexikalischen Ebene, dann kann man durch Satz-Analyse untersu-chen, welche Subjekte, Objekte und Prädikate in Definitionen miteinander verbun-den werden.

Zum Subjekt:

Eigentlich scheint das klar zu sein: Handelnde ist die Führungskraft. Aber das ist nicht immer so: die ersten 5 Definitionen beispielsweise nennen kein Subjekt. Füh-rung geschieht "irgendwie" oder: wer immer beeinflußt, Unsicherheit reduziert, Handlungen anstößt und Verhalten steuert usw. ist Führer(in).

Zum Objekt:

Gegenstand der Führung sind - so könnte man meinen - die Geführten. Aber auch hier zeigt sich, daß die Sache so einfach nicht ist. LATTMANN nennt explizit die "Geführten", die bei BLEICHER & MEYER "geführte personale Elemente" (!), bei PFEFFER "individuelle soziale Akteure" heißen; die HDV begnügt sich mit "andere Menschen", WILD mit "andere Personen", STAEHLE nennt sowohl "Einzelpersonen" wie "Gruppen". Die meisten Definitionen aber lassen offen, *wer* geführt wird.

Zum Prädikat:

Dies ist zweifellos der wichtigste Definitionsbestandteil. Hier wird festgelegt, *was wie wo* geschieht und dabei tauchen die meisten undefinierten (schlicht vorausgesetzten) Bestimmungen auf:
- *Was geschieht:* vor allem Einflußnahme, Verhaltensbeeinflussung, Steuerung und Gestaltung des Handelns, Handlungslenkung, Verhaltenssteuerung, Beeinflussung der Einstellungen und des Verhaltens, Fremdbestimmung, Fremd-Willensdurch-setzung, Durchsetzung von Herrschaft, aber auch: Unsicherheitsreduktion, Ursachenzuschreibung, Struktur in Interaktion bringen, Strukturierung der Ver-stärkungskontingenzen...
- *Die Qualität dieser Aktivität* wird näher bezeichnet als zielbezogen, interpersonell, motivierend, intendiert, informierend, instruierend, direkt, asymmetrisch, zu-kunftsbezogen, auf Leistung und Zufriedenheit gerichtet usw.;
- zuweilen werden *Bedingungen* genannt: im Unternehmen, in der Arbeitssituation, bei Organisationsmitgliedern, in strukturierten Arbeitssituationen usw.

Es ist nicht sinnvoll, aus derartigen Annäherungsversuchen eine synthetische Definition zu konstruieren, die alle Facetten vereinigt, die jeweils angesprochen wurden. Man müßte für ein solches Vorhaben souveränen Überblick über das Gebiet haben und auch die in der Definitionen-Stichprobe - absichtlich oder zufällig - *nicht* behandelten Aspekte kennen, um sie in der eigenen Synthese zu berücksichtigen. Ganz wörtlich genommen sind Definitionen Ab-Grenzungen, das heißt sie reißen Begriffe aus ihrem Kontext heraus und legen nicht ausdrücklich offen, aufgrund welcher Überlegungen sie das tun. Für die richtige Einordnung entscheidend aber sind Theorien, Bezugssysteme, Modelle, Rahmen, Konzeptionen usw., denn sie erlauben es, Begriffe *systematisch* miteinander *in Beziehung* zu setzen. So zeigt die nähere Inspektion, daß z.B. SIMS lerntheoretisch, PFEFFER attributionstheoretisch, HEMPHILL sozialpsychologisch, STÖBER u.a. herrschaftssoziologisch, BAVELAS kognitivistisch argumentieren, einige Autoren haben Zweier-Beziehungen im Sinne, andere organisatorische Kontexte, wieder andere setzen scheinbar theorielos Variablen "rein empirisch" miteinander in Beziehung ...

Angesichts dieser verwirrenden Situation nimmt es nicht Wunder, wenn verzweifelte Kritiker fordern, man solle doch ganz auf den Begriff "Führung" verzichten und ihn durch einfachere Konzepte ersetzen. Dies erinnert an kindliche Magie: wenn man die Augen schließt, gibt es die ängstigende Wirklichkeit nicht mehr! Es ist nicht zu bestreiten, daß alltagssprachlich über "Führung" geredet wird. Wissenschaftler können und müssen sich von diesem Wort abkoppeln, das wie der Meergott Proteus unendlich viele Gestalten annehmen und alle täuschen kann. Welche präzisere Verwendung sie auch immer für ihren internen Gebrauch vorsehen, letzten Endes müssen sie sich jedoch wieder an die Öffentlichkeit wenden und zum Phänomen, das sie mit anderen Werkzeugen bearbeitet haben, systematisch Stellung nehmen. Nicht der isolierte Begriff ist dann wichtig, sondern der theoretische Ansatz, die spezifische Hinsicht. Weit mehr als das *Wort* Führung eröffnet diese *Anschauung* neue Einsichten, allerdings blendet sie genauso andere Hinsichten aus. Die allumfassende Schau kann es nicht geben - und dies wird für Führung augenfällig illustriert durch die in der Abb. 1.1. gezeigte erfreuliche Vielzahl der Sicht-Weisen.

Mein Hinsehen auf und Wegsehen von Führung kommt im folgenden Text zum Ausdruck. Zum Verständnis des Phänomenbereichs habe ich verschiedene Zugangswege gewählt, die die Hauptabschnitte des Buchs ausmachen. Dabei schicke ich voraus, daß ich mich nur für *Führung in Organisationen* interessiere.

2. Führungsideologen

2.1. Ideologische Begründungen von Führung

Das folgende Kapitel ist in zwei Hauptabschnitte aufgeteilt: im ersten werde ich allgemein ideologische Begründungen von Führung und die Funktion solcher Ideologien erörtern; im zweiten Teil geht es dann um verschiedene (historische) Rekonstruktionen der Inhalte von Führungsideologien.

Weil Führung eine *soziale* Tatsache ist, und Alternativen zu ihr möglich und vorhanden sind, ist die Institution Führung begründungsfähig und - weil sie mit Vorteilen und Belastungen verbunden ist - begründungspflichtig. Wird die Existenz einer sozialen Einrichtung unter stillschweigender Ausblendung widerstreitender Argumente so begründet, daß sie als bestmögliche, alternativenlose oder einzig normale (gesunde, natürliche) Gestaltungsform erscheint, liegt Ideologieverdacht nahe. Unter Ideologie verstehe ich eine zusammenhängende gedankliche Konstruktion, die als eine umfassende Rechtfertigung einer bestehenden Wirklichkeit angeboten wird; weil aber weder die erkenntnisleitenden Interessen, noch relativierende Einschränkungen offengelegt werden (sei es, daß sie nicht bedacht oder daß sie geheimgehalten werden), ist sie eine einseitige Parteinahme, die aber eben diese Einseitigkeit verleugnet und sich den Schein gesicherter verständiger Begründung gibt. Ideologien beschreiben nicht, was ist, sondern rechtfertigen, warum es so ist (bzw. sein muß oder sein soll).

Für die soziale Tatsache *Führung* werden (einzeln oder kombiniert) folgende Begründungen gegeben:

1. Führung gibt es, weil Menschen geführt werden wollen.

"Die meisten Menschen müssen geführt werden. Nur wenige vermögen aus sich heraus ihren Weg zu gehen. Alle Kinder bedürfen der Führung, alle Schwachen und Hilflosen, alle die sich verirrt haben, alle die die Gefahr nicht kennen" (MEHLIS 1923, S. 356).

Die meisten Menschen sind demzufolge unmündig (Kinder!), sie wollen sich unterordnen, sie suchen die starke Hand und den Schutz des Stärkeren und Überlegenen; es ist eine Art biologisches Erbe, daß sich der Schwache dem Starken fügt. Die Logik ist unentrinnbar: Wenn sich jemand vorgesetzt hat oder vorgesetzt wurde, sind definitionsgemäß die Unterstellten 'schwach' und 'hilflos'. Diese Argumentation ist ideologisch, weil sie einen Zustand, der durch Führung erst erzeugt wurde, zum Erfordernis für Führung macht.

2. Führung gibt es, weil Menschen geführt werden müssen.

Ohne "starke" Führer zerfallen Kollektive, es machen sich Egoismus, Sonderinteressen und Rücksichtslosigkeit breit. Um einer solchen Zersplitterung und Zersetzung vorzubeugen, ist es nötig, die vielen "bei der Stange zu halten", zu zwingen, zu kontrollieren, gleichzuschalten.

Der einzelne, der nur einen beschränkten Einblick in die Zusammenhänge hat, kann sein Handeln nicht wirksam mit dem anderer koordinieren, selbst wenn er dies ernsthaft wollte. Führerlosigkeit bedeutet Kopflosigkeit, Chaos. Nur jemand, der "über der Sache" (und den Menschen) steht, kann ihnen "einen Weg weisen". Der Ideologieverdacht ist dann berechtigt, wenn zuvor durch Zerstückelung der Arbeit und das Vorenthalten von Informationen Orientierungslosigkeit erzeugt wird, die dann allerdings nach Zusammenschau und Zielsetzung verlangt (s.a. BRIEFS 1934, S. 118).

Diese Erklärung unterstellt zudem, daß Geschlossenheit und gemeinsames Handeln Werte an sich sind, die nicht in Frage gestellt werden dürfen. Es ist jedoch möglich, daß gerade Konflikt, abweichendes Verhalten und Konkurrenz zu Motoren neuer Entwicklungen werden. Führung würde sich dann als Lust an Zwang und Uniformierung entlarven.

"Die eisernen Klammern, mit denen der einzelne im Verband des Staates und der Partei gehalten wird, sind fast religiösen Pflichten ähnlich, und die hierarchischen Gliederungen geben dem faschistischen Staat einen besonderen Charakter, den man als eine Art modernen Feudalismus bezeichnen kann. Ordnung, Hierarchie, Disziplin sind die Grundbegriffe, auf denen der faschistische Staat aufgebaut ist... Von besonderer Bedeutung ist die Lösung der Führerfrage, die auf dem Gedanken der Elite beruht... Autorität, Feudalismus und Elite sind die Schlagworte, die das politische Führertum bezeichnen. Sie finden... in der Ideologie des wirtschaftlichen Führers, des Unternehmers, ein exaktes Spiegelbild" (REUPKE 1931, S. 13-14).

3.   *Hierarchie ist ein universelles soziales Prinzip.*

Hierarchie (wörtlich übersetzt: heilige Ordnung) gibt es überall, es hat sie immer gegeben - und deshalb ist sie eine gesetzesartige Konstante des sozialen Lebens! Dieser sogenannte "naturalistische Fehlschluß" - weil es etwas gibt, *muß* es (so) sein - erklärt das Bestehende kurzerhand zum Notwendigen und blendet damit das Nachdenken über die "Möglichkeit des Andersseins" und das Experimentieren mit solchen Möglichkeiten aus.

"Was aber, wenn diese abstrakte Herrschaftslogik auch dazu verwendet wird, andere Menschen untertan zu machen? Wenn nicht nur Gegenstände, sondern auch Menschen damit geordnet werden sollen? Wir sind damit zum Ausgangspunkt unserer Überlegungen zurückgekehrt: Zentralfunktionäre waren an den Menschen der Peripherie nur insofern interessiert, als diese ein bestimmtes nützliches Überschußprodukt erzielten ... Dies bedeutet, daß sie die Menschen notwendigerweise abstrakt - nämlich nur hinsichtlich des Nutzens, den sie erbrachten -, ansehen konnten. Sie betrachteten einen Teilaspekt und vernachlässigten den Rest.
Speziell von der Motivation und von den Bedürfnissen der Untertanen mußte abgesehen

weden, soll sich die Ordnung erzwingen lassen ... Dies bedeutet, daß die "heilige Ordnung" eine Ordnung von Dingen ist, auch wenn diese Dinge gelegentlich Menschen heißen. Am Menschen ist nur das Dinghafte, Herausabstrahierbare für die "heilige Ordnung" relevant, z.B. die "Leistung", nicht aber seine Motive und Bedürfnisse"(SCHWARZ 1985, S. 213f).

4. Entwicklung wird von Eliten vorangetrieben; sie sollen das Sagen haben.

An Unterschieden zwischen den Menschen ist nicht zu zweifeln; es gibt Hochbegabte, die anderen weit überlegen sind. Aber Ungleichheit der Begabungen und Leistungsmöglichkeiten ist kein stichhaltiges Argument gegen Gleichberechtigung oder Gleichwertigkeit. Begabungen realisieren sich immer in einzelnen Dimensionen; diesen Vorsprung auf das Recht zu verallgemeinern, in *allen* anderen Aspekten *alle* anderen Menschen zu bestimmen, ist faschistisch:

"Eine Weltanschauung, die sich bestrebt, unter Ablehnung des demokratischen Massengedankens, dem besten Volk, also den höchsten Menschen, diese Erde zu geben, muß logischerweise auch innerhalb dieses Volkes wieder dem gleichen aristokratischen Prinzip gehorchen und den besten Köpfen die Führung und den höchsten Einfluß im betreffenden Volk sichern. Damit baut sie nicht auf dem Gedanken der Majorität, sondern auf dem der Persönlichkeit auf" (HITLER 1931, S. 493).

Von der Verklärung des "Großen Mannes" ist es nur ein kleiner Schritt, die "kleinen Leute" als minderwertig zu erklären.

Von MARX (1983, S. 399) stammt ein klassischer Beleg. Er zitiert eine Ansprache von O'CONOR, der als Verteidiger der Sklaverei 1859 auf einer Veranstaltung in New York folgendes sagte:

"'Now, gentlemen', sagte er unter großem Applaus, 'die Natur selbst hat den Neger zu dieser Knechtschaftslage bestimmt. Er hat die Stärke und ist kräftig zur Arbeit; aber die Natur, die ihm diese Stärke gab, verweigerte ihm sowohl den Verstand zum Regieren wie den Willen zur Arbeit'. (Beifall) 'Beide sind ihm verweigert! Und dieselbe Natur, die ihm den Willen zur Arbeit vorenthielt, gab ihm einen Herrn, diesen Willen zu erzwingen und in dem Klima, wofür er geschaffen, zu einem nützlichen Diener zu machen, sowohl für sich selbst, wie für den Herrn, der ihn regiert...'"

Die faschistische Ideologie (s.a. das unten auf S. 61 angeführte Zitat aus PLATO) fordert in menschenverachtender Weise bedingungslose Unterwerfung unter den Willen eines einzelnen, des "Führers". In antidemokratischem Affekt der Betroffenen werden die Beteiligung an der Willensbildung und/oder deren Kontrolle verweigert.

In seiner Korrespondenz mit EINSTEIN über die Frage ob "es einen Weg gibt, die Menschen von dem Verhängnis des Krieges zu befreien" formuliert FREUD resignierend, es sei *"ein Stück der angeborenen und nicht zu beseitigenden Ungleichheit der Menschen, daß sie in Führer und Abhängige zerfallen. Die letzteren sind die übergroße*

Mehrheit, sie bedürfen einer Autorität, welche für sie Entscheidungen fällt, denen sie sich meist bedingungslos unterwerfen" (HOFSTÄTTER 1987, S. 923).

5. Führung ist funktional.

Im Unterschied zur vorangegangenen elitär-personalistischen Argumentation werden hier technische Gründe vorgetragen: Mit steigender Größe, Komplexität und Differenzierung von Organisationen können die Ausführenden (ähnlich wie in Punkt 2 schon erläutert) die Zusammenhänge nicht mehr überblicken. Es ist deshalb nach sachlichen (also z.B. organisatorischen oder technologischen) Lösungen für die Koordination zu suchen, um Menschen von willkürlich-autoritären Diktaten zu befreien. Solche Dauer- und Allgemeinregelungen erweisen sich aber angesichts der Dynamik und Komplexität der Verhältnisse oft als zureichend oder gar hinderlich; die Führungskräfte sind deshalb lediglich als flexible Steuerungsglieder zu sehen, die - einem vorgegebenen Ziel verpflichtet - dafür Sorge tragen, daß auch bei Abweichungen und Störungen zielkonform gehandelt wird. Führer sind nur der "Störungsbeseitigungsdienst" der Sozialmaschine.

Der Ideologievorwurf leitet sich daraus her, daß das Führen zum technischen Regelungsprozeß versachlicht und verharmlost wird; damit wird verschleiert, daß es sich nicht nur um ein Effizienz- oder Rationalisierungsproblem handelt (vorgegebene Ziele auf bestmögliche Weise erreichen), sondern daß die "vorgegebenen" Ziele selbst bestimmte Eigentums- oder Verwertungsinteressen beinhalten, die aber nicht offengelegt, sondern als dem Führungsprozeß "äußerlich" (eben: vor-gegeben) deklariert werden.

Der Führung wohnt jedoch die oben schon erwähnte Tendenz inne, ihren Steuerungsanspruch zu verallgemeinern und auf andere Lebensbereiche auszudehnen, weil sie ja bei einem "bloß technischen" Verständnis ihres Auftrags gehalten ist, alles, was den Gang der Dinge stören könnte, in den Griff zu bekommen. Für den Ingenieur ist die perfekte Maschine die total durchschaute und beherrschte Maschine.

Zusammenfassung

Wenn die angeführten Begründungen als "Ideologien" denunziert wurden, kann dann an ihre Stelle eine weniger angreifbare Legitimation gesetzt werden? Ein solcher Wunsch nach Sicherheit ist unerfüllbar, weil er die eigene Position verabsolutieren würde. Ideologiekritik - wenn sie nicht selbst dogmatisch und ideologisch werden will - darf nicht auf eine "objektive Wahrheit" pochen, die von den Ideologen verfehlt worden ist, sondern muß sich bemühen zu unterscheiden und das heißt: mit alternativen Positionen zu konfrontieren, so daß andere Denk- und Entscheidungsmöglichkeiten sichtbar werden.

Die Überlegungen zur ideologischen Begründung der Tatsache "Führung" sollten veranschaulichen, daß die Unverzichtbarkeit von Führung mit sachlichen Gründen nicht vertreten werden kann. Führung hat eben neben der Sach-Funktion der Koordination, Motivation, Kontrolle fast immer auch eine soziale Funktion der Macht- oder Herrschaftssicherung, der es angelegen ist, Privilegien und Ressourcen unter eigene Verfügung zu bringen bzw. darin zu halten. Diese Herrschaftssicherung selbst ist nicht ein letztes unhintergehbares Datum, sondern wiederum Folge bestimmter gesellschaftlicher Konstellationen und Prozesse, im Fall der Wirtschaft primär des *Verwertungsinteresses*: Alle Prozesse sind so einzurichten, daß letztlich das eingesetzte Kapital am besten genutzt bzw. vermehrt wird.

Nur weil und insoweit die generalisierende Herrschafts-Funktion von Führung verschwiegen wird, kann bei den oben angeführten Erklärungsansätzen von "Ideologie" geredet werden. Führung ist also keine alternativenlose notwendige Einrichtung, sondern bloß eine ökonomisch-sinnvolle: gewünschte Wirkungen können mit personaler Führung einfacher, schneller, billiger etc. erzielt werden. Wer so argumentiert, engt den Anwendungsbereich von Führung ein auf die Zielsetzung der Effizienz. Wenn man statt dieser oder zusätzlich zu ihr noch weitere (selbständige!) Aufgaben von Führung akzeptiert (z.B. Beitrag zur Persönlichkeitsentfaltung, Durchsetzung von Werten oder Normen usw.), dann kann man sich fragen, ob diese Aufgaben nicht auch (oder besser) durch andere Formen der Koordination gelöst werden können. Diese Überlegung radikalisiert TÜRK (1981), wenn er Führung zur "Residualkategorie" erklärt (s. dazu unten S. 155).

2.2. Funktionen von Führungsideologien

Warum finden ideologische Begründungen von Führung eine solche Resonanz, warum werden sie nicht radikal in Frage gestellt, warum wird nicht mit Alternativen experimentiert?

Ideologien sind nicht so sehr nachträglich angefertigte Konstruktionen ("Überbau"), die gegenüber der konkreten "Praxis" nur eine abgeleitete, unselbständige Existenz haben. Sie entwickeln eine Eigendynamik, so daß sie für die Erklärung und Steuerung sozialen Handelns als eigenständige Wirkfaktoren anzuerkennen sind. Ideologien können also nicht durch einen bloßen Appell an Verstand und Einsicht abgeschafft werden. Sie haben wichtige kognitive, affektive, normative, identitätsstiftende und soziale Funktionen, auf die im Folgenden näher eingegangen werden soll.

1.   Die kognitive Funktion: Ideologien als Wahrnehmungsfilter und Denkraster.

Wer die Welt verstehen und in ihr handeln will, muß sie ordnen, strukturieren, vereinfachen. Er braucht - wie unten auf S. 66 ff. ausführlich dargestellt - Schemata, Skripts, Kategorien, in die und mit deren Hilfe er die chaotische Ungestalt der Eindrücke sortieren kann, damit er handeln und denken (d.h. mit AEBLI: sein Tun ordnen) kann. Insofern haben Ideologien auch eine 'exklusive' Wirkung: sie schließen bestimmte Erfahrungen von vorneherein von der Kenntnisnahme und damit von der Weiterverarbeitung aus. Ohne eine solche Entlastung durch "automatisiertes Informationsverarbeiten" könnten wir nicht existieren; die Gefahr des Ideologisierens liegt aber darin, daß der Rückweg zur Reflexion verschlossen wird, weil die etablierten Schemata nicht (mehr) in Frage gestellt (!) werden dürfen.

"Die formlose Masse muß, will sie nicht im Chaos versinken und zugrundegehen - und das will sie nicht aus Selbsterhaltungstrieb - einen formgebenden Faktor suchen, den sie selbst nicht hat. Die Masse ist kopflos (oder ein Monstrum mit hundert Köpfen) und entwickelt mit der Zeit die begreifliche Sehnsucht, ein normaler Organismus zu werden, das will heißen, sie will ihren Kopf. Die kaiserlose, die schreckliche Zeit ist immer nur ein Interregnum" (GABRIEL 1937, S. 42).

Wer in solch biologistischen Analogien denkt wie GABRIEL und "die Masse" für "kopflos" hält, für den ist es selbstverständlich, daß es immer einen Kopf (und damit einen Führer) geben muß, will der "Organismus" "normal" funktionieren! Und dieser funktionierende Organismus kann das störende Denken lassen.

2.   *Die affektive Funktion: Ideologien stimulieren und beruhigen.*

Ideologien setzen nicht nur halluzinatorische (Farb- oder gar Umkehr-)Brillen auf, sie haben überdies eine narkotisierende oder aufputschende Wirkung; Ideologien können einschläfern oder "high" machen. Das "Gesehene" wird in spezifischer Weise weiterverarbeitet: es wird mit dem Herzen oder dem Bauch gedacht. Die differenzierte Ursachenanalyse und das Vergegenwärtigen und Ergründen von Mehrdeutigkeiten und Widersprüchen entfallen: Man fühlt sich sicher, im Recht, gut oder gut aufgehoben.

"Alle Welt spricht heute vom Führerproblem. Doch offenbar deswegen, weil es überall an wahrhafter Führung gebricht... Der Mensch wünscht das herbei, was er nicht hat. Er sehnt sich nach dem, was er nicht mehr besitzt, oder was er anderswo bzw. bei anderen als glückbringendes Besitztum wittert. So sehnen wir uns heute nach dem 'Führer'" (STADTLER 1924, S. 5).

Nach der Abschaffung der Monarchie und der alten ständischen Ordnung, die dem einzelnen seinen festen Platz gab, fehlt "dem Menschen" etwas; und weil er wünscht, was er nicht hat, sehnt er sich (1924!) nach dem "Führer":

Die "hin und her gepeitschte Masse schreit nun nach Bindung, nach Gemeinschaft, nach organischer und gerechter Gliederung; und sie sehnt sich aus demselben Noterlebnis heraus nach echter, nach erlösender Führung..." (STADTLER 1924, S. 7).

Der gepeitschten (geprügelten, geschlagenen ?) 'Masse' unterschiebt STADTLER die eigene Lebensangst, Verunsicherung, Verlassenheit, Vater-Sehnsucht; dieses

'Noterlebnis' gebiert einen Heiland, der alles gutmachen wird.

3. Die identitätsstiftende Funktion: Ideologien geben der eigenen Existenz Sinn.

Geht man davon aus, daß menschliches Handeln nicht nur als Stimulus-Response-Koppelung oder als unbewußt triebdeterminiert zu verstehen ist, sondern für ein reflexives Subjekt eine Möglichkeit der Selbst-Bestimmung (Auto-Poesis, Selbst-Herstellung) ist, dann kann eine weitere Funktion von Ideologien darin bestehen, dem einzelnen diese Selbstbestimmung zu erleichtern, indem sie ihm Stelle und Stellenwert in einem Zusammenhang von Ideen und Beziehungen anweisen.

Was einer dann tut und will, ist konsequent und gerechtfertigt; er versteht nicht nur die Welt, sondern auch sich selbst (besser); für ihn und andere hat "Sinn", was er getan hat oder zu tun vorhat; er kann Umwege gehen und Opfer und Lasten tragen, weil sie um des "Höheren" oder "Ganzen" willen gefordert sind.

4. Die motivierende Funktion: Ideologien regen zu Taten an.

"Männer an der Spitze müssen antreiben und dürfen nicht Getriebene sein. Nur die Tüchtigsten gehören an die Spitze. Angeborene Eigenschaften, nicht Beziehungen und Dienstalter entscheiden... Ein Führer muß das als wahr Erkannte selbst überlegt haben und dann nicht lange reden, sondern handeln. Führer sind Männer, die das Wagnis der Entscheidung und Verantwortung übernehmen... Für den Führer gibt es kein 'Irgendwie', kein 'Vielleicht' oder 'Möglicherweise' oder andere Ausreden... Jeder Mensch irrt, auch der Führer kann sich irren. Es macht nichts; denn Schnelligkeit der Entscheidung erweist sich auf die Dauer als Vorteil. Ein Führer ist kein Pfuscher, der überall hineinpfuscht und es allen recht machen möchte... Für den Führer gibt es nur die Tat. Wer an der Spitze steht, auf den sind alle Augen gerichtet. Ein Führer muß handeln, er überlegt in der Not nicht lange und sitzt nicht tatenlos herum... Ein Führer streitet nicht lange über die Spielregeln, sondern er spielt das Spiel... Es gibt keine Gleichheit in dem Sinne, daß die Untüchtigen den Tüchtigen gleich werden. Die Führer befehlen, die Geführten handeln, wie ihnen befohlen wird. Für das Zusammenwirken vieler Menschen gibt es keinen anderen Weg... Führer werden deshalb wortkarg, weil sie sich in ihren Taten nicht durch Worte behindern lassen wollen... Herum- und Zerreden, Vergleiche und Schiedssprüche gelten nur in ruhigen und gefahrlosen Zeiten. In gefährlichen Zeiten kommt es auf die schnelle Entscheidung, den schnellen Befehl an. Hieran ist nicht zu deuten... Jedermann liebt den Kämpfer! Wer nichtssagend, demütig und zaghaft vor die Masse tritt, erhält einen schlechten Empfang. Man erwartet einen Kämpfer, der wachruft und aufrüttelt. Führung muß Druck erzeugen (TRAMM 1934, S. 33-34).

Wer sich als Führer diesem Evangelium der Tat verpflichtet fühlt, der weiß: "*Zaudern ist schimpflich*" (so die frühere Heeres-Dienstvorschrift). Eine falsche Entscheidung ist besser als gar keine Entscheidung! Man soll nicht herumreden, sondern handeln! Auch PETERS & WATERMAN (1984) formulieren als Grundsatz Nr. 1 erfolgreicher Unternehmen: *"Primat der Tat"*. Wer in einer solchen Haltung erzogen wurde (und auf ähnlich erzogene Geführte trifft), weiß, daß er nur dann ein "guter" Führer ist, wenn er antreibt, handelt, entscheidet, sich durch Worte nicht behindern läßt, kämpft, Druck ausübt... Alles andere ist keine Führung! Hier schlägt das Western-Modell der Führung durch: Wahre Männer sind wortkarg, sie reden langsam, aber sie schießen schnell. Ihr Weltbild ist einfach: Freund oder Feind - und danach handeln sie.

5. Die normative Funktion: Ideologien begründen und rechtfertigen.

Ideologien bilden die Selbstverständlichkeiten ab, die dem Handeln zugrundeliegen und jeglicher Diskussion und Infragestellung entzogen sind. Alternativen werden dadurch nicht nur "unaussprechlich", für sie bestehen geradezu Denkbarrieren. Auf diese Weise aber wird das Bestehende fortwährend neu erzeugt. JAY (1971, S. 182) hat vorgeschlagen, die zu fraglosen Selbstverständlichkeiten geronnenen zentralen Glaubenssätze, die in einer Organisation gelten, dadurch herauszufinden, daß man Mitglieder die schlimmstmögliche Blasphemie (Gotteslästerung) formulieren läßt. Wollte man diese ethnologische Methode, die an Eingeborenenstämmen erprobt ist, auf Führung in Organisationen anwenden, dann würde man vielleicht folgende Blasphemien hören (siehe auch die Liste der etwa 40 Organisationsmythen, die WESTERLUND & SJÖSTRAND 1981 diskutieren):

-   "Vorstände sollen von den Arbeitern gewählt werden!"
-   "Alle oberen Führungspositionen sollen mit Frauen besetzt werden!"
-   "Alle sollen gleich viel verdienen!"
-   "Jeder soll nur das tun, wozu er Lust hat."
-   "Jeder soll von heute auf morgen gekündigt werden können."

Die Gotteslästerungen würden sich vermutlich auf die mit starker Abwehr besetzten Fragen von Hierarchie, Aufstieg, Einkommen, Gleichheit, Kontrolle etc. beziehen.

Es soll damit nicht zum Ausdruck gebracht werden, daß man jemals alle Möglichkeiten offenhalten oder zulassen könnte. Handeln bedeutet immer Festlegung und damit Verzicht auf und Vernichtung von Alternativen. Warum man verzichtet und vernichtet, muß vor einem selbst und anderen begründet werden. Die Begründungsarbeit fällt leichter, wenn man auf fertigverpackte Argumente zurückgreifen kann.

6. Die Systemerhaltungs-Funktion: Ideologien sichern Anschlußhandeln.

LUHMANN (1968) hat zwei Alternativen der Systemsteuerung diskutiert:

Konditionalprogramme als möglichst präzise Wenn-Dann-Regeln schreiben dem Handelnden vor, beim Eintreten einer bestimmten klassifizierten Situation eine spezifische vorgeschriebene Reaktion zu zeigen (z.B.: "Wenn ein Mitarbeiter mehr als 10

Minuten zu spät kommt, dann muß der Vorgesetzte dies der Personalabteilung mitteilen!").

Demgegenüber nennen *Zweckprogramme* den zu erreichenden Zustand und überlassen es weitgehend dem Handelnden selbst, jene Vorgehensweisen zu wählen, die er zur Zielerreichung für sinnvoll hält (z.b. wenn ein Mitarbeiter entgegen den Vorschriften 10 Minuten zu spät kommt, kann die Vorgesetzte "ein Auge zudrücken", um durch dieses Entgegenkommen sein Punktekonto im alltäglichen Tauschhandel aufzubessern: Weil die Vorgesetzte auf Sanktionen verzichtet, schuldet ihr der Mitarbeiter eine Gegenleistung, z.b. besonderen Einsatz bei Spitzenbelastungen.

Bei buchstabengetreuer Ausführung können Konditionalprogramme zur Lähmung einer Organisation führen ("Dienst nach Vorschrift"). Zweckprogramme andererseits laufen Gefahr, daß um bestimmter Ziele willen Mittel eingesetzt werden, die aus übergeordneten Gesichtspunkten nicht tolierierbar sind. In beiden Fällen kann Ideologisierung einen Ausweg eröffnen: Wenn erreicht werden kann, daß Handelnde einen Satz von Werthaltungen und Überzeugungen so verinnerlicht haben, daß sie als Maximen ihres Handelns fungieren, dann kann externe Kontrolle wegfallen, weil sie von sich aus wollen und tun, was sie sollen. Das ist eine wichtige Funktion von "Unternehmenskultur" als "Herrschaft 3. Grades" (s. dazu auch NEUBERGER & KOMPA 1987). Wenn es in einer Organisationen z.B. als ausgemacht gilt, daß "man" die Budget-Aufstellung offen und fair diskutiert, dann braucht man die üblicherweise praktizierten mikropolitischen Tricks nicht durch endlose Regelwerke, moralische Appelle oder prozentuale Kürzung aller Forderungen zu einzudämmen.

7. Die soziale Funktion: Ideologien stiften und kräftigen Zusammenhalt.

Wer sich gegen die herrschende Ideologie stellt, stellt sich außerhalb der Gruppe, er wird buchstäblich ex-kommuniziert. Ein einheitliches, von vielen geteiltes Weltbild, geht mit einer gemeinsamen *Sprache* zusammen. Man versteht sich und teilt diese "gleiche Wellenlänge" auch in Abkürzungen, Symbolen, Ritualen etc. mit: Wer die Dinge so sieht, wie wir sie sehen, der ist einer von uns! Das Wir-Gefühl gewährleistet gleichzeitig eine soziale Validierung der Überzeugungen, die sich oft genug einer unmittelbaren empirischen Prüfung entziehen: Wenn viele so denken wie ich, dann können diese vielen nicht irren - und ich habe Recht. Je vager und unkonturierter eine Ideologie, desto größer dürfte ihre Anhängerschaft sein; deswegen werden große heterogene Organisationen weniger profilierte Ideologien vertreten, um es möglichst vielen "recht zu machen". Je pointierter, radikaler und extremer eine Ideologie, desto kleiner ihre Klientel und desto prägnanter wird sie sich von "Andersgläubigen" abschließen müssen, um die eigene Identität nicht aufs Spiel zu setzen. Die stabilisierende Grenzziehung, die durch die In-Group - Out-Group - Differenzierung erfolgt, führt nicht selten zur Überzeichnung des "Feindbildes" und ist Anlaß für Außenkonflikte, die wiederum nach innen solidarisierend und stabilisierend wirken können.

Den Grenzziehungen liegen Ideologien zugrunde, die man aufdecken kann, wenn daß man nach den Gegnern der Gruppe fragt: Stellen sich die "leitenden Angestellten" den (anderen) Lohnabhängigen gegenüber oder den Gewerkschaften oder den Arbeitgebern? Erleben sich die "Leitenden" überhaupt als eine einheitliche Gruppe oder vielmehr als je einmalige Individuen? Hat der Arbeiter als "Feindbild" den unmittelbaren Vorgesetzten, oder "die da oben" oder "die Kapitalisten"? Sieht sich der Arbeiter als "Ausgebeuteter" oder als "Mitarbeiter" oder als besonderer einzelner, der sicher ist, bei sich den Marschallstab noch zu finden?

Ideologien sind Ausdruck von Lebenserfahrungen und -tätigkeit (Praxis) und wirken stabilisierend auf diese zurück. Eine Möglichkeit zu ihrer Aufdeckung und Überwindung ist es, diese gegenseitige Stützung von Praxis und Überbau zu erschüttern. Dies kann in allen sieben Funktionsbereichen erfolgen, die oben dargestellt wurden, indem die unvermeidbaren Widersprüche und Mehrdeutigkeiten durch Reden und Handeln offenkundig gemacht werden. Dissonanzen drängen nach Auflösung und Harmonisierung - entweder durch eine Veränderung der Praxis oder durch eine Anpassung der Ideologie. Die dadurch erzeugte Unruhe und die Gefahr einer Veränderung der bestehenden Verhältnisse, lassen es denjenigen, die an der Aufrechterhaltung des Status quo interessiert sind, ratsam erscheinen, eine stimmige Abstützung und Absicherung der Praxis durch eine geeignete Ideologisierung zu leisten.

Zusammenfassung

In den vorangegangenen Abschnitt ging es darum, Erscheinungsformen und Funktionen von Ideologien über Führung darzustellen. Diese Überlegungen sollen dazu anregen, Führung nicht als Selbstverständlichkeit zu betrachten und zum Alltagsgeschäft des Praktikers überzugehen. Der will sich nicht in "theoretische Spekulationen" verirren, sondern handfeste Problemlösungen haben: "Wir brauchen Führungskräfte, was ist die beste Methode der Auslese?" Der Vorzug des Theoretikers ist es, weniger unter dem Druck konkreten Handelns zu stehen. Er kann es sich leisten, zunächst nach den Hintergründen eines Auftrags zu fragen und die aufgedrängte Problemdefinition selbst zu problematisieren - um damit zu anderen (vielleicht sogar neuen) Ansichten und Lösungen zu kommen.

Will man Ideologien in Frage stellen, muß man sie zunächst als solche identifizieren. Die Rede von "der" Führungsideologie verschleiert, daß es verschiedene Ideologien gibt. Ich möchte deshalb im folgenden Kapitel eine solche Bestandsaufnahme vornehmen.

2.3.   Zu den Inhalten von Führungsideologien

2.3.1.   Historische Entwicklungsstadien der Management-Ideologie (BENDIX)

Führungsideologien sind nicht aus der gegenwärtigen Situation allein zu verstehen; in ihnen sind immer auch Denk-Traditionen und Relikte historisch bewährter oder verklärter Wirklichkeitsdefinitionen enthalten. Um die gegenwärtige Situation zu verstehen und um zu ermessen, in welchem Umfang frühere Auffassungen vererbt, neubelebt oder kombiniert wurden, ist es deshalb von Vorteil, sich die Entwicklung der Managementideologien in den westlichen Zivilisationen vor Augen zu führen. BENDIX hat 1956 den Versuch unternommen, diese Entwicklung nachzuzeichnen. Ich werde mich im folgenden im wesentlichen an diesem Standardwerk orientieren, dabei aber allein seine Rekonstruktion der westlichen Entwicklung referieren und auf seine Ausführungen zu Wandel der zaristisch-sowjetischen Führungsideologie nicht eingehen. Ähnliche Systematiken wie BENDIX haben auch WALTER-BUSCH 1977 und WERHAHN 1980 vorgelegt.

Bis zum Beginn der Industrialisierung dominierte unbestritten die ständische Ordnung der Gesellschaft: jedem war durch Geburt sein gesellschaftlicher Platz zugewiesen; wer arm und abhängig geboren war, hatte sich mit seinem Los abzufinden; für die Höherstehenden bestand die moralische Pflicht, nach der Art des strengen und gerechten Vaters für die Unmündigen zu sorgen. Diese traditionalistische, auch durch die protestantische Ethik gefestigte Sicht begann sich zu wandeln als mit dem Aufbrechen der alten Zunft- und Standesordnungen, dem Anwachsen der Bevölkerung, dem Abbau von Hörigkeit und Leibeigenschaft, dem Beginn der Kolonialisierung, der Ausweitung der Märkte über die Stadt- und Regionalwirtschaft hinaus ein zunehmender Arbeitskräftebedarf entstand. Diese Arbeitskräfte, durch die "Stadluft frei gemacht", hatten sich aus den überkommenen Bindungen zu ihren Landherren gelöst und darum auch keinen Anspruch mehr auf - wenn auch noch so kärgliche - Versorgung. Die Unterstützung der Armen oblag den Dörfern, Gemeinden und Städten, die ein zunehmendes Interesse daran entwickelten, die Armen zu "nützlicher" Arbeit einzuspannen, um mit dem Arbeitseinkommen die Versorgungslast der Kommune zu verringern. Es mußte den Gemeinden daran gelegen sein, Armut nicht länger als gottgewolltes unabänderliches Schicksal darzustellen, sondern als "selbstverschuldet", als ein Ergebnis von Trägheit, Arbeitsscheu und Verantwortungslosigkeit.

Die traditionell-ständische Auffassung wird durch eine Predigt des Bischofs von NORWICH (1755) belegt:

"Es muß solche geben, die sich abplacken mit allerlei Arbeiten (als da sind Holzhacken, Wassertragen - so nennt es die Schrift); die da Rat erteilen den Lenkern des Staates; die allem vorstehen: Herrscher... Unsere Geburt bestimmt, zu welcher Klasse wir gehören; das gilt besonders für die niedrig Geborenen... Diese Armenkinder sind geboren, um ihr Le-

ben lang Arbeiter zu sein - im Schweiße ihres Angesichts werden sie ihr Brot verdienen müssen" (BENDIX 1960, S. 96).

Diese Armen, die keine Besserung ihres Loses erhoffen konnten, hatten keinen Anreiz, sich für ihre Herren und Arbeitgeber über das notwendige Maß hinaus anzustrengen. Zur Sicherung der Arbeitszucht wurden deshalb neben drakonischen Strafen vor allem religiöse Ermahnungen eingesetzt, die harte Arbeit, Gehorsam gegen die Obrigkeit und Zufriedenheit mit dem von Gott bestimmten Leben predigten. Ein Beispiel dafür sind die Unterweisungen, wie sie in den Sonntagsschulen zur Steigerung der Arbeitsdisziplin gegeben wurden (TRIMMER 1801, zit. in BENDIX 1960, S. 99):

"Unterweisung: Es gibt eine von Arbeitern oft gedankenlos begangene Art von Unehrlichkeit, nämlich Verschwendung der Zeit, für die man sie bezahlt, und Verschwendung der Rohstoffe, die dem Geschäft oder Betrieb gehören, der sie beschäftigt. Derselben gedankenlosen Art sind die von Hausangestellten so oft begangenen Verfehlungen, die bei jeder sich nur bietenden Gelegenheit faul sind, Vorräte bedenkenlos vertun oder sie unerlaubt weggeben und darüber hinaus Tee, Zucker und andere Sachen mehr stehlen in der Annahme, daß man deren Verschwinden nicht bemerken werde. Aber sie alle zusammen sollten lieber daran denken, daß dem Auge Gottes nichts verborgen bleibt und daß am Tage des Jüngsten Gerichts sie für alle ihre schlechten Taten werden Rechenschaft ablegen müssen.

Frage: Sind Arbeiter ehrlich, welche Rohstoffe und Werkzeuge, die sie für ihre Arbeiten benötigen, verschwenden und zerstören? (Antwort: Nein). Wem gehören diese Dinge nämlich? (Antwort: Unserem Meister). Wessen Auge sieht euch, wenn der Meister nicht in der Nähe ist? (Antwort: Gottes Auge). Heißt Gott solche Taten gut? (Antwort: Nein). Was wird Gott mit den Dieben aller Art tun? (Antwort: Er wird sie bestrafen)... Für was bezahlen eigentlich die Herrschaften ihre Dienstboten? (Antwort: Für ihre Arbeitszeit). Angenommen, ein Mann, eine Frau, ein Knabe, ein Mädchen vertrödelt einen Teil der Zeit, während der er zu arbeiten versprochen hatte - was tun sie damit eigentlich? (Antwort: Sie rauben ihren Herrschaften etwas). Ist das aber nicht genauso, als ob sie ihren Herrschaften Geld aus den Taschen stehlen würden? (Antwort: Ja). Ist es nicht schön, daß, wenn man seinen Lohn ausbezahlt bekommt, man sagen kann: ich habe ihn mir ehrlich und anständig verdient? (Antwort: Ja)".

Da die Armen aber aus der oft mehr ausbeuterischen als fürsorglichen Obhut ihres Herrn zunehmend entlassen wurden und bei der beginnenden Industrialisierung an regelmäßiges, verläßliches und methodisches Arbeiten zu gewöhnen waren, genügten religiöse Appelle nicht länger. Den Arbeitern mußte spürbar werden, daß sie selbst für ihr Schicksal verantwortlich waren und daß allein sie es bessern konnten. Die erforderliche Fabrikzucht sollte aus Not, Hunger und Elend entspringen: wer nicht arbeiten wollte (zu den Bedingungen, die ihm diktiert wurden), der sollte (ver-)hungern!

"Der Hunger stellt nicht bloß einen ruhigen, friedlichen und unablässigen Druck dar, sondern er ist für Fleiß und Arbeitsamkeit der natürliche Antrieb; er ist es, der die mächtigsten Anstrengungen zu bewirken vermag. Wird er durch freie Almosen eines anderen gestillt, dann ist für den guten Willen und die Dankbarkeit ein sicherer Grund ein für allemal gelegt. Einen Sklaven zwingt man mit Gewalt zur Arbeit, aber ein Freier arbeitet aus wohlüberlegtem eigenen Entschluß" (TOWNSEND 1786, zit. in BENDIX 1960, S. 107).

Wenn der "eigene Entschluß" des "Freien" durch Hunger motiviert wurde, konnte auf Beständigkeit des Arbeitseinsatzes gehofft werden, denn wer dem Elend entkommen wollte, der mußte arbeiten:

"... Arbeit ist eine Ware. Als solche ist sie ein Handelsartikel... Für auf dem Markt angebotene Ware aber gilt, daß nicht der Verkäufer, sondern der Abnehmer den Preis steigert... Solche Fragen wie die, daß jemand, der seine Arbeitskraft auf dem Markt anbietet, vielleicht nicht in der Lage ist, dem Hungertod zu entrinnen, können für unsere Betrachtungsweise hier keine Fragen sein" (BURKE 1795, zit. in BENDIX 1960, S. 108).

Diese zynische Argumentation wurde ideologisch abgestützt durch die frühkapitalistische These, daß die Reichen, indem sie ihren Eigennutz verfolgten, gar nicht anders könnten, als das Gesamtwohl zu steigern, eine These, die in MANDEVILLEs Bienenfabel (private Laster sind öffentliche Tugenden) und in SMITHs "unsichtbarer Hand" ihre vielzitierten Veranschaulichungen fand. MALTHUS schließlich tat ein übriges, die Reichen von ihrer Verantwortung für die Armen freizusprechen, indem er seine "objektiven" Bevölkerungsgesetze vorlegte, in denen er nachwies, daß die Armen durch ihre ungezügelte Vermehrung selbst daran schuld seien, daß sie in Hunger und Entbehrung leben müßten.

Die vom grundbesitzenden Adel mit Verachtung und Argwohn betrachtete aufsteigende Klasse der Kaufleute und Industriellen konnte jedoch nicht an einer ausgemergelten und resignierten Arbeiterklasse interessiert sein, weil deren Arbeitsleistung trotz erpreßter Mitarbeit von Frauen und Kindern zu gering und schwankend war. Als aufsteigende Klasse mußten die "neuen Reichen" einen Zweifrontenkrieg führen: auf der einen Seite verbündeten sie sich mit den Arbeitern und brachen die Monopol-Macht der Grundbesitzer (indem sie den Abbau der Getreideschutzzölle durchsetzten, die den aristokratischen Landherren immense Profite gebracht hatten), auf der anderen Seite wäre durch Verbündung der Arbeiter untereinander ihre eigene Macht beschränkt worden; dies war zu verhindern. Die aufkommende Solidarisierung der Arbeiter und ihre Vereinigung zu Gewerkschaften wurde anfangs auf brutale Weise unterdrückt; als sie nicht länger zu verhindern war, wurde eine andere ideologisch fundierte Strategie versucht: der erfolgreiche Unternehmer wurde als einer herausgestellt, der sich aufgrund seiner überlegenen Fähigkeiten, seiner Selbstdisziplin und Ausdauer emporgearbeitet habe. Jedem stünde dieser Weg offen. Wer mit seiner jetzigen Lage unzufrieden sei, brauche sich nur anzustrengen. Das einzige Heilmittel *"für unsere Handwerker und gelernten Arbeiter besteht darin, unter allen Bedingungen selber Kapitalisten zu werden"* (GREG 1876; zit. in BENDIX 1960, S. 154). Diese sog. Selbsthilfe-Doktrin, die auf breiter Front propagiert wurde, verklärte auf der einen Seite den erfolgreichen Unternehmer - hier liegt die Wurzel zu der sog. "Eigenschaftstheorie" der Führung! - auf der anderen Seite sollte sie die Arbeiterbewegung spalten, weil sie den fähigeren, geschickteren und anstrengungsbereiteren unter den Arbeitern den Aufstieg verhieß und sie davon abzuhalten suchte, sich mit der "Masse" der unbegabten und unwilligen zu solidarisieren und sich auf deren Niveau festlegen zu lassen. Die Unternehmer, die als Emporkömmlinge anfangs nur ein geringes Sozialprestige gegenüber Gutsherren und Aristokraten hatten, wurden gleichzeitig durch eine derartige personalisierende Erfolgsideologie als Klasse aufgewertet. Dazu trugen nicht zuletzt auch DARWINs und SPENCERs Evolutionstheorien bei, in denen den Unternehmern als den Erfolgreichen bestätigt wurde, daß sie sich als die Besten, Geeignetsten im Kampf um die Spitzenpositionen ausgezeichnet hätten und daß ihre Vormachtstellung Beleg für ihre Überlegenheit sei. Damit war dieser Gruppe auch ein Selbstverständnis verliehen, das ihr die Abgrenzung von den anderen gesellschaftlichen Gruppen erlaubte: von den kraftlos-überlebten Rest der alten Führungsschichten und der dumpf-unfähigen Masse der zum Dienen bestimmten Arbeiterklasse.

Insbesondere in den USA, die mit Beginn des 20. Jahrhunderts zur wirtschaftlichen Führungsmacht aufstiegen, wurde ein rücksichtslos-hemdsärmeliger Sozialdarwinismus zur herrschenden Ideologie. In immer neuen Traktaten wurden die unbegrenzten Möglichkeiten verherrlicht, die es jedem erlaubten, vom Tellerwäscher zum Millionär zu werden, wenn er nur eisernen Willen, Begabung und Tüchtigkeit besäße. In der Bewegung des "Neuen Denkens", die zwischen 1895 und 1915 in den USA eine ungewöhnliche publizistische Verbreitung fand, wurde dem einzelnen eingeimpft, daß es auf ihn selbst ankäme, daß er unausweichlich Erfolg haben werde, wenn er nur an sich selbst glaube, den zündenden Gedanken und die neue Idee habe und mit zäher Beharrlichkeit verfolge:

"Der Geschäftserfolg hängt von bestimmten Eigenschaften des Geistes ab. Wenn Wünschen und Wollen nur hinreichend groß sind, kannst Du alles erreichen! Überlege Dir das nur. ALLES! Versuche es nur, versuch es ernstlich und Du wirst Erfolg haben. Ein mächtiges Gesetz steht dahinter" (ATKINSON 1901, zit. in BENDIX 1960, S. 348).

Diese bis in unsere Tage propagierten Erfolgs-Lehren[1] bewirken ein zweifaches: Dem, der siegt, bestätigen sie, daß er zurecht siegte; dem der es nicht schaffte, machen sie deutlich, daß er sich eben zu wenig angestrengt hatte, nicht von sich über-

---

[1] Siehe z.B. in der Bundesrepublik die Großmann-, Mewes-, Hirth-Techniken, die RÜHLE 1982 zusammenfassend diskutiert)

zeugt war, nicht die richtige Idee hatte usw. Wer eine Führungsstellung errungen hatte, war ausgewiesen als ein Überlegener und Besserer. Alle anderen aber hatten ihre Erfolglosigkeit als Beweis ihrer Minderwertigkeit zu akzeptieren und sich mit dem gerechten Urteil der sozialen Auslese abzufinden. Wer erwiesenermaßen höherwertig ist, hat das Recht und die Pflicht, die erwiesenermaßen Unfähigen zu führen und über ihren Weg zu entscheiden.

Mit der zunehmenden Vergrößerung, Technisierung und Rationalisierung der Unternehmen wuchs jedoch der Bedarf an Führungskräften. In den expandierenden Bürokratien mußte die auf die Unternehmensspitze zugeschnittene Erfolgsideologie so umgeformt werden, daß sie auch für jene taugte, die auf dem Weg nach oben steckenblieben. Eine Zeitlang konnte man sie natürlich mit dem Fernziel des "1. Mannes" locken, das prinzipiell jedem offenstünde - doch im Verlaufe ihrer Karriere konnte es den meisten nicht verborgen bleiben, daß die Spitze der Pyramide eben nur für sehr wenige Platz hatte, alle anderen aber sich mit Unter-Führer-Positionen abzufinden hatten. Um die permanent geschürte Aufstiegshoffnung und ihren unermüdlich leistungsstimulierenden Effekt nicht in Resignation oder gar Enttäuschung zu verkehren, bot sich ein durch die Verwissenschaftlichung der Produktion nahegelegter Ausweg an. Das "Scientific Management" TAYLORs hatte zum Programm, die Mysterien des Erfolgs zu entschleiern, um ihn planbar und berechenbar zu machen. Das betraf gleichermaßen Arbeiter wie Führungskräfte. Die beginnende Psychotechnik und Industriepsychologie (für die Entwicklung in Deutschland s. HINRICHS 1981) versprachen zudem leistungsfähige Verfahren, das Potential des einzelnen zu identifizieren, damit er dort eingesetzt werden könne, wo er den optimalen Beitrag zur Gesamtleistung erbringen würde. Das "Geheimnis des Erfolgs" entpuppte sich als das wissenschaftlich lösbare Problem von Messung und Prognose, Auswahl und Plazierung; fast jeder könne schließlich den rein wissenschaftlich ermittelten und verbindlich vorgeschriebenen "one best way" der Arbeitsausführung erlernen. Trotz ihrer rationalistischen Haltung war die wissenschaftliche Betriebsführung festgelegt auf in sich widersprüchliche Positionen,

- daß erfolgreiche Unternehmensführung eine Sache entweder der perfekten Organisation ist - dann wäre die Suche nach besonderen persönlichen Qualitäten überflüssig -

- oder aber die Frage nach dem frühzeitigen Erkennen der "geeigneten Person" ist. Dieser sollte man dann den irrationalen Umweg über Durchsetzungskämpfe ersparen können, indem man sie von vornherein für die Position vorsah, für die sie am besten geeignet war. Damit aber verengte sich der Blick von der Vielzahl der erfolgsbestimmenden Einflußgrößen auf einen einzigen Faktor: das mit geradezu heroischen Fähigkeiten ausgestattete Individuum.

Beide Wege, die der wissenschaftlichen Organisation und der der Eignungsdiagnostik konnten ihre Versprechen nicht einlösen, weil sie von viel zu einfachen Annahmen über die organisatorische Wirklichkeit als einer rein naturwissenschaftlich gestaltbaren ausgegangen waren. Der Versuch, persönliche Herrschaft zu beseitigen, indem an ihre Stelle die Herrschaft des rationalen (Natur-)Gesetzes aufgerichtet wurde, traf

Führer wie Geführte gleichermaßen. Gerade von den Managern wurde TAYLOR der heftigste Widerstand entgegengesetzt. Die Fiktion einer Wirtschaft, die nach wissenschaftlichen Gesetzen rational funktionierte, bedrohte alle überkommenen sozialen Privilegien und entmündigte zum ersten Male auch die Herrschenden, die deshalb den 'Taylorismus' nur so weit anwandten, wie er durch Zeit- und Bewegungsstudien, Werkzeug- und Lohngestaltung konkrete Möglichkeiten der Arbeitsintensivierung bot. Der Gedanke der Verwissenschaftlichung des *Führens* wurde aber als unrealistisch "erkannt". Führungserfolg sei von einer geheimnisvollen, rational nicht erklärbaren Aura umgeben und erfordere außeralltägliche, unmeßbare Qualitäten. Es lief darauf hinaus: die Stellung der Person wurde nach jedem abgewehrten Angriff, der Versachlichung und Objektivierung erstrebt hatte, stärker. Diejenigen, die bereits in Führungspositionen waren, festigten durch die Zurückweisung technizistischer Ansätze ihre numinose Überlegenheit und diejenigen, die "unterwegs nach oben" waren, konnten bzw. mußten die Irrationalitäten von Auslese, Beförderung und Erfolg ummünzen zu persönlichen, selbstverdienten oder -verschuldeten Auszeichnungen oder Niederlagen.

Die zunehmende Vergrößerung und Bürokratisierung der Unternehmungen beschwor jedoch für diese in der westlichen Kulturtradition liegende Tendenz zur Verherrlichung des Individuums eine Gefahr herauf: Immer mehr kam es darauf an, sich nicht (nur) mit Ellbogen als der Überlegene durchzusetzen, sondern auch mit den anderen zusammenzuarbeiten, um den "gemeinsamen" Erfolg zu sichern.

Die Forderung nach "Kooperation" und die Ernennung des Arbeiters zum "Mitarbeiter" - beides wurde nach dem ersten Weltkrieg fast weltweit Mode - lagen aber nur zur einen Hälfte in der sachlich geforderten Notwendigkeit der Koordination der Spezialisten in einer immer komplexer werdenden Arbeitsteilung. Zur anderen Hälfte waren sie ein Versuch, den erstarkten Einfluß der Gewerkschaften einzudämmen, indem als Partner der Arbeitnehmer nicht die Gewerkschaften, sondern die Vorgesetzten empfohlen wurden: Wenn jeder im Betrieb vertrauensvoll mit seinen Vorgesetzten zusammenarbeitete, dann könnten unnötige Konflikte vermieden und der gemeinsame Erfolg, der allen zugute käme, gesteigert werden. Kapital, Arbeit und Management sollten sich vereinigen und zusammen das Beste erreichen!

Aus dieser so begründeten Notwendigkeit zur "kooperativen Führung" erklärt sich auch die Resonanz, die die von MAYO inspirierte Human-Relations-Bewegung fand. MAYO interpretierte seine berühmten Studien in den Hawthorne-Werken der Western Electric als Beleg für die bislang weit unterschätzte Bedeutung der unmittelbaren Sozialbeziehungen am Arbeitsplatz. Wenn es den Vorgesetzten nicht gelänge, durch verständnis- und rücksichtsvolles Verhalten das Vertrauen und die Achtung der Mit-Arbeiter zu gewinnen, dann würden sich diese in destruktiver Weise gegen ihn und das Unternehmen solidarisieren, ihre Leistung normieren und Bemühungen um Quantität und Qualität sabotieren. Die durch Wachstum und Spezialisierung erzwungene Teamarbeit forderte somit eine neue Führungsqualität: nicht den machiavellistischen Manager, der es mit an sich unfähigen und widerspenstigen Arbeitnehmern zu tun hatte, die er als bloße Instrumente seines eigenen Erfolgsstrebens gebrauchen konnte, und auch nicht den sachlich-neutralen Führungs-Ingenieur, sondern die sozial aufgeschlossene Führerpersönlichkeit, die es verstand, das in den MitArbeitern liegende Potential so zu aktivieren, daß sie die ihm übertragenen Ziele optimal erfüllen konnte. Diese Entwicklung mündete jedoch in die immer wieder beklagte Gefahr des "Kollektivismus": Führungskräfte verlören ihre auszeichnende Individualität, würden zu Gruppen-Mitgliedern, die das Risiko eigener Entscheidungen scheuten und die Verantwortung auf andere abzuschieben lernten. Aus "Männern der Tat" würden "Männer des Worts", die sich in endlosen Sitzungen über Nebensächlichkeiten ereiferten, aber nicht mehr den Mut (oder die Möglichkeit?) hätten, sich durch zupackende Entschlüsse zu profilieren. Der "organization man", den WHYTE (1958) so plastisch beschreibt, war geboren.

Das Wehklagen über den Verlust alter Führer-Tugenden personalisiert jedoch wiederum ein Problem, das im Grunde nicht den Managern anzulasten ist: Im Bestreben, das Handeln in Organisationen berechenbarer und perfekter zu gestalten, wurden zahlreiche organisatorische Sicherungen eingebaut, die gegen die schädlichen Konsequenzen von individueller Willkür, Uniformität, einseitiger Bereichszielmaximierung, Abhängigkeit vom Expertentum und Wissenstand einzelner Personen etc. gerichtet waren. Die Kehrseite der Medaille war jedoch "group think", das eine die Individualität erstickende Konformitätstendenz in Gruppen, Verantwortungsdiffusion und "Meetingitis" bedeutete. Führer war nicht länger der überlegene oder auch gerissene Einzelkämpfer, sondern der wendige Taktiker, der es verstand, Beziehungen zu knüpfen und zu pflegen, der Geschäftsordnungs- und Protokollformulierungs-Tricks souverän beherrschte, Schwierigkeiten in endlosen Besprechungen 'aussitzen' konnte, sich gewandt ausdrücken und eigene bzw. fremde Ideen gut "verkaufen" konnte, nirgendwo aneckte...

Die historische Entwicklung der Managementideologie in den westlichen Industrienationen, die ich in Anlehnung an BENDIX zusammenfassend nachgezeichnet habe, läßt sich bis zum Jahr 1950 in den folgenden 5 Phasen skizzieren. Um deutlich zu machen, daß sich Ideen nicht spontan in den Köpfen der Herrschenden bilden und dann von diesen souveränen Tätern zur Wirklichkeit gemacht werden, sondern umgekehrt Reflex gesellschaftlicher Entwicklungen sind, werde ich jeweils auch die ökonomisch-organisatorischen Veränderungen rekapitulieren:

1. In einer Zeit stabiler Besitz- und Machtverhältnisse dominierte eine ständische Ordnung. Zum Führer war man ebenso geboren wie zum Geführten. Das gesellschaftliche Oben und Unten wurde als gottgewollt akzeptiert; es gab keine historisch bewährte Alternative zu dieser fixierten Schichtung.

2. Durch die "Befreiung der Arbeit" aufgrund verschiedener gesellschaftlicher Entwicklung entstand ein Arbeitskräftepotential, das zur verläßlich-konstanten,

methodischen und regelmäßigen (Fabrik-)Arbeit "erzogen" werden mußte. Für die "faulen" und zu "Höherem" unfähigen Arbeiter bestand keine Fürsorgepflicht mehr: sie konnten nur durch Hunger und Verelendung dazu gezwungen werden, sich der Disziplin ihrer Herren unterzuordnen, die - um ihren Profit zu sichern und weil sie in Konkurrenz mit anderen Herren standen - die Kosten für Löhne, Sozialleistungen und die Gestaltung der Arbeitsbedingungen, möglichst niedrig hielten.

3. Die Ansammlung von wirtschaftlicher Macht bei Kaufleuten und Unternehmern ließ die überkommene ständische Ordnung veralten; im Bündnis zwischen Bürgern und Proletariern wurde sie z.T. revolutionär beseitigt. Die neue Herrschaft legitimierte sich mit den bürgerlichen Idealen der Freiheit und Gleichheit: Jeder hat die Möglichkeit, sich hochzuarbeiten; wer nach oben gekommen ist, hat damit bewiesen, daß er überlegen ist.

4. Mit zunehmender Expansion und Technisierung wurden Möglichkeiten der Rationalisierung gesucht. Die Erfolge der Naturwissenschaften gaben dazu Anlaß, ihre Denkprinzipien auch auf wirtschaftliche Organisationen anzuwenden: Persönliche Herrschaft mit all ihren Zufälligkeiten und Irrationalitäten sollte durch wissenschaftlich-rationales Vorgehen ersetzt werden. Führer wie Geführte hatten sich den gleichen objektiven Gesetzen unterzuordnen, beide sollten sich gleichermaßen als Diener der gemeinsamen Sache sehen.

5. Der wachsende Wohlstand und vor allem die steigende rechtliche und gewerkschaftliche Absicherung der Arbeitnehmer schränkten die Möglichkeiten ein, durch Druck und Zwang zu führen. Die komplexer werdende Produktion hing zudem immer mehr von der Bereitschaft der Arbeitnehmer ab, nicht unmittelbar kontrollierbare Handlungsbereitschaften zu entwickeln und konstruktiv einzusetzen (Zusammenarbeit, Loyalität, Mitdenken usw.). Durch eine Intensivierung der sozialen Beziehungen, durch Rücksichtnahme und Respektierung sollte sich die Führungskraft das Vertrauen der Mit-Arbeiter gewinnen und erhalten. Führung wurde Teamwork, der Führer zum Koordinator von sachverständigen und selbstbewußten Menschen.

Wenn damit die Entwicklung bis in die 50-er Jahre gekennzeichnet ist - welche Veränderungen haben sich dann seitdem ergeben? Diese jüngste Vergangenheit läßt sich nicht mit dem nötigen Abstand betrachten, der einer Diagnose einen hohen Grad an Sicherheit geben könnte. Um mich nicht vorschnell auf eine Möglichkeit einzuengen, möchte ich drei verschiedene Zugangswege erörtern, die jeweils zugleich eine Validierung der schon besprochenen Entwicklungsstufen darstellen:

2.3.2. Menschenbilder (SCHEIN)

In der Organisationstheorie und -psychologie wird auf das Bild vom Menschen vor allem deshalb eingegangen, weil sich in diesen Auffassungen (der Führungskräfte über die Geführten) typische Handlungsmaximen widerspiegeln: wer z.B. Arbeitnehmer für grundsätzlich faul und inkompetent hält, wird sich in seinem Verhalten entsprechend darauf einstellen. Vor allem SCHEIN (1965, 1974) hat die verschiedenen Auffassungen über den arbeitenden Menschen systematisiert (s. aber auch STAEHLE 1980, 1989; LILGE 1981; WEINERT 1987):

a) Der rationale Mensch

Mit dieser Konstruktion eines "homo oeconomicus" wird Bezug genommen auf den "wissenschaftlich" kalkulierenden, seine (individualistischen) Ziele konsequent und rational verfolgenden Menschen. TAYLORs Konzept der "wissenschaftlichen Betriebsführung" liegt eine solch technisch-nüchterne Haltung zugrunde.

b) Der soziale Mensch

Die von MAYO inspirierte Human-Relations-Bewegung propagierte die soziale Determiniertheit menschlichen Handelns: der einzelne fügt sich den Normen seiner Gruppe und strebt nach Anerkennung, Nähe, Zugehörigkeit. "Sage mir, zu welcher Gruppe Du gehörst, und ich sage Dir, wer Du bist!"

c) Der selbstaktualisierende Mensch

Dieses Menschenbild führt die bisher skizzierte Entwicklungslinie fort zu einem neuen Typus. Auffällig ist die Konzentration auf das Individuum: Selbstverwirklichung und psychologisches Wachstum, Ich-Bedürfnisse und Autonomie sind die zentralen Begriffe, die z.B. in MASLOWs Bedürfnishierarchie die obersten Plätze einnehmen.

d) Der komplexe Mensch

Hier wird im Unterschied zu den drei genannten Auffassungen, die jeweils inhaltliche Akzente setzen - einer Dynamisierung das Wort geredet: Der Mensch ist flexibel, plastisch, lern- und wandlungsfähig, er kann nicht auf eine bestimmte Eigenart festgeschrieben werden, sondern verändert sich je nach den Anforderungen der Situation, in der er handeln muß. Im Grunde stellt die Rede vom 'komplexen Menschen' die Verteidigung eines Menschen dar, der zum gefügigen Produkt seiner Umwelt wurde: Er ist (nun) so, wie sie ihn braucht!

Welche gesellschaftlichen Veränderungen korrespondieren diesen letzten beiden Menschenbildern, die in der Rekonstruktion von BENDIX nicht aufgetaucht waren? Es stellt sich (s. HARTFIEL 1968, S. 10 f) die Frage,

"ob es sich bei der Vorstellung solcher künstlicher 'Menschen' nicht um Apologien bestimmter gesellschaftlicher Entwicklungsstufen oder Ordnungsprinzipien, oder mehr noch, um Apologien spezifischer sozialer Gruppeninteressen in einer bestimmten gesellschaftlichen Ordnung handelt."

Eine bürokratisierte und technisierte Welt nimmt dem einzelnen immer mehr die Chance, seine Einmaligkeit und Unverwechselbarkeit zum Ausdruck zu bringen, ja überhaupt zu entfalten. Er wird zur "Charaktermaske" der gesellschaftlichen Verhältnisse: er ist wie sie genormt, berechenbar, rationalisiert, funktionsfähig ... Die unterdrückte Sehnsucht, die eigene Identität zu entfalten, soll vom Manager gestillt werden durch eine Individualisierung der Arbeitsbedingungen, durch Bereitstellung 'intrinsischer Motivation' (durch herausfordernde Aufgaben, Erfolgserlebnisse, Selbstbestätigung, Kompetenzerweiterung, Verantwortungsübertragung usw.), durch Anerkennung und Hervorhebung des einzelnen (Auszeichnungen, Statussymbole, Einkommensdifferenzierung u.ä.). Entgegen aller erdrückenden Alltagserfahrung, doch nur ein auswechselbares Rädchen im Getriebe zu sein, soll symbolisiert werden, daß es auf den einzelnen ankommt und daß dieser einzelne in sich selbst die Erlösung findet. Wenn es um ihn selbst geht (und das ist hier ja das höchste Entwicklungsstadium), ist jeder sich selbst der nächste, er braucht keine solidarische Unterstützung durch andere.

Die Verherrlichung des Individuums ist auch eine zeittypische Reaktion auf die Verabsolutierung des Führergedankens im Faschismus. Durch Krisen des Kapitalismus ausgelöst, konzentrierte sich der geradezu messianische Hoffnungsglaube der verunsicherten, ratlosen und enttäuschten Massen auf das uralte Bild vom (personalen) Retter, Helden, Vater, die das Heil bringen. Die vom "Führer" geforderte bedingungslose Unterwerfung resultierte in der Auslöschung jeglicher Individualität; der einzelne bedeutete nichts mehr.

Die "Selbstverwirklichungs-Bewegung" knüpft an die schon erwähnte "Selbsthilfe-Doktrin" der Jahrhundertwende an und suggeriert dem Individuum, sein eigener "Führer" zu sein, anders zu sein als die gesichtslosen anderen, unabhängig zu werden und nicht mehr verraten, verlassen und verkauft zu werden. Damit stehen die elitären Ansprüche im Einklang, die z.B. MASLOW an die selbstverwirklichte Person stellt und die ihn schätzen lassen, daß vielleicht nur 1 % der Bevölkerung wahrhaft dieses Ziel erreicht. Insofern ist der nach Selbstentfaltung strebende Mensch wohl eher ein Leitbild der Führungskräfte selbst, als daß er die Arbeitnehmerschaft insgesamt charakterisierte. Und für die Manager, deren Aufstiegshoffnungen unerfüllt blieben, hält der Selbstaktualisierungsgedanke die Tröstung bereit, sich nicht nur an äußeren Erfolgen zu messen.

Der "komplexe" Mensch ist nicht (nur) Ergebnis der Einsicht in die Beschränktheit und Einseitigkeit der vorausgegangenen Konzeptionen. Der "komplexe" Mensch ist nicht die endlich erlangte Wahrheit über das eigentliche Wesen des Menschen (er wird schon überboten von der/dem 'self organizing (wo)man', s. MÜLLER 1989!). Das Menschenbild ist der in einer konkreten historischen Situation geforderte Mensch avanciert zum "Menschenbild": Wenn sich durch rasanten technologischen und wissenschaftlichen Fortschritt Arbeitsbedingungen, Berufsbilder und Lebensplanung fortwährend ändern, wenn man durch Zusammenbrüche oder Fusionen gezwungen oder durch neue Chancen verlockt den Arbeitsplatz wechseln muß, wenn man sich ständig auf neue Arbeitsinhalte und -kollegen einstellen muß - dann kann in einer solch dynamischen Umwelt natürlich ein traditionsverhafteter, auf Bewahrung und Stabilität fixierter Menschenschlag nicht reüssieren. Es ist vielmehr derjenige gefragt, der den ständigen Wandel nicht nur hinnimmt oder mitmacht, sondern sogar braucht und aktiv betreibt. Wenn sich Organisationen fortwährend "entwickeln" müssen, dann mit ihnen auch die Menschen! Im Grunde ist der "complex man" nicht die Fortsetzung des "self-actualizing man", sondern die Gegenbewegung dazu: der einzelne hat sich dem System und seinen Veränderungen bereitwillig und aktiv unterzuordnen. Angesichts von unüberschaubarer Komplexität der Organisationen und Technologien, von Internationalisierung der Unternehmen und Märkte, von staatlicher Einflußnahme und 'konzertierten Aktionen' hat sich der einzelne dem Gang der Dinge zu fügen - nicht fatalistisch, sondern überzeugt im Glauben in die Selbstheilungs- und -steuerungskräfte des Systems. Wer mitmacht, stört nicht und Störung der Funktionsfähigkeit ist das schlimmste Delikt, dessen einer beschuldigt werden kann; etwa dann, wenn er in engstirnig-fundamentalistisch-egozentrischer Weise nach Selbstbestimmung, Emanzipation und dem menschlichen Maß fragt.

2.3.3. Manager-Typen nach MACCOBY

Eine andere Möglichkeit, gegenwärtige Führungsideologien zu identifizieren, bietet eine sozialpsychologisch-psychoanalytische Untersuchung, die MACCOBY (1976 bzw. 1979) an Managern in amerikanischen Großunternehmen durchgeführt hat. Aufgrund von Tiefeninterviews mit drei- bis zwanzigstündiger Dauer (1979, S. 15), die sich auf die "Gesamtorientierung zur Arbeit, zu Wertvorstellungen und zu Eigenidentität" bezogen (1979, S. 33), konnte MACCOBY vier Typen von Managern kontrastierend gegenüberstellen:

a) Der Fachmann

Es ist der Typ des rational denkenden, um Qualität und Sparsamkeit bemühten, ruhigen, bescheidenen, praktischen und aufrichtigen Menschen (S. 34) - also jener Typus, der oben schon als objektiv-nüchterner und sachlich-wissenschaftlicher Mensch beschrieben wurde, den TAYLOR unterstellt hatte bzw. erzeugen wollte und den M. WEBER (1972) den für die rationale Herrschaft notwendigen "Fachmenschen" genannt hat.

b) Der Dschungelkämpfer

Sein Ziel ist Macht.

"Er erfährt das Leben und die Arbeit als einen Dschungel (nicht als Spiel), in dem es heißt, friß oder werde gefressen und in dem die Sieger die Verlierer vernichten. Ein Großteil seiner Kräfte ist dem Budget des inneren Verteidigungsministeriums zugewiesen" (S. 35).

Er *"ist stolz darauf, gefürchtet zu werden"* (S. 65). MACCOBY sieht z.B. CARNEGIE als einen Prototyp eines solchen Dschungelkämpfers:

"Wie viele Dschungelkämpfer, denen ich begegnet bin, liebte es Carnegie, sich als ein guter Mensch zu sehen, besorgt um den Fortschritt und das Wohl der Arbeiter. Ja, er hielt sich sogar für einen Radikalen. Als junger Mensch war er Jacksonscher Demokrat und religiöser Skeptiker gewesen. Als Industrieller schrieb er später Traktate zur Unterstützung des Tarif- und Koalitionsrechts der Arbeiter. Aber seine eigenen industriellen Ziele waren Macht und Profit, gewonnen durch die neue Technologie, die kostensenkende Massenproduktion und neue Managementtechniken, um die Löhne zu senken. Unter der Führung von Carnegie wurde die Stahlindustrie zur fortgeschrittensten ihrer Zeit. Ein Modell für andere Industrien - dafür, die Zünfte unabhängiger Handwerker zu zerschlagen und Taylorsche Managementmethoden einzuführen, die die Arbeiter ihrer Würde beraubten und die Arbeitsplätze so umgestalteten, daß sie von ungelernten und angelernten Kräften besetzt werden konnten. Die Handwerker, die in Homestead gegen den industriellen 'Fortschritt' kämpften, wurden, trotz der Versicherungen Carnegies und der Unterstützung durch die Öffentlichkeit, von Polizisten und Soldaten zusammengeschlagen, verletzt und umgebracht. Als das Management erst einmal die Kontrolle über den Produktionsprozeß gewonnen hatte und die Gewerkschaft vernichtet worden war, bot Carnegie eine Verkürzung der Arbeitszeit und andere Vorteile an, die die Beschäftigten besänftigen würden. In späteren Jahren schrieb und dozierte Carnegie, daß die amerikanische Demokratie die Zukunft sei, zum Teil weil sie dem außergewöhnlichen Individuum wie ihm selbst das Hochkommen ermöglichte, dem armen Jungen, der zum Führer der Gesellschaft aufstieg (was er war), der 'wilden Blume ... in den Wäldern einsam aufgefunden, keiner Hilfe der Gesellschaft bedürfend'." (S. 63f).

Bezogen auf die oben dargestellte historische Analyse repräsentiert der "Dschungelkämpfer" das Bild des Unternehmers der Gründerzeit, der seinen eigenen Erfolg sozialdarwinistisch rechtfertigt und die Unterlegenen für minderwertig hält.

c) Der Firmenmensch

Er ist der *"Mann der Organisation oder Funktionär, dessen Identitätsgefühl sich darauf gründet, daß er Teil einer mächtigen, schützenden Firma ist. Sein stärkster Zug ist die Sorge um die menschliche Seite des Unternehmens, sein Interesse an den Gefühlen der Menschen in seiner Umgebung"* (S. 35). Was WHYTE den "organization man" und FROMM den "Marketing-Charakter" (s.u.) genannt hat, ist auf der negativen Seite gekennzeichnet durch *"unterwürfige Kapitulation vor der Organisation und der Autorität, sentimentale Idealisierung der Machthabenden, eine Tendenz, das Ich zu verraten, um Sicherheit, Komfort und Luxus zu gewinnen"* (S. 78). Es liegt nahe, diesen Typ in den Stammbaum der durch die Human-Relations-Bewegung gezeugten künstlichen Menschen einzuordnen.

d) der Spielmacher (Gamesman)

Diesen letzten Typ MACCOBYs nennt er den "neuen Menschen" und den in seiner Studie "führenden Charakter".

"Sein Hauptinteresse gilt der Herausforderung, der auf Konkurrenz beruhenden Tätigkeit, in der er sich als Sieger beweisen kann... Er reagiert auf Arbeit und Leben wie auf ein Spiel. Wettbewerb putscht ihn auf ... ihm gefallen neue Ideen, neue Techniken, frische Methoden und Abkürzungen ... Sein Hauptziel im Leben ist, Sieger zu sein" (S. 36). "Er sieht ein sich entwickelndes Projekt sowie menschliche Beziehungen und seine eigene Karriere in der Form von Optionen und Möglichkeiten, wie ein Spiel. Sein Charakter ist eine Kollektion von Beinahe-Paradoxien, die nur zu verstehen sind durch seine Anpassungsfähigkeit an organisatorische Erfordernisse. Er ist kooperativ, aber auf Wettbewerb eingestellt; gelöst und ausgelassen, aber zwanghaft zum Erfolg getrieben; ein Mannschaftsspieler zwar, aber gern wäre er Superstar; ein Teamleiter, aber häufig ein Rebell gegen die bürokratische Hierarchie; fair und unvoreingenommen, aber er verachtet Schwäche; zäh und beherrschend, aber nicht destruktiv. Zum Unterschied von anderen Berufstypen ist seine Energie darauf gerichtet zu konkurrieren, jedoch nicht darauf, ein Imperium aufzubauen" (S. 83).

Die Ideologie, aus der heraus der Spielmacher handelt, läßt sich wohl am besten im deutschen Ausdruck des Machers verdeutlichen: An der Mitgestaltung von Zielen oder ihrer moralischen Bewertung ist er weniger interessiert, er investiert vielmehr seine ganze Kraft darin, die Dinge im Laufe zu halten, andere zu übertrumpfen in einem Wettbewerb, dessen Kriterien Schnelligkeit, Wirtschaftlichkeit, Durchsetzung, Marktanteil usw. sind. Anders als der biedere und seriöse Fachmann, anders als der entscheidungsscheue und gruppenorientierte Firmenmensch und anders auch als der machiavellistisch-rücksichtslose Dschungelkämpfer ist der Macher nicht nur ein idealer Krisenmanager, sondern auch ein treuer, aber zugleich vifer und dynamischer Diener seines Herren: welchen Auftrag er auch immer erhält, er setzt seinen Ehrgeiz daran, ihn besser auszuführen als alle anderen - er will Sieger sein und sich zudem auf seinen Lorbeeren nicht ausruhen, sondern die nächste Herausforderung suchen.

Damit ist der Spieler ein fungibles Instrument: in seiner Ziellosigkeit beliebig einsetzbar. Wenn die Verhältnisse durch Transparenz, Wettbewerb, fortwährende Innovationen, wechselnde Koalitionen, Instabilität und kurze Reaktionszeiten charakterisiert sind, dann liefert die Macher-Ideologie (bzw. -Pragmatik) die besten Grundlagen für Erfolg und Überleben. Der "Spielmacher" MACCOBYs ähnelt dem "komplexen Menschen" von SCHEIN: er vereinigt in sich die anderen drei Typen und ergänzt sie durch die Fähigkeit zu flexibel-angepaßtem Einsatz.

2.3.4. Theorien der Subjektivität (DANIEL)

In "Theorien der Subjektivität" versucht DANIEL (1981) durch Gegenüberstellung von Theorien zum Verhältnis von Individuum und Gesellschaft *"etwas von der Veränderung von Individualität im Verlauf der bürgerlichen Entwicklung deutlich werden"* zu lassen (S. 8). Da der Führer als ausgezeichnete Gestalt bürgerlicher Individualität angesehen werden kann, versprechen die Analysen DANIELs auch Einsichten in die

Entwicklungen der Führungsideologie, zumindest aber in die Veränderungen der Subjekte, mit denen Führungskräfte umzugehen haben. Denn - wie ich oben schon festgestellt habe - Ideen werden "von außen" in die Organisationen importiert; in ihren Ideologien, die zugleich Handlungsbegründung, Wirklichkeitsverständnis und Selbstüberzeugung sind, spiegeln Führungskräfte die gesellschaftlichen Verhältnisse wider, in denen sie tätig und durch die sie geprägt sind.

Wie sich der einzelne als Selbst (Subjekt, Persönlichkeit, Ich, Charakter, Individuum) gegenüber dem überwältigenden Druck der Gesellschaft (der Verhältnisse, des Systems, der Umwelt) entwickeln, behaupten und darstellen kann, ist eines der Probleme, die DANIEL diskutiert.

Als eine mögliche Verkörperung eines solchen "Subjekts" kann der Idealtypus des (früh-)kapitalistischen Unternehmers gesehen werden. Dieser Typus ist nicht nur durch Unternehmungsgeist ausgezeichnet (wie er auch viele herausragende Gestalten früherer Epochen schon charakterisierte), sondern zusätzlich durch einen hoch entwickelten und gesellschaftlich-religiös akzeptierten Erwerbstrieb und spezifische Tugenden, v.a. Sparsamkeit, Fleiß, Ordnungsliebe, Beständigkeit, Solidität und vor allem "Rechenhaftigkeit" (d.h. ein durch rationales Kalkül planmäßiges und methodisch gesteuertes Handeln). Dieser idealtypische einzelne, dem zwar nicht das Streben nach Besitz, wohl aber das Ausruhen auf (und der Genuß von) Besitz sittlich verwerflich war, hat nicht durch *Rückzug* von der Welt, sondern im Gegenteil durch *"innerweltliches" Handeln* ein pflichtgemäßes und darum gottgefälliges Leben geführt. Die erfolggekrönte Beherrschung der Wechselfälle hat ihn als souveränes Ich ausgewiesen.

Die zunehmende Rationalisierung und Weltbeherrschung (durch Verwissenschaftlichung, Technisierung und Organisation) läßt die Figur des autonomen Subjekts zu einer historischen Erinnerung werden. Das *"Gehäuse der Hörigkeit"* legt sich immer enger um die Menschen, die sich *"wie die Fellachen im altägyptischen Staat, ohnmächtig zu fügen gezwungen sein werden"* (M. WEBER 1972, zit. in DANIEL 1981, S. 118). Damit wird das andere Extrem sichtbar: die totale (totalitäre?) Einebnung des Subjekts, seine Vereinnahmung durch den Zwang der Verhältnisse, der es zur bloßen Marionette degradiert.

Diese Gegenposition entwickelt DANIEL am charakterologischen System FROMMs und - in Weiterführung - an Gegenwartsdiagnosen von MARCUSE und ADORNO. Wenn es um das Wesen des Menschen geht, so lassen sich nach FROMM zwei (gleichermaßen falsche) Auffassungen gegenüberstellen: die eine (*"konservative"*) stattet ihn mit einer unveränderlichen menschlichen Natur aus, während die andere (*"progressive"*) die unbegrenzte Wandelbarkeit und Entwicklungsfähigkeit behauptet. Die konservative Auffassung muß mit dem Problem fertig werden, daß es in unterschiedlichen historischen Epochen sehr verschiedene Bestimmungen des eigentlichen Wesens des Menschen gegeben hat; wäre der Mensch aber ein unbeschriebenes Blatt, dann müßten die Progressiven zugeben, daß man Menschen auf jedwede gesellschaftliche Ordnung abrichten könne:

"Wäre der Mensch also nur ein Reflex kultureller Typen, dann könnte faktisch keine Sozialordnung vom Standpunkt des menschlichen Wohlergehens kritisiert oder beurteilt werden, weil es keine Konzeption des Menschen geben würde" (FROMM 1954, zit. nach DANIEL 1981, S. 76).

In seinem Lösungsversuch geht FROMM von dem "anthropologischen Dilemma" aus, in dem sich der Mensch befindet: auf der einen Seite ist er ein Natur-Wesen, das in dieser Welt zu existieren hat, auf der anderen Seite muß er diesen Naturzusammenhang verlassen, um die Bedingungen seines Überlebens selbst herzustellen. Dieser Grundwiderspruch zwischen Weltanpassung und Weltveränderung manifestiert sich in den "existentiellen" Bedürfnissen der *Assimilation* (Aneignung der natürlichen Umwelt, um die Bedingungen des physischen Überlebens zu sichern), der *Assoziation* (Vergesellschaftung; soziale Beziehungen mit anderen Menschen), der *Sinngebung* (als der Interpretation und Orientierung von Selbstsein und Selbsttätigkeit). Wie jedoch diese existentiellen, d.h. unterschiedslos allen Menschen gestellten Aufgaben gelöst werden, ist historisch bedingt: jede Gesellschaft findet darauf typische Antworten. Diese gesellschaftlichen Vorgaben (die sich in Werten, Normen, Strukturen, Institutionen usw. konkretisieren) schränken die Handlungsmöglichkeiten des einzelnen ein, prägen - zusammen mit den je individuellen Erfahrungen - seinen "Charakter". Je fester der Charakter eines Menschen ist, desto eindeutiger ist sein Handeln vorhersagbar und desto schwieriger ist es, seinem Verhalten einen anderen Inhalt oder eine andere Richtung zu geben.

FROMM konzentriert seine Untersuchungen nicht so sehr auf den individuellen, sondern auf den *Sozial-Charakter*, den er als den *"Wesenskern der Charakterstruktur der meisten Gruppenmitglieder, welcher sich als Ergebnis der dieser Gruppe gemeinsamen Lebensweise und Grunderlebnisse entwickelt hat"* (FROMM 1966, zit. in DANIEL 1981, S. 89) definiert. *"Es ist die Funktion des Sozialcharakters, die seelischen Kräfte der Mitglieder der Gesellschaft so zu beeinflussen, daß ihr Verhalten in der Gesellschaft nicht eine bewußte Entscheidung ist, ob sie den gesellschaftlichen Regeln folgen wollen oder nicht, vielmehr eine Haltung, die sie wünschen läßt, so zu handeln, wie sie zu handeln haben, und sie zugleich Befriedigung darin finden läßt, den Erfordernissen der jeweiligen Gesellschaft gemäß zu handeln. Anders gesagt, die Funktion des Sozialcharakters besteht darin, die menschlichen Energien innerhalb einer gegebenen Gesellschaft so zu formen und zu kanalisieren, daß sie das kontinuierliche Funktionieren eben dieser Gesellschaft verbürgen (FROMM 1960, zit. in DANIEL 1981, S. 91)".*

FROMM analysiert verschiedene Sozialcharaktere:

a) Der "anale" Charakter

FROMM bezieht sich hier auf FREUDs "anale Trias" (Ordnungsliebe, Sparsamkeit, Eigensinn) und die pathologische Zuspitzung dieser (oben schon erwähnten) Merkmale des "Geistes des Kapitalismus" zu zwangshafter Sauberkeit, Kontrolle, Pedanterie, Starrsinn, Geiz. Im engen Zusammenhang mit dem analen Charakter steht der sado-masochistische Komplex, der durch den Drang nach Beherrschung oder Unterwerfung gekennzeichnet ist:

Masochismus *"bedeutet übertriebenes Minderwertigkeitsgefühl, ein Selbstbild der Ohnmacht und Belanglosigkeit, den Willen, sich möglichst "kleinzumachen", den Eindruck, von übermächtigen äußeren Gewalten abhängig, ihnen ausgeliefert zu sein. Masochismus ist die Tendenz, sich äußeren Mächten widerstandslos zu überlassen, sich zu unterwerfen - bis hin zur Perversität der Selbstquälerei mit sexuellem Lustgewinn.*

'Sadismus', das ist die Tendenz, andere zum Werkzeug herabzusetzen, sie wie ein totes Ding zu behandeln, sie körperlich und seelisch leiden zu lassen und leiden zu sehen. Der Sadist ist so abhängig von den Objekten wie der Masochist. Er braucht das beherrschte Objekt dringend; ohne es käme seine Selbstverlassenheit zum Ausdruck" (DANIEL 1981, S. 94).

Der *"autoritäre Charakter"* ist Sado-Masochismus bezogen auf das Verhältnis der Individuen zur Autorität, sei es daß Herrschaft selbst ausgeübt wird (dann wäre die sadistische Komponente betont) oder/und daß sie hingenommen werden muß.

Bei der Konstruktion der F(aschismus-)Skala zur Untersuchung der "autoritären Persönlichkeit" hat ADORNO (1973, S. 45) relevante Persönlichkeitsdimensionen beschrieben:

a) Konventionalismus: Starre Bindung an die konventionellen Werte des Mittelstandes;

b) Autoritäre Unterwürfigkeit: Unkritische Unterwerfung unter idealisierte Autoritäten der Eigengruppe;

c) Autoritäre Aggression: Tendenz, nach Menschen Ausschau zu halten, die konventionelle Werte mißachten, um sie verurteilen, ablehnen und bestrafen zu können;

d) Anti-Intrazeption: Abwehr des Subjektiven, des Phantasievollen, Sensiblen;

e) Aberglaube und Stereotypie: Glaube an die mystische Bestimmung des eigenen Schicksals; die Disposition, in rigiden Kategorien zu denken;

f) Machtdenken und Kraftmeierei; Denken in Dimensionen wie Herrschaft - Unterwerfung, stark - schwach, Führer - Gefolgschaft; Identifizierung mit Machtgestalten; Überbetonung der konventionalisierten Attribute des Ich; übertriebene Zurschaustellung von Stärke und Robustheit;

g) Destruktivität und Zynismus: Allgemeine Feindseligkeit, Diffamierung des Menschlichen:

h) Projektivität: Disposition, an wüste und gefährliche Vorgänge in der Welt zu glauben; die Projektion unbewußter Triebimpulse auf die Außenwelt;

i) Sexualität: Übertriebene Beschäftigung mit sexuellen Vorgängen".

b) Die "automatische Anpassung"

Für die Mitte des 20. Jahrhunderts macht FROMM in den liberalen westlichen Gesellschaften einen anderen vorherrschenden Charaktertyp aus, den er "automaton conformity" nennt:

"Das Individuum gibt es auf, es selber zu sein und übernimmt zur Gänze die Sorte Persönlichkeit, die sich ihm in Form einer Zivilisationsschablone darbietet, und auf Grund derer es genau so wird, wie man es von ihm erwartet, genau so, wie alle andern sind. Der Zwiespalt zwischen dem Ich und der Welt verschwindet und mit ihm zugleich die bewußte Furcht vor Alleinsein und Machtlosigkeit" (FROMM 1966, zit. in DANIEL 1981, S. 96).

Im Unterschied zu personalen äußeren Autoritäten (Eltern, Lehrer, Vorgesetzte) und deren innerer Repräsentanz (im Über-Ich oder Gewissen) wirken dabei eher

"anonyme Autoritäten und tragen die Masken: Wissenschaft, Normalität, Öffentliche Meinung, Gesunder Menschenverstand, Bequemes Leben ... usw. Sie verlangen nichts, was nicht selbstverständlich erschiene - da herrscht kein Druck, nur sanfte Überredung" (FROMM 1966, zit. in DANIEL 1981, S. 97).

Dieser "Marketing-Charakter" korrespondiert mit der Herausbildung der modernen Konsumgesellschaft, in deren Mittelpunkt der Markt steht. Ihr wird alles - auch die Person - zur Ware, die möglichst vorteilhaft angeboten und verwertet werden soll. Deshalb kommt es zur Perfektionierung des Pseudo-Selbst, bei dem Verpackung, Aussehen und Ankommen wichtiger sind als der Inhalt.

c) Der "nekrophile" Charakter

Unter diesem aus der Psychopathologie entlehnten Begriff versteht FROMM

"die Leidenschaft, das, was lebendig ist, in etwas Unlebendiges umzuwandeln; zu zerstören, um der Zerstörung willen; das ausschließliche Interesse an allem, was rein mechanisch ist" (FROMM 1974, zit. in DANIEL 1981, S. 98).

Ein Merkmal der Nekrophilie, die FROMM für den vorherrschenden Charakterzug der Menschen in der zweiten Hälfte des 20. Jahrhunderts hält, ist die "Vergötterung der Technik", die Liebe zu künstlichen Gebilden und Geräten, die das Interesse für das Lebendige verdrängt. Der Mensch im technischen Zeitalter

"wendet sein Interesse ab vom Leben, von den Menschen, von der Natur und den Ideen - kurz, von allem, was lebendig ist; er verwandelt alles Leben in Dinge, einschließlich sich selbst. Symbole des Todes sind nun saubere, glänzende Mechanismen, Apparaturen, Strukturen der Leblosigkeit. Das Verhalten des Nekrophilen ist stereotyp, mechanisch, bürokratisch, wie die Welt, die er hervorgebracht hat und der er sich dennoch anpassen muß" (DANIEL 1981, S. 100).

Als Gegenbegriff zur Nekrophilie diskutiert FROMM die *"Biophilie"*, die als der *"produktive Charakter"* die Selbst-Tätigkeit, die Selbst-Produktion des genetisch nicht festgelegten Menschen beschreibt und nicht -wie etwa autoritärer und nekrophiler Charakter - Flucht vor der Freiheit, sondern Suche nach der Freiheit ist. Freiheit besteht in der Wahrnehmung der Möglichkeit, die sogenannten "existentiellen Bedürfnisse" (Assimilation, Assoziation, Sinngebung und Identität) selbständig und selbsttätig zu erfüllen.

FROMM steht mit seiner akzentuierenden und überzeichnenden Zeitdiagnose nicht allein. Auch MARCUSE, HORKHEIMER und ADORNO erkennen auf die Übermacht der Verhältnisse, die Unterwerfung des einzelnen unter die Sachzwänge des Apparats, die durchgängige Tendenz zur Rationalisierung und Technisierung des Lebens, die allein "instrumentelle Vernunft" (HORKHEIMER) gelten läßt und den "eindimensionalen Menschen" (MARCUSE) erzeugt, der technokratisch nur noch das Machbare und Verwertbare denken kann. Soziale Beziehungen und selbst Personen werden "objektiviert" d.h. zum Objekt gemacht, verdinglicht. Angesichts dieser "überwältigenden Objektivität" (ADORNO) löst sich das Subjekt auf: es bleiben keine Schlupflöcher mehr offen, *"in denen eine nicht gesellschaftlich präparierte, irgend unabhängige Subjektivität sich verstecken könnte" (ADORNO 1973,* zit. in DANIEL 1981, S. 127). Die Unentrinnbarkeit der Fremdbestimmung in der verwalteten Welt nimmt dem einzelnen jede Chance, sich produktiv selbst zu verwirklichen. Das Individuum wird auf sich selbst zurückgeworfen: es richtet seine Energien narzißtisch auf sich selbst, etabliert die Fiktion einer unbeschädigten Binnenwelt, die aber zur "Pseudoindividualität" gerät, weil sie lediglich die vorgegebenen Muster wiederholt und Subjektivität ins Unbewußte abdrängt. Eine Konzeption von Individualität, die den "einzelnen" nur in seiner Gegenüberstellung zur "Gesellschaft" denkt, ist ein Produkt eben dieser Gesellschaft. Sie hat die Fiktion vom souveränen Individuum errichtet (das auf dem Tauschmarkt seine partikulären privaten Interessen verfolgt), um den einzelnen, vereinzelten umso perfekter zu vereinnahmen, denn sowohl seine Interessen wie seine Möglichkeiten sind ihm vorgeschrieben.

Was FROMM "Marketing-Charakter" nennt und was ADORNO mit der Auflösung der Subjektivität durch die "Übermacht der Verhältnisse" meint, wird bei RIESMAN u.a. (1958), COHEN & TAYLOR (1977) und GOFFMAN (1969) in ähnlicher Weise beschrieben.

RIESMAN u.a. zeichnen eine Entwicklungslinie, die nun schon des öfteren skizziert wurde: von der *"Traditionsleitung"* (der fraglosen Respektierung überkommener Ordnungen) über die *"Innenleitung"* (der Verinnerlichung von handlungsleitenden Prinzipien, wie sie etwa für den 'Geist des Kapitalismus' typisch sind) zur *"Außenleitung"*, bei der das Individuum die Erwartungen, die an es gerichtet werden, sensibel registriert, um sich mit Konformität (d.h. sozial erwünschtem und angemessenem Verhalten) Bestätigung durch die bedeutsamen anderen zu sichern. Die Leitfrage für den Außengeleiteten ist nicht: 'Was kann ich tun oder erreichen?', sondern: 'Was denken die anderen von mir?' Seine Identität erhält der Außengeleitete durch die Abhebung von den anderen, indem er "kleine Besonderheiten" kultiviert. In ähnlicher Weise geht es dem *"Identitätsarbeiter"* COHEN und TAYLORs darum, der monotonen Routine der Alltagswelt dadurch (scheinbar) zu entfliehen, daß er durch "kleine Unterschiede auf dem Markt der guten Eindrücke" imponiert, eine unverwechselbare Fassade in den alltäglichen Routinen aufbaut und auf diese Weise letztlich zum Scheitern verurteilte Ausbruchsversuche aus seiner schematisierten Welt unternimmt (s. DANIEL 1981, S. 177 ff.). Analog betont GOFFMAN, daß Individualität heutzutage primär als dramaturgische Inszenierung zu betrachten sei, bei der sich der einzelne durch "impression management" eine besondere Note gibt; es geht um die Pflege des Image durch *"Identitätsaufhänger"*, kleine Signale der Einzigartigkeit, mit denen sich der einzelne angesichts festgezurrter Rollenvorschriften begnügen muß.

Die letztgenannten Ansätze stimmen darin überein, daß in den entwickelten westlichen Zivilisationen Individualität letztlich nur noch als Geste möglich ist, durch die der einzelne sich selbst und die anderen darüber hinwegbetrügt, daß er im Grunde "programmiert" ist. Individualität gerät zum schönen Schein, zur Fassadenkosmetik. Diese soll vergessen machen, daß eigentlich kein relevanter persönlicher Handlungsspielraum verblieben ist, weil jeder (und das gilt für Führer und Geführte gleichermaßen) nach dem Plan, nach dem er angetreten ist, zu funktionieren hat. Die zugestandene kleine Abweichung ist nichts als "repressive Toleranz", die die Bitterkeit der Erkenntnis verdrängen soll, daß wer glaubt zu schieben, doch nur geschoben wird. Ein Vorgesetzter, der diese Sicht der Dinge teilt (oder der es mit Mitarbeitern zu tun hat, die zu dieser "Erkenntnis" gelangt sind), wird sich nur schwerlich mit einer Ideologie anfreunden können, die ihn zum Gestalter, Entscheider, Innovator und zur Schlüsselfigur stilisiert. Statt eines Impresarios ist der Vorgesetzte vor allem Impressario! Ihm bleiben nur - je nach Temperament - Resignation oder innere Emigration, zynische Doppelmoral, die gute Miene zum bösen Spiel bzw. MACCOBYs "gamesmanship": die zielindifferente sportliche Haltung dessen, dem vor allem daran liegt, besser zu sein als die anderen.

Noch eine weitere Reaktion ist denkbar, die von einigen Autoren - beginnend mit ADORNO - als zeittypischer modernster Sozialcharakter beschrieben wird: die narzißtische Regression. Der NST (der "Neue Sozialisations-Typ" bzw. "narzißtisch-spätkapitalistische Typ") will es im Unterschied zum außengeleiteten Fassadenarbeiter nicht mehr den anderen recht zu machen - er will es selbst gut haben; er richtet sich nicht nach den anderen, sondern bezieht die anderen egozentrisch auf sich. Auf der phänomenologischen Ebene werden für den NST - vor allem für Jugendliche - folgende Beschreibungen angeboten (s. dazu DANIEL 1981, S. 194 ff, der Diagnosen von HÄSING u.a. 1979, ZIEHE 1975 und vor allem LASCH 1980, WAHL 1985 und KRAUSS 1985 zusammengetragen hat):

- Motivationsschwäche, mangelnde Konzentrationsfähigkeit; Unfähigkeit, ein Ziel langfristig und konsequent zu verfolgen;
- lähmende Apathie und plötzliche Aufwallungen von Zerstörungswut und Aggressivität;
- sinkende Unlusttoleranz, Unfähigkeit zum Aufschub von Bedürfnisbefriedigung;
- zerfallende Zeitstruktur, Planungsunfähigkeit;
- Allmachtphantasien, die in dumpfe Gleichgültigkeit umschlagen können;
- Unfähigkeit, Beziehungen einzugehen und andererseits der starke Wunsch nach Geborgenheit und Zugehörigkeit;
- Zerstörung der Sprache (keine präzisen strukturierten Aussagen, sondern einsilbig-affektive Zustandsbeschreibungen);
- der Wunsch nach Selbstfindung, Nabelschau ("Was hat das mit mir zu tun"?).

Solche Diagnosen der "heutigen Jugend" erinnern an die seit HAMMURABI und SOKRATES regelmäßig erneuerten Klagelieder der jeweils älteren Generation über den drohenden Verfall der Sitten der jüngeren Generation. Das Neue am NST ist, daß statt der früheren Betonung von Auflehnung, Trotz, Sturm und Drang, verstärkt Desinteresse, Abwendung und desorientierte Selbstbezüglichkeit attestiert werden. Insofern ist der NST der Gegentyp zum "autoritären Charakter", der oben anhand der Merkmalsliste ADORNOs skizziert und für die erste Phase des Spätkapitalismus als typisch angesehen wurde. Welche gesellschaftlichen Veränderungen begleiten die Entstehung des NST? Warum entspricht der NST diesen Bedingungen eher als der "autoritäre Charakter", der durch Triebverzicht, Ordnungsliebe, Unterwerfungsbereitschaft etc. charakterisiert ist? Während in der Expansionsphase des Spätkapitalismus die Zuversicht in grenzenloses Wirtschaftswachstum, der stumme Zwang der Verhältnisse und die Verstrickung in das Netz undurchschauter Abhängigkeiten als unvermeidlicher Preis für die fortwährende materielle Besserstellung in Kauf genommen wurden, erwies sich die Fortschrittsgarantie mit Beginn der 70-er Jahre plötzlich als unhaltbar: die "Grenzen des Wachstums" wurden sichtbar, die Ausbeutung und Zerstörung der Umwelt wurde in ihrem erschreckenden Ausmaß offenkundig, der globale Vernichtungskrieg wurde als reale Gefahr bewußt - und all dem schien "man" hilflos ausgeliefert, weil das Gesetz des Handelns längst an irgendwelche anonymen Systeme übergegangen war. Hinzu kamen rapide Veränderungen der

Arbeitswelt durch neue Technologien, die dem einzelnen eine stabile Planung seiner Berufslaufbahn unmöglich machten und zu breiter struktureller Arbeitslosigkeit beitrugen, die insbesondere Jugendliche besonders hart traf; die zunehmende Reglementierung und Standardisierung nicht nur der Arbeits-, sondern auch der Privat-Welt, die Abtretung von persönlicher Kompetenz an Experten und Institutionen, die den einzelnen Bürger immer mehr versorgen, überwachen und entmündigen; die Rationalisierung und damit Kommunikations- und Gefühlsentleerung der Arbeits- und Sozialbeziehungen, was zu einer Konzentration der emotionalen Bedürfnisse auf die Familie, kleine Gruppen und Zweierbeziehungen führte und diese heillos überforderte ...

In einer solchen Situation wirkte der "klassische" bürgerliche Individualist, der in autonomer Willensanstrengung der Gesellschaft seine Erfolge abtrotzt und sich als überlegener und kompetenter bestätigt, deplaziert.

Der "NST paßt auf widersprüchliche Weise in die bürgerliche Spätphase scheindender Erwartungen und sinkender Hoffnungen. Er blickt in einen trüben Tümpel, in dem sich nichts mehr spiegelt" (DANIEL 1981, S. 212).

Wer hier gerade von den "führenden" Persönlichkeiten die begeisternde Vision eines Zielentwurfs verlangt, der den vielen wieder ein lebenswertes Leben verspricht, der drängt sie folgerichtig wiederum in die Expertenrolle und übersieht, daß man die jahrzehntelang systematisch organisierte Bevormundung des Individuums nicht durch einen Appell an Willensruck und Mut zum Dennoch ungeschehen machen kann. Wenn für den einzelnen das menschliche Maß, Souveränität und Verantwortung zurückgefordert (oder zum ersten Mal gefordert?) werden, dann bedeutet dies notwendig den Verzicht auf die hilflos machende Perfektionierung, Objektivierung und Zentralisierung. Dem in Unmündigkeit trainierten einzelnen bleibt unter den gegebenen Bedingungen die diffuse Ahnung der Sinnlosigkeit und Vergeblichkeit, auf die er mit Gleichgültigkeit, "oralen" Versorgungswünschen und privatistischem Rückzug reagiert. Die Flucht endet bei sich selbst: Narzißmus.

Es ist wahrhaftig eine Rückwendung zum "heroischen" bürgerlichen Subjekt, wenn nun dem einzelnen aufgebürdet wird, er solle sich selbst verwirklichen und sich wie der legendäre Münchhausen an den eigenen Haaren aus dem Sumpf ziehen. Einer Gesellschaft, der die herkömmliche Erwerbsarbeit ausgeht, ist vermutlich nicht allein mit Ratschlägen zur "Humanisierung der Arbeit" beizukommen. Wer für ein "menschliches" Leben Ganzheitlichkeit der Aufgaben statt Zerstückelung, Möglichkeit der unmittelbaren Zusammenarbeit statt Isolierung, Mitentscheidung statt Fremdbestimmung, Überschaubarkeit statt überwältigender Komplexität usw. fordert, der kompensiert die gegenwärtigen Defizite. Es ist aber nicht möglich, die technisch perfekte Planskizze der zukünftigen Gesellschaft zu entwerfen, ohne zugleich den alten Fehler der Auslieferung von Aufgaben, Fähigkeiten und Verantwortung an die selbsternannten Experten zu begehen. Das menschliche "Wesen" formt sich in der Auseinandersetzung mit den Bedingungen, die es selbst geschaffen hat. Diese Bedingungen sind unkontrollierbar komplex, vernetzt und zugleich widersprüchlich. Darin liegt die Chance, weil sich in den Undeterminiertheiten und Widersprüchen Handlungsspielräume öffnen, die der einzelne nutzen kann, nicht als Nischen, in denen er seine exklusive Privatheit einrichten kann, sondern die er nutzen muß, wenn er das Gehäuse der Hörigkeit sprengen möchte. Das kann er nicht tun, wenn er "aussteigt"; er muß das Kunststück vollbringen, "drinnen" zu bleiben und sich dennoch nicht vereinnahmen zu lassen.

2.3.5. MASLOWs Bedürfnishierarchie

In der letzten Spalte habe ich noch - wegen seines Bekanntheitsgrades - ein "konservatives" Menschenbild berücksichtigt: MASLOW (1954) geht in seiner Bedürfnishierarchie davon aus, daß die (wesenhaften) menschlichen Bedürfnisse hierarchisch angeordnet seien: das "nächsthöhere" Bedürfnis wird erst aktiviert, wenn das darunterliegende befriedigt ist. Man kann zeigen, daß sich in dieser Aktual- und/oder Ontogenese die Phylogenese wiederholt: die "physiologischen" Bedürfnisse, die der Sicherung der leiblichen Existenz dienen, dominierten in den Zeiten frühkapitalistischer Ausbeutung; mit gewerkschaftlicher Organisation, Verrechtlichung, Verwissenschaftlichung und organisatorischer Rationalisierung wurden die "Sicherheitsmotive" befriedigt; die Beachtung der sozialen Beziehungen in den anonymisierten Großorganisationen weist auf die "sozialen Bedürfnisse" hin. Bei wachsender Rationalisierung und Technisierung meldeten sich dann die Bedürfnisse nach Achtung, Auszeichnung, Erfolgserlebnis und Anerkennung an (die für den kapitalistischen Unternehmer schon früher relevant waren). Als letzte offene Bedürfnisklasse schließlich ist die Gruppe der Wachstums- oder Selbstverwirklichungsmotive anzusehen, bei denen es darum geht, in der verwalteten Welt die personale Einmaligkeit und Einzigartigkeit zur Geltung zu bringen oder durchzusetzen. Die Unterschiede und Leerstellen gegenüber den anderen Einteilungen weisen darauf hin, daß die Entwicklungsabfolge, die MASLOW postuliert, nicht zwingend ist und daß vor, nach oder neben den "Selbstverwirklichungs-Motiven" auch andere Weiterentwicklungen denkbar sind.

Zusammenfassung

Die bisherigen Ausführungen zu den Entwicklungsstadien der Managementideologie sind in Tab. 2.1. zusammengefaßt. Die Zeitangaben verstehen sich als ungefähre Anhaltspunkte; es ist ja darauf hingewiesen worden, daß "alte" Ideologien nicht verschwinden, sondern weiterbestehen, periodisch reaktiviert oder lediglich durch neue überlagert werden. Dies erklärt auch, warum manche Eintragungen doppelt erfolgen mußten.

Zeiten besonderer Dominanz	Entwicklung der Managementideologien (BENDIX)	Menschenbilder (SCHEIN)	Managementtypen	Theorien der Subjektivität (DANIEL) (MACCOBY)	MASLOW
bis 1750	ständische Ordnung; stabile Über- und Unterordnung				
1750-1850	Ablehnung der Verantwortung für die Arbeiter: Motivation durch Hunger und Elend				Physiologische Bedürfnisse
1830-1920	Sozialdarwinismus; Erfolgsversprechen	self-actualizing man$_1$	Dschungelkämpfer	Autonomes heroisches bürgerliches Subjekt	Ich-Bedürfnisse$_1$
1900-1940	Wissenschaftlich-rationale Unternehmensführung	rational man	Fachmann	analer, autoritärer, nekrophiler Charakter (FROMM); instrumentelle Vernunft (HORKHEIMER); Eindimensionalität (MARCUSE); "überwältigende Objektivität" (ADORNO)	Sicherheits-Bedürfnisse
1920-1970	Kooperative Führung; Betonung der sozialen Beziehungen Vorherrschaft der Organisation	social man	Firmenmensch	automatische Anpassung, Marketing-Charakter (FROMM); Außenleitung (RIESMAN u.a.); Identitätsarbeiter (COHEN & TAYLOR); Fassaden-Ich (GOFFMAN)	soziale Bedürfnisse Ich-Bedürfnisse$_2$
1950-1980		self-actualizing man$_2$		Biophilie, produktiver Charakter (FROMM)	Selbstverwirklichung
1960-1980		complex-man	(Spiel-Macher)		
1970-1980				narzißtisch-spätkapitalistischer Typ (LASCH)	

Tab. 2.1.:   Aspekte von Management-Ideologien

3. Archetypen der Führung

Genauso wenig wie als Sklaven werden wir als Freie und Gleiche geboren; wir werden dazu gemacht, oder besser: wir machen uns dazu. Mündigkeit ist kein plötzlicher Zustand, sondern eine mühevolle und stets gefährdete Errungenschaft. Zu den Prüfungen, in denen sie sich entwickelt und bewährt, gehört die Konfrontation mit Autorität, besser: jenem Aspekt von Autorität, der sich als Gehorsamsverlangen darstellt. Der Doppeldeutigkeit dieses Wortes entspricht die Ambivalenz der Situation: Vom Mächtigen wird Gehorsam verlangt, beim Untergebenen besteht ein Verlangen, sich gehorsam zu unterwerfen. Warum gelingt es einem Erwachsenen, einen anderen einzuschüchtern, warum zeigen Leute, die als Ehepartner, Eltern, Freunde mit Autorität und Selbstbewußtsein auftreten, im Betrieb plötzlich beflissene Devotheit, vorauseilenden Gehorsam, schüchterne Unterwerfungsbereitschaft, gebrochenes Rückgrat ...? Das alte Wechselspiel von Imponiergehabe und Demutsgebärden ist nicht nur Erbe unserer tierischen Vergangenheit, sondern auch Produkt unserer eigenen früheren Erfahrungen, die wir zu einer Zeit gemacht haben, als wir uns noch nicht sprachlich, reflektierend, distanzierend mit ihnen auseinandersetzen konnten. Sie haben sich eingeprägt und wirken unwissentlich und unwillentlich fort.

Die Führungsbeziehung ist aus einem solchen Blickwinkel nicht die überlegte und jederzeit kündbare Vereinbarung zwischen reifen Personen, ein Ziel in vertikaler Arbeitsteilung zu verfolgen. Ihr liegen vielmehr überlernte Reaktionsschemata zugrunde, die spontan aktiviert werden und keine Distanzierungschance lassen. Diese Unvermitteltheit entzieht sich einer technisch-rationalen Analyse, weil diese von Weg-Ziel-Kalkülen ausgeht, wo in Wirklichkeit viel primitivere (d.h. ursprünglichere, vorgängige, erstrangige) Prägungen am Werk sind. Führung beutet - meist unbewußt - diese tiefsitzenden Programmierungen aus. Führungsanspruch wird hingenommen, wenn eingelebte Beziehungsmuster (oder - um in der Sprache einer aktuellen Theorierichtung zu reden - prototypische Schemata) aktiviert werden, die kulturelles Allgemeingut sind. Sie gelten unverbrüchlich und fraglos und bieten erprobte Handlungsschablonen, die den Umgang miteinander denkentlastet regeln.

In diesem Zusammenhang möchte ich auf drei archetypische Metaphern eingehen, die in der Führungsliteratur immer wieder - und sei es nur am Rande und in Nebensätzen - behandelt werden: *Vater, Held und Heilsbringer.* Daß es *männliche* Ur- oder Vor-Bilder sind, ist ein weiterer Beleg dafür, daß Führung in unserer Gesellschaft eine männliche Domäne war und ist. Führer modellieren sich nach dem Bilde von Vätern, Helden und Heilanden; die Anlehnung an diese Deutungsmuster profitiert von den universellen sozialen Reflexen, die sie (wie) selbstverständlich auslösen. Vielleicht ist dies auch einer der Gründe, der Frauen den Zugang zu Führungspositionen erschwert: weder sie selbst als Führerinnen noch ihre (männlichen) Untergebenen haben an Modellen erlernte Rollenmuster parat, wie frau und mann sich zu verhalten haben.

Die in Ur-Bildern oder Metaphern verdichteten Erwartungen wirken wie symbolische Kürzel, die imstande sind, in Tiefenschichten abgelagerte Assoziationen zu neuem Leben zu erwecken. Bei bewußter Auseinandersetzung mit ihnen fällt der Zauber von ihnen ab, der darin liegt, daß sie ein unentwirrtes Knäuel von Selbstverständlichkeiten sind, die unkritisch akzeptiert werden und eben dadurch Selbstverständlichkeiten sind.

Metaphern sind Bildmischungen, sie ziehen Bedeutungen zusammen, infiltrieren einen Begriff mit den Merkmalen eines anderen und reichern ihn dadurch spezifisch an. Wenn man sagt: "Dieses Auto ist eine Rakete", dann wüßte man bei Nachfrage und Nachdenken natürlich, daß es keine Rakete *ist*, sondern so schnell, stark und schwerelos *wie* eine Rakete erlebt werden kann oder soll. Aber zu Nachfragen und Nachdenken kommt es nicht, weil Metaphern Wegabkürzungen sind, die sofort ins Zentrum führen, in dem begriffliches und affektives Denken verschmolzen sind.

Ähnliches passiert, wenn Führer als Väter, Helden, Götter, Magier usw. imaginiert werden. Der Begriff "imaginieren" vereinigt und vermittelt eine dreifache Akzentsetzung: das irreale und kreative Moment der Phantasie (Imagination), das szenisch-ganzheitliche des Bildes (Imago) und das suggestive der Außenwirkung (ein "Image" haben oder ein "Idol" sein). Natürlich "weiß" man auch hier, daß Vorgesetzte keine Götter und Helden sind, aber was mit diesen Metaphern gemeint ist, schwingt als Oberton mit, wenn von Führung die Rede ist und gibt dem Begriff seine charakteristische Klangfarbe. Solche Metaphern als Begriffsüberlagerungen greifen zurück auf Arche-Typen (Ur-Bilder); diese werden zum unerkannten und uneingestandenen Maßstab der Bewertung. Sie wirken wie Magnetpole, in deren Kraftfeldern sich Erfahrungen und Erwartungen zu bestimmten Mustern ordnen. Wenn Führer unbewußt am Bild des Vaters gemessen werden, dann wird in die Führungsbeziehung auch eingeschmuggelt, was charakteristisch für die Vater-Kind-Beziehung ist: Infantilisierung.

In jüngster Zeit wird vielfach die Aufforderung wiederholt, Vorgesetzte müßten Vorbilder sein. An welchen Vor-Bildern aber orientieren sich wiederum die Vorbilder? Das Vorbildliche ist Ziel und Maßstab zugleich, es kann nicht bürokratisch oder technisch exakt bestimmt werden. Es ist die Weiterführung übers Empirische hinaus ins Ideale, zur einen, klaren, unverfälschten, kompromißlosen Vollkommenheit. Letztlich ist das Gott - denn er allein ist allwissend, allgegenwärtig, allmächtig, er ist der Weg, die Wahrheit, das Leben, die Liebe, die Gerechtigkeit - eins und alles. Die Anmaßung, die darin liegt, sich mit Gott zu vergleichen, macht Angst und wird kaschiert. Das Eine wird in Vieles zerlegt. Die anschaulichere Vielgötterei ist nicht Vervielfältigung des einen, sondern seine Besonderung; alles Spezielle aber ist unvollkommen und damit menschlicher. An die Stelle des unerreichbaren Ideals tritt das Modell, der personalisierte Archetyp. Damit sind jene mächtigen Urbilder der Seele gemeint, die die vielgestaltigen Erscheinungsformen eines Wirklichkeitsbereichs zum Grundsätzlichen und Typischen verdichten und so das Original darstellen, von dem alle Erscheinungen nur fehlerhafte Kopien oder gar Fälschungen sind.

Solche Urbilder gibt es viele (der Heilige, das Weib, der Weise, die Mutter, der Held...). Im folgenden werde ich drei Archetypen näher darstellen, die für den Führungsbereich als latentes Vor-Bild dienen: Vater, Held und charismatischer Heilsbringer).

Grundthese der folgenden Ausführungen ist, daß man Forderungen und Kritik an Führung (besser) verstehen kann, wenn man die Urbilder kennt, an denen die Erscheinungen gemessen werden.

3.1. Vater

(Gott-)Vater ist das Urbild des Schöpfers, Erzeugers und unumschränkten Herren. Führer werden nicht selten zu Vätern stilisiert, die wie diese streng, verständnisvoll und beschützend für ihre noch unreifen Kinder sorgen und sie mit fester Hand leiten. Natürlich wird hier ein bestimmtes Vater-Bild unterlegt, das historisch-gesellschaftlich wandelbar ist. Es läßt sich eine Entwicklungslinie zeichnen vom Patriarchat über Patrimonialismus zu Paternalismus; in dieser Ahnenreihe fänden sich dann sehr verschiedene Väter-Bilder: vom despotischen Herrscher-Vater bis hin zum infantilisierenden Wohltäter, der durch unermüdliche Fürsorge jene Unmündigkeit erzeugt und fortlaufend erhält, mit der er seine Fürsorge rechtfertigt.

Im Vater-Bild ist immer schon die familiäre Situation mitgedacht: der überschaubare Bezugsrahmen, das "natürliche" Reife-Gefälle, die Bedeutung emotionaler Beziehungen. Und vor allem: Vom Vater kann man nur sprechen, wenn man andererseits von Kindern spricht.

Wenn wir Führer als "große Persönlichkeiten" oder "große Männer" auszeichnen, dann schwingen solche Erinnerungsbruchstücke mit. In diesem Sinn deutet FREUD unsere Neigung, zum "großen Mann" aufzuschauen und ihm zu folgen:

"Warum der große Mann überhaupt zu einer Bedeutung kommen sollte, das ist uns keinen Augenblick unklar. Wir wissen, es besteht bei der Masse der Menschen ein starkes Bedürfnis nach einer Autorität, die man bewundern kann, der man sich beugt, von der man beherrscht, eventuell sogar mißhandelt wird. Aus der Psychologie des Einzelmenschen haben wir erfahren, woher dies Bedürfnis der Masse stammt. Es ist die Sehnsucht nach dem Vater, die jedem von seiner Kindheit her innewohnt, nach demselben Vater, den überwunden zu haben der Held der Sage sich rühmt. Und nun mag uns die Erkenntnis dämmern, daß alle Züge, mit denen wir den großen Mann ausstatten, Vaterzüge sind, daß in dieser Übereinstimmung das von uns vergeblich gesuchte Wesen des großen Mannes besteht. Die Entschiedenheit der Gedanken, die Stärke des Wollens, die Wucht der Taten gehören dem Vaterbilde zu, vor allem aber die Selbständigkeit und Unabhängigkeit des großen Mannes, seine göttliche Unbekümmertheit, die sich zur Rücksichtslosigkeit steigern darf. Man muß ihn bewundern, darf ihm vertrauen, aber man kann nicht umhin, ihn auch zu fürchten. Wir hätten uns vom Wortlaut leiten lassen sollen; wer anders als der Vater soll denn in der Kindheit der 'große Mann' gewesen sein." (FREUD 1986, S. 555 f).

FREUDs Assoziation macht deutlich, daß das Vaterbild stets *mehrdeutig* (ambig) und *mehrwertig* (ambivalent) ist:

Der Umkreis der Bestimmungen ist unscharf, facettenreich, *mehrdeutig*:
- Väter sind zugleich überlegen, stark, wissend, groß, über-mächtig;
- verständnisvoll, verzeihend, wohlwollend, beschützend, sorgend;
- streng, fordernd, strafend, bedrohend, dominierend, kastrierend;
- stabil, sicher, verläßlich

und die affektiven Beziehungen zum Vater sind *ambivalent*:
- Liebe und Haß,
- Vertrauen und Angst,
- Dankbarkeit und Rebellion ...

SENNETT hat in einer Fallstudie über Pullmann den paternalistischen Aspekt von Führungsbeziehungen quasi chirurgisch herauspräpariert. Pullmann - ein amerikanischer Schlafwagen-Fabrikant - hatte in väterlicher Manier für *seine* Arbeiter gesorgt; in einer für die damalige Zeit ungewöhnlichen Weise hatte er sich für die sozialen Belange *seiner* Belegschaft engagiert; er hatte sogar eine eigene Stadt für *seine* Arbeiter erbaut, in der sie preiswert wohnen konnten, aber auch seiner Obhut und seinen Ordnungsvorstellungen (z.B. zu Rauchen, Trinken, Sauberkeit) unterworfen waren. Diese Fürsorge vergalten ihm die Arbeiter 1894 mit einem dreimonatigen Streik, der sich fast zum ersten Generalstreik der amerikanischen Geschichte auswuchs und unter Einsatz der Nationalgarde niedergeschlagen wurde. Pullmann konnte nicht verstehen, daß das, was er in bester Absicht für *seine* Arbeiter getan hatte, von diesen als Bevormundung und Freiheitseinschränkung erlebt und abgelehnt wurde.

SENNETT diskutiert den Fall, indem er "Tugenden" und "Untugenden" des Paternalismus gegenüberstellt. Zu den Untugenden gehören:
- Der Vater definiert die Realität für andere. Er schreibt vor, was der Fall ist und was zu sein hat, wie zu handeln ist;
- der Vater erwartet spontane Dankbarkeit, freiwillige ehrerbietige Unterordnung. Wird die Annahme von Geschenken verweigert, ist die Vaterfigur gedemütigt (der Streik nimmt Pullmann die Möglichkeit, sich als gütig, selbstlos, fürsorglich zu definieren);
- die Selbstdefinition des Untergebenen als Kind hilft diesem, mit der Tatsache der Unterordnung fertigzuwerden: ein Kind muß sich nicht schämen, wenn es seinem Vater gehorcht.

Als Tugenden nennt SENNETT, daß das Vater-Kind-Verhältnis
- ein Gefühl gegenseitiger Verpflichtung schafft und
- der Beziehung eine emotionale Dimension verleiht, statt z.B. auf rücksichtsloses Vorteilskalkül gegründet zu sein.

Wenn nun einzelne Elemente der Vater-Kind-Relation isoliert und vergrößert werden - z.B. überwältigende (!) Fürsorge, überbehütende Lenkung, Infantilisierung -

kommt es zur Befreiungsaktion der Erwachsenen-Kinder, die sich gegen das Festhalten in dieser spannungsgeladenen Konstellation wehren.

In Führungsliteratur und -praxis findet man immer wieder Belege, die die Vorgesetzten-Unterstellten-Beziehung als Vater-Kind-Relation erscheinen lassen. Vorgesetzte haben *Vorbild* zu sein, Vorgesetzte und Unterstellte arbeiten *partnerschaftlich* zusammen, der Führungsstil ist *kooperativ*, Vorgesetzte haben für die Personal*entwicklung* zu sorgen, die Arbeitsgruppe definiert sich als *Familie*, in der man brüderlich und schwesterlich zusammenhält und das gemeinsame Interesse verfolgt, Vorgesetzte *beurteilen* und *disziplinieren* ...

Aus der zunächst funktional begründeten Hierarchie wird unter der Hand eine soziale Beziehung nach "altem Muster". Vordergründig geht es um die Sacharbeit, die von Gleichberechtigten und Mündigen getan wird; im Hintergrund aber steht übermächtig die Wiederbelebung einer vormaligen Konstellation: Vorgesetzte haben es mit unreifen, ungezogenen, ungeformten, unselbständigen, unwissenden, unsteten Kindern zu tun, die man verständnisvoll, aber bestimmt "führen" muß. Reif sind sie nie; auch wenn sie selbst Vorgesetzte sind, haben sie immer noch weitere Väter über sich, die zensieren, strafen oder loben und denen sie sowohl gehorchen wie gefallen müssen. Im umgangssprachlichen Jargon ist "der Alte" sowohl der Chef wie der eigene Vater. Eine junge Führungskraft oder gar eine weibliche Vorgesetzte haben es schwer, sich dieses Prädikat zu verdienen. Deswegen ist es auch meist dem Senior(-Management) vorbehalten, den Männern fortgeschrittenen Alters mit Lebenserfahrung und erwachsenen Kindern.

Der Ruf nach der dynamischen, mobilen, agilen Führungskraft kann die alt-väterlichen Personen nicht meinen. Deshalb wird der jugendliche Gegentyp bereitgehalten - das, was der Vater früher einmal war: ein in mutigen Kämpfen bewährter Held (s. unten).

Man kann sich vom Vater befreien, wenn man erkennt, daß der "große Mann" *in einem selbst* und nicht außerhalb existiert. In seiner Monografie, die dem Thema "Autorität" gewidmet ist, hat SENNETT den Prozeß, den HEGEL als Herr-Knecht-Dialektik beschrieben hat, auf die Konstitution der Führungsbeziehung übertragen.

Ein anderer Zugang erschließt sich aus Analysen gruppendynamischer Entwicklungen, wie sie z.B. von W. BION vorgelegt wurden. BION hat regelhafte Prozesse in psychoanalytischen Therapiegruppen beschrieben und gedeutet, indem er manifeste Abläufe auf ihre "Grundannahmen" untersucht hat: Gruppenmitglieder benehmen sich so, als ob sie gemeinsame Grundannahmen (Gruppenphantasien) hätten. Grundlegend für jede Gruppen-Entwicklung ist die Auseinandersetzung mit dem Therapeuten-Vater-Führer. BION zufolge reagieren Gruppenmitglieder auf die Erfahrung von Ohnmacht und Unsicherheit nacheinander

- mit *Abhängigkeit*: sie begeben sich kindhaft in den Schutz des Mächtigen und delegieren ihm die Sorge für alles weitere;

- mit *Flucht oder Kampf*: Die belastende Beziehung wird nicht bearbeitet; man entzieht sich dem "Vater" (verläßt ihn, weicht ihm aus) oder man rebelliert gegen ihn, bekämpft ihn;

- mit *Paarung*: Man verbündet sich mit ihm und versucht mit ihm zusammen etwas Neues zu schaffen (wobei dieser besondere Bund einzelnen Mitgliedern delegiert werden kann, für die eine privilegierte "intime" Beziehung zum Führer imaginiert wird).

Die Befreiung vom Vater wird nicht erreicht *in*, sondern *über* Abhängigkeit, Flucht, Kampf oder phantasierter Verschmelzung, denn dies sind notwendige Zwischenstadien auf dem Weg zur Reife (s. SLATER 1971). Der Ausgang aus der (selbstverschuldeten?) Unmündigkeit ist nun nicht als ein naturwüchsiger Reifungsprozeß vorzustellen, der sich von selbst ergibt oder nur der persönlichen Anstrengung bedürfte. Unterstellte werden in Abhängigkeit gehalten durch die Bedingungen, die Führung stabilisieren und flankieren. Sieht man diese Bedingungen als gegeben und unveränderlich, dann braucht der einzelne Mitarbeiter den väterlichen Führer, der ihn an die Hand nimmt. Diese Hintergrundannahme zum Begriff der Personalführung nimmt TÜRK (1988) zum Anlaß, die Überwindung der Kategorie "Personalführung" zu fordern. Denn dabei wird unterstellt, daß Personal oder Mitarbeiter

"... offenbar einer Vormundschaft bedürfen, weil sie unwissend, faul, unmotiviert, vielleicht sogar undiszipliniert seien. Sie müssen belohnt und bestraft, erzogen und gelenkt, motiviert und angewiesen werden, damit sie das tun, was gefordert wird und all' dies ganz im Gegensatz zu generellen demokratischen Wertdispositionen, deren Basis der Begriff der "Mündigkeit" sein soll. Der Gebrauch der Kategorie 'Personalführung' impliziert eine permanente Pädagogisierung der Interaktionsbeziehung zwischen Vorgesetzten und Unterstellten: im Unterschied zur klassischen Meister-Lehrling bzw. Meister-Gesellen-Beziehung, in der die Pädagogisierung zur Emanzipation, zu Selbständigkeit im Meisterstatus führte, haben wir hier eine 'Dauerinfantilisierung' des Personals bis hin zu so extremen Formen, daß der Vorgesetzte zu entscheiden hat, wann z.B. eine Maschinenarbeiterin notdürftigste Bedürfnisse befriedigen darf oder in weniger krasser, aber gleichwohl nicht weniger subtiler Form: daß Unterstellte sich nach Lob oder gar Tadel des Vorgesetzten sehnen" (TÜRK 1988, S. 4).

TÜRK fordert einen anderen begrifflichen Rahmen, um der betrieblichen Realität näherzukommen und die Befangenheit in Kategorien der Unmündigkeit und quasimechanischen Steuerbarkeit zu überwinden und der Subjekthaftigkeit und Eigensinnigkeit der betrieblichen Akteure besser zu entsprechen. Er plädiert für das Konzept der "politischen Arena" bzw. Mikropolitik. Darauf werde ich unten ausführlich eingehen (s. Kap. 8.3.).

3.2. Held

Seit es Geschichtsschreibung oder noch genauer: Geschichtenerzählung gibt, werden Führer mit der Helden-Metapher bezeichnet. Geschichte war bislang fast immer Krisen- (und Kriegs-)Geschichte und wurde auf die Retter aus der Not bezogen, die als "große Persönlichkeiten" imponierten.

In einem Vortrag, den Jacob BURCKHARDT 1868 über "Historische Größe" gehalten hat, sagte er:

"Wir entdecken in uns ein Gefühl der unechtesten Art: ein Bedürfnis der Unterwürfigkeit und des Staunens, ein Verlangen, uns an einem für groß gehaltenen Eindruck zu berauschen und darüber zu phantasieren. Ganze Völker können auf solche Weise ihre Erniedrigung rechtfertigen, auf die Gefahr, daß sie falsche Götter angebetet haben" (HARDTWIG 1986, S. 129).

Die Aussage BURCKHARDTs enthält die *Beobachtung* des Bedürfnisses nach Unterwürfigkeit, des Staunens, der Berauschung an der Größe und eine *Deutung* der Rechtfertigung der Erniedrigung: Die Tatsache der Unterwerfung ist unleugbar; sie wird legitimiert, wenn der, dem man sich unterwirft, außeralltäglich groß, besonders, übermenschlich ist.

Es ist - seit der Odyssee - ein einträgliches und unterhaltsames Geschäft, Helden zu besingen. Die Helden von heute tun das inzwischen selbst (s. die Autobiografien erfolgreicher Manager wie etwa SLOAN, IACOCCA, GENEEN, SCULLEY, MATSUSHITA ...) oder sie lassen es tun durch professionelle Troubadoure, die ihre Heldenlieder in der Management-Presse zu Gehör bringen. Eine regelmäßige und umfangreiche Rubrik in Manager-Zeitschriften ist "human interest": Tratsch & Klatsch über die "großen Männer", voyeuristische Insider-Stories, hämische Schuldzuweisungen (Mis-Management!), anbiedernde oder anhimmelnde Lobpreisungen ... In Interviews und Exklusivberichten werden Foren für Selbstdarstellung oder Selbstbeweihräucherung geschaffen, wobei PR-Abteilungen der Firmen eine helfende unsichtbare Hand bieten und das Anzeigengeschäft die Selbstzensur der Journalisten befördert, so daß Analysen zuweilen zur Hofberichterstattung verkümmern. Weil sie in Wort und Bild im Mittelpunkt stehen, glauben die Manager und die unterwerfungsbereiten? verehrungssüchtigen? Leser als die Möchtegern-Helden, daß es tatsächlich auf den Mann an der Spitze ankommt. So wird durch die Aufmerksamkeit, die die Großen oder groß Herausgebrachten erfahren, Nachfrage nach Informationen sowohl befriedigt wie erzeugt.

Auch unternehmensintern wird am Image gearbeitet, indem schon bei Lebzeiten Surrogate für die früher üblichen Heldendenkmäler geschaffen werden. Das Ambiente der Vorstandsetagen hebt sie als "geheiligte Räume" hervor (s. die sarkastische Schilderung des "Boardrooms" bei GENEEN 1984, S. 253 ff); der Zugang zum Top-Management wird kontrolliert und erschwert, angemessenes Verhalten und passende Kleidung werden erzwungen, das Herrscherzeremoniell weitet sich manchmal zu byzantinischen Dimensionen aus. Durch abgestufte Statussymbole fällt aber auch auf die "kleinen Herrn" ein Abglanz der unerreichbaren Größe, an der sie damit zugleich magisch teilhaben.

Der Heldenkult feiert den Großen und verschleiert die Bedeutung des Apparats; er suggeriert, daß es auf Genialität und Visionen einzelner ankommt und das umso eindringlicher, je größer, anonymer, intransparenter die Systeme werden, die zu steuern sind. Vielleicht sind die gefeierten Lenker selbst Gelenkte, Bühnen-Helden, die Stücke vorführen, die ein anderer geschrieben, ein wiederum anderer inszeniert, ein weiterer anderer produziert hat. Die Eitelkeit von Managern - s. das (Selbst?-)-Bekenntnis von Reinhard MOHN (1985) - läßt sie als "große Kommunikatoren" ins Rampenlicht treten. Sie sind umso bedeutsamer, je besser sie das allgemeine Führer-Stereotyp bedienen, je bessere Führer-Darsteller sie sind:

"Wenn in der Psychologie der heutigen Massen der Führer nicht sowohl den Vater mehr darstellt als die kollektive und ins Unmäßige gesteigerte Projektion des ohnmächtigen Ichs eines jeden Einzelnen, dann entsprechen dem die Führergestalten in der Tat. Sie sehen nicht umsonst wie Friseure, Provinzschauspieler und Revolverjournalisten aus. Ein Teil ihrer moralischen Wirkung besteht gerade darin, daß sie als an sich betrachtet Ohnmächtige, die jedem anderen gleichen, stellvertretend für jene die ganze Fülle der Macht verkörpern, ohne darum selber etwa anderes zu sein als die Leerstellen, auf die gerade die Macht gefallen ist. Sie sind nicht sowohl vom Zerfall der Individualität ausgenommen, als daß die zerfallene in ihnen triumphiert und gewissermaßen für ihren Zerfall belohnt wird. Die Führer sind ganz das geworden, was sie während der ganzen bürgerlichen Ära stets ein wenig schon waren, Führer-Darsteller" (HORKHEIMER & ADORNO 1972, S.211).

Wenn bislang konstatiert wurde, daß es Heldenverehrung und Personenkult gibt, dann bleibt die Frage offen, warum das so ist. Die Metapher "Führer sind Helden" leiht dem Führer-Vorgesetzten den Bedeutungsmehrwert des Helden und schließt an eine Tradition an, die nützlich vereinnahmt werden kann.

Wir sind von Heldengeschichten umgeben: Ein Blick in die Bücher-, Comic-, TV- und Film-Produktion ziegt, daß allerorten Helden gefeiert werden: 007, Rambo, Rocky, Western-Helden (!), Privatdetektive und Kommissare, Agenten, Soldaten, Reporter, Raumschiff-Kommandanten, Chef-Ärzte sind die Helden unserer Tage. Sie alle treten an zum Kampf gegen das Böse, das Verbrechen, den Feind, die träge Masse, die tückische Gefahr. Helden sind einsam; sie haben schwere Prüfungen durchzustehen und scheinen des öfteren an der übergroßen Aufgabe zu scheitern - aber sie schaffen es: das Gute siegt. Dabei ist die Welt klar in Gut und Böse geordnet. Platt ist das veranschaulicht in jenem Bond-Film, in dem 007 gegen den asiatischen(!) Dr.(!) No(!) kämpft; 007 ist dagegen der praktische Yes-Man: Er tut, was ihm seine anonymen Auftraggeber sagen ohne lange zu fragen. Ein sympathischer Eichmann oder Calley.

Calley, jener US-Leutnant, der das MyLai-Massaker an unschuldigen vietnamesischen Dorfbewohnern zu verantworten hat, sagte u.a. zu seiner Rechtfertigung:

"Dieser Krieg ist lächerlich, aber ich bin ein Amerikaner, und ich werde ihn nicht verfluchen. Ich sage nicht einfach: 'Das ist scheußlich.' Was wir in Amerika mit all seinen Scheußlichkeiten haben, ist immer noch das Beste...

Vielleicht könnte ich was ändern, wenn ich Präsident wäre. Aber noch bin ich wie jeder andere: Ich führe Amerikas Befehle aus. Denn das ist die Armee: ein Messer, das schön scharf bleiben muß, damit das amerikanische Volk es benutzen kann. Wenn das Volk sagt: 'Los, mach Südamerika dem Erdboden gleich', dann wird's die Armee tun. Eben Mehrheitsbeschlüsse, und wenn eine Mehrheit zu mir sagt: 'Gehe nach Süd-Vietnam', gehe ich auch. Und wenn sie mir sagt: 'Leutnant Calley' oder 'Rusty Calley', oder sonst was, 'Los, massakrieren Sie tausend Kommunisten', werde ich tausend Kommunisten massakrieren. Aber ich werde das nicht verteidigen. Ich bin gegen das Massaker, und ich werde es auch nicht predigen. Ich bin kein Scheinheiliger. Oder vielleicht ist das gerade scheinheilig, aber ich mache das, was mir gesagt wird. Ich werde nicht dagegen revoltieren. Ich stelle immer das amerikanische Volk über mein Gewissen. Ich bin ein amerikanischer Bürger" (zit. in KÖNIG, 1987, S. 45 f).

Die Trivialisierung des Helden modernisiert, was schon Epen, Legenden und Romane begonnen haben. Es führt eine gerade Linie von Robin Hood, Robinson Crusoe, Lederstrumpf, dem Letzten Mohikaner, Old Shatterhand & Winnetou zu Tarzan, Superman, James Bond, Conan dem Barbar (s. ausführlich zu den "Helden im Reich der Phantasie" : SCHMIDBAUER 1981).

Woher kommt ungebrochene Faszination, die von den großen Einzelnen ausgeht?

Der Held ist eine mythische Figur. Er personalisiert kollektive Wünsche und Phantasien und hilft allgemeine Ängste abzuwehren.

Es ist immer wieder auf das universelle Grundmuster der Helden-Geschichte(n) hingewiesen worden (zuerst von RANK 1909):

- Die Geburt des Helden ist umgeben von Geheimnissen: Er ist Kind edler Eltern, aber wegen eines Orakels, Traums oder einer Verfehlung der Eltern wird das Kind einfachen Leuten oder Tieren übergeben oder durch gutherzige Diener vorm befohlenen Tod bewahrt;

- über die Kindheit des Helden ist wenig bekannt, zuweilen werden frühe Glanztaten berichtet;

- als Jüngling begibt sich der Held auf die Reise, um einen häufig unklar definierten Auftrag zu erfüllen; er hat viele Prüfungen zu bestehen, erwirbt besondere Waffen, erhält den Rat und Schutz von geheimen Mächten; wird unverwundbar, aber eine Stelle an seinem Körper bleibt verletzlich bzw. durch eine bestimmte verbotene Handlung geht der Schutz verloren. Dies scheint übrigens auch die ursprüngliche Bedeutung des Wortes Held zu sein, das auf die Silbe 'hel' (schützen, verbergen; erhalten in "Hehler") zurückgeführt wird (s. WIRTH 1987);

- es kommt schließlich zum Entscheidungskampf mit einem Drachen, Ungeheuer, Dämon; das Böse wird besiegt und getötet, Trophäen werden angeeignet;

- der Held gewinnt/befreit den Schatz (häufig: die Jungfrau), löst Bannflüche und/oder erfährt wichtige Geheimnisse oder Lehren;

- er kehrt zurück in die Welt, wird gefeiert, bewundert und zum weisen Herrscher oder Gott erhöht oder aber er verfällt der Hybris: er fordert die Götter heraus und wird von ihnen gnadenlos bestraft.

Man kann durch diesen Ablauf an Stationen einer Führungskraft erinnert werden:

- Einem jungen Mann mit zwar einfacher Herkunft, aber großen Talenten und Erfolgswillen winkt die Chance, es vom Tellerwäscher zum Millionär zu bringen;

- er hat schwierige Aufnahmeprüfungen und Bewährungsproben, auch in fremden Städten oder Ländern, zu bestehen, muß sich von erprobten Meistern Wissen und Kenntnisse aneignen;

- muß eindrucksvolle Taten verrichten (Markterfolge haben, Konkurrenten besiegen, einen Durchbruch schaffen);

- sein Gewinn ist Gewinn,

- er wird - moderne Apotheose (Vergöttlichung) - Vorstand.

Solch unübersehbare oberflächliche Parallelen verstellen aber den Blick auf die zugrundeliegende Psychodynamik. Der klassische Heldenmythos war Gegenstand zahlreicher Deutungsversuche. Hier soll kurz auf *tiefenpsychologische* und *kulturanthropologische* eingegangen werden.

In der *Psychoanalyse* ist der Heldenmythos aus ödipaler und narzißtischer Perspektive interpretiert worden:

Der *ödipale* Gehalt leitet sich davon her, daß der junge (!) Held gegen den alten "Haltefest" (seinen Vater) kämpft, ihn tötet und dadurch erwachsen - ein Mann - wird und die (Jung-)Frau gewinnt.

"Ein Held ist, wer sich mutig gegen seinen Vater erhoben und ihn am Ende siegreich überwunden hat. Unser Mythus verfolgt diesen Kampf bis in die Urzeit des Individuums, indem er das Kind gegen den Willen des Vaters geboren und gegen seine böse Absicht gerettet werden läßt... Die Quelle der ganzen Dichtung ist aber der sogenannte 'Familienroman' des Kindes, in dem der Sohn auf die Veränderung seiner Gefühlsbeziehungen zu den Eltern, insbesondere zum Vater, reagiert. Die ersten Kinderjahre werden von einer großartigen Überschätzung des Vaters beherrscht, der entsprechend König und Königin im Traum und Märchen immer nur die Eltern bedeuten, während später unter dem Einfluß von Rivalität und realer Enttäuschung die Ablösung von den Eltern und die kritische Einstellung gegen den Vater einsetzt. Die beiden Familien des Mythus, die vornehme wie die niedrige, sind demnach beide Spiegelungen der eigenen Familie, wie sie dem Kind in aufeinander folgenden Lebenszeiten erscheinen" (FREUD, 1986, S. 463 f).

Der in der frühen Kindheit idealisierte Vater wird später vom Sohn beneidet, gehaßt, entwertet, bekämpft. Der Junge muß selbst groß, erwachsen werden; die Ur-Tat der Mannbarkeit ist die Tötung des Vor-Mannes, um sich an seine Stelle zu setzen. Der Held überwindet bestehende Ordnungen - um neue selbstgeschaffene einzurichten (und damit das Opfer des nächsten Helden zu werden). Im Helden wird - aus ödipaler Sicht - von den vielen Allzuvielen derjenige bewundert, der es wagt, gegen den Mächtigen (Vater) aufzustehen; der Held ordnet sich nicht unter, sondern verwirklicht den kollektiven Traum von Macht und Selbstbestimmung.

Narzißmustheoretische Deutungen knüpfen an die prä-ödipale Erfahrung an, daß die ursprünglich symbiotische Mutter-Kind-Einheit nach der Geburt gefährdet ist. Der Säugling ist auf Zuwendung und Fürsorge durch die Mutter angewiesen; bleiben sie aus, bedeutet das eine existentielle Bedrohung. Andererseits erfordert die Entwicklung zur Selbständigkeit Ablösung und die Ausbildung eines konturierten Selbst. Die Voraussetzung von Selbstliebe ist Nächstenliebe (die erste beste Nächste ist die Mutter); bleibt diese Liebe aus, dann sieht sich das Kind mit Chaos, Tod, Leere konfrontiert und kann sich in einer Art Überlebensstrategie retten, indem es sich abgrenzt. Es ist sich selbst genug, phantasiert sich als autark, mächtig, stark, kurz: grandios. Narzißmus ist aus dieser Sicht nicht eitle Selbstbespiegelung und extremer Selbstbezug, sondern die Unabhängigkeitserklärung des Selbst, mit der es sich gegen den Verlust von Nähe, Liebe, Wärme, Kontakt zu immunisieren sucht. Es ist nachvollziehbar, daß die Figur des Helden für den Narzißten besondere Anziehungskraft hat: Der Held geht unbeirrbar und einsam seinen Weg, besiegt mit übermenschlichen Kräften alle Feinde, gewinnt Bewunderung, Anerkennung und Unsterblichkeit. Das grandiose Selbst des Narzißten verwirklicht sich im Helden, dem Tod und Teufel nichts anhaben können, der allein gegen die Welt steht - und strahlend siegt! In seinen Groß-Taten erfüllt der Held die Sehnsucht des Narzißten nach eigener Größe und Bewunderung.

Nun sind natürlich die meisten Vorgesetzten nicht aus dem Stoff, aus dem die Helden sind. Für den Kammerdiener gibt es keinen Helden: Die Geführten sehen allzu deutlich das Allzumenschliche. Helden sind nur diejenigen, die so weit weg sind, daß sich die menschlichen Züge verflüchtigen und sich das Helden-Bild zeigen kann, wobei diesem Sichtbarwerden aktiv nachgeholfen werden muß. Für den Unterstellten, der in seiner ereignislosen Alltagssituation Kränkungen seiner narzißtischen Autonomie- und Größen-Phantasien hinnehmen muß, gibt es zwei Möglichkeiten: entweder er wird von einem Helden geführt - oder er ist eigentlich selbst ein Held. Dies zweite ist ein häufiges, wenngleich geheimgehaltenes Tagtraummotiv; detailreich wird ausgemalt, wie bisher verborgene Fähigkeiten entfaltet werden und der Superman in einem selbst zum Vorschein kommt - wie bei Kent Clark, der im Alltag biederer Angestellter ist, aber im Notfall buchstäblich über sich hinauswächst und die Menschheit als Superman vor übermächtigen Feinden rettet.

Die *komplexe Psychologie* in der Tradition C.G. JUNGs sieht den Helden-Mythos als Beschreibung der menschlichen Individuation (Selbstwerdung), nämlich der Befreiung von den erdhaften Mächten (der Überwindung des Drachens) und der Transformation durch diesen Sieg, der letztlich eine Wandlung ist, weil die "dunklen Mächte" in die Persönlichkeit integriert werden.

"Das Ich befindet sich nichtsdestoweniger im Streit mit dem Schatten, im 'Befreiungskampf', wie Jung einmal formulierte. Im Streben des primitiven Menschen nach Bewußtheit wird dieser Streit ausgedrückt durch den Kampf zwischen dem archetypischen Helden und den kosmischen Mächten des Bösen, die durch Drachen und Ungeheuer per-

*sonifiziert werden. In dem sich entwickelnden Bewußtsein des einzelnen ist die Heldenge-
stalt das symbolische Mittel, durch welches das hervorbrechende Ich die Trägheit des Un-
bewußten überwindet und den reifen Menschen von der Sehnsucht befreit, in den glückse-
ligen Zustand der Kindheit zurückzukehren, in eine Welt, die von der Mutter beherrscht
wird...*

*Der Kampf zwischen dem Helden und dem Drachen ... zeigt klarer das archetypische
Thema vom Triumph des Ich über rückläufige Neigungen. Den meisten Menschen bleibt
die dunkle oder negative Seite der Persönlichkeit unbewußt. Der Held aber muß sich
klarmachen, daß der Schatten existiert und daß er Kraft aus ihm schöpfen kann. Er muß
sich mit den destruktiven Mächten einigen, wenn er furchterregend genug werden will, um
den Drachen besiegen zu können. Das heißt, bevor das Ego triumphieren kann, muß es
seinen Schatten bezwingen und assimilieren" (HENDERSON 1968, S. 120 f).*

Aus *kulturanthropologischer* Perspektive hat CAMPBELL (1978) den Versuch unternommen, einen "Monomythos" des Helden zu konstruieren, indem er zentrale
Elemente von Helden-Mythen der Menschheit zu einem fiktiven Gesamt-Mythos
komponiert hat. Er beschreibt ihn folgendermaßen:

*"Der Mythenheld, der von der Hütte oder dem Schloß seines Alltags sich aufmacht, wird
zur Schwelle der Abenteuerfahrt gelockt oder getragen, oder er begibt sich freiwillig
dorthin. Dort trifft er auf ein Schattenwesen, das den Übergang bewacht. Der Held kann
diese Macht besiegen oder beschwichtigen und lebendig ins Königreich der Finsternis eingehen (Bruderkampf, Kampf mit dem Drachen; Opfer, Zauber) oder vom Gegner er-
schlagen werden und als Toter hinabsteigen (Zerstückelung, Kreuzigung). Dann, jenseits
der Schwelle, durchmißt der Held eine Welt fremdartiger und doch seltsam vertrauter
Kräfte, von denen einige ihn gefahrlich bedrohen (Prüfungen), andere ihm magische
Hilfe leisten (Helfer). Wenn er am Nadir des mythischen Zirkels angekommen ist, hat er
ein höchstes Gottesgericht zu bestehen und erhält seine Belohnung. Der Triumph kann
sich darstellen als sexuelle Vereinigung mit der göttlichen Weltmutter (heilige Hochzeit),
seine Anerkennung durch den Schöpfervater (Versöhnung mit dem Vater), Vergöttlichung
des Helden selbst (Apotheose) oder aber, wenn die Mächte ihm feindlich geblieben sind,
der Raub des Segens, den zu holen er gekommen war (Brautraub, Feuerraub); seinem
Wesen nach ist er eine Ausweitung des Bewußtseins und damit des Seins (Erleuchtung,
Verwandlung, Freiheit). Die Schlußarbeit ist die Rückkehr. Wenn die Mächte den Helden
gesegnet haben, macht er sich nun unter ihrem Schutz auf (Sendung); wenn nicht, flieht
er und wird verfolgt (Flucht in Verwandlungen, Flucht mit Hindernissen). An der
Schwelle der Rückkehr müssen die transzendenten Kräfte zurückbleiben; der Held steigt
aus dem Reich des Schreckens wieder empor (Rückkehr, Auferstehung). Der Segen, den
er bringt, wird der Welt zum Heil (Elixier)"(CAMPBELL, 1978, S. 237f).*

Ähnlich wie in der JUNGschen Interpretation deutet CAMPBELL den Heldenmythos als Gleichnis der Selbstwerdung, aber er weitet die Deutung zu einer kosmischen
Dimension aus: Ziel ist nicht, selbst eine Ein-Heit (ein "reifes" Individuum) zu werden, sondern mit der Einheit des Alls zu verschmelzen. Menschliche Existenz ist eine

Heldenreise: die Vereinzelung durch die Geburt ist der Beginn einer Vielzahl von Prüfungen und Kämpfen, die jener besteht, der erkennt, daß alles Kämpfen nur der vergebliche Versuch ist, die Vereinzelung zu erhalten. Der Sieg ist errungen, wenn der "kosmogonische Zyklus" (S. 259 f) vom Tiefschlaf (Bewußtlosigkeit) über den Traum (Verzerrung) zum Wachbewußtsein durchschritten und als Zyklus (ewige Wiederkehr) erkannt ist.

Gerade der CAMPBELLsche Ansatz verweigert sich der instrumentellen Indienstnahme. Den Führer als Held zu verstehen, würde dazu auffordern, den Schein des Weltgeschäfts zu durchschauen und sich nicht dem Wahn hinzugeben, als ein einzelner die Welt verändern zu können. Nicht Weltveränderung, sondern Selbst- (und Welt-)Erlösung wäre der Auftrag. Der wichtigtuerische Macher-Wahn, der mit jeder Tat das Chaos in der Welt unabsehbar vermehrt, ist Ausdruck verblendeten Heldentums. Erleuchtet ist der Held, wenn er erkennt, daß es nicht auf das profilierende Tun des einzelnen ankommt, sondern auf die demütige Unterordnung unter das Ganze.

Konzentriert man sich aber auf die *psychoanalytischen* Deutungen, so wird sichtbar, daß sich die Heldenmetapher zur Erklärung scheinbar "irrationaler" Phänomene eignet:

Die Sehnsucht nach dem Helden und seine Verklärung sind Ausdruck von Angst und Verunsicherung; weil man den chaotischen Mächten allein nicht gewachsen zu sein glaubt, hofft man durch einen Über-Menschen gerettet zu werden. Der Kampf bleibt der Kampf eines Menschen (die Erlösung wird nicht von einem Gott erwartet); dies bietet die Möglichkeit der Identifikation. Darin liegt die Dynamik, die HOFSTÄTTER der FREUDschen Führungs-Theorie unterlegt, nämlich die Verschränkung von *Projektion* (unerledigte und unerlaubte eigene Wünsche werden auf den Führer übertragen, der sie stellvertretend erfüllt) und die *Identifikation* mit ihm (wenn man sich mit ihm eins weiß, kann man an der Wunscherfüllung teilhaben) (s. die Abb. 6.2. auf S. 129). Heldentum, das einem selbst verwehrt bleibt, wird somit quasi delegiert an den Heros, der tut, was man selbst tun möchte, aber sich nicht zu tun getraut.

In der narzißtischen Variante führt die Abtretung des eigenen Heldentums an eigenen idealisierten Über-Menschen dazu, daß die eigenen Größenwünsche letztlich unerfüllt bleiben und vom Helden immer neue Beweise seiner Überlegenheit und Unfehlbarkeit gefordert werden, deren Unerfüllbarkeit Entschuldigung für die Unterlassung eigener Anstrengungen ist.

Der Vorgesetzte erschleicht mit Helden-Metapher und Großer-Mann-Theorie strahlende Überlegenheit und münzt sie um in Kritikverbot und Gehorsamsanspruch. Auf der Seite der Geführten bedarf das "Verlangen nach Unterwerfung" der inneren Rechtfertigung und findet sie in der Überhöhung des Unterwerfers, der blinde (!) Gefolgschaft verdient und zurecht fordert.

Der Vorgesetzte selbst genießt und betreibt die narzißtische Verklärung seiner Position. Wer sich als Held sehen kann, ist oder wird größer, stärker, mächtiger. Daraus schöpft er das Selbstbewußtsein, ungeprüften Gehorsamsanspruch zu erheben.

Der Vorgesetzte kann

- sich selbst als Held sehen/phantasieren (Unfehlbarkeitsansprüche, Größenphantasien, Verdrängung von Selbstzweifeln, Unterwerfungsgesten fordern; narzißtische Wut bei Kritik);
- spontan, ohne sein Zutun, als Held gesehen werden (Charisma, Verehrung, begeisterte Nachfolge);

- dafür sorgen, daß er als Held gesehen wird (absichtliche Inszenierung von Helden-Kult; Ausstattung mit Helden-Symbolen; Selbst-Beweihräucherung).

3.3. Der Heilsbringer

Zu den Männer-Phantasien von Führern gehört es, die Masse in den Bann zu ziehen, ihren Eigenwillen zu brechen und sie zum gefügigen Werkzeug zu machen.

Ein dritter Archetyp des Führers sieht ihn ausgestattet mit übernatürlichen Kräften, wie sie etwa dem Magier, Halb-Gott oder Gott-Gesandten zukommen. Er ist der Heiland, der charismatische Erneuerer, der große Transformator und magische Verwandler des Bestehenden zum Besseren. Auch hier spielt das Verhältnis des Führers zu den Geführten die entscheidende Rolle: aber statt ihn zu lieben oder zu hassen wie den Vater, zu bewundern oder zu beneiden wie den Helden, bleibt den Geführten hier nur die bedingungslose und bereitwillige Unterwerfung unter das außer-gewöhnliche Charisma jener Lichtgestalt, die dem Alltag so sehr entrückt ist, daß sie nicht mehr mit irdischen Maßstäben gemessen werden kann.

Nach M.WEBER kann sich Herrschaft neben traditionaler und rational-legaler Geltung auch gründen auf Charisma; dieses beruht

"... auf der außeralltäglichen Hingabe an die Heiligkeit oder die Heldenkraft oder die Vorbildlichkeit einer Person und der durch sie offenbarten oder geschaffenen Ordnungen" (WEBER 1972, S. 124).

"Außeralltägliche Hingabe" schuldet man Göttlichem und dieses erhebt den Anspruch auf Unerklärbarkeit. In der griechischen Urbedeutung ist mit Charisma "Gnadengabe" bezeichnet. Ein Mensch hat Charisma, wenn er übernatürliche Qualitäten hat, die das normale Maß so sehr übersteigen, daß er anderen als "gottbegnadet" oder gar gottähnlich erscheint. Aus dieser Perspektive wird verständlich, warum in der Führungstheorie immer wieder "charismatische" Ansätze vorgetragen werden (z.B.: HOUSE 1977, 1987, BURNS 1978, BOAL & BRYSON 1987, AVOLIO & BASS 1987, CONGER & KANUNGO 1987): Vision, Inspiration, Mission, Transformation lassen sich nicht buchhalterisch belegen und prüfen, sie erfordern Hingabe, (Selbst-)Aufgabe, blinde Gefolgschaft, Fanatismus. Wer begeistert (mit neuem Geist erfüllt) und mitgerissen ist (eigenen Halt verloren hat), fragt nicht nach rationalen

Beweisen, will nicht abwägen und abwarten. Der Charismatiker ist niemandem Rechenschaft schuldig, im Gegenteil: die Geführten schulden ihm Verehrung und Dankbarkeit. Das Faszinierende und Überwältigende des Charisma zieht in seinen Bann, lähmt das kritische Vermögen und nährt das Bedürfnis nach Unterwürfigkeit und das Verlangen nach berauschender phantasierender Teilhabe. Charismatische Führer sind Männer der Tat; sie überwinden die "Paralyse durch Analyse" (PETERS & WATERMAN 1984), die Kennzeichen und Folge einer kritisch-sezierenden und damit Begeisterung zersetzenden Haltung ist.

Charisma als Begnadetheit, Geweihtheit, gottgegebene Groß-Artigkeit ist nicht mehr rational zu verstehen, es ist hinzunehmen. Schon immer wurde der geniale Unternehmer ausgestattet mit solchen Gaben; noch in GUTENBERGs Produktionsfaktorenlehre entzieht sich der "dispositive Faktor" dem nüchternen Kalkül, ihm werden irrationale Qualitäten wie Intuition, Gespür, Ahnung zugesprochen und zugestanden.

Wer solcherart der prüfenden Kritik entzogen und der Rechtfertigung enthoben ist, ist dennoch nicht unabhängig von den Geführten. Von ihm als ihrem Ich-Ideal wird verlangt, daß er den ins Maßlose überhöhten Anspruch auf Teilhabe an Kraft und Herrlichkeit in Ewigkeit und stets erfüllt. Er muß inspirieren, be-geistern, revitalisieren; er muß schmerzlich empfundene und verdrängte eigene Kleinheit und Endlichkeit vergessen machen, denn aus ihm spricht ein anderer, ein Dämon: REDLICH (1964,S. 45 ff) spricht vom Unternehmer als einer "dämonischen Figur" in einem Doppelsinn:

Zum einen ist der Unternehmer die treibende Kraft im (kapitalistischen) Prozeß der *"schöpferischen Zerstörung"*. SCHUMPETER - auf den Redlich in diesem Zusammenhang verweist - spricht dabei von einer *"industriellen Mutation"*, einem Prozeß, *"der unaufhörlich die Wirtschaftsstruktur* von innen heraus *revolutioniert, unaufhörlich die alte Struktur zerstört und unaufhörlich eine neue schafft" (1980, S. 137 f)*.

Zum zweiten ist am Unternehmer *"dämonische Selbstzerstörung"* zu beobachten: Genau jene Tugenden, die ihn groß gemacht haben, bewirken seinen Untergang: *"... wenn bestimmte Verhaltensweisen erst einmal zu Erfolg geführt haben, ist es für jene, die ursprünglich dadurch profitierten, fast unmöglich, sie aufzugeben, bevor es zu spät ist" (REDLICH, 1964, S. 52)*. Wer durch Härte gegen sich selbst und andere, Rücksichtslosigkeit im Kampf gegen die Konkurrenz, unbeirrbares Festhalten an den eigenen Plänen, individuelle Vorteilssuche bis an oder sogar über die legalen Grenzen groß geworden ist, wird sich an geänderte Umstände, die Kompromißbereitschaft, Flexibilität, Kooperation, Moral und Rücksichtnahme auf andere erfordern, nicht gewöhnen können und schließlich untergehen. REDLICH veranschaulicht diesen Prozeß am Beispiel der "Räuberbarone" der (amerikanischen) Gründergeneration.

SCHUMPETERS 1942 zum erstenmal vorgelegte Diagnose könnte einem der heutigen Plädoyers für "transformative Führung" entstammen:

"Rationalisierte und spezialisierte Bureauarbeit wird am Ende die Persönlichkeit, das berechenbare Ergebnis die 'Vision' verdrängen. Der Führende hat heutzutage keine Gelegenheit mehr, sich in den Kampf zu stürzen. Er wird zu einem Bureauarbeiter mehr, zu einem, den zu ersetzen nur noch selten schwer halten wird" (SCHUMPETER 1980, S.216).

Zu erinnern ist hier an BENNIS & NANUS These, daß die meisten Unternehmen "overmanaged" und "underled" seien. Während Manager ihre Sachen richtig tun, tun Führer die richtigen Sachen: sie verwalten nicht die Vergangenheit, sondern gestalten die Zukunft, sie sind keine Funktionäre, sondern Visionäre ...

Interessant, weil in den heutigen Diskussionen unberücksichtigt, ist SCHUMPETERs Dialektik von Erschaffung *und* Zerstörung, die REDLICH noch zur Selbsterschaffung und Selbstzerstörung ausweitet. Damit vereinigt der (Wirtschafts -)Führer in sich Polaritäten, die in großen Religionen durch antagonistische Prinzipien oder Gottheiten repräsentiert waren (Erschaffer *und* Vernichter; gebärende *und* verschlingende Mutter).

Wenn heute über charismatische oder transformative Führung geredet wird - siehe z.B. die Texte von BASS (1985), TICHY & DEVANNA (1986), PETERS & AUSTIN (1986), BENNIS & NANUS (1986) - dann wird buchstäblich einseitig argumentiert: Nur das Aufbauende, Gute, Konstruktive, Innovative wird präsentiert. Dabei beeindruckt die quasi-religiöse Idiomatik und Metaphorik: Zentrale Begriffe sind Vision, Mission, Enthusiasmus, commitment, Innovation, das Streben nach höchsten Zielen ("beyond expectations"!), der Neue Anfang, die verschworene Gemeinschaft, die Identifikation (das Einswerden) mit dem Ganzen ... Die Transformation ist eine Wiedergeburt im richtigen Geiste, eine Bekehrung, zumindest eine Reformation; es fällt sogar der Begriff "metanoic organization" (im Anschluß an das "Metanoeite!" Johannes des Täufers: "Kehret um, tuet Buße!" - s. KIEFER & SENGE 1984). Ungekannte Energien werden mobilisiert, wenn man an sich und sein Ziel (seine Mission) glaubt, einen Traum hat und diesen Traum lebt, sich im und mit dem Unternehmen zu einem (ewigen) Bund zusammenschließt und miteinander das gemeinsame Ideal verwirklicht. Der einzelne hat sich dem Ganzen unterzuordnen und dieses wird dargestellt durch den "charismatischen Führer", der über magnetische Anziehungskraft verfügt und mit seinem Sendungsbewußtsein alle mitreißt und zu neuen Ufern führt. Ein solcher Führer braucht die Herausforderung und bewährt sich in der Krise (oder: er braucht und produziert diese, um sich in ihr zu bewähren). Hier taucht wieder das schon erwähnte Grundmotiv auf, daß einzelne ("große Männer") Geschichte machen und daß die Vielen als die weibische emotionale Masse anzusehen seien, die - im Doppelsinn des Wortes - überwältigt werden will. Schon in den massenpsychologischen Schriften von LeBON und FREUD wird dieser Mechanismus offengelegt: die irrationale desorientierte Masse folgt jenem, der ihre tiefsten Bedürfnisse spontan zu stillen und sie von ihren größen Ängsten zu befreien verspricht.

Auch heute ist das elitäre herrschaftliche Moment nicht zu verkennen, wenn "transformative" Führung propagiert wird. Es geht dabei ja nicht bloß um "transaktionale" Führung (den kalkulierenden Tausch von Leistungen und Gegenleistungen); vielmehr soll gerade diese Krämergesinnung ausgeschaltet werden.

Die Diskussion über "charismatische" Führung ist auf dem Höhepunkt der Assessment-Center-Bewegung (s. dazu unten S.73 ff.) durch HOUSE (1977) wieder neu entfacht worden. Er hat in einem Sammelreferat, anknüpfend an Max WEBERs Ausführungen, eine Vielzahl von theoretischen und empirischen Studien zu charismatischer Führung ausgewertet und die Ergebnisse zu einem vorläufigen Modell (Modell "1976") zusammengestellt, in dem er vor allem drei Führer-Wirkungen betont:

- Charismatische Führer leben überzeugend und mitreissend vor, wofür es sich lohnt zu leben und zu arbeiten; damit wirken sie als Modelle für das Wertsystem, dem die Geführten nacheifern (sollen);
- charismatische Führer wecken neue ("höhere") Motive und herausfordernde Ziele in den Geführten;
- charismatische Führer vertrauen den Geführten und steigern damit deren Selbstachtung und Selbstvertrauen - was zu erhöhter Motivation führt.

1987 definiert HOUSE (HOUSE & SINGH, 1987, S. 684 f) aus der Sicht der Geführten jenen Führer als charismatisch, dem es gelang, folgendes zu erzeugen: "... *ein hohes Maß an Loyalität, Verpflichtung und Hingabe an den Führer; Identifikation mit dem Führer und der Mission des Führers; Nacheiferung des Führes hinsichtlich seiner Werte, Ziele und Verhaltensweisen; das Gefühl der Selbstachtung aufgrund der Beziehungen zum Führer und seiner Mission; und ein außergewöhnlich hohes Maß an Vertrauen in den Führer und die Korrektheit seiner Glaubensüberzeugungen.*" Liest man als Deutscher eine solche Liste und denkt dabei an den größten Führer aller Zeiten, dann kommen einem zumindest ambivalente Gefühle.

BOAL & BRYSON (1987) unterscheiden "visionäre" und "krisenerzeugte" charismatische Führer. Die *visionären* Charismatiker *"verknüpfen die Bedürfnisse der Individuen mit wichtigen Werten, Zwecken oder Sinngebungen durch die Artikulation einer Vision und von Zielen - inspirierenden interpretativen Schematas - und auch dadurch, daß sie aufzeigen, wie das Verhalten von Individuen zum Erreichen dieser Werte, Zwecke oder Sinngebungen beitragen kann"* (S. 16).

Weil Krisen die Verknüpfung von Verhalten und Konsequenzen unterbrechen, bewältigen *krisenerzeugte* charismatische Führer Krisensituationen dadurch, daß sie die Ausrichtung der Geführten beeinflussen, die sich bei Unsicherheit, Angst und Streß von ihnen Hilfe erwarten. Da Führer in einer zentralen ("fokalen") Position sind, müssen sie Bedrohungen abwehren und Kräfte mobilisieren, indem sie auf höhere, übergreifende, hehre Werte verweisen, die ein viel-versprechendes (!) Ziel für den mühseligen und gefährdeten Weg aus der gegenwärtigen Misere heraus bieten. *"Kri-*

senführer starten mit 'action' und wenden sich dann interpretativen Schemata, Werten oder Handlungstheorien zu, um die 'action' abzustützen oder zu rechtfertigen. Visionäre andererseits starten mit 'Theorie' und wenden sich dann der Aktion zu" (BOAL & BRYSON 1987, S. 17).

Von BURNS (1978) bei der Analyse politischer Führer entwickelt, wurde die oben schon erwähnte Unterscheidung von transaktionaler und transformativer Führung vor allem von Bass (1985) in die organisationspsychologische Diskussion eingeführt. *Transaktionale* Führung basiert auf Verstärkung: Für das, was sie tun oder lassen, haben die Geführten mit positiven oder negativen Konsequenzen zu rechnen, die die Führungskraft vermittelt: Sie kontrolliert sowohl den Weg (kann erleichtern, blockieren), wie die Ziele und Belohnungen (kann sie vorenthalten oder vergeben). BASS orientiert sich mit dieser Deutung transaktionaler Führung an der sogenannten Weg-Ziel-Theorie der Führung (s. EVANS 1970, HOUSE 1971, NEUBERGER 1976), die dem Modell des rational kalkulierenden homo oeconomicus verpflichtet ist: Ihr zufolge wird eine (geführte) Person - bevor sie irgendetwas tut - vorher überlegen,

- mit welcher Wahrscheinlichkeit
- welche Handlung
- in welchem Ausmaß
- mittelbar oder unmittelbar
- zur Erreichung welcher Ziele beiträgt.

Für jede dieser fünf Variablen müssen Informationen vorliegen, die kombiniert und mit denkbaren anderen Kombinationen verglichen werden. Jene Handlungs-Ergebnis-(path-goal-)Kombination wird ausgewählt werden, die den höchsten Belohnungswert verspricht. Weil eine Führungskraft - je nach Position, Erfahrung, Ressourcen etc. - in der Lage ist, auf diese Parameter einzuwirken, wird sie Wege und Ziele so zu steuern suchen, daß mit der Zielerreichung der Geführten auch ihre eigenen Ziele (und/oder die der Organisation) gefördert werden. Das Grundverhältnis der Beteiligten aber ist berechnend.

Dies ist anders bei *transformationaler* Führung, die über die Transaktionsbeziehung hinausführt: Erreicht wird das (s. die aus AVOLIO & BASS 1987 übernommene Abb. 3.1.) durch zwei Prozesse:

a) Stärkung des Selbstvertrauens (damit wird die Zuversicht gesteigert, erstrebte Ziele tatsächlich auch erreichen zu können) und

b) Erhöhung der Attraktivität der Ziele, indem das "Portfolio" der Bedürfnisse erweitert, der enge Bereich des Eigeninteresses überschritten und (im Sinn der MASLOW-Hierarchie) höhere Bedürfnisse aktiviert werden. Dies setzt dann erhöhte Energien frei und führt zu "Leistungen, die alle Erwartungen übersteigen"!

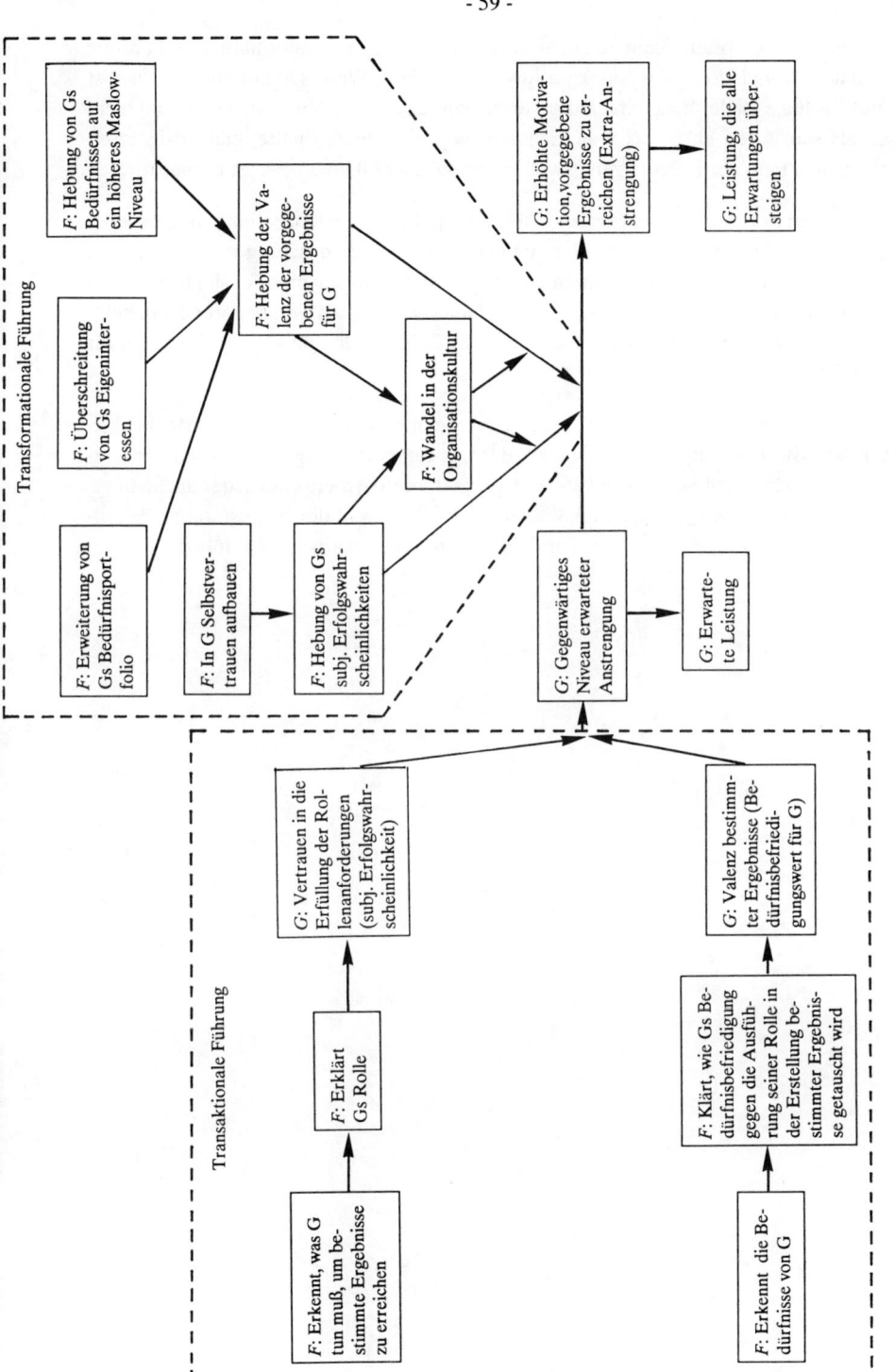

Abb. 3.1.: **Transformierende Führung: Zusatz-Effekt (nach AVOLIO & BASS 1987)**

Legende: F = Führungskraft; G = Geführte(r)

Die meisten Veröffentlichungen über charismatische und transformationale Führung sind der Grundhaltung des "think positive" verpflichtet: Wenn Du nur an Dich glaubst und Dir hohe Ziele setzt, wirst Du sie erreichen! Bedenken, Zweifel, Kritik sind nicht zugelassen. Alles, auch was man nicht für möglich gehalten hätte, kann man erreichen, man muß nur intensiv genug wollen - und dieser Glaube versetzt Berge.

Wenn man sich vergegenwärtigt, daß dies alles ja für alle gelten soll und daß es letztlich (nur ?) darum geht, einem Unternehmen *wirtschaftlichen* Erfolg zu sichern, dann werden die unausgesprochenen mehrfachen Gleichsetzungen offensichtlich: Dein Leben hat einen Sinn, wenn *wir* (= das Unternehmen als verschworene Gemeinschaft) *Erfolg* haben - und das ist dann (auch) *Dein* Erfolg und Dein *Lebenssinn*, für den sich jedes Opfer lohnt!

Es ist leicht nachvollziehbar, daß jeder Unternehmensleiter von solchen Möglichkeiten begeistert sein muß, verheißen sie doch ungeahnte Erfolge auf Grund konfliktfreier Geschlossenheit und selbst- und grenzenlosen Arbeitseifers, der nicht überwacht und stimuliert werden muß, weil er mit der Urgewalt der Begeisterung alle mitreißt... Und all dies kann ein einzelner leisten - wenn er charismatisch führt!

4. Eigenschaftstheorie der Führung

Führung ist ein multifaktorielles Geschehen, zu dessen Verständnis man bei jedem dieser Faktoren (Führer, Geführte, Aufgaben, Organisation, Umwelt etc.) ansetzen kann. Um komplexe Zusammenhänge angemessen verarbeiten zu können, müssen wir sie vereinfachen. Eine besonders große Reduktionsleistung liegt vor, wenn die Vielzahl der Bedingungsgröße so radikal verringert wird, daß nur noch 1 Faktor für "eigentlich" bedeutsam erklärt wird. Der (klassische) Eigenschaftsansatz formuliert eine solche Einseitigkeit: Es kommt vor allem (anderen) auf den Führer, speziell: auf die Führereigenschaften an!

Damit bezieht dieser Ansatz klar Position im jahrtausendealten Streit, ob der Lauf der Dinge mehr durch den einzelnen oder die Gesellschaft bestimmt werde. Er plädiert für die Person. Zwei Zitate sollen die Extremansichten belegen:

"Nicht eine personlose 'Idee' (Hegel), nicht eine frei schwebende 'Gesetzesordnung der Vernunft' oder des vernünftigen Wollens (Kant und Fichte), nicht eine gesetzlich in der Form einer 'fatalite modifiable' abrollende Verstandes- und Wissenschaftsentfaltung (Comte), nicht eine Abfolge ökonomischer Produktionsverhältnisse (Marx), nicht die dunklen, kaum übersehbaren Schicksale der Blutsmischung bestimmen an letzter Stelle Sein und Sosein, Gestaltung und Entwicklung der menschlichen Gruppen, sondern die jeweils herrschende Minorität von Vorbildern und Führern gibt überall wenigstens die Grundlage und Hauptrichtung" (SCHELER 1957, S. 264).

"Das erste Prinzip von allen ... ist dieses: Niemand, weder Mann noch Weib, soll jemals ohne Führer sein. Auch soll niemandes Seele sich daran gewöhnen, etwas ernsthaft oder auch nur im Scherz auf eigene Hand allein zu tun. Vielmehr soll jeder, im Krieg und auch mitten im Frieden auf seinen Führer blicken und ihm gläubig folgen. Und auch in den geringsten Dingen soll er unter der Leitung des Führers stehen. Zum Beispiel - er soll aufstehen, sich bewegen, sich waschen, seine Mahlzeiten einnehmen..., nur, wenn es ihm befohlen wurde... Kurz, er soll seine Seele durch lange Gewöhnung so in Zucht nehmen, daß sie nicht einmal auf den Gedanken kommt, unabhängig zu handeln und daß sie dazu völlig unfähig wird. So werden alle ihr Leben in totaler Gemeinschaft verbringen. Es gibt kein Gesetz, noch wird es je eines geben, das diesem überlegen wäre oder das besser und wirksamer wäre, um die Errettung und den Sieg im Kriege zu sichern. Das muß denn auch schon im Frieden und von frühester Kindheit auf Gegenstand eifriger Übung sein, daß man nicht minder lerne, andere zu beherrschen, als von ihnen beherrscht zu werden. Und jede Spur von Anarchie muß nicht nur aus dem Leben aller Menschen, sondern auch aller dem Menschen dienenden Tiere gründlich und bis auf die letzten Spuren ausgerottet werden" (aus POPPER 1980, Bd. 1, S. 148, der hier PLATO zitiert).

Die Eigenschaftstheorie der Führung konzentriert sich auf die Führungsperson und lokalisiert in ihr die Bedingungen sowohl ihres persönlichen Karriere-, wie des gemeinsamen Leistungs-Erfolgs.

Kann man als allgemeine Auffassung durchsetzen, daß die Inhaber von Führungs-stellen wegen überlegener Persönlichkeitsausstattung in diesen Positionen sind, dann wird den Unterlegenen automatisch das Recht zur Kritik oder zum Ungehorsam ab-gesprochen. Die Herrschaft der Elite ist gesichert, wenn diese Elite mit den für die jeweilige Gesellschaft zentralen Merkmalen ausgestattet ist (dies kann je nach Kultur und Zeitalter variieren: Körperkraft oder -größe, Schönheit, Kampfesmut, List, Weisheit, sexuelle Attraktivität, Wissen ...). In einer Leistungsgesellschaft wird man nachzuweisen haben, daß die Herrschenden leistungsüberlegen sind und darum muß der Anschein erweckt werden, daß nur solche Personen nach oben kommen, die sich bereits bewährt haben oder an denen die Zeichen künftiger Bewährung erkennbar sind.

Natürlich gibt es (nur) geborene Führer, ungeborene kann man ja nicht beurteilen. Was aber sind deren Führungseigenschaften? Es herrscht keineswegs Übereinstimmg darüber, welche Subgruppe von Eigenschaften sich für diese nähere Bestimmung qualifiziert:

"Wenn wir an Männer wie Hitler, Napoleon, John Knocks, Oliver Cromwell, oder an Frauen wie Mary Baker, die erste Königin Elisabeth und Mrs. P .... denken, wird es uns fast grotesk anmuten, einer Führerpersönlichkeit Eigenschaften wie innere Ausgeglichen-heit, Sinn für Humor oder Gerechtigkeitssinn zuzuschreiben. Einige der erfolgreichsten Führer in der Geschichte sind Neurotiker, Geisteskranke und Epileptiker gewesen. Waren humorlos, engstirnig, ungerecht und despotisch. Es gab religiöse Führer, die an Schuld-gefühl, politische Führer, die an Größenwahnsinn, und Militärdiktatoren, die an Verfol-gungswahn krankten. Sollte man einwenden, daß wir es mit der Industrie zu tun haben und nicht mit Religion, Politik oder Militärkunde, wäre mit Leichtigkeit nachzuweisen, daß auch die großen Industriekapitäne vielfach der von den Psychologen empfohlenen Eigenschaften ermangeln. Männer wie H.Ford, Carnegie und Morgan waren keineswegs Musterbeispiele an Tugend oder innerer Gesundheit" (BROWN 1956, S. 132).

Meist wird das Problem auf eine von drei Arten (scheinbar) empirisch gelöst:

a) Man untersucht Inhaber von Führungspositionen und stellt fest, was sie von an-deren Menschen (vor allem den Geführten) unterscheidet;

b) Man prüft, ob und wie sich Inhaber von Führungspositionen untereinander un-terscheiden: ob es also systematische Persönlichkeitsunterschiede zwischen "guten" (erfolgreichen) und "schlechten" (erfolglosen) Führern gibt;

c) Man analysiert die Personen, die es "aus eigenen Kräften" schaffen, in Füh-rungspositionen aufzusteigen oder als Führer (an-)erkannt zu werden.

Welche Strategie man auch immer wählt, es sind zwei Voraussetzungen zu machen: a) Es gibt Eigenschaften und b) man weiß im voraus, welche Eigenschaften in etwa in Frage kommen. Darauf werde ich im Folgenden näher eingehen.

4.1. Zum Eigenschaftsbegriff

Eigenschaften sind Konstrukte, nicht "Dinge", die es an sich gibt. "Intelligenz" z.B. gibt es nicht, sie ist nirgendwo dinglich lokalisiert, sondern sie wird erschlossen aus bestimmten Anzeichen. GRAUMANN hat vier Steigerungsstufen zunehmender Abstraktion unterschieden:

- jemand löst viele "Denk"-Aufgaben in kurzer Zeit (verbaler Modus);
- jemand löst Denk-Aufgaben schnell, richtig, mühelos usw. (adverbialer Modus);
- jemand ist ein fixer, kluger, Denker (adjektivischer Modus);
- jemand hat Intelligenz (substantivischer Modus).

Der letzte Modus ist gemeint, wenn von Eigenschaften die Rede ist. Sie werden als Persönlichkeitsmerkmale aufgefaßt, die

- zeitlich stabil,
- übersituativ (also nicht nur in einer einzigen spezifischen Situation "beobachtbar") und
- universell (bei allen Menschen, wenngleich in je unterschiedlicher Ausprägung vorhanden) sind.

"Eigenschaftstheorie der Führung" gilt als Sammelbezeichnung für alle Ansätze, die der Persönlichkeit des Führens ausschlaggebende Bedeutung beimessen. Meist ist mitgedacht - wenngleich in den seltensten Fällen ausformuliert -, daß bestimmte Eigenschaften den Führer in Stand setzen, so auf seine *soziale Umwelt* einzuwirken, daß seine Vorstellungen Wirklichkeit werden.

Es bleibt unanalysiert, auf welchem Weg diese Einwirkung erfolgt, wie also Eigenschaften in (welche) Verhaltensweisen "übersetzt" werden und unter welchen Bedingungen auf welche Art unter Einsatz welcher (Macht-)Mittel Einfluß auf andere ausgeübt wird. Somit fehlt der für eine Theorie unabdingbare systematische Aufweis der Vermittlungsprozesse, durch die ein Zustand A (z.B.: niedrige Leistung) in einen Zustand B (z.B.: hohe Leistung) überführt wird.

Was dem Eigenschaftsansatz an analytischer Klarheit fehlt, macht er durch die Gallerie bekannter Namen wett, die er unter seine Vertreter einreihen kann. Seit alters her wird Geschichte so geschrieben, daß sie als die Geschichte einzelner Herausragender erscheint; ganze Epochen werden nach Leitgestalten benannt. Unter der Hand verkehrt sich dabei der abkürzende Sprachgebrauch, geschichtliche Abläufe einprägsam zu machen, indem sie an prominente Namen geknüpft werden, zu der Unterstellung, Geschichte sei von einzelnen gemacht worden. Es ist durchaus einzuräumen, daß einzelne Personen in Machtpositionen Entscheidungen von großer ("historischer") Tragweite trafen - aber sie haben nicht in souveräner Autonomie entschieden; als Inhaber sozialer Positionen, die zwar mit oft ungewöhnlicher Machtfülle ausgestattet waren, mußten sie dennoch zahlreichen, Außenstehenden und der Nachwelt oft unbekannten Zwängen entsprechen. Der verwirrte und verwirrende Knäuel von Ursachen wird auf gordische Weise entflochten - indem einfach (!) die heroische Tat des einzelnen gegen das Chaos widerstreitender Kräfte gesetzt wird. Wie nüchtern - und für viele "große Wirtschaftsführer" kränkend - nimmt sich dagegen die alternative Sicht des Nobelpreisträgers M. FRIEDMAN aus: *"Die wirtschaftlichen Personen sind letztlich nichts anderes als Marionetten der Marktgesetze"* (WÖRL 1989, S. 33).

An Versuchen hat es beileibe nicht gefehlt, jene Eigenschaften zu identifizieren, die Größe" ausmachen; die Listen sind unterschiedlich lang, aber doch frappierend ähnlich. Sie beten in stereotyper Wiederholung das Wörterbuch der sozial erwünschten Eigenschaftsbegriffe herunter, geleitet durch das Stichwort "Männlichkeit": Energie, Selbstbeherrschung, Durchsetzungsfähigkeit, Ausdauer, Willensstärke, Charakterfestigkeit, Dynamik, Sicherheit, Verantwortungsgefühl gehören ebenso zum Standardrepertoire wie Entscheidungsfähigkeit, Risikobereitschaft, Intelligenz, Initiative, Kontaktfähigkeit, Zuverlässigkeit, Urteilsvermögen, Gespür, Mut, Fairness ...

Kritiker blieben ungehört, wenn sie zu bedenken gegeben haben, daß kein lebender Mensch solchen Ansprüchen genügen könne. Ganz offensichtlich gibt es eine unstillbare Sehnsucht, die eigenen Unzulänglichkeiten durch ihre Verkehrung ins Gegenteil zu überwinden.

Inzwischen liegen mehrere Sammelreferate vor, die Ergebnisse und Aussagekraft eigenschaftstheoretischer Untersuchungen im Überblick dargestellt haben (STOGDILL 1948; MANN 1959; GHISELLI 1966; KORMAN 1968; STOGDILL 1974, BASS 1981, DELHEES 1987). Sie stimmen weitgehend in folgenden Punkten überein:

1. Es gibt Zusammenhänge zwischen Führer-Eigenschaften und Erfolg.

2. Im Mittel sind diese Zusammenhänge niedrig (selten werden durch einzelne Eigenschaften mehr als 10 % der Erfolgsvarianz erklärt). Allenfalls für "Intelligenz" lassen sich höhere Werte nachweisen (s. LORD, DeVADER & ALLIGER 1986).

3. Vielfach finden sich zwischen den Studien erhebliche Streuungen: trotz der - wie gesagt - im Schnitt niedrigen Erklärungsleistung kommen bei Einzelstudien und bei einzelnen Eigenschaften Varianzaufklärungen bis zu 40 %, zuweilen sogar 80- %) vor.

Zu diesen Ergebnissen ist folgendes zu sagen:

zu 1.:

Wenn man in sehr vielen Studien sehr viele Eigenschaften untersucht, ist selbst bei zufälliger Beziehung zwischen Eigenschaft und Erfolg zu erwarten, daß einige Befunde mit signifikanten Ergebnissen vorkommen. Möglicherweise besteht zusätzlich eine Verzerrung in der Richtung, daß Studien mit negativen Ergebnissen erst gar nicht veröffentlicht werden.

In STOGDILLs Überblick der Befunde bis zum Jahr 1970 (1974, S. 74) werden in einer Liste von 43 Merkmalen folgende Eigenschaften besonders oft als erfolgsträchtig ausgewiesen (sind in empirischen Untersuchungen am häufigsten bestätigt worden):

Aktivität, Energie, Erziehung, sozialer Status, Intelligenz, Aufstiegswille, Dominanz, Selbstvertrauen, Leistungsmotiv, Drang, andere zu übertreffen, Kontaktfähigkeit, soziale Fertigkeiten.

Aus zwei Gründen ist das - im Nachhinein! - durchaus plausibel:

a) Als Kriterium für Führungserfolg wurde in den allermeisten Fällen "Karriereerfolg" gewählt (Erreichen oder Innehaben eines bestimmten hierarchischen Niveaus; Einkommenshöhe; Beförderungsgeschwindigkeit; Gehaltsentwicklung; Funktionsausweitung o.ä.). In all diesen Indikatoren drückt sich die Wertschätzung derjenigen (höheren Vorgesetzten) aus, die in Organisationen über das Weiterkommen zu befinden haben. Diese haben vermutlich - wie in CALDERs Prozeßanalyse ausführlich dargestellt (s. u. S. 208 ff.) - ein bestimmtes Erfolgsstereotyp und wählen danach aus.

b) Nur selten wurden Längsschnittuntersuchungen durchgeführt. Vergleicht man aber diejenigen, die Führungspositionen einnehmen mit Unterstellten, dann wird nicht beachtet, daß u.U. bestimmte Eigenschaften durch das Vorgesetzten-*Sein* erst entwickelt oder gesteigert werden (z.B. Dominanz, Selbstvertrauen, soziale Fertigkeiten).

zu 2:

Die im Durchschnitt wenig eindrucksvollen Korrelationen überraschen nicht, wenn - wie meist üblich - Vorgesetzte mit Untergebenen verglichen werden:

- Unter den Vorgesetzten selbst dürfte es eine erhebliche Streuung in den einzelnen Eigenschaften geben;

- dasselbe gilt für die Untergebenen (unter denen sich im übrigen auch künftige Führungskräfte befinden können). Vergleicht man dagegen "erfolgreiche" Vorgesetzte mit "weniger erfolgreichen" Vorgesetzten im Hinblick auf einzelne Eigenschaften, dann ist zu beachten, daß "Erfolg" meist aus einer komplexen Mischung von Voraussetzungen resultiert und daß einzelne Schwachstellen durchaus durch besondere Überlegenheit in anderen Bereichen kompensiert werden können, wodurch dann aber die Bedeutung isolierter Einzelmerkmale reduziert wird.

zu 3:

Die erheblichen Unterschiede zwischen den einzelnen Untersuchungen haben die Suche nach *situativen* Bedingungen angeregt, von denen die Enge des Zusammenhangs beeinflußt werden könnte (z.B. Fähigkeiten der Geführten, Aufgabenschwierigkeit, Organisationsstruktur usw.). Das bedeutet eine Absage an die dogmatische Form der Eigenschaftstheorie, die dem Besitzer von Führungseigenschaften buchstäblich unter allen Umständen Erfolg versprach. Die Lage ändert sich, wenn man davon ausgeht, daß die Anforderungen an "die" Führungskräfte nicht homogen sind: Je nach hierarchischer Position (z.B. Meister vs. Vorstand), Funktion (z.B. Produktion vs. Vertrieb), Branche (z.B. Dienstleistung vs. Industrie), Unternehmensgröße (z.B. Familienbetrieb vs. Großkonzern), Technologie (z.B. Grad der Computerisierung) werden sich vermutlich andere Aufgaben stellen und damit andere Fähigkeiten zu ihrer Lösung gefordert sein. Es muß deshalb nicht überraschen, wenn Studien, die verschiedene Populationen untersucht haben, zu unterschiedlichen Ergebnissen kommen.

Ich werde unten auf den pragmatischen Versuch eingehen, durch Methoden-Kombinationen dennoch den Eigenschaftsansatz zu retten und für die Führungsauslese und -entwicklung zu nutzen (s. S. 73 ff.: Assessment-Center-Ansatz). Zunächst aber nehme ich noch zu dem allgemeinen Problem Stellung, wie man überhaupt im Universum aller Eigenschaften die Untergruppe der Führungs-Eigenschaften identifizieren kann.

4.2. Die Kategorisierungs- oder Schema-Theorie der Führung

Eigenschaften sind zunächst Ordnungsleistungen des Beobachters. Er sieht Regelmäßigkeiten in Abläufe hinein oder aus ihnen heraus. Wie wir die unendliche Komplexität der Welt nur verarbeiten können, indem wir sie vereinfachen, allein Ausschnitte berücksichtigen, Unterschiede vernachlässigen, Veränderungen unbeachtet lassen etc., so reduzieren wir auch die Komplexität von Personen: sie werden wenigen "Typen" zugeordnet, die mit einer begrenzten Zahl von Merkmalsbegriffen charakterisiert werden. Solche markanten einprägsamen Schemata sind z.B. Freund, Mutter, Führer, Krimineller etc. Wenn wir jemand (neu) begegnen, ordnen wir ihn "nach dem ersten Eindruck" solchen Schemata zu und suchen offenbar *danach* (weiter) nach Einzeldimensionen, die aber durch das Schema zumindest grob vorgegeben sind.

Das Schema "Führer" wird nicht von jedem Menschen neu und originell mit Inhalt gefüllt, sondern ist als eine sozial vermittelte Schablone zu betrachten. Hineinwachsen in eine Kultur heißt auch, sich die bedeutsamen Schemata dieser Kultur aneignen, die den Umgang miteinander ermöglichen. Je diffuser die Hinweisreize sind und je mehr Schemata in Frage kommen, desto ungeklärter ist die Situation, desto schwieriger die Orientierung, desto größer Unsicherheit, Unbehagen oder gar Angst. Besonders wichtige Schemata werden überzeichnet ("Superauslöser").

Man kann z.B. annehmen, daß in hierarchisch geschichteten Gesellschaften das Schema "Herr" (Adeliger) besonders prägnant gezeichnet war. In funktional differenzierten Gesellschaften fällt die Orientierung schwerer, weil verschiedene z.T. konkurrierende, z.T. unabhängige Ordnungskategorien (Deutungsmuster, Stereotype) zur Verfügung stehen und in Frage kommen. Deshalb müssen durch "marker" die zu aktivierenden Schemata ausgezeichnet werden. Auf diesem Hintergrund sind "impression management", "Show", Statussymbole etc. als wichtige Orientierungshilfen zu betrachten.

Ein solcher Ansatz unterstellt nicht, daß eine Führungskraft bestimmte einzelne Eigenschaften *hat*, sondern sie *zugeschrieben bekommt*. Von jemand, der eine Führungsposition anstrebt oder bekleidet, erwartet man, daß er oder sie intelligent, aktiv, redegewandt, kontaktfähig, entschlossen, durchsetzungsfähig usw. ist. Wenn eine Person auf kulturübliche Weise (z.B. durch Geburt, Wahl, Auslese, Berufung, Bestechung, Beziehungen usw.) in eine Führungsposition gekommen ist, werden ihr die entsprechenden Eigenschaften zuerkannt und zwar nicht als einzelne, sondern als Syndrom. Das erlaubt, daß die eventuelle Minderausprägung einzelner Merkmale kompensiert werden kann durch andere - und das umso eher, je weniger konturiert das Schema gezeichnet ist.

Wenn man durch psychometrische Untersuchungen zu ermitteln versucht, ob eine Führungskräfte die nötigen Eigenschaften tatsächlich *haben*, dann ist - wie oben gezeigt - die Bilanz meist enttäuschend.

Geht man grundsätzlich davon aus, daß Handeln gesteuert wird durch die Wahrnehmung und Interpretation der Situation, dann gilt für Führungs-Handeln, daß es "markiert" sein muß, daß es sich also aus dem Handlungsstrom durch gewisse Merkmale hervorheben muß, um als solches bewertet werden zu können. Geführte müssen erkennen können, ob irgendein Handeln als *Führungs*-Handeln zu gelten hat, denn Menschen in Führungspositionen können nicht nicht handeln und dennoch ist nur ein kleiner Teil dessen, was sie tun, als *Führungs*-Handeln qualifiziert (es sei denn, man würde einen totalitären Anspruch erheben: Alles, was Inhaber von Führungspositionen tun, ist Führung - auch ihr Atmen, Gehen, Essen, Sitzen ...). Führungs-Handeln muß imponieren als Handeln, das Konsequenzen hat für das nachfolgende Handeln der Geführten, sei es durch stummen Aufforderungscharakter oder Vorbildlichkeit oder ausdrückliche Gehorsamsforderung.

Es ist ein evolutionär bedeutsamer Fortschritt, wenn ein Organismus die Fähigkeit erwirbt, nicht nur auf eng begrenzte "eindeutige" (immer exakt gleiche, identische) Auslösereize zu reagieren, sondern auch nicht-identische Reize als zusammengehörig und gleichwertig zu betrachten lernt, weil dann Abweichungen vom eingespeicherten Reiz-Reaktions-Muster nicht handlungsunfähig machen. Die Fähigkeit zur Unterscheidung muß also durch die Fähigkeit zu Verallgemeinerung ergänzt werden und es überrascht nicht, daß es zu den Grundproblemen der Lerntheorie gehört, die verschränkten Mechanismen von Diskriminierung und Generalisierung zu erklären. In einer komplexen Welt hängt buchstäblich alles mit allem zusammen und wird nur durch Leistungen des *Beobachters* zu getrennten Einheiten sortiert. Je mehr Freiheitsgrade ein Organismus hat, die Welt zu gliedern, desto höher ist sein Entwicklungsniveau, desto höher sind aber auch Wahlzwang und Unsicherheit. Hinzu kommt, daß fast nie "gute Gestalten" der Wahrnehmung existieren, sondern Informationen unzulänglich, unvollständig und unsicher sind und deshalb aktiv vervollständigt werden müssen, damit sie "erkannt", d.h. bestehenden Schemata zugeordnet werden können. Je mehrdeutiger die Ausgangsinformation, desto riskanter die Zuordnung zu einer Kategorie, einem Typ, einer Gattung.

Das Individuum muß jedoch nicht für sich allein und originär in einem Versuchs-Irrtums-Verfahren die richtige oder günstigste Sichtweise ermitteln, sondern wird für einen Teil dieser Ordnungsleistung durch angeborene Auslöse-Schemata unterstützt; ein anderer Teil wird gesellschaftlich vermittelt. Für Menschen als hochentwickelte Lebewesen ist der ausgedehnte Sozialisations-Prozeß im Grunde nichts anderes als die Vermittlung und Aneignung der bewährten und verbindlichen Sicht- und Handlungsweisen. Daraus aber folgt auch: Wer die Sichtweisen bestimmt, bestimmt die Handlungsweisen.

LORD und seine Mitarbeiter setzen sich aus einer kognitiven Perspektive mit Führung auseinander (s. z.B. LORD 1985, FOTI & PHILLIPS 1982; LORD, FOTI & DeVADER 1984, LORD & FOTI 1986). Im Mittelpunkt ihrer Überlegungen steht die Frage nach den Informationsverarbeitungsprozessen, die es Menschen erlauben, sich in einer extrem komplexen sozialen Welt zurechtzufinden. Diese Informationsverarbeitung kann *automatisch* oder *kontrolliert* erfolgen.

"Kontrollierte Verarbeitung stellt hohe Anforderungen an unsere begrenzte Kapazität zur Aufmerksamkeitszuwendung, konzentriert sich auf eine Aktivität pro Zeiteinheit, kann durch das Subjekt leicht geändert oder aufgehoben werden und reagiert sehr sensibel auf konitive Belastung... Automatische Prozesse dagegen verlangen weniger Aufmerksamkeit, können auf verschiedene Aktivitäten gleichzeitig angewandt werden, sind schwer zu ändern, zu unterdrücken oder zu ignorieren, wenn sie einmal gelernt sind und bleiben praktisch unberührt durch die kognitive Belastung" (LORD & FOTI 1986, S. 21).

Kontrolliertes Verarbeiten erfolgt z.B. bei bewußtem Problemlösen in neuartigen Situationen, während das zentrale Konzept für automatisches Verarbeiten der Schema-Begriff ist.

"Ein Schema ist eine kognitive Struktur, die sowohl organisiertes Wissen über einen bestimmten Reiz - z.B. eine Person oder Situation - wie Regeln, die die Informationsverarbeitung steuern, enthält" (LORD & FOTI 1986, S. 12).

Ich werde zunächst die vier Arten von Schemata, die LORD & FOTI unterscheiden, kurz skizzieren, um mich dann auf das für den vorliegenden Zusammenhang (Eigenschaftstheorie) wichtigste Konzept, das Person-Schema zu konzentrieren.

a) Selbstschema

Es enthält Informationen über die eigene Persönlichkeit. Dieses Selbst-Bild charakterisiert die Art und Weise, wie man sich selbst sieht, welche Eigenschaften man für sich selbst für sehr charakteristisch oder bedeutsam hält bzw. wodurch man sich *nicht* gekennzeichnet fühlt und die man ablehnt. Wenn z.B. "Selbständigkeit" einen hohen

Stellenwert im Selbst-Schema einer Person hat, wird sie Gelegenheiten, die mit der Einschränkung oder Förderung dieser zentralen Eigenschaft zu tun haben, besonders sensibel registrieren und effizient verarbeiten. Auch an anderen Personen werden sie vor allem solche Merkmale wahrnehmen, die für sie selbst (ihr Selbstschema) wichtig sind.

b) Person-Schema

Hier steht die Wahrnehmung anderer Personen im Mittelpunkt. Wir nehmen andere nicht als einmalige Individuen wahr, sondern ordnen sie Typen oder Kategorien zu. Wenn eine Person einmal etikettiert ist, wird sie unter dieser generellen Rubrik "abgespeichert"; die Wiedererinnerung speist sich aus dem Typus, so daß evtl. auch Eigenschaften "erinnert" werden, die nie an der konkreten Person unmittelbar beobachtet worden waren, aber für die Kategorie, der sie zugeordnet wurde, charakteristisch sind. Auf das Person-Schema "Führer" werde ich anschließend ausführlich eingehen.

c) Ereignis-Schema oder Skript

Es bezieht sich auf die richtige Abfolge von Ereignissen in einer bestimmten Situation. Wir wissen z.B. was wir in einem Restaurant alles nicht tun dürfen, wenn wir nicht unangenehm auffallen wollen, wir wissen, wie eine Mitarbeiterbesprechung abzulaufen hat, wie ein richtiges Beurteilungsgespräch auszusehen hat usw. Solche Drehbücher haben eine wichtige denkentlastende und koordinierende Funktion, weil sie dafür sorgen, daß ohne eingehende Analyse, Diskussion und Abstimmung komplexe soziale Geschehnisse routiniert und flüssig ablaufen können.

d) Person-in-Situation-Schema

Dies ist eine Verbindung aus b) und c), in der besonders wichtige oder häufige Handlungsmuster von (bestimmten) Personen(typen) in bestimmten Situationen abgespeichert sind. Diese Schemata sind besonders farbig, detailliert und lebensnah (etwa: "Bewerber in einem Vorstellungsgespräch"). Wer nicht über ein reiches Repertoire an solchen Schemata verfügte, müßte jede Situation als neuartig und einmalig erleben und sich mit großer intellektueller Anstrengung und affektiver Belastung zurechtfinden; er würde - wegen der Aufwendigkeit und Störanfälligkeit seiner Bemühungen - den reibungslosen Ablauf von Interaktionen stören, verzögern oder verhindern.

Den Vorteilen der Entlastung und Beschleunigung stehen die Nachteile der Änderungsresistenz und der Typisierung bzw. Schablonisierung gegenüber. Handeln in Organiationen wäre jedoch nicht denkbar, wenn jedes einzelne Mitglied jede Handlung und Beziehung als buchstäblich beispiellos interpretieren und dafür ebenso beispiellose Lösungen entwickeln wollte.

Im folgenden gehe ich näher auf das Person-Schema "Führer" ein. Wenn man die Frage beantworten möchte "Ist dies ein Führer?" oder "Ist dies ein guter oder schlechter Führer?" kann man im Prinzip auf dreierlei Weise vorgehen:

1. Man hat eine erschöpfende Liste der unabdingbaren Merkmale eines Führers. Erfüllt eine Person *alle* diese Anforderungen, gilt sie als Führer.

2. Man kennt prototypische Exemplare eindeutiger Führer (z.B. Napoleon, Lincoln, Rosa Luxemburg) und vergleicht Kandidaten für die Etikettierung als Führer mit diesen Ur-Bildern.

3. Man kennt eine unscharf umgrenzte Menge von Charakteristika, die Führer beschreiben; sie müssen nicht alle zutreffen, aber eine bestimmte Menge von ihnen muß gegeben sein, damit jemand als Führer gilt und es gibt auch Ausschließungsmerkmale, deren Besitz disqualifiziert und jemand als Nicht-Führer kennzeichnet.

Dieser dritte Ansatz liegt den Überlegungen von LORD u.a. zugrunde.

Zunächst wird davon ausgegangen, daß die Begriffsbildung *strukturiert* ist und zwar vertikal und horizontal. Die *vertikale* Struktur bezeichnet die Verallgemeinerungsdimension: Es gibt abstrakte übergeordnete Kategorien (in unserem Fall: "Führer"), basale Kategorien (z.B. "Führer in wirtschaftlichen Organisationen") und untergeordnete Kategorien (z.B. "Bereichsleiter" oder "Abteilungsleiter" oder "männlicher oder weiblicher Bereichsleiter"). Die *horizontale* Dimension differenziert die Kategorien einer vertikalen Ebene.

Dies kann wie folgt veranschaulicht werden:

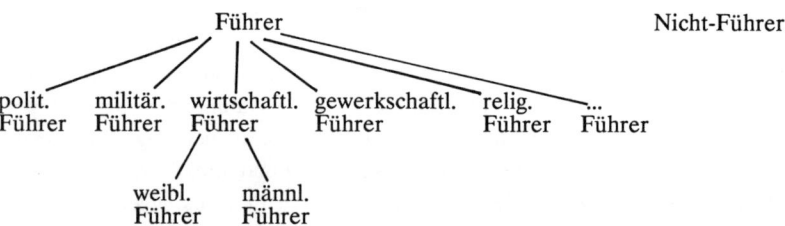

Für die mittlere Ebene, die hier als die "basale Kategorie" herausgegriffen werden soll, sind die Merkmale zu ermitteln, mit denen jeder der genannten Führer-Typen gekennzeichnet werden kann, etwa die oben schon diskutierten Führungs-Eigenschaften, z.B. intelligent, ehrlich, verständnisvoll, verbal gewandt, enscheidungsfreudig, durchsetzungsfähig, engagiert, fair, glaubwürdig, charismatisch, aggressiv, verantwortungsvoll, zielbewußt, stark ... Es mag nun sein, daß "militärische Führer" mit zum

Teil anderen Begriffen gekennzeichnet werden als "religiöse Führer" und diese sich wiederum teilweise unterscheiden von den "Wirtschaftsführern" usw.

Der Grad der Übereinstimmung kann quantitativ bestimmt werden im Koeffizienten der *"Familienähnlichkeit"*, der ein zusammenfassender Ausdruck dafür ist, wieviele der zur Charakterisierung der basalen Ebene benutzten Merkmalen zur Kennzeichnung einer bestimmten Kategorie (z.B. "Wirtschaftsführer") genutzt werden. Vorausgesetzt wird dabei, daß nie *alle* Merkmale benutzt werden und daß jede einzelne basale Kategorie einen leicht unterschiedlichen Satz von Merkmalen in Anspruch nimmt.

Der *"Prototyp"* ist eine abstrakte Zusammenstellung der *repräsentativsten* Merkmale einer kategorialen Einheit. Es gibt also einen Satz von Merkmalen, der in besonders markanter Weise zum Beispiel einen "militärischen Führer" auszeichnet (vielleicht: hart, entschlossen, durchsetzungsfähig, aggressiv, mutig), während ein "Wirtschaftsführer" prototypisch durch zum Teil andere Eigenschaften charakterisiert sein kann (z.B. dynamisch, flexibel, doppelzüngig, verhandlungsgeschickt). Der Prototyp in diesem Sinn ist nicht zu verwechseln mit einer konkreten *exemplarischen* Figur (etwa Margaret Thatcher als Inbegriff einer politischen Führerin).

Die *Merkmals-Validität* schließlich ist ein Wahrscheinlichkeitsbegriff, der die Fähigkeit eines Merkmals (attribute, cue) ausdrückt, zwischen den Typen (Kategorien) einer hierarchischen Ebene zu differenzieren. Jedes einzelne Attribut hat sozusagen eine spezifische "Trennschärfe"; diese wird bestimmt über die Häufigkeit, mit der es bei den verschiedenen Kategorien (Typen) einer Ebene auftaucht. Das Merkmal "hemdsärmelig" kann z.B. für Gewerkschaftsführer charakteristisch sein, für militärische oder religiöse Führer überhaupt nicht zutreffen; es hätte dann hohe Merkmals-Gültigkeit, während "von seiner Sache überzeugt" für alle Führer zutreffen mag und deshalb kaum "cue validity" hat.

Mit diesem methodischen Inventar kann man sich an die Aufgabe machen zu bestimmen, welche Eigenschafts-Kombinationen in den Augen relevanter Beurteiler eine Führungskraft in einem bestimmten Aufgabenbereich haben muß. Erfüllt sie diese Anforderungen nicht, gilt sie für diese Beurteilergruppe nicht als ("richtige") Führungskraft. Als praktikable Methode, den Merkmalssatz durch die Betroffenen selbst bestimmen zu lassen, kann die "repertory grid technique" von KELLY (1955) benutzt werden. Dabei werden Beurteiler gebeten, aus Dreier-Gruppen von ihnen persönlich bekannten Personen die beiden zu benennen, die sich besonders ähnlich sind und dann zu beschreiben, warum sie sich ähnlich sind (s.a. DONAT & MOSER 1989). Für die Anforderungsanalyse zu Zwecken der Führungsauslese hat NEUBAUER (s.a. 1989) die Kelly-Rep-Technik adaptiert.

Auf der Grundlage der Kategorisierungs-Theorie muß man erwarten, daß es kaum Eigenschaften (Merkmale) gibt, die für *alle* Führer relevant sind, weil das Konzept der *Familienähnlichkeit* lediglich Muster oder Kombinationen unterstellt. Die Suche nach "den" Führungseigenschaften ist deshalb von vorneherein zum Scheitern verurteilt. Das Konzept der *Merkmals-Validität* fordert unter anderem dazu auf, nach Merkmalen zu suchen, die z.B. Führer von Nicht-Führern deutlich unterscheiden. LORD, FOTI & DeVADER (1984) haben (für eine studentische Beurteilergruppe) gezeigt, daß *"die Wahrscheinlichkeit, vier der fünf Führungsmerkmale zu besitzen, die sowohl in Familienähnlichkeit wie Prototypik die höchsten Werte haben (intelligent, ehrlich, verständnisvoll, wortgewandt, entschlossen) für Nicht-Führer niedriger als .02 ist, während sie für Führer .46 beträgt"* (S. 352). Der Zahlenwert für Führer macht dabei deutlich, daß die Übereinstimmung in dem, was einen (richtigen) Führer ausmacht, keineswegs beeindruckend ist.

Bedenkt man, welch hoher Stellenwert dem Führer-Bild als Bezugssystem sowohl für die Führungsauslese wie für die Führerverhaltensbeschreibung (Führungsstil-Diagnose) zukommt, dann ist erstaunlich, wie wenig Aufmerksamkeit diese Problematik in der Führungsforschung bislang gefunden hat. Vermutlich liegt darin auch einer der Gründe für die mangelhafte Generalisierbarkeit der empirischen Befunde in den beiden genannten Forschungsfeldern. Andererseits erklärt das auch die Bedeutung der attributionstheoretischen Zugänge zum Führungsproblem (die unten, s. S. 201 ff. dargestellt werden). Führung ist ihnen zufolge primär ein Wahrnehmungsproblem: Wer als Führer *wahrgenommen* wird, hat (deshalb !) mehr Einfluß. Gerade in Krisen-Situationen kommt es deshalb darauf an, gleichsam Show-Verhalten zu zeigen, d.h. die markanten Führer-Eigenschaften in besonders ausgeprägter unübersehbarer Weise zu demonstrieren (etwa: Aktivität, Mut, Sichtbarkeit, Entschiedenheit ...), so daß mehr Anstrengung auf die Inszenierung des Führer-Bildes aufgewandt wird, als auf direkte Problemlösungs-Aktivitäten oder daß sogar - wie angedeutet - solch mehrdeutige Situation produziert werden, um sich als Führer präsentieren zu können. Aktivitäten politischer Führer vor Wahlen sind ein guter Beleg dafür. In ähnliche Richtung geht die bei Militär- und Wirtschaftsführern beliebte schon erwähnte Faustregel: Lieber eine falsche Entscheidung als keine Entscheidung!

Die Kategorisierungs-Theorie ist ein Beschreibungsansatz, der festzustellen hilft, welche Merkmalszusammenstellungen in einer bestimmten Population den (proto)-typischen Führer charakterisieren. Die Überlegungen, die ich oben zu Ur-Bildern der Führung (Vater, Held, charismatischer Erneuerer) angestellt habe, laden dazu ein, die "übergeordnete Kategorie Führung" nicht als letzte, sondern als abgeleitete Analyse-Einheit zu betrachten. Die Formbestimmungen, die "Führung" in bestimmten Kontexten (und Epochen) erfährt, kann auf solche noch "höheren" (oder besser: grundlegenden) Proto- oder Arche-Typen zurückgeführt werden. Dies könnte dann als Hinweis benutzt werden, die auffälligen Unterschiede im Führer-Bild *innerhalb* einer Population hypothesengeleitet näher zu untersuchen.

Obgleich also auch nicht annähernd geklärt ist, was die Führerhaftigkeit eines Führers ausmacht, hat sich in letzter Zeit ein eigenschaftstheoretisch inspirierter Ansatz der Führungsforschung fast zur "Bewegung" ausgewachsen:

4.3. Der Assessment-Center-Ansatz

Wegen ihrer theoretischen Unfruchtbarkeit (Führungserfolg wird auf einen einzigen Faktor - Führungseigenschaften - zurückgeführt) und der für Verwertungsinteressen enttäuschenden empirischen Befunde war die "Great Man Theory" zu den Akten gelegt worden - bis BRAY & GRANT mit den Ergebnissen ihres "Assessment Centers" Aufsehen erregten.

BRAY & GRANT (1966) haben bei AT & T, dem damals personalstärksten Privatunternehmen der USA eine Prozedur aufgegriffen, die bei der Auswahl von US-Geheimdienstagenten im 2. Weltkrieg entwickelt worden war (s. die ausführliche Schilderung bei McKINNON 1977, der auch darauf hinweist, daß Vorläufer dieser Prozedur in der Wehrmacht der Weimarer Republik und in der britischen Armee praktiziert wurden). Im Unterschied zu der früher üblichen Vorgehensweise, Kandidaten einer Serie von psychometrischen Tests zu unterziehen, wurde in der "Management Progress Study" der AT & T (ähnlich wie in der fast zeitgleichen "Early Identification of Management Potential-Study" der Esso, s. LAURENT (1966)) ein breites Spektrum von Verfahren eingesetzt: Neben Tests und Fragebögen waren dies:

- ein zweistündiges Interview,
- die dreistündige Bearbeitung eines "Postkorbs" (der Kandidat hat sich als unerwartet ernannter Nachfolger durch den Posteingangs-Korb seines Vorgängers hindurchzuarbeiten; er findet Briefe, Notizen, Organigramme, Berichte usw. vor, auf die er ohne Hilfe schriftlich reagieren muß),
- eine Fabrikationsaufgabe, bei der die Teilnehmer in kleinen Gruppen eine Firma simulieren, die Weihnachtsspielzeug herstellt,
- eine führerlose Gruppendiskussion,
- ein biografischer Fragebogen, in dem nach Beruf, Einkommen und Ausbildung der Eltern, früheren und jetzigen sozialen Aktivitäten (z.B. Pfadfinderführer, Klassensprecher, Vereinsmitgliedschaften, Ehrenämter, Freundeskreis), Berufslaufbahn, Freizeitaktivitäten usw. gefragt wird,
- ein kurzer Lebenslauf,
- eine Selbstbeschreibung.

Während der verschiedenen Übungen wurden die Teilnehmer (insgesamt 422 Angestellte) von Beobachtern (darunter auch Linienvorgesetzten) eingeschätzt. Diese Beurteiler gaben in Kenntnis aller Einzelresultate am Ende der 3 1/2-tägigen Prüfung ihre zusammenfassende Einstufung in 25 Merkmals-Dimensionen an (z.B. Entscheidungsfreude, Kreativität, Stress-Resistenz, Sicherheitsbedürfnis, Zielflexibilität, Interessenbreite usw.) und machten eine Prognose über das Management-Niveau, in dem sich die Kandidaten nach Ablauf von 10 Jahren befinden würden. Die Beurteilungen der Kandidaten wurden deren Vorgesetzten nicht zugänglich gemacht.

Nach 8 Jahren wurden die Vorhersagen überprüft; es ergaben sich Korrelations-koeffizienten in Höhe von .46; bei einer weiteren Überprüfung nach 16 Jahren betru-gen die Vorhersage-Koeefizienten .33 (für College-Absolventen) und .40 (für Nicht-Absolventen) (s. SCHULER, 1989, S. 228). In der Folgezeit führten viele große ame-rikanische Unternehmen Assessment-Center ein (s. dazu die Überblicksdarstellungen von HUCK 1973; FINKLE 1976; HINRICHS 1978; HUCK 1977; KLIMOSKI & STRICKLAND 1977, THORNTON & BYHAM 1982) Auch in der Bundesrepublik fand die Vorgehensweise Anhänger, siehe das durch zahlreiche Übungsbeispiele pra-xisnah gestaltete Handbuch von JESERICH (1981; hier werden auch weitere situa-tive Übungen, z.B. Fallstudien, Rollenspiele, Vorträge usw. dargestellt) und Über-blicksdarstellungen z.B. von SCHULER & STEHLE 1987; MAUKISCH 1986, 1989; LATTMANN 1989; KOMPA 1989).

Das Grundprogramm der Beurteilungs-Zentren blieb immer gleich: Es werden

- *mehrere* Kandidaten (meist 10-12)
- mit *mehreren* - vorwiegend situativen - Verfahren geprüft und dabei
- von *mehreren* Beurteilern (vorwiegend Linienvorgesetzten) beobachtet und einge-schätzt,
- die ihr Urteil auf *mehreren* erfolgsrelevanten Dimensionen abgeben und sich ab-schließend auf gemeinsame Entscheidungen einigen (s. dazu die Abbildung 4.1).

Diese Abbildung ist eine ausschnitthafte Skizze von Komponenten und Ablauf eines ACs zur Einstellung von Trainees. In der ersten Spalte sind die Kandidat(inne)n ein-getragen; in der Praxis nehmen meist 10-12 Bewerber(innen) teil, in der Abb. 4.1. ist die Prozedur jedoch nur für *eine* Person A ausgeführt. Diese Person A durchläuft im gegebenen Beispiel 4 Prüfstationen; auch hier ist die Realität meist wesentlich kom-plexer, weil im Regelfall mehr (meist 6-10) Übungen zu absolvieren sind. In der Ab-bildung ist dargestellt, daß jede(r) Kandidat(in) pro Übung von mindestens 2 (der hier insgesamt 4 Beobachter) beurteilt wird und daß die Beobachter zwischen den Übungen wechseln, so daß nach Möglichkeit jeder Beobachter in zumindest einer Übung jede(n) Bewerber(in) gesehen hat. In Abbildung 4.1. stufen die Beurteiler das beobachtete Kandidat(inn)enverhalten in 6 Urteilsdimensionen ein; in der Praxis sind es im Regelfall mehr, üblicherweise 8-12 Dimensionen (Einen Eindruck von der Vielzahl der verwendeten Anforderungsdimensionen gibt die bei DONAT & MO-SER 1989, S. 159-161, abgedruckte Liste, die 33 Positionen umfaßt). Jeder Beobach-ter formuliert in den von ihm eingeschätzen Merkmalsdimensionen eine Einstufung; in Abb. 4.1. wurde davon ausgegangen, daß pro Dimension dann drei Einzelurteile vorliegen, die in ihrer Ausprägung durch Punkte markiert sind. Mit diesen Einzelur-teilen pro Kandidat(in) gehen die Beobachter dann in eine Beurteilungskonferenz, an der alle Beurteiler alle Kandidat(inn)en in allen Merkmalen diskutieren und schließlich zu einer gemeinsamen Einstufung für jede(n) einzelne(n) der Kandi-dat(inn)en gelangen. Diese - in der Abbildung durch eine Profillinie dargestellten - differenzierten Merkmalsbilder werden anschließend zu einem Gesamturteil zusam-

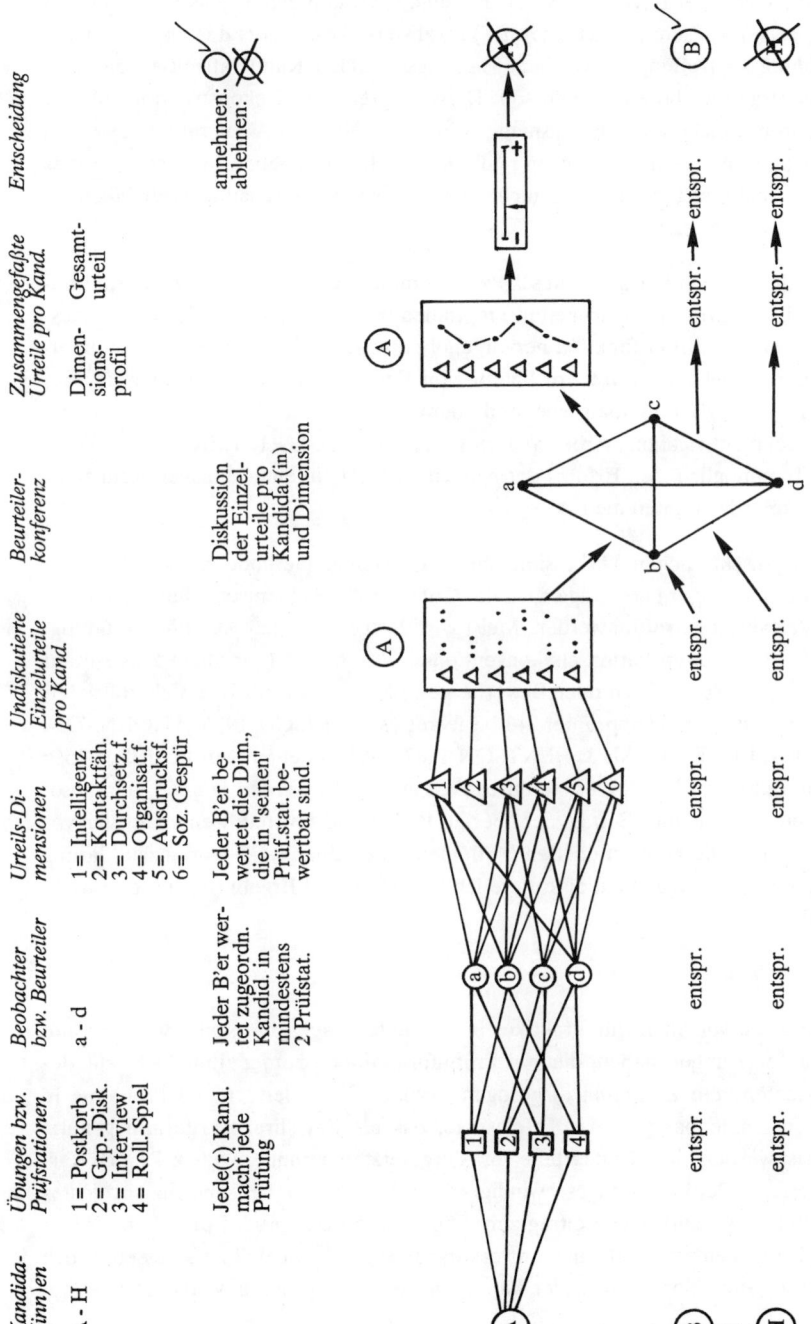

Abb. 4.1.: Der Prozeß der Entscheidungsfindung im Assessment Center

mengefaßt, das jede(n) Bewerber(in) auf einem Gesamteignungs-Kontinuum von "ungeeignet" (-) bis "sehr gut geeignet" (+) lokalisiert. Abschließend ist dann noch die Entscheidung zu treffen, ab welchem Eignungsgrad den Kandidat(inn)en ein Einstellungsvertrag angeboten werden soll. Diese skizzenhafte Rekonstruktion soll vor Augen führen, welche Informationsmengen in einem einzigen AC verarbeitet werden müssen, wobei man sich klarmachen muß, daß die beschriebenen Prozesse überdies für *alle* Teilnehmer(innen) - und nicht nur wie hier veranschaulicht für *eine(n)* - durchlaufen werden müssen.

Will man den Nutzen eines AC einschätzen, kommt noch hinzu, daß sie für ein breites Bündel von Einsatzmöglichkeiten empfohlen werden: Während früher fast ausschließlich die Selektionsfunktion hervorgehoben wurde, wird in neueren Veröffentlichungen eine wesentlich breitere Palette von Funktionen genannt: Neben der Bewerberauswahl z.B. Potentialsuche und -beratung, Beobachtertraining, Laufbahnplanung, Teamentwicklung, Arbeitsplatzgestaltung (s. z.B. SCHULER 1987, S. 4). Es ist deshalb unmöglich, den Erfolg oder Nutzen eines AC in einer einzigen Kennziffer auszudrücken (dazu unten mehr).

In der wissenschaftlichen Diskussion über ACs stehen methodische Probleme im Vordergrund, vor allem die Frage nach der Güte der Auswahlentscheidungen, die mit diesem Verfahren getroffen werden. Meist wird festgestellt, daß ACs höhere Gültigkeitswerte aufzuweisen hätten als konventionelle Methoden (vor allem Auslese auf der Basis von Testverfahren oder Bewerbergesprächen). Als mittlere Validitätskoeffizient wird ein Wert knapp unter .40 berichtet (MAUKISCH 1986, THORNTON, GAUGLER, ROSENTHAL & BENTSON 1987), was bedeuten würde, daß ca 15% der Streubreite von Führungserfolg durch ACs aufgeklärt werden können - ein absolut gesehen bescheidener Betrag, der aber an Bedeutung gewinnt, wenn man sich vor Augen hält, daß die konventionellen Methoden selten über 4-5% Varianzaufklärung hinauskommen. Im folgenden diskutiere ich Probleme und Ergebnisse der drei wichtigen Validitätsarten.

Vorhersagevalidität:

Dabei wird die vor allem für Praktiker interessante Frage untersucht, welche Güte die Schlußfolgerungen haben, die von Prüfinformationen zum Zeitpunkt t_1 auf Bewährungsdaten zum Zeitpunkt t_2 gezogen werden. Eines der größten Probleme in diesem Zusammenhang ist das Erfolgsmaß, das als Bewährungskriterium genutzt wird. Meist werden hier Schätzurteile von Vorgesetzten herangezogen, z.T. auch Karrierekriterien (Beförderungsgeschwindigkeit, erreichtes Gehaltsniveau, erreichtes hierarchisches Niveau). Der Beitrag zum Organisationserfolg wird praktisch nie mit "harten" Daten gemessen, so daß man verkürzend sagen kann, daß ACs bessere (noch lange nicht: gute) Vorsagen der künftigen Beurteilung durch Vorgesetzte erlauben.

An diesem Punkt setzt eine attributionstheoretische Erklärung des Vorhersage-Er-
folgs an:

Die firmeninternen Beurteiler wissen, nach welchen Gesichtspunkten in ihrem Haus
normalerweise Führungspositionen besetzt werden, insbesondere welcher "Typ" in
welchen Bereichen und bei welchen Vorgesetzten besondere Chancen hat. Wie bei
CALDER dargestellt (s. dazu unten, S. 208 ff.), werden sie deshalb im Verlauf des
Assessment-Centers herauszufinden suchen, ob sich der Kandidat von anderen
abhebt, ob er dem "typischen" Vorgesetztenbild der impliziten Führungstheorie der
Unternehmung entspricht, ob sein Verhalten ausgeprägt genug, sozial erwünscht und
zeitlich (über 3 Tage), sachlich (über die verschiedenen Aufgaben) und sozial (über
die verschiedenen Beurteiler hinweg) konsistent ist und ob gegebenenfalls durch die
Prüfprozedur selbst systematische Verzerrungen herbeigeführt wurden. Wer all diese
Tests übersteht, hat die Führungsqualifikationen, die in einer bestimmten Organisation erwartet werden - womit nicht unbedingt etwas ausgesagt ist darüber, daß er
seine Führungs-Aufgaben auch besser erledigt als seine Konkurrenten dies tun. Ob
Assessment-Centers Führungserfolg vorhersagen, kann aus den vorliegenden empirischen Ergebnissen nicht gefolgert werden. Sie sind dem Eigenschaftsansatz verpflichtet und stützen sich explizit auf nur eine Varianzquelle zur Erklärung der Ergebnisse
organisierter Arbeit: die Person des Führers. Gegenüber der klassischen "Trait
Theory" haben sie aber den Vorzug, daß sowohl über die situativen Übungen als auch
durch die beurteilenden Linienvorgesetzten eine implizite Berücksichtigung weiterer
Erfolgsdeterminanten einfließt; vermutlich geben die Übungen als Arbeitsproben
den Praktikern (Linienvorgesetzten) Aufschluß über eine mögliche Bewährung der
Kandidaten in der nächsten Karrierestufe, wobei auch eine unausgesprochene Ge-
wichtung der Übungen hinsichtlich ihrer Ähnlichkeit zur künftigen Arbeitssituation
erfolgen kann. Dennoch muß an der grundsätzlichen Kritik festgehalten werden: Assessment Centers sind lediglich systematische Verfahren der Selbstrekrutierung des
Managements.

Bezieht man die in der Testtheorie zusätzlich diskutierten und theoretisch interes-
santen Validitätsarten (Inhalts- und Konstrukt-Validität) mit ein, so wird das Urteil
ungünstiger:

Inhaltsgültigkeit

Sie bezieht sich auf die Übereinstimmung der Prüf-Aufgaben mit den Aufgaben der
Bewährungspraxis. Sind in den Prüfstationen eines AC tatsächlich alle Aufgabenin-
halte berücksichtigt, auf die es in einer Führungsposition ankommt? Auf diese Frage
kann eine allgemeine Antwort nicht gegeben werden, weil nicht bekannt ist, was eigentlich das Aufgabenuniversum einer Führungskraft ist. Eines aber scheint festzu-
stehen: Man kann nicht von "der" Führungstätigkeit sprechen, so als ob es ein homo-
genes Anforderungsprofil für Führungskräfte gäbe. Bei der Darstellung der empiri-

schen Befunde zur Verhaltensbeobachtung von Vorgesetzten werde ich darauf näher eingehen (s. S. 135 ff.); wegen der Kurzzeitigkeit der Prüfung und wegen der Individualisierung der Bewertung können aber vermutlich wichtige Aspekte der Führungstätigkeit (z.B. Aufbau von Beziehungen, Mikropolitik) im AC kaum beobachtet und beurteilt werden.

Konstruktvalidität

Die Konstruktvalidität befaßt sich mit der Klärung der theoretischen Beziehungen, die zwischen den gemessenen Eigenschaften (in Abhängigkeit von den Meßmethoden) bestehen. Ich zitiere einen Beleg aus der Arbeit von KOMPA (1989, S. 54 f):

"Die Daten entstammen aus ACs, die in einem US-Konzern zur Auswahl von Führungskräften der 1. Ebene durchgeführt wurden. Die Anzahl der Teilnehmer betrug 75. Sie wurden von 4 Beobachtern in vier oder fünf Übungen - u.a. in den hier dargestellten Postkorb- und Rollenspiel-Übungen - beurteilt. Die Kandidaten wurden jeweils von einem der Beobachter nach jeder Übung auf den hier wiedergegebenen Dimensionen (einschließlich eines Gesamturteils pro Übung) eingestuft. Die korrelativen Zusammenhänge zwischen den Beurteilungen innerhalb einer Übung und zwischen ihnen sind in den drei Korrelationsdreiecken dargestellt.

Der Multi-Trait-Multi-Method-Ansatz - kurz: MTMM-Ansatz - erlaubt Aussagen über zwei Teilaspekte der Konstruktvalidität, nämlich über die konvergente und diskriminante Validität:

1. *Konvergente Validität bedeutet, daß die Messungen eines Traits mit verschiedenen Methoden konvergieren.*

2. *Diskriminante Validität besagt dagegen, daß durch Messungen sowohl innerhalb einer Methode als auch über verschiedene Methoden hinweg unterschiedliche Traits auseinandergehalten werden können.*

	Postkorb						Rollenspiel					
	1	2	3	4	5	6	1	2	3	4	5	6
Postkorb												
1. Mündl. Kommunikation												
2. Sensitivität	55											
3. Planung/Organisation	60	43										
4. Managementkontrolle	48	43	46									
5. Informationssammlung	39	44	45	59								
6. Entscheidungsfähigkeit	62	56	53	70	61							
Rollenspiel												
1. Mündl. Kommunikation	**20**											
2. Sensitivität	19	**25**					42					
3. Planung/Organisation	17	20	**29**				71	50				
4. Managementkontrolle	15	12	20	**27**			60	52	50			
5. Informationssammlung	22	11	22	26	**26**		51	61	47	39		
6. Entscheidungsfähigkeit	23	10	23	20	19	**26**	49	41	53	70	40	

Abb. 4.2.: **Beispiel für eine MTMM-Matrix, die KOMPA (1989, S. 55) aus RUSSELL, C.J. (1987, S. 822) entnommen hat.**

Die beiden äußeren Dreiecke enthalten die Interkorrelationen zwischen den Dimensionen jeweils innerhalb einer Übung. Die durchschnittliche Interkorrelation im Postkorb beträgt .53 und die im Rollenspiel .52. Dies verweist auf eine schlechte diskriminante Validität der Beurteilungsdimensionen innerhalb von Übungen. Also: Äpfel und (Glüh-)Birnen werden in denselben Korb geworfen.

Die Interkorrelationen von unterschiedlichen Dimensionen, beurteilt in unterschiedlichen Übungen, sind dagegen, wie das linke Dreieck zeigt, relativ niedrig. Damit wäre die zweite der beiden Bedingungen für diskriminante Validität erfüllt. Dieses Ergebnis verweist in Verbindung mit dem ersten Resultat darauf, daß die Urteile eher die Unterschiedlichkeit der Übungen als die der Dimensionen widerspiegeln.

Die konvergente Validität läßt sich aus der Diagonale desselben Dreiecks abschätzen. Die mittlere Korrelation einer Dimension, beurteilt in verschiedenen Übungen, beträgt .25. Also: die Äpfel der einen Übung werden in der anderen Übung als Birnen erkannt.

Welche Erkenntnisse können aus diesen keineswegs untypischen Ergebnissen im Hinblick auf die Konstruktvalidität von Eigenschaftsbeurteilungen in ACs gewonnen werden? Die Ergebnisse verweisen auf eine unzureichende konvergente und diskriminante Validität von AC-Urteilen (zu weiteren Literaturhinweisen und vergleichbaren Ergebnissen eigener Untersuchung vgl. MAUKISCH, 1989). AC-Beobachter sind offenbar nicht in der Lage, unterschiedliche Fähigkeiten der Person voneinander abzugrenzen (oder: traitistisch zu urteilen). Zudem wird dieselbe Fähigkeit - als eine stabile verhaltensorganisierende Eigenschaft! - in anderen Situationen nicht wiedergefunden."

Hält man sich die im Großen und Ganzen doch eher bescheidenen Ergebnisse vor Augen, mit denen Konstruktvalidierungen von ACs aufwarten können, dann kann man SCHULER (1989, S. 242) zustimmen, wenn er resümiert, *"... daß wir noch weit davon entfernt sind zu verstehen, was in einem Assessment Center vor sich geht und wie die Urteile der Beobachter zustandekommen."*

Die Validitätskoeffizienten, wie ich sie hier kurz diskutiert habe, können nicht gegeneinander ausgespielt werden oder sich untereinander ersetzen, sondern spiegeln jeder für sich wichtige Problemfacetten wieder. Außerdem bieten sie nur eine Oberflächensicht der Dinge und ersparen einem nicht die Auseinandersetzung mit den inhaltlichen Vor-Entscheidungen, die sich hinter ihnen verbergen. In der Abb. 4.3. habe ich einen Teil dieser Problembereiche dargestellt. Die Systematik dieser Abbildung knüpft an die vier Elemente eines AC an (Beobachter, Merkmale, Prüfstationen, Kandidat/innen). Für jeden dieser Aspekte sind die *vier Problembereiche,* die ich untersuche, in jeweils anderer Hinsicht relevant:

Elemente:	Zusammenfassung	Problembereiche		
		Stichprobe	Beziehungen	Beziehungen
Im AC werden kombiniert: Mehrere ...	zu welcher Einheit?	a) aus welcher Grundgesamtheit? b) von wem gezogen? c) nach welchen Gesichtspunkten?	innerhalb jedes Aspekts (Beispiele)	zwischen den Aspekten (Beispiele)
Beurteiler bzw. Beobachter (B)	Gesamtgruppe der Beobachter, die einstimmig oder mehrheitlich urteilen	a) alle Führungskräfte? b) Pers.abteilung c) Fortschrittlichkeit, Reputation, Macht ...	Statusgleichheit? Gleiche Interessen? Gleiches Gewicht? usw.	M Verständnis? Bejahung? B P Erfahrung? Akzeptanz? K Bekanntheit? Sympathie?
Merkmalsdimensionen (M)	Gesamteignung (z.B. Gesamtprofil, Summenwert), Zusammenfassung aller Einzelurteile	a) alle Füh.eigenschaften bzw. -anforderungen? b) Pers.Abteilg, Berater, Wissenschaftl, Projektgruppe c) Erfolgsrelevanz? Gewohnheit? Soziale Erwünschtheit?	Unabhängigkeit Komplementarität? Konkurrenz? usw.	B Verständnis, Bejahung? M P Repräsentativität? K Bekanntheit, Transparenz?
Prüfungsaufgaben oder -stationen (P)	Simulation oder Abbild aller Aufgaben in einer Führungsposition	a) alle Führungsaufgaben b) Wissenschaftler, Berater, Pers.Abt, Projektgruppe c) Häufigkeit, Bedeutsamkeit, Üblichkeit, Verfügbarkeit, von Materialien etc.	Unabhängigkeit? Defizitausgleich möglich? usw.	B Erfahrung, Akzeptanz? P M Repräsentativität? K Vertrautheit, Geübtheit?
Kandidat(inn)en (K)	keine! Alle werden als einzelne beurteilt (keine Teambewertung)	a) alle "interessanten" Bewerber b) Personalabteilung, Vorgesetztenvorschlag, Selbstselektion c) Kostengünstigkeit, Verfügbarkeit, Eindruck nach "Schriftform"	Rivalität? Kooperation, Solidarität? Sympathie? usw.	B Bekanntheit, Sympathie? K M Bekanntheit? Transparenz? P Vertrautheit, Geübtheit?

Abb. 4.3.: Elemente und Problembereiche und beim Assessment-Center

a) *Zusammenfassung*: (Fast) alle Elemente werden formal oder faktisch aggregiert, ohne daß die Berechtigung dieser Zusammenfassungen reflektiert wird.

b) *Stichprobe*: Jedes der Elemente ist im Grunde eine Stichprobe. Die mehrfachen Probleme, die damit verbunden sind, und die kaum systematisch erörtert werden, sind aus der Abbildung ersichtlich.

c) *Beziehungen innerhalb der Aspekte*: Hier beziehe ich mich auf die Vermutung, daß die einzelnen Elemente nicht beziehungslos nebeneinanderstehen, sondern miteinander interagieren, so daß durch spezfische Konstellationen möglicherweise völlig neue Situationen entstehen.

d) *Beziehungen zwischen den Aspekten*: Analog ist zu anzunehmen, daß jedes der Elemente auf jedes der anderen einwirkt. Man kann z.B. nicht ohne vorherige Prüfung oder großen Schulungsaufwand unterstellen, daß jeder Beobachter das gleiche unter den Merkmalen versteht, mit jeder Prüfstation gleich vertraut und kompetent ist, jeden Kandidaten gleich sympathisch findet usw. usw.

In den Sammelreferaten von MAUKISCH (1989) und KOMPA (1989) zur Assessment-Center-Technik sind ähnliche und zusätzliche Probleme ausführlich erörtert. Man muß sich angesichts dieser unaufgeklärten Situation fragen, wieso ACs in der Unternehmenspraxis eine solche Resonanz haben finden können. Erklärungsversuche können an der oben schon erwähnten Tatsache ansetzen, daß ACs eine Mehrzahl von wichtigen Funktionen erfüllen, darunter auch solche, die in offiziellen Funktionskatalogen gar nicht auftauchen.

KOMPA (1989) vertritt in seinem kritischen Sammelreferat die These, daß - unter Selektionsgesichtspunkten - ACs vor allem als Methode der "Gesinnungskooptation" zu interpretieren sind. Er behauptet, daß es bei der Führungsauslese um die Kontrolle des Zugangs zu Eliten-Positionen geht und daß die herrschende Elite ein Interesse daran hat, vor allem solche Personen zu kooptieren (als Mitglieder zu wählen), die Gewähr dafür bieten, im Sinne der Interessen der Herrschenden zu handeln. Im AC würden demzufolge vor allem jene sekundären Tugenden erfaßt, die die "Offiziere und Unteroffiziere des Kapitals" (MARX) benötigen: Cleverness, Belastbarkeit, Individualismus, Ehrgeiz, Aufstiegsstreben, Selbstdarstellungsfähigkeit usw. Sie sind Männer (und Frauen) "für alle Gelegenheiten", denn sie werden ja nicht für spezifische Führungspositionen ausgewählt, sondern für ihre allgemeine Verwertbarkeit in beliebigen Führungsaufgaben, so daß sachliches Können oder die Pflege von Mitarbeiter-Beziehungen keine große Rolle spielen.

ACs haben aber darüber hinaus noch zusätzliche Wirkungen, die bei einer Gesamtbilanz berücksichtigt werden müssen:

- Sie erwecken den Eindruck, Beförderungsentscheidungen würden nach firmenweit gleichen und transparenten Kriterien vollzogen. Jeder habe eine Chance, sich unmittelbar mit seinen Konkurrenten zu messen, seinen "Marktwert" zu prüfen und sich aus der Abhängigkeit von den Beurteilungen seines unmittelbaren Vorgesetzten zu lösen. Damit spielen sie die große Bedeutung, die soziale Beziehungen und politisches Verhalten haben, herab.

- Sie geben den Kandidaten Rückmeldungen darüber, in welchen Aspekten sie gegebenenfalls den Erwartungen von einem "guten Vorgesetzten" (noch) nicht entsprechen; sie können dann selbst geeignete Konsequenzen ziehen (z.B. systematisches Training oder Veränderung der Karrierepläne).

- Sie stimulieren durch die unmittelbar erfahrene Konkurrenzsituation in den Prüfungen das Bewußtsein, daß es darauf ankomme, sich durch Leistung vor anderen auszuzeichnen. Damit bestätigen und erneuern sie demonstrativ den Mythos, daß es derjenige zu etwas bringt, der besonders leistungstüchtig ist.

- Es muß aber auch die gegenteilige Wirkung bedacht werden: Assessment-Centers können leicht zu "Assassination Centers" werden, wenn sie nämlich bei den Kandidaten, die schlecht(er) bewertet wurden, Resignation und Selbstzweifel auslösen, weil sie entweder im Glauben an die Objektivität des Urteils sich selbst abwerten oder sich nicht in der Lage sehen, die "an sich" vorhandenen karriereentscheidenden Merkmale wirkungsvoll zu präsentieren.

- Assessment-Centers inszenieren den Rationalitätsmythos. Die Aufwendigkeit und Ausgeklügeltheit der Prozedur suggeriert, es fände tatsächlich eine Bestenauslese statt. Beförderungsentscheidungen können damit nach innen und nach außen eindrucksvoll legitimiert werden, ohne daß aber im Einzelfall den Entscheidenden die Hände gebunden wären: Es ist in keiner Firma ein Automatismus eingeführt, der das Abschneiden im AC mit einem fixen Gewicht bei Beförderungsentscheidungen zu berücksichtigen vorschreibt. (Zu anderen Mythen, die durch ACs bedient werden, s. NEUBERGER 1989).

- Nicht zuletzt können ACs auch als Schulungsinstrumente benutzt werden. Einmal für die Kandidaten, denen nachdrücklich klargemacht wird, daß sie Schulungsbedarf haben und sich auf spezifischen Gebieten Fertigkeiten aneignen müssen. Die Übungen der ACs bieten dazu Gelegenheit. Zum anderen müssen die Vorgesetzten als Beurteiler auf ihre Aufgaben vorbereitet werden; sie werden deshalb entweder in den einzelnen Verfahren geschult (und lernen dabei automatisch selbst, worauf es bei einer Gruppendiskussion, bei einer Kooperationsaufgabe, bei der Bewältigung des Postkorbs etc. ankommt), oder sie haben die seltene Gelegenheit, sich mit Kollegen unmittelbar zu unterhalten und dabei eigene und fremde "blinde Flecken", Urteilstendenzen, Anforderungsnormen usw. kennenzulernen und evtl. zu revidieren.

All diese Argumente zusammengenommen muß man feststellen, daß ACs selbst dann wertvolle personalwirtschaftliche Instrumente sind, wenn sie ihren vorgeblichen Hauptbeitrag (bessere Führungsauslese) nicht leisten sollten. Mit einer solch pragmatischen (oder zynischen?) Argumentation möchte ich es aber nicht bewenden lassen. Die Fokussierung der Aufmerksamkeit, der Mittel und des Personals auf ACs bringt die Gefahr mit sich, daß andere wichtige Anliegen der Führungsforschung vernachlässigt werden, z.B. die Untersuchung und Verbesserung der Führer-Mitgliederbeziehungen, die empirische Analyse der Führungstätigkeit, die Wechselbeziehungen zwischen Führung und Organisation, Fragen der Führungsethik usw. Insofern ist der Boom in ACs ein bedauerlicher Rückfall in eine überwunden geglaubte Vergangenheit, in der man sich das Heil von "Großen Führern" erwartete.

5. Rolle und Identität

Vorgesetzte sind - wie der Name ja schon sagt - Personen, die von jemand anderen vor-gesetzt wurden. Damit ist eine Beziehung etabliert, in der es zumindest drei Positionen gibt: Vorsetzende, Vorgesetzte und Unterstellte. Vorgesetzte sind nicht frei, ihre Position so auszufüllen, wie sie möchten; sie haben vielmehr den Erwartungen zu entsprechen, die von beiden Seiten an sie gerichtet werden. Diese Minimalsituation veranschaulicht ein Thema, das in den vorangegangenen Ausführungen im Mittelpunkt stand: wie es nämlich dem einzelnen gelingen könne, angesichts der Vor-Bestimmungen, denen er in geregelten Sozialbeziehungen unterworfen ist, seine Identität zu bewahren oder auszudrücken. Die Auffassung, daß Vorgesetzte nicht so sehr souveräne Entscheider und Lenker seien, sondern eher Vollstrecker eines Programms oder Agenten eines Systems, hat zu der Zeit ihre Hochblüte erlebt, als auch in der Zeitdiagnose die Vorstellung von der Organisation als einer perfekten Maschine vorherrschte und "Außengeleitetheit", "verwaltete Welt", "Zwang der Verhältnisse", "organization man" usw. die Schlagworte zur Charakterisierung umfassender und unentrinnbarer Fremdbestimmung waren. Nicht von ungefähr hat in dieser Periode auch die Rollentheorie ihre größte Verbreitung gefunden.

Unter Rolle wird - in einer ersten Annäherung - das Insgesamt der Erwartungen verstanden, die an den Inhaber einer Position gerichtet werden.

Eine *Rolle* charakterisiert somit keinen Menschen, sondern einen Positionsinhaber. Die Position legt fest, welche Erwartungen legitimerweise zu hegen sind. Die *Position* aber ist als eine Leerstelle in einem sozialen System der Ort, der durch eine Person zu besetzen und auszufüllen ist. Die Beziehungen, die eine Position zu den anderen Positionen des sozialen Verbandes hat, sind auf zumindest zwei Dimensionen zu bestimmen: einmal auf der Dimension der Über-Unter-Ordnung (Hierarchie, Herrschaft) und zum anderen auf einer funktionalen Dimension, bei der es um den Beitrag zur Lösung eines Systemproblems geht (in wirtschaftlichen Organisationen: Zielerreichung, Zusammenhangssicherung, Aufgabenerfüllung usw.). Nach der Art eines Drehbuchs oder Skripts ist dem Positionsinhaber sein Tun und Lassen vorgeschrieben. "Vorgeschrieben" heißt nicht notwendig, daß die Handlungsanweisungen schriftlich fixiert sind (wie etwa in einer Stellenbeschreibung), sondern daß durch explizite Anweisung oder indirektes - durch positive oder negative Verstärkung vermitteltes - Lernen eine soziale Übereinkunft hergestellt wurde.

Sie erlaubt den Handlungspartnern, die es miteinander zu tun haben, mit ziemlicher Sicherheit vorherzusagen, wie sich Positionsinhaber in "typischen" oder "relevanten" Situationen verhalten werden. Rollen sind also keine allumfassenden Handlungsvorschriften, sondern nur positionsspezifische Festlegungen. Ein und derselben Position können in verschiedenen sozialen Bezügen gleichzeitig verschiedene Erwartungsträger gegenüberstehen, wie das in der folgenden Abbildung 5.1. veranschaulicht wird.

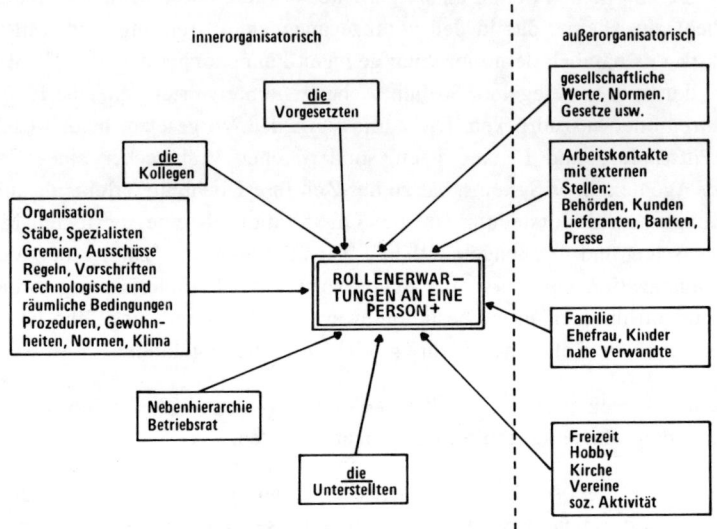

+ z.B.: als Unterstellter, Kollege, Fachmann, Arbeitgebervertreter, Vorgesetzter, 'Privatmann'', Vater, Ehemann, als Geschäftspartner, Staatsbürger

Abb. 5.1.:   Die Person im Zentrum von Rollenerwartungen

Als "Führungskraft" nimmt eine Person eine Position im System "Organisation" ein, als "Mutter" eine im System "Familie", als "Staatsbürgerin" im System "Staat", als "Verkehrsteilnehmerin" im System "Straßenverkehr" usw. In der Abb. 5.2. richten sich alle Erwartungen (= Pfeile) auf die Positionsinhaberin; damit ist auch grafisch verdeutlicht, daß sie geradezu überwältigt wird von den Ansprüchen, die "von außen" kommen. In ähnlicher Weise wird dies in den sog. Zwiebelschalen-Modellen symbolisiert, bei denen ein Individuum von konzentrischen Kreisen umringt ist; aus diesem hermetischen Gehäuse gibt es kein Entrinnen:

Kultur
Gesellschaft
Wirtschaft
Organisation
Gruppe

Individuum

Abb. 5.2.

Auf sinnfällige Weise ist damit der einzelne als Opfer und Gefangener dargestellt.
Damit wird aber zugleich der Eindruck erweckt, die Forderungen würden von externen Instanzen an einen Empfänger gerichtet, der sie - wenn auch mit Schwierigkeiten - prinzipiell auch verwerfen könnte. Die Suggestion der Darstellungsweise, die
auch im Begriff der Rolle liegt, läßt übersehen, daß Rollenforderungen nicht äußerliche, beliebig akzeptierbare Zumutungen sind, sondern daß der einzelne mit ihnen geradezu durchtränkt ist. Was FROMM in einem viel umfassenderen Zusammenhang
mit seinem Begriff "Sozialcharakter" meint, bringt die Verinnerlichung der nur ursprünglich äußeren Erwartungen ebenso zum Ausdruck, wie FREUDs "Über-Ich",
welches das Insgesamt der internalisierten (vormals elterlichen) Ge- und Verbote bezeichnet. Damit ist die Rolle aber nicht als eine Maske anzusehen, die der Rollen-
Schauspieler einfach ablegen und mit einer anderen vertauschen könnte, sie ist ihm
vielmehr ins Fleisch gewachsen - zur "Charaktermaske" (MARX) geworden. Die
Rollenmetapher legt die Möglichkeit eines spielerischen Umgangs mit der Außengeleitetheit nahe und verharmlost dadurch die persönlichkeitsprägende Wirkung der
"äußeren Verhältnisse". Das Bild des "homo sociologicus" (DAHRENDORF, 1965),
den man sich als Bündel bestimmter Rollen vorstellt, die er ebenso gut auch ersetzen
könnte durch andere, lädt im Extrem dazu ein, sich einen rollenlosen Menschen vorzustellen, einen Menschen, dem die "ärgerliche Tatsache der Gesellschaft" noch nicht
die Unschuld des Naturzustands geraubt hat. Ohne seine Rollen ist der Mensch ein
unbeschriebenes Blatt, frei für alle nur möglichen Eintragungen?

Der Mensch ist Täter *und* Opfer; indem er handelt und behandelt wird, prägt er seine Einmaligkeit aus. Er ist zu keinem Zeitpunkt nur reine Möglichkeit, sondern immer schon "geprägte Form, die lebend sich entwickelt". Durch diese je individuelle unumkehrbare Geschichte seiner (Ver-)Formungen konstituieren sich Subjektivität, Persönlichkeit, Charakter. Ein "fester" Charakter, eine "ausgeprägte" Persönlichkeit sind Verhärtungen, in denen plastische Entwicklungsmöglichkeiten ihren (vorläufigen) Abschluß gefunden haben. Es ist dann nicht einfach, die Szene zu wechseln und ein ganz anderes Stück ins Repertoire aufzunehmen, denn dann müßten gleichzeitig alle Kulissen und Mitspieler ausgewechselt werden - was deshalb nicht geht, weil die meisten von ihnen verinnerlicht sind.

Die Rollentheorie ist kein einheitliches Theoriegebäude; es lassen sich zumindest drei Varianten unterscheiden:

1. Ein erstes (*strukturalistisches*) Paradigma geht davon aus, daß das Individuum vor jeglicher sozialer Zustimmung existiert, aber fortwährender Einflußnahme ausgesetzt ist. Typische Darstellungsform ist die Person/Stelle als Punkt im Zentrum der Anforderungen verschiedener Rollen-Sender. Die Person/Stelle ist in einem mehrdimensionalen Raum lokalisiert und liegt im Schnittpunkt einer unbestimmten Zahl von Ebenen, die je für einen sozialen Zusammenhang stehen (z.B. "Kollege", "Vorgesetzter", "Ehemann", "Chemiker" ...). Entscheidend ist, daß jedes der Bezugssysteme definierte Anforderungen stellt, deren Vereinigung die Person/Stelle leisten muß. Die Metaphern Schablone, Hülse, Marionette symbolisieren das Gemeinte: Die anderen geben vor, was der Positionsinhaber zu tun hat. Mit einem bei Biddle (1979) berichteten Wort von Konfuzius läßt sich die tautologische Essenz dieser rollentheoretischen Position trefflich karikieren:

   "Der Herrscher herrscht, der Diener dient, der Vater vatert, der Sohn sohnt" und - so kann man hinzuführen - der Führer führert!

2. Eine zweite (*funktionalistische*) Auffassung konzentriert sich nicht auf das *unabhängige* Individuum, sondern auf seine *Funktion* in einem Beziehungsgeflecht, das es zwar mitgestaltet, das aber über es hinausgeht. Bei diesem Standpunkt gibt es dann keine speziellen "Führungs-Rollen" mehr, sondern nur noch Systemerfordernisse, die von verschiedenen Instanzen befriedigt werden können. Rolle ist das mehr oder weniger willkürlich auf eine Person/Stelle vereinigte Funktionsbündel, das mit anderen Gestaltungsbeiträgen konkurriert, sie ersetzt oder ergänzt. In letzter Konsequenz gilt: Alles, was je für eines der Systemkriterien notwendig ist, kann Bestandteil der Vorgesetztenrolle werden, je nach vorhandenen "funktionalen Äquivalenten" (und Akquisitionsdrang und -talent des Positionsinhabers).

3. Die dritte Auffassung läßt sich dem (*symbolischen*) *Interaktionismus* zuordnen. Was jemand tut, ist nur verständlich auf dem Hintergrund seiner ganz einmaligen Biografie, dem Zusammenfließen untypischer Ereignisse und besonderer Beziehungen, sowie den höchst individuellen Bemühungen um Sinnfindung und Interessendurchsetzung. Die verschiedenen Rollen liegen nicht als vorgestanzte Behältnisse bereit, sie werden "im Laufe der Geschichte" entwickelt, ausgehandelt, angeboten, zurückgewiesen. Sie sind nicht fertig, objektiv, generell gültig, sondern immer einmalig und fragwürdig. Zwar haben alle Handelnden aneinander Erwartungen, die zunächst gesellschaftsüblichen Typisierungen folgen; was jemand aber aus seiner Rolle macht, ist - abgesehen von den je unterschiedlichen Konstellationen - vor allem von ihm und seinen Mitspielern abhängig. Nicht Ordnung und Konformität oder Beiträge zum Funktionieren sind die entschei-

denden Charakteristika, sondern Suche nach Identität, Offenhalten von Entwicklungen, Balance von Unbestimmtheiten, Vereinbarung von Regeln ...

Unter diesen Voraussetzungen werde ich im folgenden das Gerüst der Rollentheorie benutzen, um zunächst formale und dann inhaltliche Konfliktkonstellationen in der Führer-Rolle zu erörtern. Es geht mir darum zu zeigen, daß die Fremdbestimmung des Vorgesetzten nicht lückenlos, nicht eindeutig und nicht widerspruchsfrei ist - und daß sich daraus Möglichkeiten der Selbstbestimmung ergeben.

5.1.   Über die Offenheit von Rollen

In der Abb. 5.3. habe ich versucht, jene Aspekte grafisch hervorzuheben, die mir für eine Diskussion der Gestaltungs-Freiräume von Positionsinhabern wesentlich erscheinen. Ich gehe von folgender Rollen-Definition aus:

a)   Rollen sind Erwartungen, die an eine Person gerichtet werden, die bereits in ihrer Subjektivität geprägt ist.

b)   Diese Erwartungen sind
-   positionsspezifisch,
-   mehr oder weniger verbindlich,
-   und mehr oder weniger eindeutig.

c)   Innerhalb eines Systems (z.B. einer Unternehmung) werden von verschiedenen "Rollensendern" Erwartungen an eine Position gerichtet.

d)   Die Person ist Mitglied mehrerer Systeme, damit gleichzeitig Inhaber verschiedener Positionen bzw. Träger mehrerer Rollen.

Die Konsequenzen, die sich daraus ergeben, werde ich - ausgehend von der Numerierung in Abb. 5.3. - im folgenden erörtern, wobei ich mich in der Terminologie an einer Einteilung von KAHN u.a. (1964) orientiere und damit zunächst der *strukturalistischen* Variante der Rollentheorie folge (siehe dazu auch die Überlegungen von VORWERG 1971 und MOREL 1980). Mögliche Konflikt-Situationen habe ich dabei durch ein Blitz-Symbol ($\frac{1}{2}$) gekennzeichnet.

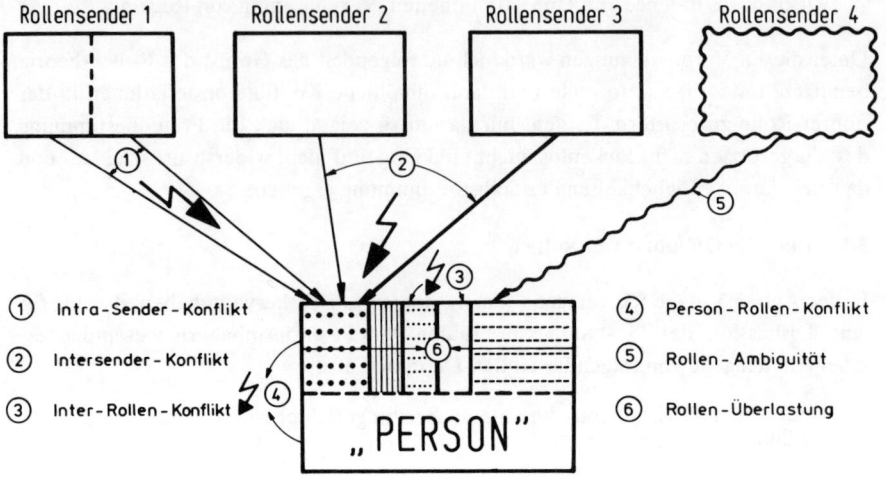

Abb. 5.3.:   Rolle und Person

zu 1.:

Mit *Intra-Sender-Konflikt* ist eine Situation gemeint, bei der ein und dieselbe Bezugs-person gegenüber dem Positionsinhaber in sich widersprüchliche Forderungen stellt (z.B. gleichzeitig schnelle, fehlerfreie und kostenminimale Aufgabenerledigung). Der Konflikt ist kein "äußerlicher" (etwa ein Selbstwiderspruch des Senders), sondern manifestiert sich "innerhalb" der Fokalperson. Auch die folgenden Überlegungen sind auf die Wahrnehmungen und Deutungen des Positionsinhabers zu beziehen.

zu 2.:

Der *Inter-Sender-Konflikt* bezeichnet die Möglichkeit, daß zwei verschiedene Bezugs-Positionen unvereinbare Erwartungen an die Fokal-Position richten (Unterstellte er-warten von ihrer Vorgesetzten z.B. Rücksichtnahme, Geduld und Mitbeteiligung, während eine höhere Vorgesetzte energische Durchsetzung fordert). Ich habe einen der beiden "Erwartungspfeile" etwas stärker gezeichnet, um damit zum Ausdruck zu bringen, daß die Erwartungen einen unterschiedlichen Verbindlichkeitsgrad haben können: es kann sein, daß einer der Rollensender praktisch Priorität für sich bean-spruchen kann, so daß seine Forderungen als "Muß-Erwartungen" zu betrachten sind, während andere lediglich als "Soll-" oder gar nur "Kann-Erwartungen" gelten (s. dazu DAHRENDORF, 1965). Wenn man die zu Positionen verdinglichten Rollensender abstrakter als verinnerlichte Normen oder Werte betrachtet (statt dem personalisie-renden "Rollen-Sender" also allgemeiner von "Anspruchsquelle" spricht), wird mit der Strichstärke in Abb. 5.3. die Hierarchie solcher gleichzeitig gültigen Ansprüche aus-gedrückt.

zu 3.:

Beim *Inter-Rollen-Konflikt* geht es um die Tatsache, daß eine Person gleichzeitig in mehreren Systemen Positionsinhaber ist (z.B. Vorgesetzter, Ehemann, Katholik, Parteimitglied usf.). Als Person steht sie sozusagen im Schnittpunkt mehrerer Systeme und hat die gegebenenfalls unterschiedlichen Forderungen auszubalancieren. Die Möglichkeit, daß die verschiedenen Systeme für die Person unterschiedliches Gewicht haben, ist durch die verschieden großen Felder symbolisiert.

zu 4.:

Mit dieser Konstellation, dem *Person-Rollen-Konflikt*, thematisiere ich den schon wiederholt erwähnten Innen-Außen- bzw. Schale-Kern-Unterschied. Ein Vorgesetzter kann z.B. das Gefühl haben, durch das, was ihm in einem Unternehmen tagtäglich abverlangt wird, in seinem Innersten (!) überhaupt nicht mehr berührt zu werden. Derartige Entfremdungserlebnisse können virulent werden, wenn Forderungen grundlegenden Wertorientierungen widersprechen (wenn etwa ein überzeugter Pazifist in einer Werbeagentur gezwungen wird, ein PR-Programm für einen Rüstungsbetrieb zu entwerfen).

zu 5.:

Die unscharfen Konturen dieser Anspruchsquelle sollen *Rollen-Ambiguität* symbolisieren, die Möglichkeit also, daß Forderungen an den Positionsinhaber in unterschiedlicher Präzision oder Eindeutigkeit gestellt werden können. Die Spannweite erstreckt sich von präziser, ausdrücklicher, evtl. sogar schriftlicher Fixierung der Erwartungen bis zum stillschweigenden, nur in Umrissen skizzierten Einverständnis über das, worum es "eigentlich" geht. Im zweiten Fall eröffnen sich natürlich für subjektive Gestaltungsleistungen wesentlich größere Spielräume. Mit den fließenden Rändern (s. Abb. 5.3.) soll auch angedeutet werden, daß die Anspruchsformulierung als plastische und entwicklungsfähige noch nicht zu einer endgültigen Form erstarrt ist.

zu 6.:

Die *Rollen-Überlastung* schließlich soll den Tatbestand beschreiben, daß die schiere Anhäufung von positionsspezifischen Erwartungen - auch wenn sie sich nicht widersprechen - eine Person dazu zwingen kann, Prioritäten zu setzen, Abstriche zu machen oder durch sequentielles Abarbeiten einer möglichen Überforderung zu entgehen.

Mit dieser Analyse ist - so hoffe ich - deutlich geworden, daß die *Außensteuerung durch Verinnerlichung* (rollengeleitetes Handeln) keineswegs so perfekt ist, daß der einzelne Positionsinhaber zur Marionette erniedrigt wird. Dabei beziehe ich mich nicht auf die Möglichkeit, daß sich ein willensstarkes Individuum durch heldenhafte Anstrengung aus den angelegten Fesseln befreien kann; ich gehe davon aus, daß die Fremdsteuerung aus strukturellen (personunabhängigen) Gründen unvollkommen

sein muß und daß deshalb neben der Steuerung durch Rollen weitere Einflußmög-
lichkeiten bereitzuhalten sind. Für die Vorgesetzten-Rolle heißt das, daß sie prinzipiell (und nicht etwa aus Unfähigkeit der Rollen-Sender) nie *so* eindeutig, konfliktfrei
und starr gefaßt werden kann, daß keine subjektiven Deutungs- und Gestaltungs-
möglichkeiten bleiben. Man kann sogar allgemein formulieren, daß eine Vorgesetz-
ten-Position nur dann als solche zu bezeichnen ist, wenn deutliche Ermessens-,
Interpretations- und Handlungsspielräume bestehen. Wenn es gelänge, die Vorge-
setzten-Position völlig zu rationalisieren, hätte man damit die Existenzberechtigung
dieser Position beseitigt.

Diese zunächst nur formalen Überlegungen möchte ich im folgenden durch eine Diskussion der inhaltlichen Dilemmata der Führungsrolle vertiefen.

5.2. Dilemmata der Führung

5.2.1. Darstellung von Rollendilemmata

Ich gehe von der These aus, daß Vorgesetzte notwendig in Widersprüchen leben
müssen, aus denen es keinen eindeutigen und gesicherten Ausweg gibt. Die innere
Zwiespältigkeit des Führens fordert Kompromisse zwischen Alternativen, die jeweils
beide unverzichtbar sind. Die völlige Vernachlässigung eines Aspekts würde mit Sicherheit das Scheitern als Vorgesetzter bedeuten. Ohne erschöpfend sein zu wollen,
werde ich im folgenden 13 solcher Dilemmata nennen und kommentieren. Sie sind in
Abb. 5.4. im Überblick dargestellt. Möglicherweise sind diese Polaritäten nicht jeweils Endpunkte eines Kontinuums, sondern voneinander unabhängige Dimensionen,
wie das ja auch von dem berühmten Dimensionspaar "Mitarbeiter-Orientierung" und
"Leistungs-Orientierung" behauptet wird (s. dazu unten S. 119 ff.). Demzufolge kann
eine Vorgesetzte, die ein hohes Maß an Mitarbeiter-Orientierung zeigt, durchaus
ebenfalls stark leistungsorientiert sein. Ich glaube, daß in diesem Dimensionspaar
sehr viele begrifflich unterschiedliche Aspekte des Führungsverhaltens vermengt sind.
Das Ergebnis ist eine Abstraktion, in der die konkrete Vielfalt des Führungshandelns
nicht mehr wiedererkannt werden kann. Ich möchte deshalb - MORRIS & SEEMAN
(1951), ARAM (1976) und NEUBERGER (1976) folgend - Aporien, also Ausweglo-
sigkeiten der Führung, zu bedenken geben:

1. Mitarbeiter als Mittel - Mitarbeiter als Zweck

Hier geht es um die Frage, ob Vorgesetzte Unterstellte als Mittel oder Zweck, als
Kostenfaktor (Einsatzgröße, Leistungsträger, Stelleninhaber, Instrument) oder als
Mitmenschen und Partner betrachten, ob Unterstellte verplant, berechnet, gegängelt,
fremdbestimmt werden oder ihnen Entscheidungsfreiheit, Eigeninitiative und Selbstbestimmung zuerkannt wird. Ich bin der Überzeugung, daß unter den bei uns gültigen
Systembedingungen (Arbeitsteilung, Zielvorgabe, Mittelknappheit, Marktkonkurrenz, intransparente Mehrwertaneignung, Kooperationssicherung, öffentlicher

1. Mittel
Betrachtung des einzelnen als „Kostenfaktor",
„Einsatzgröße", „Instrument", „Parameter",
„Leistungsträger"

← →

Zweck
Selbstverwirklichung und Bedürfnisbefriedigung
des einzelnen als oberstes Ziel; „Mensch im
Mittelpunkt"

---

2. Gleichbehandlung aller
Fairness, Gerechtigkeit, Anwendung allgemeiner
Regeln, keine Bevorzugungen und Vorrechte

← →

Eingehen auf den Einzelfall
Rücksichtnahme auf die Besonderheiten des
Einzelfalls, Aufbau persönlicher Beziehungen

---

3. Distanz
Unnahbarkeit, hierarchische Überlegenheit,
Unzugänglichkeit, Statusbetonung

← →

Nähe
Wärme, „Verbrüderung", Betonung der Gleichberechtigung, Freundschaft, Einfühlung

---

4. Fremdbestimmung
Gängelung, Reglementierung, Lenkung,
Unterordnung, Durchsetzung, Strukturierung,
Zentralisierung, enge Kontrolle, Überwachung

← →

Selbstbestimmung
Autonomie, Handlungs- und Entscheidungs-
spielräume, Entfaltungsmöglichkeiten, Dezentralisierung, Selbständigkeit

---

5. Spezialisierung
„Fachmann" sein, um bei Sachproblemen
kompetent entscheiden zu können

← →

Generalisierung
Einen allgemeinen Überblick und keine Detail-
kenntnisse haben, Zusammenhänge sehen

---

6. Gesamtverantwortung
Wenig Verantwortung delegieren, die Zuständig-
keit an sich ziehen, für alle Fehler einstehen

← →

Einzelverantwortung
Verantwortung und Aufgabengebiete aufteilen,
bei Versagen Rechenschaft fordern

---

7. Bewahrung
Stabilität, Tradition, Sicherheit, Vorsicht,
Regeltreue, Konformität, Kalkulierbarkeit

← →

Veränderung
Flexibilität, Innovation, Experimentierfreude,
Toleranz, Nonkonformität, Unberechenbarkeit

---

8. Konkurrenz
Rivalität, Wettbewerb, Konfrontation, Aggressivität, Konflikt

← →

Kooperation
Harmonie, Hilfeleistung, Solidarität, Ausgleich

---

9. Aktivierung
Antreiben, drängen, motivieren, begeistern

← →

Zurückhaltung
Sich nicht einmischen, Entwicklungen abwarten

---

10. Innenorientierung
Sich auf interne Gruppenbeziehungen konzentrieren; Mittelpunkt, Identifikationszentrum sein

← →

Außenorientierung
Repräsentieren, Außenkontakte pflegen, Gruppeninteressen gegenüber Dritten durchsetzen

---

11. Zielorientierung
Lediglich Ziele oder Ergebnisse vorgeben und kontrollieren

← →

Verfahrensorientierung
Die „Wege zum Ziel" vorgeben und kontrollieren

---

12. Belohnungsorientierung
Tauschbeziehung etablieren, mit Belohnung/
Bestrafung operieren, Kurzzeitperspektive

← →

Wertorientierung
Auf die Verinnerlichung von Normen und Werten
dringen, Belohnungsaufschub fordern, Langzeit-
perspektive

---

13. Selbstorientierung
Die eigenen Interessen und Ziele verfolgen

← →

Gruppenorientierung
Kompromisse/übergeordnete Ziele anstreben

Abb. 5.4.:   Rollendilemmata der Führung (aus NEUBERGER 1985)

Rechtfertigungsdruck) keiner der beiden Pole vernachlässigt werden kann, wenn die wichtigsten Systemwirkungen gewährleistet sein sollen.

2. Gleichbehandlung - Eingehen auf den Einzelfall

Vorgesetzte haben es mit Menschen zu tun, von denen keiner dem anderen gleicht. Sie haben diese Individualität zu respektieren, zu fördern und evtl. sogar zu nutzen, mit Einfühlungsvermögen auf die Besonderheiten des Einzelfalls einzugehen und die Würde des "ganzen" Menschen zu achten. Andererseits aber ist dieser "ganze" Mensch in Organisationen nicht gefragt - nur ein Teil von ihm interessiert: die Arbeitskraft, die für die Leistungserfüllung benötigt wird. Hier wie ansonsten gilt, daß Arbeitskräfte gerufen, aber Menschen gekommen sind. Sie wollen zwar mit Fairneß und Gerechtigkeit gleich behandelt werden, aber eben nicht ohne Ansehen der Person, sondern im Hinblick auf ihre individuellen Stärken, Schwächen, Vorlieben, Abneigungen, Gewohnheiten, Wünsche ... Übertreiben die Vorgesetzten das Eingehen auf den einzelnen, so kann ihnen leicht der Vorwurf der Parteilichkeit und Günstlingswirtschaft gemacht werden.

3. Distanz - Nähe

Nach verbreiteter Auffassung geht es in Wirtschaftsorganisationen rational und sachlich zu: Aufgaben, Ziele, Probleme stehen im Vordergrund, Emotionalität ist tabuisiert. Manche Vorgesetzte verbreiten eine Aura der Unnahbarkeit und Entrücktheit, aus der alle menschlichen Schwächen, Fehler, Eigenheiten verbannt sind. Wie ihre normierte Umwelt sind sie selbst versachlicht: cool, beherrscht, distanziert, neutral, sie leben die Fiktion des "organization man", der seine Person hinter der Funktion zum Verschwinden gebracht hat. Die andere Variante wird durch Vorgesetzte repräsentiert, die den (auch Führungsfrauen auferlegten) Männlichkeitswahn nicht mehr zelebrieren und Wärme, Nähe, Herzlichkeit und Aggressivität unmittelbar ausdrücken, auf einer persönlichen Ebene Kontakt pflegen, Stimmungen haben und tolerieren. Die Inszenierung von Sachlichkeit ist Selbstschutz und Imagefaktor in einem; spontane Emotionalität entlastet und schafft zugleich Verpflichtungen, weil sie nicht instrumentell eingesetzt werden kann. Unter dem Schlagwort des "Führungsduals" ist die Personalisierung dieses Dilemmas bekannt geworden: in jeder Gruppe gäbe es einen "Tüchtigen" (formellen Führer) und einen "Beliebten" (informellen Führer; siehe dazu auch S. 98 ff.).

4. Fremdbestimmung - Selbstbestimmung

Vorgesetzte werden für das Herstellen von Ordnung, Durchschaubarkeit, Berechenbarkeit und Regelhaftigkeit verantwortlich gemacht. Dies heißt, sie müssen Unterstellten Beschränkungen auferlegen, weil nur bestimmte Fähigkeiten zu bestimmten Zeiten gefragt sind. Eine solche Reduzierung und Einschränkung läuft Gefahr, sowohl Leistungspotentiale wie Einsatzfreude verkümmern zu lassen. Es ist nicht wünschenswert, Vorschriften und Programme zu eng zu fassen, weil dann Kreativität, Impulsivität, Handlungsbereitschaft und Identifikation stranguliert werden können. An die Stelle von Mitdenken, Selbständigkeit und Selbstbewußtsein würden dann Linientreue, Abhängigkeit und Unmündigkeit gesetzt werden; deshalb wird - wie verräterisch! - die Lockerung der Zügel propagiert.

5. *Spezialisierung und Generalisierung*

Von Vorgesetzten wird üblicherweise nicht verlangt, daß sie das, was ihre Mitarbeiter tun und können ebenso gut können ("Wer eine Hühnerfarm leitet, muß nicht selbst Eier legen können") - sie sollen Leistungen aber kompetent bewerten können. Dies setzt voraus, daß sie Einzelheiten, Schwierigkeiten und Möglichkeiten kennen, wenn sie ihrer Beratungs- und Beurteilungsaufgabe gerecht werden möchten. Es genügt also nicht, nur die "großen Linien zu sehen" oder nur ein "guter Menschenführer" zu sein, es werden auch Sachverstand und Detailwissen vorausgesetzt. Vertiefen sich Vorgesetzte aber zu sehr in die Einzelheiten, verlieren sie Überblick und Integrationsfähigkeit.

6. *Gesamtverantwortung und Einzelverantwortung*

Insbesondere bei der Verwirklichung des Delegationsprinzips (als Organisationsprinzip) wird unterstellt, Unterstellte seien für die übertragenen Aufgaben selbst voll verantwortlich, Vorgesetzte hätten lediglich die Führungsverantwortung. In der Praxis läßt sich eine derart säuberliche Trennung nicht vollziehen. Hier werden Vorgesetzte (zumindest indirekt und langfristig) für das Versagen ihrer Unterstellten zur Rechenschaft gezogen; es wird erwartet, daß sie sich für alle zu seinem Bereich gehörigen Entwicklungen und Ergebnisse verantwortlich fühlen.

7. *Bewahrung und Veränderung*

Für abgestimmtes Handeln in Organisationen muß man sich aufeinander verlassen und aus der Gegenwart in die Zukunft extrapolieren können. Dies bedeutet, daß handlungsbestimmende Regeln, Werte, Einstellungen, Strukturen erhalten und verankert werden müssen. Konstanz, Stabilität, Tradition schaffen Verhaltenssicherheit und Transparenz - aber sie gefährden dann Bestand und Entwicklung, wenn Menschen und Umwelten sich ändern und das Festhalten am Bewährten zur Verkrustung führt und zur Anpassung unfähig macht. Deshalb ist es gleichzeitige Aufgabe des Vorgesetzten zu erneuern, Veränderungen auch gegen Widerstand durchzusetzen und Entwicklungen einzuleiten, die Bestehendes entwerten - ganz im Sinne der schon zitierten SCHUMPETERschen Maxime der "schöpferischen Zerstörung": Das Bessere ist der Feind des Guten oder (vorsichtiger bzw. zynischer formuliert): Das Neue ist dem Alten vorzuziehen.

8. Konkurrenz und Kooperation

In der Formel vom "kooperativen Tiger", der ein Manager sein soll, hat PACKARD (1966) die Symbiose dieser antagonistischen Prinzipien treffend ausgedrückt: In einer wettbewerbsorientierten, um knappe Güter und Vorteile rivalisierenden Wirtschaft wird derjenige mehr erhalten, der schneller, klüger, gerissener ist. Wettbewerb ist der Motor des Wachstums, der Krieg ist der Vater aller Dinge, Konflikte treiben neue Lösungen hervor, Konkurrenz sondert die Spreu vom Weizen ... Den olympischen Mehr-Werten (schneller, höher, weiter) kann man jedoch auch andere Werte gegenüberstellen: Freundlichkeit, Genügsamkeit, Geduld, Genuß, Besinnlichkeit, Mitleid, Hilfsbereitschaft ... Diese oft als "weiblich" charakterisierten Werte (s. z.B. SCHUBART 1978) sind für das Überleben und die Leistungsfähigkeit eines Systems genauso unentbehrlich wie die "männlichen" Werte der Aggressivität, Dynamik und Durchsetzung. Man sollte den Fehler vermeiden, nur die guten Seiten der Kooperation nur den schlechten Seiten der Konkurrenz (und umgekehrt) gegenüberzustellen (s. WIMMER & NEUBERGER 1981).

9. Aktivierung und Zurückhaltung

Zu den zentralen Merkmalen des Schemas "Führung" (s. oben S. 70 ff.) gehört Aktivität: Führer sind Macher, sie bringen und halten die Dinge in Bewegung. Hier spielen auch Elemente der sogenannten "Theorie X" herein, die McGREGOR (1960) als ein Syndrom von Einstellungen beschrieben hat, derzufolge Mitarbeiter im Grunde faul und verantwortungsscheu sind und durch (die) Vorgesetzte(n) zu Arbeit angehalten und angetrieben werden müßten. Von sich aus tun Unterstellte nichts; sie müssen in Bewegung gebracht, wörtlich: motiviert werden. Demgegenüber behauptet die "Theorie Y", daß der normale Mitarbeiter gern arbeitet und vor allem gern selbständig arbeitet, so daß Gängelungs- und Kontrollsucht von Vorgesetzten unangebracht sind bzw. letztlich das Verhalten erst erzeugen, gegen das sie sich richten. Vorgesetzte sollen also nicht nur leiten, sondern auch lassen können, nämlich unterlassen zu bevormunden, sich einzumischen, vorzuschreiben.

10. Innenorientierung und Außenorientierung

Vorgesetzte sollten sich einerseits der Pflege der gruppeninternen Beziehungen widmen, stets für "ihre Leute" verfügbar sein, Konflikte schlichten, partnerschaftlichen Umgang zur Norm machen; dies setzt Präsenz und Sichtbarkeit voraus und macht die Führungskraft zum Mittelpunkt der Gruppe. Andererseits aber muß die Führungskraft ex-zentrisch sein, sich also um die Pflege der Außenbeziehungen kümmern. Diese grenzüberschreitende Rolle entzieht den Mitgliedern der "ingroup" Zeit und Energie, ist aber wichtig für die Vernetzung im Gesamtsystem und in der Umwelt, um auf diese Weise den Fluß von Informationen und Ressourcen zu sichern. Vorgesetzte symbolisieren und repräsentieren ihre Gruppe; widmen sie sich aber zu sehr dieser Außenvertretung, entfremden sie sich der eigenen Mannschaft und verlieren den notwendigen Rückhalt.

11. Zielorientierung und Verfahrensorientierung

Diese Polarität hängt mit der plakativen Gegenüberstellung Kontrolle und Vertrauen zusammen, die zwar altehrwürdig, aber nicht ganz korrekt ist; sie müßte entweder heißen: "Mißtrauen und Vertrauen" oder "Kontrolle und Selbständigkeit". Gemeint ist: Vorgesetzte prüfen im Vertrauen auf Fähigkeiten, Einsatz und Loyalität ihrer Unterstellten lediglich die vorgelegten *Ergebnisse*, ansonsten aber führen sie Kontrollen nur auf Wunsch der Mitarbeiter zu deren Entlastung und Beratung durch. Dieses Vorgehen setzt selbständige, kompetente und verläßliche Unterstellte voraus, die sich selbst koordinieren oder vereinbarte Pläne zuverlässig einhalten. Solche Bedingungen sind für viele Vorgesetzte eine Utopie, weshalb sie häufiger und eingehender auch den *Prozeß* der Leistungserstellung kontrollieren. Dabei darf nicht übersehen werden, daß Kontrolle auch ein Instrument der Disziplinierung und der Selbstbestätigung der Vorgesetztenmacht sein kann. Die Notwendigkeit der Kontrolle bringt den Vorgesetzten in ein weiteres Dilemma: Er sollte alles sehen - und er darf vieles nicht gesehen haben.

12. Belohnungsorientierung - Wertorientierung

Belohnungsorientierung soll eine Haltung kennzeichnen, äußere Anreize und Belohnungen aktiviert werden (z.B. Geld, Lob, Aufstieg, Statussymbole usw.). Die Person wird als Nutzensrechner (sie wählt aus den möglichen Handlungsalternativen jene aus, die am meisten Nutzen bringen) oder als Dressurprodukt gesehen (getan wird, was erfahrungsgemäß mit den angenehmsten Konsequenzen verbunden ist). Wertorientierung dagegen wird als abgelöst von äußeren Belohnungen vorgestellt: die Person handelt, weil sie die "Sache" selbst fasziniert oder weil sie im Prozeß der Erziehung Werthaltungen oder Normen verinnerlicht hat, die sie - ohne Hinschielen auf unmittelbare (!) Belohnung - veranlassen zu tun, was sie soll bzw. gelernt hat zu tun. Wenn es nur auf den Verkauf der "Ware Arbeitskraft" ankäme, wäre eine strikte Belohnungsorientierung durchaus systemkonform, aber recht schwierig zu handhaben (Vorgesetzte müßten Handlungen registrieren, Belohnungen zur Verfügung haben und sie aufwands- und ergebnisentsprechend verteilen). Deshalb besteht - nicht zuletzt bei Vorgesetzten - ein großes Interesse daran, sich auf Werte, Grundhaltungen, Normen usw. beziehen zu können, die eine stabilere (und vor allem ökonomischere!) Grundlage bieten als das Tauschprinzip, das leicht zur Krämergesinnung verkommt. Den geregelten Leistungstausch aber unter Hinweis auf Grundwerte und Pflichten zu unterlaufen, wäre ein im wahrsten Sinn des Wortes billiger Trick, um die faire Verteilung der Wertschöpfung zu umgehen.

13. Selbstorientierung und Gruppenorientierung

Diese oft zum Entweder-Oder stilisierten Handlungsmotive ("Gemeinnutz geht vor Eigennutz!") bezeichnen - auf die unmittelbare Situation des Vorgesetzten angewandt - die polare Spannung zwischen egoistischer Vorteilssicherung und selbstlosem Beitrag für das Ganze. Die liberale These, im Verfolg des Eigennutzes schaffe eine unsichtbare Hand zugleich das größte Gemeinwohl, ist weder im gesamtwirtschaftlichen Bereich unumstritten (Ausbeutung durch Monopole, Umweltzerstörung, Enthumanisierung der Arbeit) noch kann sie im innerorganisatorischen Bereich als bewährt unterstellt werden. Natürlich, oder besser gesagt: systembedingt werden Vorgesetzte im Interesse ihrer eigenen Karriere bemüht sein, für sich selbst Vorteile zu erringen (z.B.: "den eigenen Delegationsbereich intensivieren"). Aber dies dürfen sie aus taktischen und grundsätzlichen Überlegungen nicht zu weit treiben, weil sie sonst Mißgunst und Gegenstrategien auf sich lenken.

Eine Liste widersprüchlicher Anforderungen, die von Führungskräften aus der chemischen Industrie in einem Führungsseminar erstellt wurde, ist im folgenden Kasten abgedruckt; ich danke Wolfgang GRUNWALD für die Überlassung dieses Praktikerbeispiels.

Rollendilemmata von Führungskräften - aus der Sicht von Praktikern

- Eine Linie erkennen lassen, aber so flexibel sein, sie jederzeit wieder verlassen zu können.

- Mit System arbeiten, aber nicht mit Systemen kommen.

- Kommunikationsfreak sein, aber keiner, der zu viel redet, dem man sich nicht anvertrauen kann.

- Sich aktiv anbieten, ohne sich aufzudrängen oder gar anzubidern.

- Fingerspitzengefühl/Sensibilität/Takt gegenüber den Auftraggebern oder den Klientel entwickeln, aber Hornhaut bzw. Elefantenhaut haben, wenn das Gegenüber es an Fingerspitzengefühl, Sensibilität, Takt fehlen läßt.

- Gutes Gedächtnis haben, aber schnell vergessen können.

- Anpassungsfähig sein, aber nicht angepaßt.

- Den eigenen Erfolg darin suchen, daß man anderen zum Erfolg verhilft.

- Selber machen, ohne den Eindruck zu erwecken, der Macher zu sein.

- Dinge "durchboxen", aber mit "Liebe".

- Kompromißbereit sein, aber sich nicht überfahren lassen.

- Widerstand leisten, aber erkennen, wo man ihn aufgeben muß.

- Unangenehmes durchdrücken, aber niemanden vergraulen.

- Informiert sein, aber nicht den Anspruch erheben, in wichtige Informationskanäle einbezogen zu werden.

- Rechtzeitig den Mund aufmachen, aber ihn im richtigen Augenblick auch halten.

- Möglichst fundierte arbeitsrechtliche, betriebswirtschaftliche, psychologische Kenntnisse haben, dazu vieljährige Erfahrung im In- und Ausland als Personalleiter, Geschäftsführer, darüber hinaus in mehreren Sprachen verhandlungssicher beherrschen, aber keine Ansprüche stellen.

- Nicht detailverhaftet sein, aber Arbeit leisten, die auch im Detail möglichst fehlerfrei ist.

- Die Qualität der Zürcher Zeitung "draufhaben", aber sie möglichst mit Bild-Zeitungs-Balkenüberschriften an den Mann bringen.

- Erkenntnisse, die man sich in Stunden, Tagen, Monaten erarbeitet hat, in Minuten, Sekunden anderen vermitteln können.

- Widerstand leisten, aber nicht zu viel.

- Nachgeben können, aber sich nicht weichklopfen/überfahren lassen.

- Nicht Zielsetzung "von oben" erwarten, sondern selber entwerfen, vorschlagen.

- Nicht nur die definitiv übertragenen Aufgaben erfüllen, sondern erahnen, was darüber hinaus getan werden muß.

- Ein seriöser und geachteter Experte sein, aber auch charmant plaudern und "smalltalk" machen können.

- Sachlichkeit ausstrahlen, ohne gleich als emotionaler Krüppel zu wirken.

- Spaß auch an Dingen haben können, die eigentlich furchtbar traurig sind.

- Gewissenhaft sein, aber nicht penibel.

- Gründlich sein, aber dennoch schnell "zu Potte kommen".

- Mit Statusträgern aller Ebenen gut kommunizieren können, ohne den Anspruch zu haben, zu ihnen zu gehören.

- Gut mit Leuten auskommen, die untereinander nicht gut auskommen, aber dabei nicht mit vielen Zungen reden.

- Loyal sein und bleiben, auch wenn man "in die Pfanne gehauen wird".

- Spontan ansprechbar sein, kurzfristige Aufgaben kurzfristig durchziehen, ohne andere durch entsprechende Verzögerungen zu vergraulen.

- Wichtige Ziele mit Geduld und Ausdauer verfolgen, aber im Tagesgeschäft jederzeit seinen Mann stehen.

- Beharrlich am Ball bleiben, nachsetzen, aber niemandem auf den Wecker/Geist gehen.

- Sich dem Streß aussetzen, aber nicht gestreßt erscheinen.

- Trouble shooting betreiben, aber Konzeptionelles nicht vernachlässigen.

- Kreativ sein, aber auch stur nach Linie fahren können.

- Je nach Bedarf Einzelkämpfer und Team-Mitglied sein.

- Sich selbst um die Dinge kümmern, aber dennoch möglichst viel delegieren.

- Langfristig gewachsene Probleme möglichst kurzfristig lösen.

- Führungskräften zu guter bzw. besserer Führungsarbeit verhelfen, möglichst ohne ihnen Arbeit zu machen.

- Mut zu Einzelfallentscheidungen haben, aber nicht die Gefahr von Präzedenzfällen heraufbeschwören.

- Mit der Tradition brechen und doch auf sie Rücksicht nehmen.

- Pragmatisch arbeiten, aber es theoretisch begründen können.

- Spontan, aber nicht unüberlegt handeln.

- Anderen auf den Zahn fühlen, aber mit Herz.

5.2.2. Exkurs: Führungsduale

In der Führungsforschung hat eines der Dilemmata besondere Bedeutung erlang: die Spannung zwischen sozio-emotionaler Nähe und Leistungstüchtigkeit. Einer langen Tradition sozialwissenschaftlicher Forschung (seit den Hawthorne-Studien) galt die Existenz eines "informellen Führers" als ausgemacht, die als eigenständige Instanz die Arbeit des formalen Vorgesetzten opponierend oder fördernd begleitet. Einen spezifisch rollentheoretischen Akzent erhielt diese Auffassung durch die Laborexperimente von BALES & SLATER in den frühen fünfziger Jahren.

BALES & SLATER (1969) ließen 14 studentische Kleingruppen einen Human-Relations-Fall diskutieren und kodierten den Diskussionsverlauf mit Hilfe der Kategorien ihres Beobachtungsverfahrens. Diese IPA (Interaktions-Prozeß-Analyse) ging davon aus, daß Interaktionen einen Inhalts- *oder* Beziehungsaspekt haben und sah deshalb je 6 Kategorien für informierende aufgabenorientierte Beiträge und sozio-emotionale Äußerungen vor. Interaktionen durften nicht beiden Bereichen zugleich zugeordnet werden - anders als das später etwa WATZLAWICK u.a. (1974) in ihren kommunikationspsychologischen Axiomen forderten. Die Gesamtheit der von einem Teilnehmer initiierten Interaktionen war die Grundlage für die Bestimmung seines "Aktivitätsrangs".

Außerdem wurden die Diskussionsteilnehmer nach jeder von insgesamt 4 Einzelsitzungen mit soziometrischen Methoden befragt, wer die besten Ideen beisteuerte, wer die Diskussion am effektivsten lenkte, wer als besonders sympathisch erlebt wurde und (in der letzten Sitzung) wer als "Führer" anzusehen war.

Die Autoren gingen zunächst von der "Great Man"-Hypothese aus, daß nämlich eine hohe positive Korrelation zwischen den verschiedenen Rangordnungen bestünde: Der Ideenreichste sei gleichzeitig auch der aktivste und der beliebteste. Diese Erwartung bestätigte sich in den seltensten Fällen. Typisch war vielmehr, daß "Aktivität" und "Ideenreichtum" positiv korrelierten - aber der "Tüchtigste" war keineswegs gleichzeitig der "Beliebteste" - er erhielt in der Beliebtheitsrangordnung nur einen mittleren Platz. Noch interessanter wird es, wenn man die Entwicklung der Rangordnungen im Verlauf der vier Sitzungen verfolgt: Von der ersten zur vierten Sitzung sank der Prozentsatz der Fälle, in denen dieselbe Person gleichzeitig die Spitzenposition in der Ideen- und Beliebtheitsrangordnung einnahm, von 56.5 % (1. Sitzung) steil auf 8,5 % (4. Sitzung).

BALES (1969, S. 257) kommentiert diesen Befund folgendermaßen:

"Könnte es sein, daß das Erringen einer Spitzenstatus-Position dank der fachlichen Beiträge zu den Aufgabenproblemen der Gruppe etwas bewirkte, das dazu beitrug, 'Freunde zu verlieren und sich anderen zu entfremden'? Wenn dies so wäre, könnte es dann sein, daß ein anderer Mann, der den sozioemotionalen Problemen der Gruppe mehr Beachtung schenkte, zu höherer Beliebtheit aufsteigt? Wenn dies so häufig vorkommt, daß es als typisch anzusehen ist, kann man von der 'Hypothese zweier komplementärer Führer' sprechen" (BALES 1969, S. 257).

Für diese These, die aus methodologischen Gründen nicht unangezweifelt blieb (HOMANS 1968, LEWIS 1972, RIEDESEL 1974), wurden verschiedene Erklärungen angeboten, die im Kern auf ein Parsonssches System-Gleichgewichts-Denken hinauslaufen: Inneres und äußeres System einer Gruppe (also sozialer Zusammenhalt, Binnenstruktur vs. Zielerreichung, Umweltbewältigung) müssen miteinander im Gleichgewicht stehen. Gewinnt ein System die Oberhand, so geht dies auf Kosten des anderen: Eine Forcierung der Leistungsanstrengungen frustriert automatisch die sozio-emotionalen Bedürfnisse. Irgend jemand in der Gruppe muß, wenn die Gruppe nicht zerfallen soll, diesen Bedürfnissen Rechnung tragen. Kann es der "Aufgabenspezialist" nicht selbst, so erwächst ihm aus der Reihe der anderen ein "Sozialspezialist", der ausgleichend wirkt.

Das von BALES und SLATER ausdrücklich als Hypothese formulierte "Führungs-dual" wurde von anderen Autoren - wie sich später zeigte: vorschnell - zum universell gültigen "Divergenztheorem" verallgemeinert, demzufolge in allen sozialen Gruppen eine Rollendifferenzierung zu beobachten sei. Die von ZELDITCH (1955) im Kulturvergleich belegte komplementäre Aufspaltung der Geschlechterrollen war z.B. für HOFSTÄTTER (1957, S. 133 f.) ein weiterer Beleg, die These auf so unterschiedliche "Polaritäten" wie Kaiser - Papst, Kanzler - Präsident, Häuptling - Medizinmann,

Deutschland - Frankreich usw. auszudehnen. Im Anschluß an Bemerkungen bei MARX (1983, S. 351) zur "Zwieschlächtigkeit" der Vorgesetztenfunktion (die zugleich produktiv und ausbeuterisch wirkt), haben VORWERG (1971) und ESSER (1965) die Rollendifferenzierung als typisch kapitalistisches Phänomen identifiziert, das unter sozialistischen Verhältnissen überwunden werden könne - eine Annahme, die z.B. KRICHEVSKII (1983) auf der Basis seiner Feldstudien in der Sowjetunion nicht bestätigt (MÜLLER 1974). Eine große Zahl von Untersuchungen hat belegt (s. dazu zusammenfassend u.a. PASCHEN 1978, 1987, HUBER 1980, NEUBERGER 1976), daß das Auftreten von Führungsdualen von einer Vielzahl von Bedingungen abhängt (vor allem der Gruppengröße, dem Zielsystem der Gruppe, dem offiziellen Status des Führers, der Dauer der Mitgliedschaft, der Natur der Aufgaben). Ein genereller Erklärungsansatz geht statt vom Führungsdual vom Führungsplural aus, indem eine Reihe von Systemfunktionen postuliert werden, die vom System als ganzem erfüllt werden müssen. Es handelt sich also nicht um Führungs- sondern um Gruppen-Rollen als insgesamt unverzichtbaren Voraussetzungen für Überleben, Wirksamkeit, Integration, Strukturerhaltung usw. der Gesamtheit. Von irgendjemand müssen somit Ziele gesetzt, Probleme gelöst, Entscheidungen gefällt, Anstrengungen koordiniert, Motivation gesichert, Konflikte bewältigt, Informationen verteilt, Belohnungen gewährt, Kontrollen durchgeführt werden - kurz: alle sog. Führungsfunktionen können nicht auf die formale Position des Vorgesetzten beschränkt werden. Sie können in ihr konzentriert oder aber in der Gruppe breiter gestreut sein, so daß - was tatsächlichen Einfluß und funktionale Beiträge anbelangt - von einem Plural von "Führern" zu reden ist. Getreu der konsequeat funktionalistischen Position kommt es nicht auf den offiziellen Status "Vorgesetzter" an, dieser ist normalerweise im vorherrschenden Liniensystem nur einem einzelnen pro Gruppe verliehen (während etwa das TAYLORsche Funktionalsystem von vornherein die verschiedenen Führungsfunktionen auf verschiedene Positionen verteilt!).

5.2.3. MINTZBERGs Führungsrollen

Demgegenüber kann es entweder als Rückfall in elitäre "Great Man"-Phantasien verstanden werden, wenn MINTZBERG zehn verschiedene Arbeits-Rollen auf *einen* Vorgesetzten konzentriert, oder aber diese Häufung soll mit besonderer Drastik zeigen, welch heterogenes Bündel von Rollen in *einer* Position vereinigt ist. Den folgenden Überblick über die 10 Arbeitsrollen zitiere ich aus dem Aufsatz von STREHL (1987; S. 35-40):

Die 10 Führungsrollen nach MINTZBERG

"1. Interpersonale Rollen
a)   Repräsentator
      Als Repräsentator handelt die FK als symbolische Spitze der Organisation und

übernimmt die Erfüllung zeremonieller Aufgaben gesetzlicher und sozialer Art...

b) *Führer*

... In dieser Rolle erfüllt sie Aufgaben der Stellenbesetzung, Schulung, Motivation. Im Mittelpunkt stehen die direkten Beziehungen zu den Mitarbeitern ...

c) *Liaison*

(Die Führungskraft etabliert durch sie, O.N.) ... Kontakte außerhalb ihrer vertikalen Kompetenzen ... Diese Kontakte beziehen sich auf eine Vielfalt von Personen und Institutionen außerhalb der Organisation ...

2. *Informationelle Rollen*

a) *Beobachter*

Als Beobachter sucht die Führungskraft ihre Umwelt und das persönliche Kontaktnetz nach Informationen ab und erhält sowohl gewünschte als auch nicht-nachgefragte Informationen. Ein hoher Anteil ist verbal und besteht aus Gerüchten, Spekulation und Hörensagen ...

b) *Verteiler*

Die Führungskraft gibt bestimmte erhaltene Informationen an Personen weiter, die sonst nicht (ohne weiteres) an diese herankommen könnten ...

c) *Sprecher*

In der Rolle des Sprechers gibt die Führungskraft Informationen an Personen außerhalb ihrer Organisationseinheit weiter und hat die Aufgabe, Personen, die auf ihre Einheit Einfluß ausüben, zu informieren. Ein Teil dieser Rolle besteht in der Formulierung der Ziele, Anforderungen, Pläne und Werte der Organisationseinheit gegenüber der Umwelt...

3. *Entscheidungsrollen*

a) *Unternehmer*

Die Führungskraft muß Wandel (Innovation) initiieren, indem sie die Organisation und Umwelt nach neuen Produkten und Gelegenheiten absucht, die den Bestand bzw. die Weiterentwicklung ihrer Organisation (Organisationseinheit) gewährleisten sollen ...

b) *Störungsregler*

In dieser Rolle muß sich die Führungskraft mit Problemen zwischen Personen innerhalb ihrer Einheit bzw. zwischen Organisation und Umwelt beschäftigen. Sie reagiert unfreiwillig) auf Druck ...

c) *Ressourcen-Zuordner*

Die Führungskraft entscheidet über die Zuordnung von Ressourcen an Personen und Gruppen. Damit werden Entscheidungen in der und für die Organisationseinheit autorisiert, bevor sie implementiert werden ...

d) *Verhandler*

In der Rolle des Verhandlers repräsentiert die FK die Organisation (Organisationseinheit) in bestimmten Umweltsegmenten und trifft mit anderen Verhandlern (Repräsentanten) gemeinsame Entscheidungen; sie verpflichtet damit ihre Organisation für bestimmte zukünftige Aktivitäten ...."

Ähnlich wie MINTZBERGs Zusammenstellung von Arbeitsrollen sind die schon früher mit weit umfangreicherem empirischem Aufwand bestimmten 8 'Managements jobs' von MAHONEY u.a. (1965) zu sehen (s. S. 166 f.) oder die 5 'managerial jobs', die STEWART (1967) aufgrund einer Tagebuchstudie berichtete. Zu den faktoranalytisch gebildeten Verhaltensdimensionen von Führungskräften aufgrund von Fragebogenbeschreibungen, siehe S. 110 ff.

5.2.4. Zu den Ursachen der Dilemmata

Die dargestellten Dilemmata sind Konsequenz oder Begleiterscheinung einer kontingenten, d.h. nicht notwendigen, sondern historisch spezifischen Form organisierten Wirtschaftens, die durch folgende Merkmale gekennzeichnet ist:

- Dominanz des Wirtschaftlichkeitsprinzips, demzufolge Güter und Dienstleistungen so produziert und abgesetzt werden müssen, daß die Aufwands-Ertrags-Beziehung optimiert wird;
- Kapitalrentabilität als oberster Bewertungsmaßstab, der allerdings durch eine Reihe von Nebenbedingungen (besser: aufoktroyierte konkurrierende Ziele) modifiziert wird (etwa: Gesetze, Tarif- und Betriebsvereinbarungen, Gewohnheitsrechte);
- Arbeitsteilung und die Notwendigkeit der Integration bzw. Koordination;
- Formalisierung und Standardisierung: Ver-Regelung, die als Führungssubstitut und -konkurrenz wirkt;
- hierarchischer Aufbau mit dauerhaft fixierten Einfluß- bzw. Herrschaftsrechten;
- "Partialinklusion" (LUHMANN) der Organisationsmitglieder, die neben ihrer Organisations-Rolle noch in weiteren Lebensbereichen engagiert sind; Trennung von Arbeit und "Freizeit";
- Vorhandensein eines Arbeitsmarktes mit der Möglichkeit der Abwanderung von Mitgliedern bzw. ihrer Ersetzung;
- individuelle Zurechnung von Leistungen und vorwiegend individualisierte Belohnungen.

Es erzeugt Widersprüche, wenn z.B.

- eine Leistung gemeinsam erstellt aber individuell zugerechnet und angeeignet wird;
- Organisationsmitglieder, die eine Vielzahl inhaltlich unterschiedlicher Ziele verfolgen und nur zum Teil in der Organisation "aufgehen", auf *ein* abstraktes Ziel (z.B. ökonomische Kapitalverwertung) festgelegt werden;
- durch Spezialisierung die Leistungsvorteile *einzelner* genutzt werden sollen, gleichzeitig aber durch Verrechtlichung und Formalisierung *allgemeingültige* Regelungen angestrebt werden;
- auf Positionen dauerhaft fixierte *Machtvorsprünge* bestehen, gleichzeitig aber das durch Arbeitsteilung hergestellte Expertentum *funktionale* sachbezogene Entscheidungen fordert ...

Diese Widersprüchlichkeit und Unschärfe ist - es wurde bereits gesagt - die Existenzvoraussetzung für die Vorgesetztenrolle. Das "mikropolitische" Verhalten in Organisationen (s. dazu unten Kap. 8.3.) wäre nicht rational erklärbar, wenn man es nicht als einen Versuch verstehen würde, diese ungeklärte und gegensätzliche Situation zu nutzen. Weil die Führer-Rolle die Verantwortung für diese Bewältigung personalisiert, ist es nicht verwunderlich, wenn sich die Träger dieser Rolle unter einem besonderen psychischen Streß erleben.

Die Rollentheorie erweckt den Eindruck, als ob Führungskräfte nach fest eingebauten Programmen handelten. Sie selbst, ihre persönliche Note, ihr ureigenster Führungsstil treten demgegenüber zurück. Ich werde auf diese Selbstdeutung bei der Diskussion von Führungsverhalten und Führungsstil näher eingehen. Im Zusammenhang mit der gegenwärtigen Diskussion der "Führungs-Dilemmata" möchte ich festhalten, daß sich damit ein neues Dilemma auftut: In der konkreten Alltagssituation verflüchtigt sich das, was ich bedeutungsschwanger als Aporien, d.h. ausweglose Widersprüche der Führungsrolle identifiziert habe. Vorgesetzte sind nicht mehr Entscheider zwischen zwei Möglichkeiten, sondern Opfer, die nur noch *re-agieren* können, je nach Lage der Dinge. Sie stehen hier, können gar nicht anders und definieren sich mit den genannten Begründungen als Werkzeug, als Aus-Führungs-Organ situativer Forderungen.

Gleichzeitig aber beanspruchen Führungskräfte für sich Autonomie. Ist dies lediglich grandiose Selbsttäuschung, in der um der Aufrechterhaltung eines tradierten Selbstbildes willen eine ansonsten ernüchternde Situation verklärt wird? Ich bin überzeugt, daß es trotz und neben der erzwungenen Gleichförmigkeit in der (natürlich unterschiedlichen) Offenheit der Alltagssituationen die Möglichkeit der Akzentsetzung gibt, die die persönliche Handschrift verrät. Jede Führungskraft hat für ihr Alltagshandeln fraglose Entscheidungsprämissen, die ihr zur Selbstverständlichkeit geronnen sind, und die sie nur noch exekutiert, aber nicht mehr reflektiert. Der executive hat sich selbst exekutiert! Es kann ihr auf zwei Arten zu Bewußtsein kommen, daß sie einen spezifischen Führungsstil, d.h. einen höchstpersönlichen Weg durch die Führungsdilemmata, hat: einmal, wenn sie selbst "unter sonst gleichen Umständen" anders handelt und zum anderen, wenn sie erfährt, daß andere "unter sonst gleichen Umständen" unterschiedlich vorgehen. Solange sie selbst und andere "konditional programmiert" (LUHMANN 1968) sind, d. h. in einer definierten Situation eine vorbestimmte Re-Aktion zeigen (müssen), erhält das Führungsgeschehen den Anschein von Naturgesetzlichkeit und unausweichlicher Verbindlichkeit, der durch die Wiederholung des immer Gleichen fortwährend aufs Neue stabilisiert wird. Erst wenn sich eine Vorgesetzte klarmacht, daß

- die Umstände nie völlig gleich sind,

- es verschiedene Wege zum Ziel gibt und

- es immer mehrere konkurrierende Ziele gibt

vermag sie die Bandbreiten des Handelns, die für sie bestehen (oder die sie herbeiführen kann) bewußt in ihrem Sinn zu nutzen. Dadurch, daß Situationen gleich genannt werden, werden sie gleich behandelt. Man könnte Art und Inhalt der Situationsklassifikation einer Führungskraft ihren "Führungsstil" nennen. Führungsstil wäre dann ein Wahrnehmungsprodukt nicht nur der Beurteiler der Vorgesetzten (unterstellte Mitarbeiter oder höhere Vorgesetzte), sondern in einem ganz unmittelbaren Sinn der Vorgesetzten selbst. Vorgesetzte brauchen wie alle anderen Menschen zur Stabilisierung ihres Handelns Konstanzen, sie können nicht jede Situation als völlig neue betrachten, sie in ihren Verästelungen und Weiterungen durchdenken, um dann jeweils original zu handeln. Die überlebensnotwendige Handlungsentlastung besteht darin, daß die an sich unüberschaubare Komplexität reduziert wird. An den Unsicherheiten des Führungs-Neulings wird deutlich, daß bei ihm dieser Stabilisierungsprozeß, den man "Erfahrung" nennt, noch nicht zum Abschluß gekommen ist. Wenn aus dem vielschichtigen Handeln eines Unterstellten ein einfacher Schluß gezogen wird (etwa: "faul" oder "umständlich" oder "unkooperativ"), dann ist mit dieser Wirklichkeitsdefinition schon weitgehend festgelegt, wie eine Führungskraft zu handeln (vor)hat. Bei der Diskussion der Attributionstheorie der Führung werde ich auf dieses Problem näher eingehen (s.S. 201 f.). An dieser Stelle wollte ich deutlich machen, daß das Alltagshandeln eines Vorgesetzten rekonstruierbar ist in den Dilemma-Kategorien, die ich dargestellt habe, daß es aber normalerweise diese nicht bewußt präsent hält. Würde eine Führungskraft ständig an die Dilemmata denken, würde sie ebenso neurotisch werden wie jemand, der ängstlich darauf achtet, ob sein Herz noch schlägt. Wenn sie *aber gar nicht* daran denkt, überantwortet sie sich blind dem Geschehen und verkümmert zum Funktionär, der andere am Funktionieren hält. Ein weiteres Dilemma: Stets daran denken immobilisiert, das Problem ausblenden inhumanisiert. Natürlich kann man sich nicht reflektierend über Handlungszwänge hinwegsetzen und alle Möglichkeiten offenhalten. Handeln bedeutet immer eine Festlegung und damit den Ausschluß von Alternativen. Die Reflexion erweist das eigene Handeln als kontingent; weil es bedingt ist, kann es die Führungskraft meist durch ein souveränes Fiat nicht verändern - sie müßte schon (auch) die Bedingungen verändern! Das erspart ihr aber nicht die persönliche Stellungnahme zu ihrem Tun. Diese begleitet sie auf jeden Fall - sei es als diffuses Unbehagen oder als Glücksgefühl, als Magengeschwür oder als der Wunsch, "den ganzen Krempel hinzuschmeißen", als erhebendes Erfolgserlebnis oder protzige Selbstbestätigung. PREGLAU (1980, S. 149) spricht in diesem Zusammenhang plastisch von *"Schattenerwartungen"*, nämlich *"exkommunizierten Werten, Bedürfnissen und Interessen"*, die bei einer Ziel- und Strukturbildung allein durch die Kapitaleigner keine Berücksichtigung finden. Solche unmittelbaren, nicht-instrumentellen Bedürfnissen sind z.B. Selbständigkeit, Entscheidungsfreiheit und Verantwortung. In einer auf Leistung eingeschworenen Organisation gilt jede Reflexion, die nicht in eine Optimierung des finanziell bewertbaren Ergebnisses mündet, als Luxus.

Wenn man sich aber das Nach-Denken, Über-Denken, Be-Denken erlaubt: führt es zu etwas anderem als der Einsicht in die unabweisbare Notwendigkeit, die dann - welch ein Taschenspielertrick - Freiheit genannt wird? Nur weil man dann weiß, daß man gegen die ehernen Gesetze der Geschichte und der Situation keine Chance hat, sie aber dennoch nutzen soll?

Ich glaube, daß dieser Standpunkt wie jede universalisierende Ethik an den spezifischen menschlichen Handlungsbedingungen vorbeigeht, die durch Ungereimtheiten, Widersprüchlichkeiten, Informationsmangel, Unsicherheiten usw. ausgezeichnet (!) sind. Natürlich kann man kategorisch imperativ fordern, nur so zu handeln, daß die Maxime des eigenen Handelns zugleich Grundlage einer allgemeinen Gesetzgebung sein könnte - wenn einem bewußt ist, daß jedes allgemeine Gesetz seiner situativen Interpretation bedarf und gegen andere gleichermaßen gültige Gesetze abgewogen werden muß (s. unten Kap. 9). Das Grundsatz-Handeln führt in Dilemmata, die durch Prioritätensetzung praktisch nicht aufgehoben werden. Das reflektierte Alltags-Handeln zeigt die Gestaltungsspielräume, die bestehen oder hergestellt werden können. Nur wenn dies geschieht, kann eine Führungskraft dem Anspruch gerecht werden, der üblicherweise mit einer Führungsposition verbunden ist: sie soll mehr als andere Positionen durch persönliche Handlungs-Freiräume gekennzeichnet sein. Wenn sie tatsächlich genutzt werden, können Vorgesetzte von sich behaupten, nicht nur "executive" zu sein.

5.3. GRAEN: VDL - LMX - DCR

GRAENs im Lauf der Jahre mehrfach modifizierte Ansatz ist ausdrücklich der Rollen-Theorie verpflichtet und versucht, die Verschränkung von "role taking" und "role making" in Arbeitsgruppen zu erklären. Im Prinzip werden "Rollen" nicht als starre unveränderliche Schablonen gesehen, sondern als Vereinbarungen, die zwischen Vorgesetzten und Mitarbeitern ausgehandelt werden. Charakteristisch für den Ansatz sind zwei spezielle Akzentsetzungen: zum einen werden die Führer-Mitglieder-Beziehungen in Arbeitsgruppen in lauter Zweierbeziehungen (dyadische Relationen) zerlegt, weil nach GRAENs Auffassung Vorgesetzte auf die Besonderheiten jedes einzelnen Mitarbeiters eingehen (müssen), denn er oder sie tritt ihnen ja nicht als abstrakter Positionsinhaber, sondern als konkreter Mensch mit Stärken und Schwächen, Wünschen und Ängsten, spezieller Vergangenheit und Zukunft gegenüber. Für diese Zweierbeziehungen werden quasi Vertragsbedingungen ausgehandelt, die für die Zukunft festschreiben, wie man miteinander umgeht.

Zum anderen kann eine Führungskraft nicht mit jedem einzelnen Mitarbeiter gleich intensiven Austausch pflegen. Im Laufe der Zeit bilden sich eine "in-group" und eine "out-group" heraus: In der privilegierten Innengruppe sind jene Mitarbeiter, mit denen die Führungskraft keine Probleme hat, weil sie fähig, engagiert, loyal, sympathisch sind. Die Randgruppe dagegen ist aus den schwierigeren Mitarbeitern zusammengesetzt. Die Beziehungen zur "ingroup" gestalten sich informell-locker und sind durch hohen gegenseitigen Einfluß ausgezeichnet, der einen breiten Spielraum für 'role-making' schafft, während im Kontakt zur "outgroup" Formalität, Distanz und einseitig vorgesetztenbetonter Einfluß vorherrschen, so daß eher 'role-taking' erwartet wird.

Diese Verhältnisse machen es für GRAEN zwingend, von dem früher üblichen Durchschnittlicher-Führungsstil-Modell (average leadership style: ALS)) abzugehen, wie es sehr häufig Führungsstil-Untersuchungen zugrundegelegt wird, bei denen der für eine gesamte (undifferenzierte) Arbeitsgruppe der "durchschnittliche" Führungs- stil ermittelt wird, indem die (verschiedenen) Vorgesetzten-Verhaltens-Beschreibun- gen der einzelnen Gruppenmitglieder einfach gemittelt werden. GRAEN zufolge kommt es aber nicht auf den Mittelwert, sondern gerade auf die Abweichungen von diesem Mittelwert an, denn sie sind ein Ausdruck für die interne Differenziertheit der Führer-Mitglieder-Beziehungen, die nicht durch statistische Manipulationen be- seitigt, sondern in den Mittelpunkt der Analyse gestellt werden sollten. Der frühere VDL-Ansatz (vertical dyad linkage) (z.B. DANSEREAU, CASHMAN & GRAEN 1975) wurde später durch den Ausdruck LMX-Ansatz (leader-member-exchange) (z.B. GRAEN, NOVAK & SOMMERKAMP 1982) ersetzt, ohne daß sich aber am theoretischen Gehalt etwas geändert hätte. In jüngeren Veröffentlichungen wechselt GRAEN erneut die Terminologie: Er spricht jetzt von DCR (dyadic career reality) (GRAEN & SCANDURA 1987). Damit geht es um die Frage, wie die beiden Part- ner einer Dyade ihre Beziehungen gestalten und damit ihren gemeinsamen Weg durch die Organisation (Karriere) gegenseitig beeinflussen. Mit "Realität" soll zum Ausdruck gebracht werden, daß dabei nicht Wahrnehmungen oder Einstellungen im Mittelpunkt stehen, sondern aufeinander bezogene und miteinander gekoppelte reale Ergebnisse. Als Kerneinheit wird die Zweier-Beziehung beibehalten, in den Mittel- punkt aber rückt nun die Frage, wie aus vielen solchen Dyaden *organisationales* Ver- halten erklärt werden kann. In offensichtlicher Anlehnung an WEICKs Organisa- tionstheorie versucht GRAEN, die Montage der einzelnen Verhaltenszyklen zu größeren Einheiten zu erklären. Allerdings ist diese Weiterung bislang noch nicht eindeutig ausgearbeitet, so daß abzuwarten bleibt, ob sie einen fruchtbaren Fortschritt bringt.

GRAENS Überlegungen, deren empirische Bestätigung noch unter der unzulängli- chen Operationalisierung seines Meßinstruments leidet (s. DIENESCH & LIDEN 1986), sind ein wertvoller Impuls, generalisierende Aussagen über Führung zu über- winden und eine konstruktive Anregung, sich mit der internen Dynamik der Führer- Mitglieder-Beziehungen auseinanderzusetzen. Sie bieten einen theoretischen Rah- men für die Analyse der "Reziprozität" von Führung, verabschieden also das Bild der alleinigen Dominanz des Vorgesetzten und erweitern es um die Perspektive der "Führung von unten" (s. HEROLD 1977, v. ROSENSTIEL & EINSIEDLER 1987).

6. Führungsverhalten und Führungsstil

6.1. "Empirisches" und "theoretisches" Vorgehen

Nach der Diskussion unbeobachtbarer hypothetischer Konstrukte (wie Eigenschaften, Rollen-Erwartungen) werde ich im folgenden auf scheinbar harte Fakten zu sprechen kommen: die tatsächlichen Verhaltensweisen von Vorgesetzten. Bevor ich auf Einzelheiten eingehe, zähle ich einige meist stillschweigend übergangene Voraussetzungen auf, die eine Einordnung des Themas und damit seine Relativierung erlauben:

1. Das Reden über Führer-Verhalten ist *personalisierend*. Verhaltensmerkmale von Führungs-Personen werden untersucht, meist unter Vernachlässigung anderer z.B. struktureller Momente der Führungssituation. Die Festlegung auf Vorgesetzte vermeidet auch die Schwierigkeit, die entstünde, wenn man Führungsverhalten bei Nicht-Vorgesetzten (z.B. den sog. "informellen Führern") untersuchen wollte.

2. Das Verhalten wird *isolierend* der Führungskraft zugerechnet; es ist nicht bedingt, ausgelöst oder verursacht durch die Situation oder die Geführten, sondern eigenständiger Ausdruck einer unterstellten souveränen Gestaltungskraft, die von Vorgesetzten als autonom Handelnden ausgeht.

3. Das Verhalten wird nicht unvoreingenommen ("als solches", "rein empirisch"), sozusagen fotografisch neutral betrachtet, sondern im Hinblick auf *sinnvolle und beabsichtigte Konsequenzen*. Aus der Konsequenzenmenge interessieren vor allem jene Folgen, die unter *Effizienz* oder *Erfolg* subsumiert werden können.

4. Es wird unterstellt, daß sich Führungsverhalten *objektivieren und quantifizieren* läßt und beobachtbar sowie "äußerlich" registrierbar ist. Dabei kann scheinbar von der Einmaligkeit einer konkreten Person oder Situation abstrahiert werden, so daß Aussagen über Personenmehrheiten (Durchschnittswerte der Population der Führungskräfte) gemacht werden können.

5. Als Führungsverhalten wird im allgemeinen jenes Verhalten thematisiert, das *auf die Geführten bezogen* ist. Verhalten gegenüber höheren Vorgesetzten oder Kollegen oder Verhalten bei der Lösung von Sachaufgaben wird in der Regel vernachlässigt.

6. Meist werden keine Prozeß- oder Verlaufsanalysen durchgeführt, sondern *Querschnittsuntersuchungen*, die sich mit Häufigkeitsauszählungen begnügen. Es wird also ermittelt, wie *oft* ein Vorgesetzter z.B. kritisiert, antreibt, berät usw. und nicht, *wann* er kritisiert (anstatt zu beraten) und *was folgt* auf seine Kritik.

7. Hält man sich zudem vor Augen, daß primär der sozial erwünschte ("vorzeigbare") *sachlich-rationale* Anteil des Führungsverhaltens Untersuchungsgegenstand ist, dann wird das hohe Ausmaß an Selektivität erkennbar, das mit der üblichen Erfassung von Vorgesetztenverhalten einhergeht. Ausgeblendet bleiben z.B. (scheinbar) irrationales oder auch mikropolitisches Handeln.

Warum aber interessiert man sich trotz dieser Einschränkungen für das Verhalten von Führungskräften?

Vielleicht hat man zeitweilig geglaubt, damit dem "Erfolgsgeheimnis" großer oder zumindest bewährter Führer auf die Spur kommen zu können. Führerbiografien haben vor allem dann einen Nutzen, wenn aus ihnen Lehren für die Gegenwart gezogen werden können. Man muß also davon ausgehen, daß "erfolgreiches" Verhalten erlernbar und trainierbar ist. Wenn in einer expandierenden Wirtschaft ein großer Bedarf an Führungskräften besteht, kann man nicht hoffen, auf lauter "geborene Führer" zurückgreifen zu können: man wird dem Rohmaterial nachhelfen und ihm den letzten Schliff geben müssen. Und warum sollten Nachwuchskräfte (und im allgemeinen werden nur diese trainiert) nicht aus den Fehlern und von den Erfahrungen derjenigen lernen, die schon viele Bewährungsproben bestanden haben? Wenn sich eine Organisation auf eine bestimmte Führungsphilosophie festgelegt hat, kann sie zudem herausfinden wollen, ob sich alle ihre Führungskräfte entsprechend den Grundsätzen verhalten (oder ob die Grundsätze bzw. das Verhalten korrigiert werden müssen).

Ein erstes Problem der Verhaltensanalyse ist es, festzulegen, was überhaupt erfaßt werden soll. Mit einer Videoaufzeichnung des Vorgesetztenverhaltens ist niemandem gedient, weil sie ja nur eine bestimmte Wirklichkeit wiederholt (allerdings auch schon nicht mehr "unbefangen", sondern ausschnitthaft reduziert). Es sind also Prinzipien der Auswahl aus der vorhandenen Unmenge von Urdaten zu entwickeln und zu begründen.

Nehmen wir an, ein Untersucher hielte das Verhaltensmerkmal *Dynamik* (Vitalität, Schwung, Energie, managerdeutsch: drive) für wichtig. Er steht nun vor der Frage, wie er aus Verhaltensbeobachtungen den Ausprägungsgrad dieses Merkmals bei verschiedenen Führungskräften einschätzen kann. Mögliche Indikatoren könnten z.B. sein:

- Schnelligkeit des Redens, der Gestik, des Gangs,
- Lautstärke des Sprechens,
- Dauer des Arbeitstags; Pausenlänge und -häufigkeit,
- Zeitbedarf für eine Standardaufgabe (z.B. Leitung einer Routinesitzung),
- Verhältnis der durchgesetzten zu den gescheiterten Projekten usw.

Einige dieser Merkmale sind sehr leicht zu bestimmen (z.B. Dauer des Arbeitstags), andere erfordern zunächst Definitionsarbeit (Was ist und wie erkennt man eine "Pause"?), wieder andere können nur mit großem Aufwand exakt bestimmt werden (z.B. Schnelligkeit der Bewegungen). Selbst wenn - unter Vernachlässigung aller entstehenden Kosten - diese Meßprobleme gelöst werden könnten, warteten neue Schwierigkeiten auf den Untersucher:

Es könnte nämlich sein, daß

a) die fünf genannten Indikatoren kaum miteinander zusammenhängen (wer lange arbeitet, macht nicht unbedingt hektische Bewegungen): mangelnde *Homogenität*;

b) bei Meßwiederholung an einem anderen Tag ganz andere Werte gefunden werden: mangelnde *Stabilität* des Verhaltens (wenn die Arbeitssituation weitgehend gleich geblieben ist) oder

c) hohe *Situationsabhängigkeit* (wenn sich die Aufgabensituation gewandelt hat);

d) es könnte auch die *Spezifität* (oder Trennschärfe) des Handelns fraglich sein, weil einige der Anhaltspunkte für "Dynamik" nicht eindeutig sind und auch anderen Verhaltensbereichen (z.B. Hektik, Nervosität, Rücksichtslosigkeit usw.) zugeordnet werden können.

Ich möchte das Problem noch ins Grundsätzliche wenden: Bislang ging es allein um die Frage, ob von *Indikatoren* (z.B. schnelles Sprechen) auf ein *Merkmal* (z.B. Dynamik) geschlossen werden kann. Was anfangs vermieden werden sollte, taucht plötzlich als Problem wieder auf: Das scheinbar konkrete Material der Verhaltensbeobachtung ist unverwendbar, solange es nicht geordnet und das heißt: auf abstrakte Kategorien zurückgeführt wird.

Davon unabhängig ist jedoch eine weitere mindestens ebenso wichtige Frage: ob ein Verhaltens-Merkmal *relevant* ist, also z.B. mit Führungs-Erfolg zusammenhängt. Unser Untersucher müßte belegen, wieso er zu der Vermutung kommt, Dynamik hätte etwas mit Führungserfolg zu tun. Ein Kritiker könnte ihm ja entgegenhalten, bedächtiges Verhalten sei viel erfolgsträchtiger als dynamisches!

Dem Untersucher stehen zwei Strategien zur Auswahl, um seine Vermutung zu begründen:

1. *Die empirische*: Er versucht nachzuweisen, daß sich der Verhaltenszug "Dynamik" sehr viel öfter (oder stärker ausgeprägt) bei erfolgreichen als bei erfolglosen Führungskräften findet. Kann er diesen Nachweis nicht führen, so ist seine Vermutung dennoch nicht widerlegt, denn es könnte sein, daß

a) zufälligerweise die Dynamik-Unterschiede in der von ihm untersuchten Stichprobe nicht groß genug waren oder daß

b) Dynamik ein gutes Merkmal ist, um zwischen Führungskräften und Geführten, nicht aber innerhalb der Gruppe der Führungskräfte zu differenzieren. Innerhalb der Vorgesetztengruppe gibt es keine Streuung, weil eventuell Dynamik (Selbst-)Selektionsmerkmal ist.

c) Es ist weiterhin möglich, daß "Dynamik" nur dann Erfolgswirksamkeit entfaltet, wenn *weitere Bedingungen* vorliegen (z.B.: Dynamik muß mit Ausdauer oder Sachverstand gekoppelt sein oder Dynamik wirkt nur bei trägen Mitarbeitern; sind diese selbst sehr dynamisch, sind evtl. Vorgesetzte erfolgreich, die diesen Schwung dämpfen ...). Er muß auch ausschließen, daß eine *Scheinkorrelation* vorliegt (so wie früher einmal gezeigt wurde, daß in Gegenden mit Störchen mehr Kinder geboren wurden; nicht weil die Störche die Kinder gebracht hätten, sondern weil Störche eher in ländlichen Gebieten nisteten und dort die Geburtenrate höher war). Dynamik kommt evtl. häufig mit anderen Variablen zusammen vor, die die eigentlich erfolgsrelevanten sind (z.b. Größe, Finanzkraft und Technologie der Firma). Diese Variablen müßten also kontrolliert oder konstant gehalten werden.

d) Nicht zuletzt könnte ein Kritiker in Frage stellen, ob das gewählte *Erfolgskriterium* (z.B. Marktanteil, Kostensenkung, Krankenstand, Beförderungsgeschwindigkeit) selbst objektiv, homogen, stabil, relevant etc. ist. Wenn Dynamik zum Erfolgsmerkmal erklärt wird, ist eine Validitätsautomatik in Gang gesetzt, weil nur der erfolgreich genannt werden darf, der (auch) dynamisch ist!

Wenn dem Untersucher das empirische Vorgehen unbefriedigend erscheint, kann er auf die andere Strategie ausweichen.

2. *Die normative*: Die relevanten Verhaltensmerkmale werden aus einem Modell oder einer Theorie abgeleitet.

Schon das "rein empirische" Verfahren ist immer hypothesengeleitet, auch wenn die Vermutungen unausgesprochen bleiben. Denn - wie oben schon gesagt - es könnte buchstäblich alles mögliche Verhalten als erfolgsrelevant angesehen werden: "wie er sich räuspert, wie er spuckt", wie er ißt und trinkt, wie er sich kleidet, wie er schreibt, welche Witze er erzählt, wie oft er sich wäscht ... - all dies kann als Selektionskriterium dienen. Wenn z.B. bei der Führungskräfte-Auslese Bewerber(innen) während eines Essens daraufhin beobachtet werden, ob sie die "Kulturtechniken" beherrschen (small talk reden, den Fisch nicht mit dem Messer essen usw.), dann drückt sich darin eine bestimmte Hypothese über den Zusammenhang dieses Verhaltens mit Führungseignung bzw. -erfolg aus: Wer sich "richtig" benehmen kann, wird Kunden, Vorgesetzte und Mitarbeiter für sich einnehmen können; oder: der stammt aus einem Elternhaus, in dem neben äußeren Formen auch noch bestimmte Wert- und Leistungshaltungen vermittelt wurden, die für Führungserfolg unverzichtbar sind...

Wenn immer solche Vorannahmen über das erfolgreiche Verhalten gemacht werden, so müßte versucht werden sie offenzulegen, damit sie überprüfbar und kritisierbar werden. Diese Mühe mußte sich z.B. auch SCHUMACHER (1980) machen, die durch Messungen in verschiedenen Populationen (z.B. Verwaltungsangestellte, Krankenhauspersonal, Polizisten usw.) festgestellt hatte, daß Vorgesetzte im Schnitt größer sind als ihre Unterstellten. Warum wohl?

6.2. Vorgesetzten-Verhaltens-Beschreibung

Wegen der großen praktischen Bedeutung werde ich im folgenden Vorgehensweisen und Probleme bei der Entwicklung und Interpretation von Fragebogen zur Beschreibung von Vorgesetztenverhalten diskutieren. Als Beispiel wähle ich zwei Ansätze; einmal Projekte, die Gisela VORWERG in der DDR durchgeführt hat und zweitens die Standardisierung des amerikanischen LBDQ (s. dazu unten) durch Heide FITTKAU-GARTHE in Hamburg.

6.2.1. VORWERGs Fragebogen zum Verhalten sozialistischer Leiter

Als erstes Beispiel stelle ich im folgenden das "kybernetische System der Füh-rungsfunktion" von Gisela VORWERG dar:

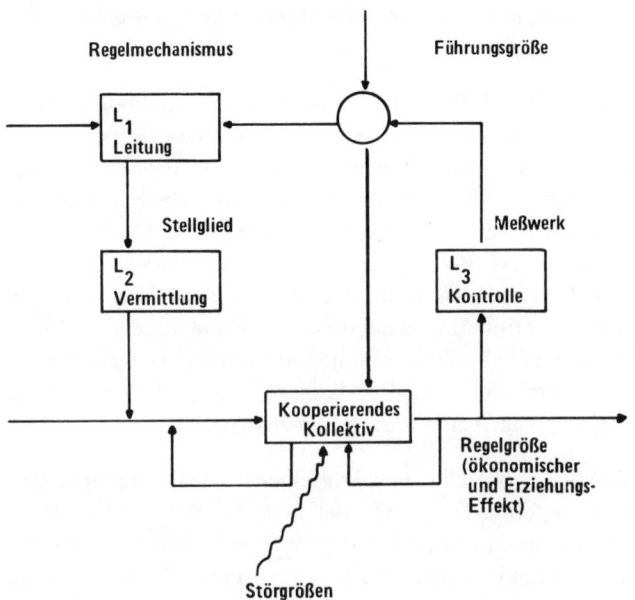

Abb. 6.1.: **Vereinfachte Darstellung des kybernetischen Modells von Gisela VORWERG (1971, S. 57)**

Der Führungsprozeß wird hier abstrakt als ein geregelter Ablauf verstanden, bei dem ein "kooperierendes Kollektiv" Ergebnisse erarbeitet (ökonomisch-sachliche und erzieherische Effekte), die durch das "Meßwerk" erfaßt und mit einem vorgegebenen Soll ("Führungsgröße") verglichen werden. Im Falle von Abweichungen wird durch den "Regelmechanismus" über das "Stellglied" auf das "Kollektiv" eingewirkt, um ein zielkonformes Ergebnis herbeizuführen. Die drei Teilfunktionen der Führung (L_1 =Leitung, L_2 = Vermittlung und L_3 = Kontrolle) leitet VORWERG (1971, S. 54) aus einer Passage im "Kapital" ab, in der MARX von Leitung, Überwachung und Vermittlung spricht. Diese drei Aspekte werden in ein Regelkreis-Modell integriert und - auf nicht näher begründete Weise - inhaltlich differenziert:

Leitung beinhaltet Zielbestimmung, Disposition und Initiative. _"Dieser Teilfunktion obliegt also die Vorausschau über die Aktion auf das Ziel. Sie ist deshalb die übergrei-fende Teilfunktion: auch Vermittlung und Überwachung werden geplant. Wir sind der_

Meinung, daß darin der neue, für sozialistische Verhältnisse zutreffende Inhalt des Führungsbegriffs liegt" (VORWERG, 1971, S. 56).

"Vermittlung meint nichts anderes als Arbeitsorganisation, die "unmittelbare Koordination der Einzelkräfte"" (S. 56). "Kontrolle" schließlich bezieht sich auf die *"Überwachung des Verhaltens und die Aufsicht und Registrierung des Arbeitsprozesses und -resultates" (S. 57).*

Das Führungsmodell VORWERGs ist ein Beleg dafür, wie die in einer bestimmten Gesellschaftsform existierende oder behauptete Gestaltung der Produktionsverhältnisse durch Einbettung in ein formales Modell (den Regelkreis) als quasi-naturgesetzlich ("objektiv notwendig", S. 61) sanktioniert wird. Die Praxis der Lenkung von Betrieben in der DDR (z.B. zentrale Planvorgaben, die als "Führungsgröße" zu akzeptieren sind; die starke Stellung der "Leitung"; die Anstrengungen zur optimalen "Organisation" und die für den sozialistischen Menschen nicht selbstverständliche Notwendigkeit der "Kontrolle") wird auf diese Weise und mit der obligatorischen Berufung auf MARX, die die Weihe der Orthodoxie sichert, ideologisch legitimiert. Die Problematik des abstrakt-formalen Regelkreismodells (s. dazu ausführlich HOCHSTRASSER 1981) wird auch nicht ansatzweise erörtert.

Das in der Abb. 6.1. dargestellte Funktionsmodell enthält zwei Regelkreise, einen oberen und einen unteren. Der obere, der über die Führungsfunktionen Leitung, Vermittlung und Kontrolle läuft, wurde bereits besprochen. Der untere beschränkt sich auf das kooperierende Kollektiv: Da ihm die Führungsgröße bzw. Zielvorgabe unmittelbar bekannt gemacht wird (s. den Pfeil von der Führungsgröße zum Kollektiv), kann es *sich selbst regeln,* d.h. die erreichten Ergebnisse mit den Vorgaben vergleichen und gegebenenfalls auf sich selbst verändernd einwirken.

Damit erhält ein Problem seinen formalen Ausdruck, das nicht nur unter den Bedingungen sozialistischer Produktion von Bedeutung ist, hier aber einer besonderen Rechtfertigung bedarf: Wenn nämlich von allen Werktätigen als den kollektiven Eigentümern der Produktionsmittel die gesellschaftlich (also auch unter ihrer Beteiligung) erarbeiteten Zielvorstellungen selbständig realisiert würden, dann ist die Existenz eines übergeordneten Regelkreises (oder anders: einer Führungshierarchie) nicht selbstverständlich, sondern muß speziell begründet werden. Dieser Aufgabe entledigt sich VORWERG durch Berufung auf Lenin-Zitate.

Es ist nicht klar, ob Gisela VORWERG und ihre Mitarbeiter, orientiert an der theoretischen Einsicht in die Dreigeteiltheit der Führungsfunktion, Fragebogenitems entwickelten. Es scheint eher so gewesen zu sein, daß auf der Basis von Praxiserfahrungen, Literaturanalyse und allgemeiner Plausibilität Beschreibungen von Führungsverhalten zusammengestellt worden sind. Wenn man eine große Menge von Beschreibungsaussagen vorgibt, ist zu erwarten, daß sich auf der Basis der Antworten der Befragten Bündelungen ergeben, die aus der inhaltlichen Nähe der einzelnen

Aussagen resultieren. Um es an einem Beispiel zu illustrieren: Von den folgenden Aussagen

A   Er treibt uns fortwährend zu Höchstleistungen an,

B   Er geht auf unsere persönlichen Sorgen ein,

C   Er hilft uns geduldig bei Schwierigkeiten,

D   Er besteht auf der Einhaltung von Terminen,

E   Er sagt genau, was wir zu tun haben,

beziehen sich die Feststellungen B und C auf "Mitmenschlichkeit, Rücksichtnahme", während A, D und E unter dem Oberbegriff "aktivierende Strukturierung" zusammengefaßt werden können. Wenn man nun in einem 100-Item-Fragebogen 20 B/C-Fragen und 80 A/D/E-Fragen berücksichtigt, wird man als "Hauptfaktoren" einen B/C- und einen A/D/E-Faktor erhalten, wobei jedenfalls der A/D/E-Faktor höchstwahrscheinlich in weitere Subfaktoren aufgeteilt werden wird. Wenn man überhaupt keine Fragen zu "Kontrolle, Beaufsichtigung" oder "Rückgrat, Zivilcourage" aufnimmt, kann selbstredend auch kein entsprechender Faktor "empirisch bestätigt" werden. In Fragebogenanalysen wird somit notwendigerweise immer nur (neu) geordnet, was vorgegeben wurde. Wenn die Vorgaben aber nicht theoretisch begründet oder hergeleitet wurden, kann man grundsätzlich nicht davon ausgehen, "alles Relevante" oder "das Wichtigste" erfaßt zu haben, weil ja nicht offengelegt wurde, wie die Grundgesamtheit des Relevanten eigentlich definiert wurde. Solche Fragebogenstudien sind immer "selbstvalidierend", weil sie dasjenige, wofür sie gültig (valide) sind, selbst definieren. Sie gleichen Schrotschüssen, die irgend etwas vom Ziel treffen; wie das Ziel aber eigentlich aussieht, vermögen sie nicht zu sagen. Durch dieses Bild wird der Gedanke nahegelegt, bei Führung handele es sich um einen Gegenstand, den man treffen oder verfehlen könne. Genau genommen ist dies irreführend, denn Führung ist kein Objekt, sondern ein Konstrukt, d.h. ein (sozialwissenschaftlicher) Begriff, der nur in einem bestimmten Erklärungszusammenhang Bedeutung besitzt. Was z.B. unter "charismatischer" Führung verstanden wird, ist etwas ganz anderes als das, was VORWERG "kybernetische" Führung nennt. Das Alltagsverständnis von Führung ist viel zu facettenreich (s. dazu die anfangs aufgeführten Definitionen), als daß man stillschweigend davon ausgehen könnte, dasselbe zu meinen wie ein anderer, der ebenfalls von Führung spricht.

Wenn VORWERG also ein "kybernetisches" Führungsmodell entwickelt, dann müßte sie ihre Führer-Verhaltens-Beschreibung auch nach dieser Konzeption ausrichten und nicht - wie das typisch ist für die amerikanische Ohio-Schule, die den LBDQ entwickelt hat - in blinden Empirismus zurückfallen (s. dazu unten).

Der *normative* Ansatz, den ich dem *empirischen* gegenübergestellt habe, beschränkt und bezieht sich bei der Analyse des Vorgesetztenverhaltens allein auf diejenigen sinnvollen Ausschnitte aus dem menschlichen Aktivitätskontinuum - um eine bekannte Motivationsdefinition von THOMAE (1965) zu paraphrasieren -, die auf der Grundlage einer bestimmten Führungskonzeption als Führer-Verhalten gefordert sind. Alle anderen Handlungen müssen unbeachtet bleiben. Hält man sich nicht an diese Regel, dann gibt es praktisch keine menschliche Verhaltensweise, die sich nicht als Führerverhalten qualifizieren würde. Wenn Empiriker ihren Befragten ein breites und (scheinbar) unausgelesenes Repertoire von Führer-Verhaltensweisen zur Beurteilung vorlegen, dann machen sie die Befragten zu Experten und hoffen, aus den Antwortverteilungen die Führungskonzeption destillieren zu können, die Laien haben.

Ich möchte an einem Beispiel aus VORWERG versuchen, eine solche "Beurteiler-Theorie" zu rekonstruieren.

Dazu wähle ich eine Arbeit von HEYSE, die VORWERG (1971, S. 82 f.) zitiert. HEYSE hatte insgesamt 175 Merkmale aus 6 Verhaltensbereichen von 80 "Experten" (es ist nicht näher ausgeführt, wodurch sie als solche ausgewiesen waren) im Hinblick auf die Wichtigkeit für einen "sozialistischen Leiter" bewerten lassen. Die 16 Verhaltensweisen, die weitgehend übereinstimmend als die wichtigsten angesehen wurden, sind:

1. Ist einfallsreich und treibt die Arbeit schöpferisch voran;

2. tritt stets offen auf, hat keine zwei Gesichter;

3. erfaßt schnell neue Problemsituationen und kann daraus präzise Aufgaben für das Kollektiv stellen;

4. ruht nicht auf Erfolgen aus, sondern unternimmt weitere Anstrengungen für eine Verbesserung der Arbeit;

5. tritt mit einer eigenen, festen politischen Meinung auf;

6. tadelt auch ihm persönlich nahestehende Kollegen, wenn sie durch ihr Verhalten die Arbeitsatmosphäre des Kollektivs beeinträchtigen;

7. ist konkret bei der Vorgabe von Aufgaben, vermeidet Unklarheiten;

8. begeistert seine Mitarbeiter auch für die Lösung schwieriger Aufgaben;

9. bildet sich kontinuierlich fachlich weiter;

10. besitzt Anerkennung und Autorität im Kollektiv;

11. versteht es, die Arbeit effektiv zu verteilen;

12. gibt Anleitung und erkennt dabei die Meinung anderer an;

13. entwickelt aus eigenem Antrieb heraus ständig sein politisches Wissen weiter;

14. lernt aus Fehlern;

15. verfügt über eine gute Menschenkenntnis;

16. kann sich schnell umstellen und ist in verschiedenen Arbeitsbereichen einsetzbar.

Zunächst fällt bei fast der Hälfte der Aussagen auf, daß der eindeutige Bezug zur Führungsaufgabe nicht offenkundig ist: diese Merkmale können im Grunde von jedem Mitarbeiter erwartet werden:
-   offenes Auftreten (2)
-   ständiges Bemühen um Verbesserungen (4)
-   feste politische Meinung (5)
-   kontinuierliche fachliche Weiterbildung (9)
-   entwickelt sein politisches Wissen weiter (13)
-   lernt aus Fehlern (14)
-   umstellungsfähig und breit einsetzbar (16)

Es kann aus diesen Merkmalen nur entnommen werden, daß ein Vorgesetzter ein besonders engagiertes Mitglied der Gruppe sein soll.

Bei den "eigentlichen" Führungsaufgaben wird anscheinend davon ausgegangen, daß der Vorgesetzte einem Kollektiv vorsteht, das eher desinteressiert im Arbeitstrott befangen ist und inspiriert bzw. energetisiert werden muß:
-   treibt die Arbeit einfallsreich und schöpferisch voran (1)
-   stellt präzise Aufgaben für das Kollektiv in neuen Problemsituationen (3)
-   ist konkret und klar in der Aufgabenvorgabe (7)
-   begeistert Mitarbeiter auch für schwierige Aufgaben (8)
-   verteilt Arbeit effektiv (11)
-   gibt Anleitung (12)

Es handelt sich hier um "leiterzentriertes" sachorientiertes Handeln; der Vorgesetzte organisiert die Arbeit (neu) und motiviert die Gruppe.

Es bleibt noch eine Gruppe von drei Aussagen:
-   tadelt ohne Ansehen der Person bei Beeinträchtigung der Arbeitsatmosphäre (6)
-   besitzt Anerkennung und Autorität (10)
-   gute Menschenkenntnis (15).

Um seine "Kollegen" aufgabenorientiert führen zu können, muß sie der Vorgesetzte zutreffend einschätzen (15) und sich Akzeptanz und Autorität (10) durch authentisches (2) und unparteiisch-kritisches (6) Verhalten erwerben.

Da über Willensbildungs- und Entscheidungsverhalten (z.B. Grad der Mitbeteiligung der Mitarbeiter) ebenso Aussagen fehlen wie über Kontrolle, Information und Förderung der Mitarbeiter, muß angenommen werden, daß diese Bereiche entweder

- im untersuchten Kollektiv selbstverständlich oder problemlos sind oder
- für belanglos, irrelevant oder unwichtig gehalten werden oder
- nicht im Verantwortungsbereich des Vorgesetzten liegen (weil sie z.B. von anderen Stellen wahrgenommen werden) oder
- unter den Vorgaben fehlten bzw. so unterrepräsentiert waren, daß sie keine Chance hatten, in die Gruppe der 16 "wichtigsten" Merkmale aufgenommen zu werden.

Das Bild der Führung ist jedenfalls stark personbezogen; der Vorgesetzte führt durch die Autorität der fachlichen Überlegenheit. Die Aufgabenerfüllung steht im Mittelpunkt. Das von VORWERG skizzierte "kybernetische Führungsmodell" ist in Vorgaben wie Antworten nicht wiederzuerkennen, so daß es sich im Grunde um kein *normatives*, sondern ein rein *empirisches* Vorgehen handelt.

6.2.2. Der Fragebogen zur Vorgesetzten-Verhaltens-Beschreibung (FVVB)

Als zweites Demonstrationsbeispiel wähle ich den in der Tradition der "Ohio State Leadership Questionnaires" stehenden "Fragebogen zur Vorgesetzten-Verhaltens-Beschreibung (FVVB)" von FITTKAU-GARTHE und FITTKAU (1971) (s. den Abdruck auf S. 120 f.). In den Ohio-Studies wurde im Rahmen eines interdisziplinären Forschungsprojekts zur Erfassung des Führungsverhaltens eine Vorgehensweise gewählt, die über Jahrzehnte hinweg Vorbild für zahlreiche andere Untersuchungen war. Man kann wohl ohne Übertreibung feststellen, daß kaum ein anderes Erhebungsinstrument und die mit ihm gefundenen Ergebnisse die Führungsforschung so nachhaltig beeinflußt haben wie der "LBDQ" (Leader Behavior Description Questionnaire) und seine verschiedenen Nachfolger.

In der Veröffentlichung, in der der LBDQ zum ersten Mal vorgestellt wurde (HEMPHILL & COONS 1957), berichten die Autoren über die Entwicklungsschritte:

Zuerst wurde eine große Anzahl von Episoden-Schilderungen zusammengetragen, in denen Betroffene über eine Führungsepisode berichteten, die sie selbst erlebt hatten. In einer Inhaltsanalyse der 1790 "Kurzgeschichten" wurden dann 9 Dimensionen des Führungsverhaltens extrahiert (Integration, Initiative, Mitgliedschaft, Repräsentation, Organisation, Domination, Kommunikation, Anerkennung und Leistungsbetonung). Für diese Hauptaspekte wurden dann aus dem Material der Episoden 150 Kurzaussagen formuliert. Diese wurden verschiedenen Stichproben zur Beurteilung aktuellen Führungsverhaltens vorgegeben, wobei der Umfang des Fragebogens sukzessiv reduziert wurde.

Die Kürzung des Fragebogens (auf schließlich 48 Items in der US-Fassung; beim FVVB nochmals auf 32 verringert) wurde mit Ergebnissen verschiedener Faktorenanalysen begründet. Wegen der drastischen inhaltlichen Konsequenzen, die der Einsatz der Faktorenanalyse (FA) hat, gehe ich kurz auf das Prinzip dieser Methode ein:

Wenn man in einer großen Anzahl von Aussagen zum Führungsverhalten die Erfahrungen von vielen Leuten einholt, ist man verständlicherweise daran interessiert, die enorme Datenmenge so zu komprimieren, daß mit möglichst wenig Kennwerten möglichst viel der erhaltenen Information zum Ausdruck gebracht werden kann. Eine verdichtende Darstellungsmethode ist z.B. die Verwendung des arithmetischen Mittels, um einen Anhaltspunkt für die zentrale Tendenz der Antworten zu haben. Der Mittelwert verschenkt Information (die Vielzahl der individuellen Ausprägungen), was zum Teil dadurch aufgefangen wird, daß zusätzlich ein Streuungswert berichtet wird, der Auskunft darüber gibt, wie stark im Mittel (!) die Abweichungen vom Zentralwert sind.

Aber nicht nur die Antwortenden werden sozusagen auf ein Durchschnittsexemplar vereinfacht, auch die Vielfalt der Aussagen wird unter die Lupe genommen. Es besteht die Möglichkeit, daß sich (in den Augen der Befragten!) die verschiedenen Fragen nicht auf jeweils unterschiedliche Sachverhalte beziehen, sondern zum Teil das gleiche oder ähnliches beschreiben. Um eine Analogie zu geben: Wenn man Körpergröße, Armlänge, Beinlänge, Schuhgröße und Handschuhgröße, Körpergewicht, Bauchumfang, Halsweite und Oberschenkelweite in einer großen Population messen würde, fände man, daß im Regelfall die großen Leute auch lange Arme und Beine sowie eine große Schuhnummer etc. haben. Man würde auch entdecken, daß große Leute häufiger ein höheres Körpergewicht, eine größere Halsweite etc. haben. Aber man würde auch auf die nicht seltenen Fälle stoßen, daß Großgewachsene dürr und Kleine dick sein können. Man könnte deshalb - für praktische Zwecke - die in den 9 eben genannten Maßen enthaltene Information in zwei hypothetischen "Faktoren" ausdrücken: den einen könnte man evtl. "Längenwachstum" nennen, den anderen - davon unabhängigen - "Konstitution". Jedes der 9 Ausgangsmaße könnte auch als eine spezifische Kombination der beiden Faktor-Werte ausgedrückt werden. Die Faktorenanalyse ist eine Methode herauszufinden, ob eine Vielzahl von Meßwerten ohne zu großen Informationsverlust in einer geringeren Anzahl von Dimensionen oder hypothetischen "Faktoren" abgebildet werden kann. Zu diesem Zweck wird der statistische Zusammenhang zwischen allen einzelnen Aussagen bestimmt, um Gruppen gleichsinnig beantworteter Aussagen zu identifizieren. Wenn z.B. alle Befragten, die von ihrem Vorgesetzten sagen, er "treibe sie stets zu Höchstleistungen an" (A), ebenfalls von ihm sagen, daß er "strikt auf der Einhaltung von Terminen besteht" (B), dann kann bei Kenntnis von A der Wert von B vorhergesagt werden - und wenn man ökonomisch vorgehen möchte, kann man auf eines der beiden Items verzichten. Es ist möglich, daß sehr komplexe Merkmale aus 4, 5 oder noch mehr Faktoren rekonstruiert werden können, je nachdem wieviele voneinander relativ unabhängige Merkmalsaspekte bei den "Urdaten" vorhanden sind. Da die Korrelation selbstverständlich fast nie perfekt ist, muß man auch Gruppenbildungen aufgrund niedrigerer Korrelationswerte akzeptieren: es besteht dann nur eine gewisse anzugebende Wahrscheinlichkeit, daß, wer A sagt, auch B sagen wird.

Um zusammenzufassen: Items werden aufgrund empirischer Befunde (der Antworten einer bestimmten Population) entsprechend ihrer Interkorrelationen zu Gruppen gebündelt, die allesamt auf einem hypothetischen "Faktor", der ihnen gemeinsam ist, laden.

Abgesehen von der Großzügigkeit, mit der man bereit ist, auch bei mäßigen Zusammenhängen noch von "Ähnlichkeit" zu sprechen, entstehen verschiedene Probleme:

1. Die Gruppierung hängt ab von der Stichprobe der Befragten. Würde man z.B. *nur* in militärischen Organisationen fragen, könnten ganz andere Inter-Item-Zusammenhänge resultieren, als wenn man die Antworten von militärischen, religiösen und wirtschaftlichen Organisationen *zusammen* auswertete.

2. Die Ergebnisse werden auch durch die Vorgaben determiniert: Wenn in einem Fragebogen überhaupt keine Aussagen zu "Kontrolle" berücksichtigt sind, dann kann selbstverständlich auch kein Bündel von Aussagen gefunden werden, deren gemeinsames Merkmal ("Faktor") der Bezug zur Kontrolle ist! Die Zusammenstellung der Ausgangsdaten legt also in erheblichem Umfang fest, welche und wie viele "Faktoren" gefunden werden (können).

3. Als weiteres methodisches Problem ist anzumerken, daß - weil das Interkorrelationsmaß auf der Streuung der Antworten fußt - Aussagen, die von allen Befragten übereinstimmend bejaht oder verneint werden, nichts zur Gruppenbildung beitragen können. Das könnte im Extrem zu der paradoxen Konsequenz führen, daß Aussagen, die für alle Führungskräfte zutreffen, eliminiert würden, weil nur jene Merkmale berücksichtigt werden, in denen sich die Vorgesetzten unterscheiden. Man braucht also Items, bei denen möglichst das ganze Spektrum der Antwortmöglichkeiten (von der Zustimmung bis zur Ablehnung) genutzt wird.

Um wieder auf den LBDQ zurückzukommen: Schon nach den ersten Faktorenanalysen hatte sich gezeigt, daß der größte Teil der Aussagen auf zwei Faktoren lud; die anderen noch extrahierten Faktoren hatten bedeutend weniger Erklärungskraft, so daß sie als weniger relevant vernachlässigt wurden. Dies hatte die folgenschwere Konsequenz, daß letztlich nur noch Items in den Endformen der Fragebogen zurückbehalten wurden, die mit den beiden Hauptfaktoren "Consideration" (Rücksichtnahme, praktische Besorgtheit) und "Initiating Structure" (Planungsinitiative, strukturierende Aktivität) in Zusammenhang standen. Es wurden also immer "reinere" Befragungsinstrumente hergestellt, bei denen durch die Item-Vorauswahl dafür gesorgt war, daß die Verhaltensbeschreibungen zwei (und nur zwei) Hauptdimensionen zuzuordnen waren. Man kann natürlich *innerhalb* der Hauptdimensionen nochmals differenzieren und Subfaktoren ermitteln (wie das z.B. beim FVVB geschehen ist), aber das resultiert lediglich in einer feiner gegliederten Binnenstruktur, der keine grundsätzlich andersartigen Inhalte hinzugefügt werden.

Aus den bisherigen Ausführungen ist deutlich geworden, daß nach der Item-Zusammenstellung ein rein empirisches Suchverfahren in Gang gesetzt wird, das allein zu einer Umgruppierung bzw. sparsameren Beschreibung (durch Rückgriff auf eine latente oder hypothetische Struktur) führen kann, aber keine neue theoretische Einsicht bringt. Die theoretische Konzeption ist unausgesprochen in der Item-Vorauswahl enthalten, alles folgende kann die Vorannahmen vereinfachen oder differenzieren, aber nicht mehr erweitern. Diese wesentliche Schlußfolgerung ist zu beachten, wenn man die weitreichenden Spekulationen würdigen will, die sich an die "Entdekkung" der Zweidimensionalität des Führungsverhaltens in der Ohio-Schule anschlossen (s. dazu unten).

Um zu illustrieren, welch hohes Maß an Verdichtung bei einer "zweifaktoriellen Lösung" eines 32-Item-Fragebogens resultiert, werde ich für den FVVB, der auf den folgenden Seiten abgedruckt ist, die Ergebnisse von Faktorenanalysen bei diesem Instrument berichten. (Nur am Rande merke ich an, daß - obwohl er von einer Frau übersetzt und überprüft wurde - im FVVB nur männliche Vorgesetzte vorkommen).

Ich habe in dem auf umseitig abgedruckten FVVB durch grafische Symbole vor den Item-Nummern kenntlich gemacht, zu welchem Faktor jedes Item zu rechnen ist. Die Faktorenanalyse FITTKAU-GARTHEs & FITTKAUs (1971) basiert auf der Auswertung von über 1200 Fragebogen, durch die 228 Vorgesetzte in 9 Hamburger Firmen beschrieben worden waren.

Die Autoren legten sich auf eine 4-Faktoren-Lösung fest:

F: Freundliche Zuwendung; mit 12 Items repräsentiert;

A: Mitreißende Aktivität; 7 Items;

M: Mitbestimmung, Beteiligung; 4 Items;

K: Kontrolle vs. Laissez-faire; 5 Items.

Ferner wurden noch 4 Items beibehalten, die etwa gleichstark auf F und A luden (F/A).

In Nachanalysen der Daten von FITTKAU-GARTHE & FITTKAU konnte NACHREINER (1978) zeigen, daß die übliche 2-Faktorenlösung angemessener ist (ein ähnliches Ergebnis berichtet ALLERBECK (1977) bei der Analyse ihrer FVVB-Daten). Demzufolge lassen sich F und M zu einem Hauptfaktor zusammenfassen, der dem in den amerikanischen Studien immer wieder bestätigten Mitarbeiter-Orientie-

★ 1. Er kritisiert seine unterstellten Mitarbeiter auch in Gegenwart anderer.
    1. oft 2. relativ häufig 3. hin u. wieder 4. selten 5. fast nie   1 2 3 4 5

✪ 2. Er zeigt Anerkennung, wenn einer von uns gute Arbeit leistet.
    1. fast nie 2. selten 3. manchmal 4. häufig 5. fast immer   1 2 3 4 5

▲ 3. Er bemüht sich, langsam arbeitende unterstellte Mitarbeiter zu größeren Leistungen zu ermuntern.
    1. sehr selten 2. selten 3. hin u. wieder 4. relativ häufig 5. oft   1 2 3 4 5

▲ 4. Er weist Änderungsvorschläge zurück.
    1. fast immer 2. häufig 3. manchmal 4. selten 5. fast nie   1 2 3 4 5

▲ 5. Er weist seinen unterstellten Mitarbeitern spezifische Arbeitsaufgaben zu.
    1. fast nie 2. selten 3. manchmal 4. häufig 5. fast immer   1 2 3 4 5

▲ 6. Er ändert Arbeitsgebiete und Aufgaben seiner unterstellten Mitarbeiter, ohne es mit ihnen vorher besprochen zu haben.
    1. oft 2. relativ häufig 3. hin u. wieder 4. selten 5. sehr selten   1 2 3 4 5

✪ 7. Hat man persönliche Probleme, so hilft er einem.
    1. sehr selten 2. selten 3. hin u. wieder 4. relativ häufig 5. oft   1 2 3 4 5

✪ 8. Er steht für seine unterstellten Mitarbeiter und ihre Handlungen ein.
    1. fast nie 2. selten 3. manchmal 4. häufig 5. fast immer   1 2 3 4 5

★ 9. Er behandelt seine unterstellten Mitarbeiter als gleichberechtigte Partner.
    1. fast nie 2. selten 3. manchmal 4. häufig 5. fast immer   1 2 3 4 5

● 10. Er überläßt seine unterstellten Mitarbeiter sich selbst, ohne sich nach dem Stand ihrer Arbeit zu erkundigen.
    1. fast immer 2. häufig 3. manchmal 4. selten 5. fast nie   1 2 3 4 5

★ 11. Er „schikaniert" den unterstellten Mitarbeiter, der einen Fehler macht.
    1. fast immer 2. häufig 3. manchmal 4. selten 5. fast nie   1 2 3 4 5

● 12. Er legt Wert darauf, daß Termine genau eingehalten werden.
    1. überhaupt nicht 2. wenig 3. zu einem gewissen Grad 4. relativ stark 5. sehr stark   1 2 3 4 5

▲ 13. Er entscheidet und handelt, ohne es vorher mit seinen unterstellten Mitarbeitern abzusprechen.
    1. oft 2. relativ häufig 3. hin u. wieder 4. selten 5. sehr selten   1 2 3 4 5

★ 14. In Gesprächen mit seinen unterstellten Mitarbeitern schafft er eine gelöste Stimmung, so daß sie sich frei und entspannt fühlen.
    1. fast nie 2. selten 3. manchmal 4. häufig 5. fast immer   1 2 3 4 5

★ 15. Treffen seine unterstellten Mitarbeiter selbständig Entscheidungen, so fühlt er sich übergangen und ist verärgert.
    1. oft 2. relativ häufig 3. manchmal 4. selten 5. fast nie   1 2 3 4 5

● 16. Er gibt seinen unterstellten Mitarbeitern Aufgaben, ohne ihnen zu sagen, wie sie sie ausführen sollen.
    1. fast immer 2. häufig 3. manchmal 4. selten 5. fast nie   1 2 3 4 5

● 17. Er achtet auf Pünktlichkeit und Einhaltung von Pausenzeiten.
    1. fast gar nicht 2. kaum 3. etwas 4. relativ stark 5. sehr stark   1 2 3 4 5

★ 18. Er ist freundlich, und man hat leicht Zugang zu ihm.
    1. fast nie 2. selten 3. manchmal 4. häufig 5. fast immer   1 2 3 4 5

Fittkau-Garthe, H. u. Fittkau, B. :
FVVB Fragebogen zur Vorgesetzten-Verhaltens-Beschreibung
Göttingen (Verlag Hogrefe) 1971

ΣI : ☐ ☐ ☐ ☐ ☐

F A M K F/A

19. Er reißt durch seine Aktivität seine unterstellten Mitarbeiter mit.
    1. überhaupt nicht 2. kaum 3. etwas 4. stark 5. sehr stark   1 2 3 4 5

20. Seine Anweisungen gibt er in Befehlsform.
    1. oft 2. relativ häufig 3. manchmal 4. selten 5. sehr selten   1 2 3 4 5

21. Bei wichtigen Entscheidungen holt er erst die Zustimmung seiner unterstellten Mitarbeiter ein.
    1. fast nie 2. selten 3. manchmal 4. häufig 5. fast immer   1 2 3 4 5

22. Er freut sich besonders über fleißige und ehrgeizige unterstellte Mitarbeiter.
    1. überhaupt nicht 2. kaum 3. etwas 4. stark 5. sehr stark   1 2 3 4 5

23. Persönlichen Ärger oder Ärger mit der Geschäftsleitung läßt er an seinen unterstellten Mitarbeitern aus.
    1. oft 2. relativ häufig 3. manchmal 4. selten 5. fast nie   1 2 3 4 5

24. Auch wenn er Fehler entdeckt, bleibt er freundlich.
    1. fast nie 2. selten 3. manchmal 4. häufig 5. fast immer   1 2 3 4 5

25. Er wartet, bis seine unterstellten Mitarbeiter neue Ideen vorantreiben, bevor er es tut.
    1. fast immer 2. häufig 3. manchmal 4. selten 5. fast nie   1 2 3 4 5

26. Er versucht, seinen unterstellten Mitarbeitern das Gefühl zu geben, daß er der „Chef" ist und sie unter ihm stehen.
    1. sehr stark 2. stark 3. etwas 4. kaum 5. überhaupt nicht   1 2 3 4 5

27. Er ist am persönlichen Wohlergehen seiner unterstellten Mitarbeiter interessiert.
    1. überhaupt nicht 2. wenig 3. etwas 4. relativ stark 5. sehr stark   1 2 3 4 5

28. Er paßt die Arbeitsgebiete genau den Fähigkeiten und Leistungsmöglichkeiten seiner unterstellten Mitarbeiter an.
    1. fast nie 2. selten 3. manchmal 4. häufig 5. fast immer   1 2 3 4 5

29. Der Umgangston mit seinen unterstellten Mitarbeitern verstößt gegen Takt und Höflichkeit.
    1. oft 2. relativ häufig 3. manchmal 4. selten 5. niemals   1 2 3 4 5

30. Er regt seine unterstellten Mitarbeiter zur Selbständigkeit an.
    1. überhaupt nicht 2. kaum 3. etwas 4. stark 5. sehr stark   1 2 3 4 5

31. In „Geschäftsflauten" zeigt er eine optimistische Haltung und regt zu größerer Aktivität an.
    1. überhaupt nicht 2. wenig 3. zu einem gewissen Grad 4. relativ stark 5. sehr stark   1 2 3 4 5

32. Nach Auseinandersetzungen mit seinen unterstellten Mitarbeitern ist er nachtragend.
    1. oft 2. relativ häufig 3. manchmal 4. selten 5. fast nie   1 2 3 4 5

Auswertung:

ΣI: ΣII: Skalen-Σ   ΣII:

F ☐ + ☐ = ☐ : 12 = Freundliche Zuwendung   F A M K F/A   F ☐.

A ☐ + ☐ = ☐ : 7 = mitreißende Aktivität   A ☐.

M ☐ + ☐ = ☐ : 4 = Mitbestimmung, Beteiligung   M ☐.

K ☐ + ☐ = ☐ : 5 = Kontrolle - Laissez-faire   K ☐.

F/A ☐ + ☐ = ☐ : 4 = Kombination aus F u. A   F/A ☐.

Mittelwert

rungs-Faktor *Consideration* äquivalent ist; A und K vereinigen sich zum Aufgaben-Orientierungs-Faktor *Initiating Structure*.

Consideration (C) steht für Wärme, Vertrauen, Freundlichkeit, Achtung, Ermöglichung zweiseitiger Kommunikation und Mitsprache.

Initiating Structure (IS) erstreckt sich auf aufgabenbezogene Organisation, Aktivierung und Kontrolle (s. dazu auch FLEISHMAN 1953 und 1973).

Die in den Ohio-Studien entdeckte (oder erfundene?) Zweidimensionalität des Führungsverhaltens hat in zahlreichen Führungstheorien (z.B. BLAKE & MOUTON, REDDIN, HERSEY & BLANCHARD - s. dazu ausführlich unten) als tragender Bestandteil Eingang gefunden. Auch ich werde im folgenden davon ausgehen, wenn ich die beiden Hauptdimensionen C und IS inhaltlich deuten werde, um herauszufinden, welches Bild von Führung hinter dieser (Fragebogen-)Konzeption steht.

In einem Teil der F-Items von FITTKAU-GARTHE & FITTKAU wird der Vorgesetzte als Partner oder Mitmensch beschrieben. Das mutet zunächst wie eine Selbstverständlichkeit an und die hohen Mittelwerte, die übereinstimmend von dieser Dimension berichtet werden (bei einer Höchstpunktzahl von 5 liegen die Mittel(!)werte der F-Skala nahe bei 4), deuten darauf hin, daß die meisten Vorgesetzten von ihren unterstellten Mitarbeitern als freundlich, höflich und gesprächsbereit geschildert werden. Bedeutsam wird diese Gruppe von Aussagen aber vor allem, wenn man den negativen Pol betrachtet; hier kommt eine Auffassung vom Mitarbeiter zum Ausdruck, die diesen als Ding oder Untertan traktiert oder verachtet. Daß sich Unterstellte eine solche Behandlung gefallen lassen (müssen) - und daß ernsthaft danach gefragt werden kann - läßt erkennen, daß in der Führer-Geführten-Beziehung hinter allen Human-Relations, die im Faktor "Consideration" thematisiert sind, die unleugbare Tatsache der Abhängigkeit und Unterordnung steht. Die respektvoll-akzeptierende "Behandlung" durch den Vorgesetzten kann auch verweigert werden. Daraus nährt sich der Verdacht, daß Menschenfreundlichkeit und Klimapflege möglicherweise Taktiken sind, sich den "goodwill" der Mitarbeiter zu sichern - sie sind damit aber auch ein Eingeständnis der Abhängigkeit des Vorgesetzten von den Unterstellten. Sind nämlich die gegenseitigen Beziehungen durch Feindseligkeit und Mißtrauen charakterisiert, dann muß der Vorgesetzte damit rechnen, daß sich die Unterstellten nicht zu jener spontanen Kooperation bereitfinden, die eine wesentliche Voraussetzung für reibungslose und verantwortungsvolle Aufgabenerledigung ist und deren Fehlen nur durch ein unökonomisch hohes Ausmaß an Reglementierung und Kontrolle (unvollkommen) wettgemacht werden kann.

Was so unverfänglich "Mitarbeiter-Orientierung" bzw. "freundliche Rücksichtnahme" genannt wird, ist somit ein Indiz für die Bedeutung der Bewältigung jener Spannungen, die aus der Verfügungsgewalt über den Mitarbeiter bei gleichzeitiger Abhängigkeit von ihm resultieren. Consideration ist eine Tauschwährung, die hoch im Kurs steht: durch Freundlichkeit vergilt es der Vorgesetzte seinen Unterstellten, daß und wenn sie die kaum einklagbare und nicht zu befehlende (loyale und konstruktive) Mit-Arbeit praktizieren. Wenn ein Mitarbeiter seinen Chef als "freundlich, gelöst, hilfsbereit etc." beschreibt, attestiert er sich zugleich selbst, daß es ihm gelungen ist, eine prinzipiell spannungsgeladene Beziehung positiv zu gestalten. Das "Zueinanderpassen", "miteinander warm werden", "sich sympathisch finden" ist für jede soziale Beziehung von erstrangiger Bedeutung; aus Untersuchungen zur Eindrucksbildung und sozialen Wahrnehmung ist bekannt, daß Wärme, Liebe, Vertrauen, Sympathie als wichtigste Basiskategorien aller interpersonellen Beziehungen eingeschätzt werden (sie wurden auch bei Arzt-Patient-, Eltern-Kinder-, Lehrer-Schüler-Beziehungen nachgewiesen). In einer Konstellation, die überdies durch Abhängigkeit und Unterordnung ausgezeichnet ist, gewinnt die Sicherung von (aggres-sionshemmender und auf Gegenseitigkeit verpflichtender) Wertschätzung einen besonderen Stellenwert.

Die Gruppe der A-Items von FITTKAU & FITTKAU-GARTHE ist sehr heterogen zusammengesetzt (genauso wie der Hauptfaktor *Initiating Structure (IS)*, der aus A (stimulierende Aktivität) und K (Kontrolle) zusammengesetzt ist). Was empirisch zusammen vorkommt, muß aber noch lange nicht theoretisch homogen sein. Es mag sein, daß Vorgesetzte, die *"langsame Mitarbeiter zu höheren Leistungen antreiben"*, häufig auch *"spezifische Aufgaben zuweisen"* - das heißt aber nicht, daß "antreiben" und "umorganisieren" derselben Verhaltensklasse zuzurechnen sind. Wer ißt, wird regelmäßig auch atmen - was nicht bedeutet, daß Atmen und Essen das gleiche sind! Für solche Differenzierungen ist die Faktorenanalyse blind, sie kontrastiert nur das Zusammenvorkommen, ohne das Zustandekommen aufhellen zu können. Da ich aber nicht das (empirische) Ergebnis, sondern die Führungsvorstellungen der Fragebogenkonstrukteure deuten möchte, interpretiere ich die errechneten Bündelungen subjektiv. In einer Gruppe von A-Items geht es um Vorgesetzte als "Manager" oder "Macher": sie organisieren die Arbeit, ändern Aufgabengebiete, lassen sich vor Entscheidungen, die sie allein treffen, beraten... Es wird hier das Bild des souverän Handelnden entworfen, so als ob es keine stabile formalisierte Organisation gäbe, durch die Dauerregelungen fixiert sind - und die auch den Spielraum von Vorgesetzten einengen. Vorgesetzte sind bei dieser Betrachtungsweise nicht Koordinatoren selbständig handelnder Spezialisten und somit gleichsam Dirigenten eines eingespielten Orchesters, sondern sie schreiben die Partitur um und ändern die Besetzung. Ein solches Vorgesetztenbild mag typisch sein für Kleinbetriebe; in Großorganisationen ist die Konkurrenz für Vorgesetzte wesentlich härter: hier machen ihnen Organisations-, Personal-, Rechtsabteilung, die Fertigsteuerung und die Arbeitsvorbereitung, der Betriebsrat und die hochspezialisierte Technologie das Ändern der Aufgabengebiete und das Umsetzen der Unterstellten schwer. Es fehlt in den Vorgaben des Fragebogens jeder Hinweis, wie groß der Organisationsspielraum der Führungskraft ist; umso leichter kann das Bild vom autonomen Gestalter wiederbelebt werden. Wenn er nun in souveräner Willkür entscheidet, ohne die Mitarbeiter vorher zu fragen oder gar mitreden zu lassen, dann hat er es entweder mit unfähigen, desinteressierten Mitarbeitern und/oder einer rudimentären Organisation und/oder mit Aufgabenveränderungen "im Rahmen seiner Befugnisse" zu tun. Dieser letzte Aspekt scheint mir besonders wichtig angesichts der oben erörterten Führungsdilemmata: Vorgesetzte sind als "Lückenbüßer der Organisation" verantwortlich für die Anpassungsmaßnahmen, die sich aus nicht vorhersehbaren Lage- und Zielveränderungen ergeben; dafür haben sie eine mehr oder weniger große Bandbreite eigener Gestaltung zur Verfügung. Sie können diesen Spielraum autoritär-monopolistisch nutzen oder sich auf die Initiative und Kompetenz ihrer Unterstellten verlassen.

In der Itemgruppe A geht es auch (wie der Name "stimulierende Aktivität" ja andeutet) um die Antreiberfunktion. Das Bild vom Mitarbeiter, das der Vorgesetzte hat, kann nach der Art der "Theorie X" gezeichnet sein, die McGREGOR (1970, S. 47 f.) durch folgende Auffassungen charakterisiert:

"1. Der Durchschnittsmensch hat eine angeborene Abneigung gegen Arbeit und versucht, ihr aus dem Weg zu gehen, wo er nur kann ...

2. Weil der Mensch durch Arbeitsunlust gekennzeichnet ist, muß er zumeist gezwungen, gelenkt, geführt und mit Strafe bedroht werden, um ihn mit Nachdruck dazu zu bewegen, das vom Unternehmen gesetzte Soll zu erreichen ...

3. Der Durchschnittsmensch zieht es vor, an die Hand genommen zu werden, möchte sich vor Verantwortung drücken, besitzt verhältnismäßig wenig Ehrgeiz und ist vor allem auf Sicherheit aus".

Wenn eine Vorgesetzte glaubt, daß ihre Unterstellten zu diesem Menschenschlag gehören, wird sie natürlich aufrichtig überzeugt sein, daß sie sie antreiben, bevormunden und überwachen muß, um das gesetzte Soll zu erreichen. Wer die Mitarbeiter mit einer solchen Brille sieht, der läßt die Erfahrung nicht zu, daß sie selbstdiszipliniert und engagiert Verantwortung suchen ("Theorie Y") - und sorgt überdies durch sein eigenes Verhalten dafür, daß seine pessimistischen Erwartungen bestätigt werden: er immunisiert sich selbst gegen das Differenzieren und Dazulernen.

Die Vorgesetzte muß also die Sache nicht nur "in die Hand nehmen" (Macherin, Managerin), sie muß sie auch zum Laufen bringen und für den nötigen Schwung sorgen!

Dazu paßt auch die Aufpasser-Funktion, die in einer weiteren Unter-Gruppe zum Vorschein kommt. Wenn nicht jemand da wäre, der für "law and order" sorgte, würde binnen kurzem alles drunter und drüber gehen: Vorgesetzte sind Garanten der Ordnung, die sie vor der Auflösung durch die chaotisch-desinteressierten Mitarbeiter schützen. In einer eigenartigen Mischung aus Vater bzw. Mutter, Dompteur und Bürokrat entmündigt, zähmt und reglementiert die Führungskraft die Unterstellten; für die Kanalisation des freien Flusses der Kräfte und Ideen erhält sie Berechenbarkeit, aber sie bezahlt dafür den Preis des Ausbleibens jener periodischen Überschwem-

mungen, die eine verkrustete Landschaft mit fruchtbar-lebendigem Schlamm über-
ziehen. Vorgesetzte, die diese Ordner-Kontrolleur-Rolle mit derjenigen des Beraters,
Koordinators, Monitors tauschen, müssen gleichzeitig ihr Bild vom Unterstellten um-
zeichnen, denn sie gehen dann vom informierten, loyalen und motivierten Mit-Arbeiter aus.

Die Unnahbarkeit und hierarchische Distanzierung, die in einer nächsten Itemgruppe
beurteilt wird, ruft in Erinnerung, daß Führen nicht nur Koordinieren und Aktivieren
bedeutet, sondern auch rangmäßige Über- und Unterordnung. Um Vorgesetzten die
Möglichkeit zu geben, in Zweifelsfragen und bei ungeplanten Entwicklungen zielge-
treu lenken zu können, müssen sie mit "ungebundenem" Einflußüberschuß ausgestattet werden. Die zugestandene Überlegenheit generalisiert sich nun leicht übers Amt
hinaus ins Persönliche. Die Aura der Unnahbarkeit wird stilisiert und diese "Entrük-
kung" gibt zugleich die wertvolle Chance, unverstrickt in allzu menschliche Beziehungen rigorose schmerzende Maßnahmen durchzusetzen. Die "Entfernung" des Vorgesetzten fungiert somit als ein Schutzmechanismus gegen Verwicklung in emotionale
Bande und gibt vermeintlich Handlungsfreiheit zurück - nicht zuletzt dadurch, daß
Vorgesetzte durch ihre Distanzierung unberechenbarer werden; genau dies (das eigene Verhalten unvorhersehbar halten) ist nach CROZIER & FRIEDBERG (1979)
Macht. Welche Machtbasen Vorgesetzte aber zusätzlich aktivieren können, wird in
den üblichen Verhaltensbeschreibungen nicht untersucht. Zu denken wäre etwa an
die von RAVEN u. KRUGLANSKI (1970) differenzierten Formen: Ressourcenkon-
trolle und damit Belohnungs- und Bestrafungsmöglichkeiten, Expertentum, Informa-
tionsvorsprünge, Vorbildfunktion, ideologisch-normative bzw. institutionelle
Legitimierung.

Eine letzte Gruppe enthält nur das eine Item *"Er steht für seine unterstellten Mitarbeiter und ihre Handlungen ein"* (in der Originalversion des LBDQ - siehe die deutsche
Fassung von TSCHEULIN & RAUSCHE 1970 - sind zwei Aussagen diesem Bereich
zuzuordnen: *"5. Er bemüht sich um ein gutes Verhältnis zwischen ihm unterstellten
Mitarbeitern und den höheren Vorgesetzten"* und *"7. Er tritt für seine Mitarbeiter ein,
auch wenn er deswegen von anderen schief angesehen wird"*).

Die Führungskraft kann also einerseits als Puffer oder Beschützer und andererseits
als Vermittler wirken. Die erste Möglichkeit wird von HOUSE (1974) zutreffend als
"Schirm-Funktion" beschrieben: Vorgesetzte "lassen ihre Mitarbeiter nicht im Regen
stehen". Damit kommt ein sehr bedeutender Aspekt der innerorganisatorischen Füh-
rungsrelationen zum Ausdruck: über jedem einzelnen Vorgesetzten baut sich eine
weitere Hierarchie von Führung auf, die oft genug für die Unterstellten nicht mehr
personal identifizierbar ist, sondern sich zu "denen da oben" anonymisiert. Wie in der
griechischen Mythologie sind die höheren Vorgesetzten Götter, die in den Wolken
thronen und deren unergründliche Maßnahmen Schuldige wie Unschuldige treffen
können. Eine Vorgesetzte, die Rückgrat und Zivilcourage zeigt, die für ihre Leute

den "Kopf hinhält", stellt sich den blinden Schicksalsmächten entgegen und macht sich selbst zur Zielscheibe der Blitze, anstatt sie an sich vorbei nach unten zu lenken.

Ein Winkelried-Vorgesetzter, der die Speere auf die eigene Brust zieht, ist eine heroische Verklärung einer der Möglichkeiten, die sich aus der Grundsituation der Unterordnung ergeben. Eine andere wäre, daß der Vorgesetzte alles Gute, das von oben kommt, an seine Unterstellten weiterleitet und schließlich, daß er nicht nur Filter, sondern auch Vermittler wird: er kann den Weg von unten nach oben öffnen und - um im religiösen Bild zu bleiben - wie ein Priester den Göttern die Sorgen und Wünsche der Menschen vortragen.

Wenn in einem 32-Item-Fragebogen die Tatsache der Mehrebenen-Hierarchie mit nur einer einzigen Aussage thematisiert wird, versteht es sich, daß diese wichtige Bestimmung der Untergebenen-Situation sich nicht als eigenständiger "Faktor" etablieren kann, sondern unter einen Hauptfaktor subsumiert wird. Es ist in diesem Zusammenhang bemerkenswert, daß die empirische Faktorenanalyse des FVVB gezeigt hat, daß das relevante Item (Nr. 8, s. S. 120) nicht eindeutig zugeordnet werden konnte, sondern als F/A-Item sozusagen zwischen die Fronten zu liegen kam.

Zusammenfassender Kommentar

Mit der inhaltlichen Analyse der "16 wichtigsten Verhaltensmerkmale des sozialistischen Leiters" und des "Fragebogens zur Vorgesetzten-Verhaltens-Beschreibung" wollte ich an zwei Beispielen aufzeigen, daß Führungsverhalten nicht durch elementaristische unverbundene Bestimmungs-"Stücke" beschrieben wird, sondern daß in den Item-Zusammenstellungen sinnvolle, d.h. theoriegeleitete Ausschnitte aus dem Aktivitätskontinuum des Menschen "Vorgesetzter" erfaßt werden. Die Fragebogen-Inhalte werden durch eine (meist unausgesprochene) Vorstellung über das "Wesen der Führung" und das "Bild vom Mitarbeiter" geprägt.

Aus den "Verhaltensmerkmalen" von HEYSE habe ich drei Merkmalsgruppen abstrahiert:
- vorbildlicher idealer Mitarbeiter,
- sachbezogen motivierender Organisator,
- respektierter Sozialingenieur.

Den FVVB habe ich in folgende "Dimensionen" zerlegt:
- freundlicher Mitmensch vs. Sachwalter,
- Allein-Macher vs. Mit-Macher,
- antreiben vs. loslassen,
- Ordner-Kontrolleur vs. Monitor-Koordinator,
- Chef vs. Partner,
- Beschützer vs. Vermittler.

Die Unterschiedlichkeit der beiden Ansätze animiert zu der Frage, ob denn noch weitere, von beiden Ansätzen nicht berücksichtigte Aspekte des Führungsverhaltens relevant sind. Diese Frage kann - wie oben schon erläutert - auf zwei Arten beantwortet werden: einmal durch die Entwicklung einer theoretischen Konzeption, die - wie etwa VORWERGs kybernetisches Modell - a priori bestimmte Führungsfunktionen behauptet. Ich möchte am Beispiel einer zweiten, von VORWERGs "technizistischer" Konstruktion radikal verschiedenen Theorie Inhalte einer möglichen Führer-Verhaltens-Beschreibung skizzieren.

Zu diesem Zweck werde ich die Grundlinien des gruppendynamischen Ansatzes zeichnen, nicht um diesen erschöpfend darzustellen, sondern um an diesem Beispiel völlig andere Frage-Inhalte zu rechtfertigen. Auf diese Demonstration folgen dann weitere empirische Belege für den Versuch, den Umkreis des Führungsverhaltens möglichst umfassend zu beschreiben.

6.2.3. Exkurs: Gruppendynamische Ansätze

Die gruppendynamische Führungstheorie gibt es nicht, es sei denn, man begnügte sich mit dem allgemeinen Definitionsmerkmal, daß in dieser Theoriengruppe nicht die Person des Führers, sondern die (Dynamik der) Interaktion in einer Gruppe die herausragende Rolle spielt (wobei die Führer-Geführten-Beziehung nur eine Untermenge der Gesamtmenge der gruppeninternen Beziehungen ist). Ich möchte mich speziell auf jene Darstellungen konzentrieren, bei denen die Qualität der *affektiven* Beziehungen in einer Gruppe im Mittelpunkt steht. Damit rückt ein Merkmal ins Zentrum der Aufmerksamkeit, das bei den üblichen sachrationalen Führungskonzeptionen fast gänzlich vernachlässigt wird: die Tatsache, daß Menschen neben Fähigkeiten und Werten auch noch "irrationale" Ängste, Wünsche und Bedürfnisse haben.

Als einer der ersten hat FREUD (1921) in seiner kurzen Schrift "Massenpsychologie und Ich-Analyse" die dynamische Führer-Geführten-Konstellation untersucht. FREUD geht davon aus, daß die früheste Form der Gefühlsbeziehung die "Identifizierung" ist: es wird keine Triebenergie (Libido) auf Objekte "verschwendet", die Libido wird narzißtisch auf das eigene Ich konzentriert. In einer normalen Entwicklung wird diese Frühphase durch die Wendung der Libido nach außen abgelöst, andere "Objekte" (Aufgaben, Personen) werden "besetzt". Wenn aber die Möglichkeit vereitelt wird, Libido auf Objekte zu richten, so kehrt sich die verfügbare affektive Energie auf die Person: das Objekt wird "introjiziert" und als "Ich-Ideal" mit Libido besetzt, die Objektwahl fällt auf die genetisch frühere Stufe der Identifizierung zurück. Bei der Massen- oder Gruppenbildung ist nun typisch, daß alle Individuen ein gemeinsames Liebesobjekt haben: den Führer. Die Erfüllung der sexuellen Triebansprüche wird versagt und muß unterdrückt werden, so daß die zielgehemmte Sexualität sich nicht in der Objektwahl manifestieren kann - sie regrediert auf eine Identifizierung mit dem Führer, der als Ich-Ideal verinnerlicht wird. Der Führer ersetzt auch das Über-Ich: das Individuum ist fremdbestimmt und übernimmt die normativen Regeln seines Verhaltens vom Führer. Die aufgestauten libidinösen und aggressiven Impulse müssen verarbeitet werden, entweder indem sie sich gegen die Person selbst wenden (Selbstbeschuldigung, Unterwerfung) oder gegen Außenstehende gerichtet werden (Aggression gegen Minoritäten, "Feinde").

Der hohe affektive Zusammenhalt in einer Gruppe ist als eine "Reaktionsbildung" aufzufassen, durch welche die zugrunde liegende Aggressivität - der "Bodensatz an Haßbereitschaft" (FREUD 1971, S. 40) - unterdrückt wird.

Es ist wichtig festzuhalten, daß für FREUD die libidinöse Beziehung zwischen Führer und Geführten ein Ergebnis vereitelter Objektwahl und damit der Triebunterdrückung ist. In dem Maße, wie sich die Geführten durch "Hingabe" an eine Sache oder Aufgabe auf Objekte der Außenwelt beziehen können, sinkt die affektive Fixierung auf den Führer. Daraus würde sich die interessante These ableiten, daß ein Führer, der sich als emotionaler Brennpunkt kristallisieren und erhalten möchte, nicht sachorientiert sein darf - er muß geradezu verhindern, daß die Unterstellten in ihren Aufgaben aufgehen. Das Gegensatzpaar "Mitarbeiter-" und "Aufgabenorientierung" gewinnt hier eine ganz neue Deutung: Die Mitarbeiter-Orientierung wird umso bedeutungsloser, je höher das sachlich bezogene Engagement der Unterstellten ist!

HOFSTÄTTER (1963, S. 356; 1987) hat die Gedankengänge FREUDs weiterführend interpretiert, indem er darauf hingewiesen hat, daß der Führer in einer spannungsgeladenen Beziehung zu den Geführten stehen muß: Er ist einerseits Identifikations-Objekt und darf deshalb nicht "ganz anders" sein, der Geführte soll sich in ihm wiederfinden können; andererseits aber muß der Führer Projektions-Objekt sein: die eigenen unerledigten Wünsche nach Größe, Allmacht, Liebe, Aggression usw. soll der Führer stellvertretend erfüllen (s.a. die auf S. 48 zitierte Passage aus HORKHEIMER & ADORNO 1972, S. 211 f.). Der Führer soll - wie KRECH u.a. (1962) es einmal ausgedrückt haben, zugleich *one of us*, *most of us* und *best of us* sein! Die Dynamik der Führungssituation ergibt sich aus der "Verschränkung" von Projektion und Identifikation (s. Abb. 6.2.):

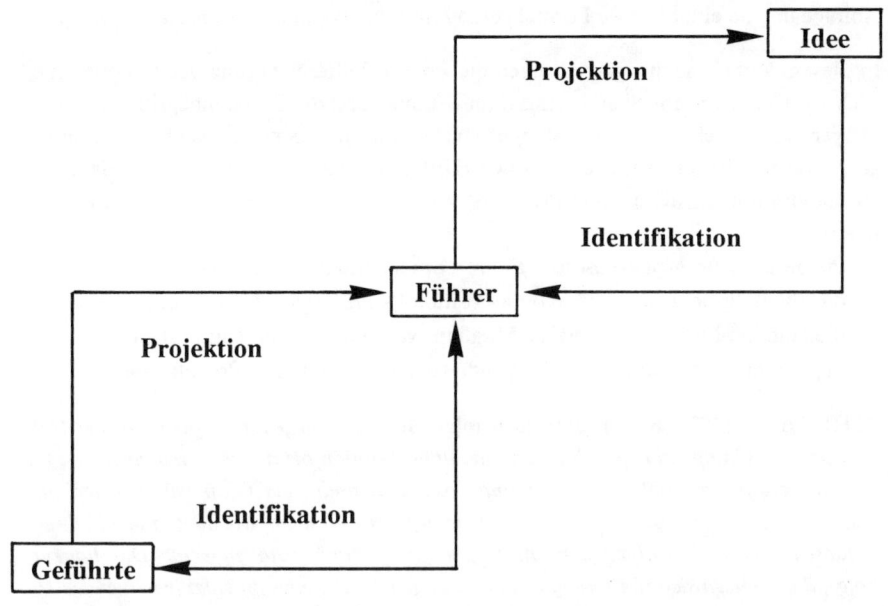

Abb. 6.2.:   Die Verschränkung von Projektion und Identifikation

Wenn der Führer als Projektionsfigur versagt (weil er z.B. Gegnern unterliegt, Versprechen nicht einhalten kann, sich nicht als Idol erhält, sondern als kleinlich, mittelmäßig, schwach entlarvt wird usw.), dann kehrt sich die gesamte Wut der enttäuschten Hoffnungen gegen ihn: die Kündigung des glücklosen "Erfolgs"-Trainers wäre das vergleichsweise harmlose Gegenstück zum rituellen Königsmord früherer Zeiten, durch den sich das Kollektiv von quälenden Zweifeln an der eigenen Unzulänglichkeit reinigte.

Die Gruppendynamik der Führung manifestiert sich am deutlichsten in sog. "unstrukturierten" Gruppen, in denen das gewohnte, Ängste absorbierende Gerüst von etablierten Rollen, akzeptierten Normen und fixierter Aufgabenzuweisung noch nicht errichtet ist. Es besteht in einer solchen Situation extreme Verunsicherung; die massiven Ängste lösen eine oft hektische Suche nach Orientierung und Halt aus (umgekehrt ist es ein probates Mittel, den Ruf nach der "starken Hand" durch künstliche Inszenierung einer Krise herauszufordern!). Wie BION (1971 (s.o. S. 45)) und TUCKMAN (1965) gezeigt haben, folgen unter diesen Bedingungen charakteristische Entwicklungsphasen aufeinander: das Erlebnis der Unsicherheit führt zur Unterwerfung unter den Führer, zu Flucht- und Aggressionsverhalten, zu Subgruppenbildung und schließlich, wenn eine gemeinsame normierte Ordnung gefunden werden kann, zur Hinwendung an die Lösung von Sachaufgaben. TUCKMAN hat diese Abfolge in eine einprägsame Formel gefaßt: *forming, storming, norming, performing.*

In diesem Zusammenhang spielt auch die interne Differenzierung der Gruppe eine wichtige Rolle. Im üblichen organisationspsychologischen Gruppenbegriff wird dem Führer die in sich homogene Menge der Geführten gegenübergestellt. In einigen gruppendynamischen Ansätzen (s. etwa HEIGL-EVERS 1972, S. 41) wird dagegen ein stabiles immer wiederkehrendes Muster unterschiedlicher Rangpositionen identifiziert:

- die prominente Alpha-Position (Führer, Sprecher, Repräsentant)
- die ebenfalls herausgehobene Beta-Position (Schiedsrichter, Experte, Kritiker)
- die Gamma-Position ('normales' Mitglied, Mitläufer, Normenhüter, Helfer etc.)
- die rangniedere Omega-Position (Außenseiter, Sündenbock, Prügelknabe)

SCHINDLER (1973, S. 31) führt dazu folgendes aus: *"Gegenüber einem Gegner (G) liebt sich die Gruppe narzißtisch in dem in Alpha-Position befindlichen Individuum. Mit diesem identifizieren sich die in Gamma-Position befindlichen Gruppenmitglieder, die sich ihrerseits zum Rangletzten der Gruppe, Omega, so verhalten, wie die Gruppe in ihren Fantasien träumt, daß Alpha sich zum Gegner der Gruppe verhalten werde. Dies hat zur Folge, daß Omega sich mit G identifiziert, was gleichzeitig eine provokativ wirkende Ursache für den geschilderten dynamischen Ablauf ist. In diesem emotionellen Kreis bleibt die Beta-Position abseits. Die sich da ansiedelnden Individuen verdanken ihre gute Rangposition ihrem direkten Verhältnis zu Alpha, dem sie sich meist durch die Leistung wertvoll machen".*

Die soziale Dynamik der Gruppe

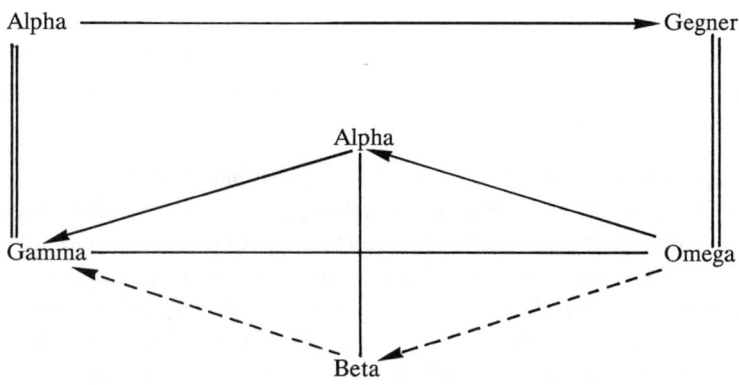

Abb. 6.3.: Psychodynamik in der Gruppe (aus: SCHINDLER 1957)

Eine solche Betrachtungsweise - auch wenn man sie im einzelnen nicht nachzuvollziehen bereit ist - akzentuiert in besonderer Weise die Bedeutung der affektiven Dynamik: Haß und Ablehnung, Buhlen um Gunst und Liebedienerei, Zunei-
gung und Hilfesuchen, Isolierung und Wir-Gefühl sind Realitäten, die keinem Grup-
penmitglied - auch in strukturierten Gruppen - fremd sind. Ein Führer kann sich aus
diesem Beziehungsgeflecht nicht herauslösen, er ist darin im Gegenteil eine Zentral-
person (s. REDL 1942).

Für diesen Ansatz ist Führung - wie TAFERTSHOFER (1980, S. 11) anmerkt - *"nicht
als Ursache des Verhaltens der Geführten, sondern als dessen Ergebnis anzusehen"*, Führen ist statt einer "Einflußnahme auf andere" eher eine *"Repräsentation des Gruppen-
wunsches" (S. 25)*, der Führer verleiht den Bedürfnissen, Ängsten, Erwartungen und
Hoffnungen der Gruppe sichtbaren Ausdruck, in diesem Sinn "ist" der Führer die
Gruppe, anstatt sie zu beeinflussen!

Legt man eine gruppendynamische Auffassung von Führung zugrunde, dann werden
am Führungsverhalten ganz andere Aspekte wichtig als diejenigen, die etwa beim
FVVB erfaßt werden. Es müßten dann - um einige Beispiele zu nennen - etwa folgende Fragen gestellt werden:

- Ermuntern Vorgesetzte zu spontanem Ausdruck der Gefühle?
- Eignen sich Vorgesetzte als Projektionsfiguren? Erfüllen sie die Gruppenwünsche
  nach Allmacht, (Aufgaben-)Erfolg, Aggression ("Feindbild" aufbauen), Liebe (so-
  lidarisches Wir-Gefühl schaffen)?
- Wie geht eine Führungskraft mit den "Übertragungen" der Gruppenmitglieder
  um, in denen Rollen und Erfahrungen in einer frühkindlichen Sozialbeziehung am
  Führer wiederbelebt werden (der Vorgesetzte als strafender oder liebevoller Va-
  ter, die Vorgesetzte als gute oder böse Mutter usw.) (s.a. KUTTER 1973)?
- Wie fördert oder unterbindet sie Subgruppenbildungen?
- Deutet sie Leistungsabfall oder -verweigerung als Widerstandsphänomen (Aufbau
  einer Abwehr, die gegen eine mögliche Persönlichkeitsveränderung errichtet
  wird)?
- Fungiert die Führungskraft als Ich-Ideal (Vorbild) der Gruppe?
- Nimmt sie die Funktion eines Über-Ich der Gruppe wahr, indem sie Werte, Nor-
  men, Haltungen vermittelt und durchsetzt?
- Ist die Führungskraft Symbol der Gruppe? Kommen in ihr Eigenart und Konti-
  nuität der Gruppe zum Ausdruck (z.B. ihre Zerrissenheit, ihr Verfall, ihr Lei-
  stungswille etc.)?
- Trägt die Führungskraft zur Polarisierung der Gruppe bei (wieviel Beta- und
  Omega-Positionen gibt es)?
- Macht die Führungskraft die Gruppe von sich abhängig oder lenkt sie die Trieb-
  energie auf "Objekte" (Aufgaben, Personen)?
- Welche Mitglieder-Bedürfnisse kann die Führungskraft *nicht* befriedigen
  (Notwendigkeit eines "Schatten-" oder "Ersatz"-Führers)?

6.2.4. STOGDILLs LBDQ-XII

Mit diesen Überlegungen zur Gruppendynamik wollte ich veranschaulichen, daß mit einem anderen theoretischen Fundament ganz andere Verhaltensweisen des Führers relevant werden. Damit sollte auch die Perspektivität und Lückenhaftigkeit von Fragebogen, die *das* Führungsverhalten zu messen vorgeben, vor Augen geführt werden. In diesem Versuch werde ich im folgenden fortfahren, indem ich einen weiteren empirischen Ansatz (bei dem eine explizite Theorie nicht formuliert wurde) vorstelle, um auf Verhaltensbereiche aufmerksam zu machen, die bei einer "2-Faktoren-Lösung" unbeachtet bleiben. Einer der ersten, die Unzufriedenheit mit der restriktiven Sichtweise der Ohio-Studien artikuliert haben, war STOGDILL, der selbst zu den Begründern der Ohio-Schule gehört. Er hat 1964 seinen LBDQ-XII vorgelegt, einen Führer-Beschreibungs-Bogen, der insgesamt 12 verschiedene Aspekte erfassen soll:

1. *Repräsentation*: Spricht und handelt als Repräsentant der Gruppe.

2. *Versöhnung von Ansprüchen*: Bringt widersprüchliche organisatorische Ansprüche in Einklang und verringert oder beseitigt Störungen.

3. *Unsicherheitstoleranz*: Ist fähig, Ungewißheit und Verzögerungen ohne Angst oder Aufregung zu tolerieren.

4. *Überzeugungskraft*: Setzt Überzeugung und Argumentation effektiv ein; zeigt starke Überzeugungen.

5. *Einführung von Struktur*: Definiert seine eigene Rolle klar und läßt die Geführten wissen, was von ihnen erwartet wird.

6. *Zugestehen von Handlungsfreiheit*: Gesteht den Geführten Spielraum für Initiative, Entscheidung und Handlung zu.

7. *Festhalten an der Führerrolle*: Nimmt aktiv seine Führerrolle wahr, anstatt die Führung anderen zu überlassen.

8. *Praktische Besorgtheit*: Achtet auf Wohlbefinden, Status und Beteiligung der Geführten.

9. *Betonung der Produktion*: Dringt auf produktive Leistung.

10. *Präzise Vorausschau*: Zeigt Weitblick und die Fähigkeit, Ergebnisse genau vorherzusagen.

11. *Integration*: Sorgt für eine verschworene Gemeinschaft; löst Konflikte zwischen den Mitgliedern.

12. *Einfluß bei Vorgesetzten*: Hält freundliche Beziehungen zu höheren Vorgesetzten; findet Gehör bei ihnen; strebt nach höherem Status.

Zur Beschreibung des Vorgesetztenverhaltens stehen bei jeder Dimension 5 - 15 Items zur Verfügung (insgesamt 100). Die 12 Dimensionen überlappen sich zum Teil.

Den Aspekten, die ich im FVVB identifiziert habe, lassen sich folgende LBDQ XII-Dimensionen zuordnen:

- Freundliche Zuwendung: "praktische Besorgtheit" (8)
- Organisation und Beteiligung: "Einführung von Struktur" (5) und "Zugestehen von Handlungsfreiheit" (6).
- Energetisierung: "Betonung der Produktion" (9)
- Kontrolle und Ordnung: "Unsicherheitstoleranz" (3)
- Hierarchische Distanz: "Festhalten an der Führerrolle" (7)
- Pufferfunktion: z.T. "Versöhnung von Ansprüchen" (2) und "Einfluß bei Vorgesetzten" (12).

Die folgenden Aspekte sind neu im LBDQ-XII:

- Repräsentation (1)
- z.T. Versöhnung von Ansprüchen (2)
- Überzeugungskraft und eigene Überzeugtheit (4)
- Präzise Vorausschau (1O)
- Integration (11)

Mit Ausnahme der Planungsaktivitäten, die in der Dimension 10 erfaßt werden, lassen sich die anderen Verhaltensweisen durchaus in eine Beziehung zu den Aspekten bringen, die bei der "gruppendynamischen" Perspektive hervorgehoben wurden:

- "Repräsentation" steht für die Außendarstellung und Symbolisierung der Gruppe
- "Versöhnung von Ansprüchen" hängt mit der Aufgabe zusammen, die oft recht heterogenen Bedürfnisse und Erwartungen in Einklang zu bringen
- "Überzeugungskraft" erweist den Vorgesetzten als Generator und Vermittler von Werthaltungen und Normen
- "Integration" schließlich hebt auf die Tendenzen zum Zerfall der Gruppe ab und bezeichnet die Fähigkeit, Spannungen und Konflikte zu bewältigen und die gruppeninternen Beziehungen konstruktiv zu gestalten.

Am LBDQ-XII wird offenkundig, daß die Berücksichtigung zusätzlicher Verhaltensbereiche (gegenüber dem LBDQ oder FVVB) zwar eine wertvolle Bereicherung darstellt, aber dennoch dem Vorwurf der Willkür und Beliebigkeit nicht entgehen kann. Es wird kein systematisches Argument geliefert, warum gerade diese und keine anderen Führer-Handlungen berücksichtigt werden. Ganz besonders deutlich wird der Sammelsuriums-Charakter solcher Aufstellungen an einer Prüfliste, die LIKERT (1975) zur Differenzierung zwischen vier verschiedenen Organisations-Führungssystemen (System 1 - 4) anbietet. LIKERT gliedert 7 Hauptdimensionen (Motivation, Kommunikation, Interaktion, Entscheidungsbildung, Zielsetzung, Kontrolle und Leistung) in insgesamt 43 Einzelmerkmale auf. Nicht alle Einzelaussagen beziehen sich auf Führungsverhalten, z.T. werden auch Zufriedenheits- und Leistungsmaße von Organisationsprozeduren behandelt.

Hier wird man einmal mehr auf das Problem der Bestimmung von Führung verwiesen. Allerdings wird man nicht hoffen dürfen, jemals eine vollständige oder richtige Beschreibung von Führung(sverhalten) erhalten zu können. Um ein Beispiel zu bringen: Eine menschliche Hand kann man z.b. unter physikalischen (Statik, Mechanik, Kraftübertragung), chemischen (Stoffwechselprozesse und -produkte), physiologischen (Sinnesrezeptoren, Schweißabsonderung, Muskelermüdung), bakteriologischen etc. Aspekten beschreiben. Niemand wird einem Virologen, der sich auf sein Fachgebiet beschränkt, vorwerfen, er habe es leider versäumt, die ganze Wirklichkeit über die Hand zu sagen. Von Führungsforschern aber verlangt man, daß sie die ganze Wahrheit über Führung aussprechen (und oft genug tun sie so, als könnten sie das tatsächlich). Im Unterschied zu einer Hand ist - wie bereits ausgeführt - "Führung" jedoch kein Objekt, sondern ein Konstrukt, das in einem bestimmten Erklärungszusammenhang benutzt wird. Es macht aber einen großen Unterschied, ob man das Zustandekommen einer Handlung oder eines Ergebnisses oder einer Beziehung oder einer Struktur erklären möchte. Ein und derselbe Satz von Begriffen und Hypothesen dürfte kaum hinreichen, um all diesen sehr unterschiedlichen Bezugsproblemen gerecht zu werden. Dies läuft darauf hinaus, daß man eigentlich nur dann abkürzend über "die" Führung reden kann, wenn man zuvor klargemacht hat, daß man es im vorliegenden Fall auf einen bestimmten Aspekt eines sozialen Phänomens abgesehen hat. Einen hohen Krankenstand durch Rückgriff auf "Führung" zu erhellen, ist eine andere Sache als die Existenz von Rang- und Rollenstrukturen, blinde willenlose Folgebereitschaft oder das taktische Durchsetzen einer bevorzugten Entscheidungsalternative mit eben demselben Begriff zu "erklären".

An sich wäre es nach dem derzeitigen Stand der Erkenntnis seriöser, den Passepartout-Begriff der Führung aufzugeben. Allerdings sind die Karten jener Sozialwissenschaftler, die sich als *Sozialtechnologen* verstehen, nicht besonders gut. Da ist es verständlich, wenn sie sich zur Wahrung (?) ihres Rufes nicht genauer in die Karten schauen lassen und auf jeden Fall einen Joker aus dem Ärmel ziehen können: *Führung*. Je häufiger er praktiziert wird, desto eher wird der Taschenspielertrick durchschaut - und der Sozialwissenschaftler nicht mehr zum Weiterspielen eingeladen. Eine großsprecherische Art mag da, wo keiner Einblick und Überblick hat, fürs erste weiterhelfen. Damit handeln all jene systemkonform, die ihre Führungs-Auffassung kommerziell verwerten (müssen), denn hier zählt nur, daß der Kunde zufriedengestellt wird. Und da kann man - wie noch zu zeigen sein wird - mit den eigenartigsten Produkten den Geschmack treffen. Für einen Sozialwissenschaftler geht aber den Vorhersagen und Gestaltungsempfehlungen das Verstehen voraus (so fordert es zumindest die reine Lehre, die offensichtlich auch hier verschämt ihren Blick von der Wirklichkeit abwendet). Mit "Verstehen" ist kein unreproduzierbares Aha-Erlebnis eines einzelnen gemeint (sonst müßte man die Bekehrungen durch Gurus dazurechnen), sondern eine Einsicht, die fachlich informierten, jedenfalls aber verständigen Partnern übermittelt werden kann und die Chance hat, ihrer vernünftigen Kritik (vorläufig) standzuhalten. Diese kritische Öffentlichkeit kann aktuell natürlich geblendet werden (und verblendet sein), aber auf lange Sicht wird sie Fassade und Substanz zu unterscheiden wissen.

Dies ist kein Vorschlag, auf den Begriff der Führung wegen seiner Chamäleonhaftigkeit ganz zu verzichten; im Gegenteil: er soll bewußter, d.h. differenzierter, nämlich in einem je spezifischen Erklärungszusammenhang gebraucht werden und nicht mehr als Omnibus-Begriff kursieren. Dazu muß er in theoretische Modelle eingebettet werden (s. unten).

6.2.5. Zur Unmöglichkeit einer "objektiven" Erfassung von Führungsverhalten

Zunächst aber möchte ich als eine Demonstration gegen die "objektivistische Täuschung" untersuchen, ob Führungsverhalten überhaupt zuverlässig und zutreffend erfaßt werden kann. Ich stütze mich dabei auf Überlegungen und Befunde, die von NACHREINER (1974 bzw. 1978) und Mechthild ALLERBECK (1977) vorgetragen wurden.

Dabei gehe ich von Untersuchungen des Führungsverhaltens mit Hilfe des FVVB aus, weil zu diesem Fragebogen (und seinen Varianten) zahlreiche empirische Untersuchungen vorliegen. Außerdem ist der FVVB in Gänze abgedruckt, so daß die inhaltliche Argumentation nachprüfbar ist. Selbst wenn Systeme wie das von BLEICHER & MEYER (1976), die im Anhang zu ihrem Buch 80 Einzelskalen zur Bestimmung führungsrelevanter Merkmale vorschlagen, in empirisch prüfbare Form übertragen würden, müßten sie sich wohl in den Grundzügen an das Verfahren anschließen, das bei den Führer-Verhaltens-Beschreibungen vorexerziert wurde.

Will man herausfinden, ob bei den Fragebogenerhebungen tatsächlich Führer-Verhalten beschrieben wurde, so wird im Regelfall folgender Forschungsplan zugrunde gelegt: Zu einem bestimmten Zeitpunkt t_x werden von jeweils mehreren Mitarbeitern verschiedener Vorgesetzter Beschreibungen von deren Verhalten mit Hilfe einer bestimmten (gleichen) Menge von Fragebogen-Items eingeholt.

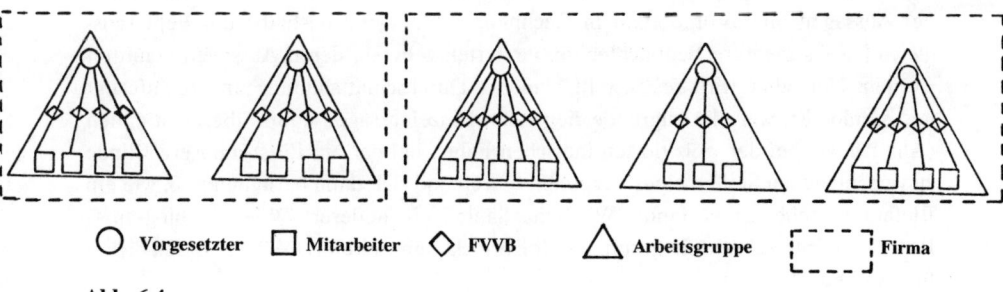

○ Vorgesetzter   □ Mitarbeiter   ◇ FVVB   △ Arbeitsgruppe   ⌐ ¬ Firma

Abb. 6.4.

Komplizierungen dieses Designs können vorsehen, daß die Arbeitsgruppen z.T. aus verschiedenen Firmen, Branchen, Regionen, hierarchischen Ebenen etc. stammen und/oder zu unterschiedlichen Zeitpunkten untersucht werden.

Für den einfachen Fall, den ich hier zur Illustration benutze, wird für die Auswertung der erhobenen Daten folgende Annahme gemacht:

1. Die Mitarbeiter beschreiben das reale, objektiv existierende Verhalten ihrer Führungskraft.

2. Jede Führungskraft hat ein typisches, sie charakterisierendes Verhaltensmuster; somit unterscheiden sich die verschiedenen Vorgesetzten voneinander.

3. Der verwendete Fragebogen ist in der Lage, die spezifische Eigenart (und damit die Unterschiedlichkeit) des Führungsverhaltens abzubilden.

Treffen diese drei Annahmen zu, dann leitet sich daraus die Schlußfolgerung ab, daß die Unterschiede der Beschreibungen *zwischen* den Arbeitsgruppen größer sein müssen als die Unterschiede *innerhalb* der Arbeitsgruppen. Dies kann auf relativ einfache Weise durch eine Varianzanalyse geprüft werden. Regelmäßiges Ergebnis zahlreicher Untersuchungen, die bei NACHREINER und ALLERBECK referiert werden, ist, daß die Binnengruppenvarianz erheblich größer ist als die Zwischengruppenvarianz. Das bedeutet, daß die obige Schlußfolgerung nicht bestätigt werden kann: im allgemeinen entfällt auf die Führungskraft etwa ein Drittel der Varianz, die restlichen zwei Drittel sind als Fehlervarianz anzusehen (ALLERBECK 1977, S. 183). Mitarbeiter ein und derselben Führungskraft beschreiben diese also sehr unterschiedlich: über dasselbe "Objekt" (die Führungskraft) liegen weit auseinandergehende Auskünfte vor.

Dieser Befund hat für die klassische Führungsforschung schwerwiegende Konsequenzen. Es war - wie dargestellt - ja immer davon ausgegangen worden, daß sich Vorgesetzte auf eine charakteristische Weise verhalten, daß dieses Verhalten mit irgendwelchen organisationalen Ergebnissen in Verbindung steht, angemessenes bzw. erfolgreiches Verhalten identifiziert und gegebenenfalls trainiert oder gefördert bzw. begünstigt werden könne. Natürlich hat man die unvermeidlichen Unschärfen einzelner Aussagen über Vorgesetzte in Rechnung gestellt und deshalb zum Fehlerausgleich jeweils mehrere Beobachter um ihr Urteil gebeten, deren Aussagen gemittelt wurden. Nun aber wird festgestellt, daß die Durchschnittsbildung ungerechtfertigt und sinnlos ist, weil die zugrunde liegenden Einzelaussagen kaum übereinstimmen (Ähnlich wie bei der vielzitierten indischen Fabel, bei der ein Fürst mehrere Blinde zu verschiedenen Stellen eines Elefanten führen und sich dann berichten ließ, wie ein Elefant aussehe. Einer fand: "Wie eine Säule", ein anderer: "Wie ein biegsames Rohr", ein dritter: "Wie ein gespitzter Holzpflock", ein weiterer: "Wie ein Stück dickes faltiges Leder"...).

Nun haben ja nicht Blinde, sondern Sehende ihre langbekannten Vorgesetzten beschrieben. Wie kann der unerwartete Befund erklärt werden?

ALLERBECK (1977, S. 185 f.) resümiert die drei meistgenannten Begründungen:

1. *"Varianzschwäche der Vorgesetztenstichprobe".* Damit ist gemeint, daß das Führungsverhalten der Vorgesetzten (z.B. durch Auslese oder Training) so sehr einander angeglichen wurde, daß kaum noch markante Unterschiede bestehen. Wenn dem so ist, dann traf die zweite der obigen Annahmen nicht zu: die Vorgesetzten haben kein typisches Verhalten, sie gleichen sich wie Kopien derselben Vorlage.

Dieses Argument ist für Untersuchungen innerhalb von Firmen, die besonderen Wert auf einen einheitlichen Führungsstil legen, nicht ohne weiteres zurückzuweisen; es verliert aber an Überzeugungskraft, wenn gezeigt werden kann, daß sich am generellen Ergebnis auch dann nichts ändert, wenn man Vorgesetzte aus verschiedenen Firmen mit (vermutlich) unterschiedlichen Führungsphilosophien untersucht. Dies hat NACHREINER in einer Sekundäranalyse der Daten von Heide FITTKAU-GARTHE getan, die Daten in 9 Firmen erhoben hatte. Er fand das gewohnte Resultat!

2. *"Vorgesetzte sind flexibel, sie verhalten sich gegenüber den einzelnen Mitarbeitern unterschiedlich".* Auf den ersten Blick ist dieses Argument plausibel: Wenn einer ihrer Mitarbeiter leistungsstark und zuverlässig ist, wird eine Vorgesetzte zu ihm freundlich sein, ihn wenig kontrollieren und ihm freie Bahn geben - und ein gegenteiliges Verhalten wird sie zeigen, wenn sie einen anderen ihrer Mitarbeiter, der faul und unfähig ist, "auf Vordermann bringen" möchte. Die beiden Mitarbeiter würden ihre Chefin sicher sehr unterschiedlich beschreiben, und doch hätten beide recht. Auch hier wäre die zweite der oben angeführten Annahmen verletzt, denn die Vorgesetzte hat nicht *ein* typisches Verhaltensmuster, sondern *viele* verschiedene, je nach Interaktionspartner. Trifft das zu, dann ergibt die Rede vom "Führungsstil" keinen Sinn mehr, denn Führungs-Stil ist eine im Zeitablauf konstante und gegenüber Situationsunterschieden unempfindliche charakteristische, d.h. (aus-)geprägte Eigen-Art der Vorgesetzten. Man könnte den Stil-Begriff dann nur noch in einem abgeschwächten Sinn beibehalten, nämlich als eine stabile Tendenz, in bestimmten *Klassen* von Situationen bzw. gegenüber bestimmten *Typen* von Mitarbeitern in vorhersagbarer und je unterschiedlicher Weise zu reagieren.

Mit Hilfe von Fragebogen-Daten á la FVVB kann (wegen Nichterfüllung der Annahme 3) das Flexibilitätsargument nicht zurückgewiesen werden. Man müßte auf andere Weise Kontrolldaten erheben - z.B. durch Beobachtung in experimentellen Studien, in denen Vorgesetztenverhalten in relevanten Standardsituationen provoziert wird.

3. *"Es handelt sich nicht um Verhaltens-Beschreibungen, sondern um Bewertungen".* Damit wäre die Annahme 1 nicht aufrechtzuerhalten. Der Mitarbeiter beschreibt nicht die objektiven Merkmale eines externen "Gegenstandes" Vorgesetzte(r), sondern im Grunde sich selbst: er vermag die Brille, durch die er seine Welt gefärbt sieht, nicht abzulegen.

ALLERBECK wie NACHREINER (1978) verweisen in diesem Zusammenhang auf Ergebnisse der Sozialen-Wahrnehmungs-Forschung. Eines ihrer gesicherten Ergebnisse ist, daß Beurteilungen und Aussagen über andere Menschen

1. eine dreidimensionale Struktur haben und in den Dimensionen *Bewertung* (gut - schlecht), *Aktivität* (dynamisch - träge) und *Potenz* (stark - kraftlos) erfolgen. Es ist offenkundig, daß "Consideration" dem Bewertungs- und "Initiating Structure" dem Aktivitätsfaktor gleichkommen (der Machtfaktor ist durch die einheitliche Untergebenen-Beziehung im Fragebogen nicht thematisiert);

2. mehr Aussagen über den Beurteiler als über den Beurteilten sind (s. die Forschungsergebnisse, die ALLERBECK auf den S. 252 ff. berichtet). Wenn Personen verschiedene andere Menschen beschreiben (vertraute wie vor kurzem kennengelernte), dann findet sich in ihren Aussagen immer wieder dieselbe Struktur (und Begrifflichkeit).

Die meisten Aussagen im FVVB sind so gehalten, daß sie der subjektiven (Um-)-Interpretation breiten Raum lassen. Um nur einige Beispiele zu geben:

Wenn es heißt *"Er zeigt Anerkennung, wenn einer von uns gute Arbeit leistet"* (Item 2), was bedeutet dann "Anerkennung"? Es hängt vom Bezugssystem und den Erfahrungen des Mitarbeiters ab, ob er ein bestätigendes Zunicken, ein ausdrückliches Lob, eine auszeichnende Geste, eine Einkommenssteigerung etc. als "Anerkennung" erlebt oder würdigt. Und was ein Mitarbeiter für eine "gute Leistung" hält, muß nicht auch für seinen Vorgesetzten als solche gelten.

"Er ist freundlich und man hat leicht Zugang zu ihm" (Item 18): Wer bislang unter einem extrem autoritären Vorgesetzten arbeitete, wird vielleicht ein kurzes Lächeln schon als "Freundlichkeit" empfinden, während ein anderer, der positive Erfahrungen verwöhnt oder aber grundsätzlich tief mißtrauisch ist, sehr viel stärkere Beweise von freundlichem Verhalten fordern würde.

"Er regt seine unterstellten Mitarbeiter zu Selbständigkeit an" (Item 30): Wie massiv darf eine *Anregung* sein, um noch eine Anregung zu sein? Im sog. Harzburger Führungsmodell ist eine "Anregung" als ein "rückäußerungspflichtiger Tatbestand" definiert: wenn ihr der Mitarbeiter nicht folgt, hat er das zu begründen! Wie kann *Selbständigkeit* von "Desinteresse" und "sich hängenlassen" abgegrenzt werden? Sind manche Mitarbeiter in bezug auf Selbständigkeit unersättlich, andere dagegen ängstlich-unsicher?

Hinzu kommt - worauf FLEISHMAN (1973, S. 39 f.) aufmerksam macht - daß bei Beantwortung und Auswertung von derartigen Fragebögen eine dreifache "Mittelwertsbildung" erfolgt:

- zum einen (das ist hier weniger wichtig) durch die Zusammenfassung der Einzel-Aussagen zu Dimensionswerten. Damit geht die inhaltliche Differenziertheit verloren (wenn z.B. heterogene Verhaltensweisen durch die global-vereinheitlichende Dimension "Initiating Structure" zugedeckt werden);

- des weiteren werden die Mitarbeiter nicht festgelegt auf einen bestimmten Zeitraum oder bestimmte Situationen, so daß sich die verschiedenen Antworten höchst unterschiedliche Bezugssituationen in Erinnerung rufen können (Erinnerungen, die vermutlich nicht fotografisch genau Registriertes unverzerrt wiedergeben!);

- zum dritten die schon problematisierte Vorgehensweise, die Aussagen mehrerer Unterstellter in einem Durchschnittswert zu nivellieren.

Alle diese Mittelwerts-Bildungen gehen von der Annahme aus, daß es den objektiven, stabilen und einheitlichen Führungsstil tatsächlich ("an sich") gibt. Die "Social-Perception"-Forschung würde dem entgegensetzen, daß ein Mensch seine (soziale) Umwelt nicht abbildet, sondern "in seinem Sinne" - d.h. auf der Basis seiner Gewohnheiten, Erfahrungen und Erwartungen - interpretiert, so daß seine Beschreibung eine Koproduktion aus objektivem Reiz und subjektiver Verarbeitung ist, wobei letztere überwiegt. Der einzelne bringt in die chaotische Welt der Eindrücke Ordnung und Struktur, in dem er Aktionen und Zustände als verursacht, gewollt, nachvollziehbar usw. deutet - er begnügt sich nicht mit dem Registrieren von oberflächlichen Indizien wie z.B. Handbewegungen, Lauten, Körperpositionen, Mimikveränderungen ... Er sieht einen Sinn in sie hinein. Diese aktive Leistung muß auch bei der Vorgesetztenbeschreibung angenommen werden. Das (physikalisch) gleiche Verhalten eines Vorgesetzten *bedeutet* für verschiedene Mitarbeiter eine je andere Wirklichkeit. Wenn etwa ein Vorgesetzter in einer Gruppenbesprechung sagt: "Ich halte den Vorschlag von X für unausgegoren!", dann kann der Mitarbeiter X dies als Demütigung erleben, der Mitarbeiter Y (Rivale von X) sieht es triumphierend als eine längst fällige Zurechtweisung, die Mitarbeiterin Z mag es als Retourkutsche auf eine kritische Bemerkung von X gegenüber dem Chef wahrnehmen und W schließlich hält das Ganze für Wortgeplänkel und Zeitvergeudung ...

Ich möchte damit in Erinnerung rufen, daß jedes soziale Verhalten in seiner Einbettung in Zusammenhänge und Erfahrungen, Interessen und Absichten zu verstehen (!) ist; Führungsakte unterliegen als soziales Verhalten derselben Perspektivenvielfalt der Bewertung.

Führungsverhalten setzt sich nicht additiv aus diskreten objektiven Verhaltens-Bestandteilen zusammen, sondern wird von Adressaten und Beobachtern als Ganzheit erlebt. Es geht also nicht um den isolierten Beitrag von Freundlichkeit, Entscheidungsbeteiligung, Befehlshäufigkeit, Kontrollintensität, Kontaktdichte (wobei all diese Merkmale ja schon immer subjektiv gedeutet sind), sondern um die *Gestalt* der Verhaltensweisen, die sich nur analytisch (begrifflich) in eine solche Vielfalt zerlegen läßt. Das hat nichts mit mystischer Übersummativität zu tun, denn von einer Summe diverser Dimensionen zu reden, ist ohnehin nur eine Sprachschlampigkeit, weil nur Gleiches addiert werden könnte. Die Wahrnehmung von Führung als einer sozialen Handlung (oder Beziehung bzw. Struktur) ist zu einem Gesamteindruck verdichtet. Einer bewußt reflektierenden Einstellung gelingt die Analyse voneinander abhebbarer Bestandteile. Diese sind jedoch eindeutig sekundär und nur in ihrem Sinn-Zusammenhang zu verstehen, der sowohl in Entstehung wie Bedeutung Priorität hat.

Führungsverhalten ist nicht nur *"etwas da draußen"* (so daß einem Forscher eine Videokamera genügte, um es "aufzuzeichnen"). Es ist vor allem *"etwas da drinnen"*, und ein Forscher muß ähnlich wie der Anthropologe in einer fremden Kultur erst die Sprache, Sitten, Riten, Geschichte, Mythologie etc. der Organisation kennen, bevor für ihn das beobachtete Verhalten Sinn ergibt. Aber bis zuletzt bleibt seine Analyse eine Deutungsleistung, die ihm durch Übersetzung in seine Welt die Orientierung in einer fremden erlaubt (ausführlicher dazu Kapitel 8.2.: Symbolische Führung).

Da wir ganzheitlich erleben, aber kaum ganzheitlich über unsere Erlebnisse sprechen können, ist es unausweichlich, spezifische Verhaltens-Dimensionen zu differenzieren, wenn wir uns miteinander verständigen möchten. Diese Merkmale bleiben aber so lange Bruch-Stücke, solange der Bauplan nicht bekannt oder der Ort im Gesamt-gebäude nicht ausgemacht ist. Bauplan, Gestalt, Ganzheit sind Ausdrücke, die das Besondere von Führungsstil im Unterschied zu Führungsverhalten kennzeichnen sollen. Aufzählungen oder Aneinanderreihungen von Merkmalen erlauben für analytische Zwecke die Gegenüberstellung von Profillinien, aber Muster, Figur, Ge-stalt eines Führungs-Stils werden daraus nicht erkennbar. Vielleicht hat damit die Popularität und Attraktivität der eingängigen Polarisierung zwischen "autoritärer" und "demokratischer" (bzw. kooperativer) Führung zu tun. Sie bringt einen ideologie-haltigen zentralen Sachverhalt auf einprägsame Weise zur Geltung: Alleinherrschaft vs. Mitbeteiligung.

In den *"pragmatischen Führungsstil-Modellen"*, die ich unten vorstellen werde, spielt diese Gegenüberstellung nicht mehr die führende Rolle (sie taucht nur im Ansatz von VROOM & YETTON wieder auf). "Stilbildend" wurde vielmehr die bereits ausführ-lich erörterte Zwei-Dimensionalität, die mit den Konzepten "Mitarbeiter- bzw. Be-ziehungs-Orientierung" (consideration) und "Leistungs- bzw. Aufgaben-Orientierung" (initiating structure) arbeitet.

6.3. Ergebnisse der empirischen Führungsstilforschung

6.3.1. Darstellung der Befunde

Die Gegenüberstellung "autoritär - demokratisch" lag der klassischen Arbeit von LEWIN, LIPPITT & WHITE (1939) zugrunde. Mit dieser Studie, die an Kindergarten-Kindern durchgeführt wurde, begann die Tradition der empirischen Führungsstil-Forschung. Da inzwischen hunderte von Untersuchungen durchgeführt wurden, müßte man erwarten, daß sich der Kenntnisstand seit jener Zeit erheblich verbessert habe. Dem ist leider nicht so und man muß JANDA Recht geben, der sagte, daß weit mehr Studien als Wissen über Führung angehäuft wurden. Bevor ich auf Gründe für diese Lage eingehe, möchte ich zuerst in geraffter Form die wichtigsten Ergebnisse referieren. Dabei kann ich zurückgreifen auf einige Sammelreferate:

- für Fragebogenstudien (mit dem LBDQ und seinen Varianten) von KORMAN (1966), ALLERBECK (1977), FLEISHMAN (1973) und KERR u.a. (1974),

- für experimentelle Studien von NEUBERGER (1972) und

- für beide Ansätze zusammengefaßt z.B. STOGDILL (1974) und SEIDEL (1978).

Die Quintessenz von KORMANs (1966) Befunden, die trotz zwischenzeitlicher methodischer Verbesserungen in der Anlage der Untersuchungen auch von KERR u.a. (1974) und ALLERBECK (1977) bestätigt wurden, ist, daß die Zusammenhänge zwischen den Dimensionen Consideration und Initiating Structure und verschiedenen als abhängig betrachteten Kriterienmaßen (wie Einschätzungen der Leistungsgüte oder - höhe, Fehlzeiten, Fluktuation und dergl.) sehr uneinheitlich sind, sowohl von Studie zu Studie bei gleichen Erfolgsmaßen, wie auch innerhalb der einzelnen Studien hinsichtlich verschiedener Erfolgsmaße.

Dies liegt daran, daß

- die methodischen Qualitäten der Ohio-Skalen unzureichend sind (schiefe Antwortverteilung, mangelnde Kontrolle von Antworttendenzen, ungeklärte Konstruktvalidität (s. KERR u.a. 1974 und SCHRIESHEIM und KERR 1977),

- sehr unterschiedliche Stichproben miteinander verglichen wurden,

- sehr unterschiedliche Erfolgsmaße benutzt wurden, die noch dazu von Studie zu Studie meist anders gemessen wurden,

- fast ausschließlich nur *lineare* Korrelationen errechnet wurden, obwohl denkbar ist, daß nichtlineare Zusammenhänge existieren (z.B. kann ein mittleres Maß an "Strukturierender Initiative" von Vorgesetzten leistungsfördernd sein, während überhaupt keine oder "überwältigend" hohe Initiative demoralisierend auf die Untergebenen wirkt).

In ihrer umfangreich dokumentierten Zusammenstellung zeigt ALLERBECK (1977, S. 71-82):

- Zwischen Consideration (C) und *Zufriedenheit* bestehen überwiegend hohe positive Zusammenhänge. Sie neigt dazu, diesen Befund als Methoden-Kunstprodukt zu interpretieren: C ist nichts anderes als ein Maß der Zufriedenheit des Mitarbeiters (mit der Führungskraft) und keine Beschreibung ihres Führungsverhaltens;

- Bei Initiating Structure **(IS)** und *Zufriedenheit* ist das Bild uneinheitlich: *"Je nach untersuchter Stichprobe, erfaßtem Teilbereich der Zufriedenheit, Berücksichtigung spezifizierender Drittvariablen variieren die Beziehungen hinsichtlich Größe und Richtung. Nichtsignifikant positive und negative Beziehungen halten sich in etwa die Waage" (ALLERBECK, 1977, S. 85).*

Was die Beziehung zu *Leistungsmaßen* anbelangt, so sind die Ergebnisse noch inkonsistenter:

YUKL (1971, S. 42) berichtet in seinem Sammelreferat, daß sich bei 14 Studien 5 positive, 7 unsignifikante und 2 negative Korrelationen zwischen C und Leistung ergaben, und daß auch bei der Beziehung zwischen **IS** und Leistung kein einheitlicher Trend auszumachen ist: Zwar werden kaum negative Zusammenhänge gefunden, aber den positiven Zusammenhängen steht eine etwa gleich große Anzahl insignifikanter Befunde gegenüber.

STOGDILL (1974) hat Fragebogenstudien und experimentelle Untersuchungen zum Erfolg verschiedener Führungsstile verglichen, wobei er die Benennungen der Autoren beibehalten hat. In der folgenden Tab. 6.1. gebe ich einen Ausschnitt aus seinen Ergebnissen wieder:

Anzahl der empirischen Untersuchungen, bei denen zwischen verschiedenen Führungsstilen und A (Arbeitszufriedenheit) bzw. B (Produktivität) positive (+), negative (-) und fehlende bzw. insignifikante (0) Zusammenhänge gefunden wurden (STOGDILL 1974):

Mitarbeiterorientierte Führungsstile	A Arbeits-Zufriedenheit			B Produktivität		
	+	0	-	+	0	-
demokratisch	7	1	1	3	11	-
permissiv	8	2	3	7	3	4
untergebenen-orientiert	13	2	1	19	5	4
partizipativ	8	3	1	10	4	3
'konsiderativ'	12	1	1	8	8	3
Summe	48	9	7	47	32	14

Leistungsorientierte Führungsstile	A Arbeits-Zufriedenheit			B Produktivität		
	+	0	-	+	0	-
autokratisch	-	1	3	3	10	1
restriktiv	-	-	3	2	3	1
aufgabenorientiert	2	1	1	3	3	3
sozial distanziert	-	1	1	16	1	1
direktiv	2	2	2	10	4	1
'strukturierende Initiative'	10	3	1	13	5	-
Summe	14	8	11	47	26	7

Tab. 6.1.: **Zusammenhang zwischen Führungsstil und Erfolgskriterien**

In dieser Übersicht wird bestätigt, daß "Mitarbeiterorientierung" deutlich häufiger mit *Zufriedenheit* korreliert als "Aufgabenorientierung". Was allerdings die *Leistungs-effizienz* anbelangt, sind keine derartigen Unterschiede festzustellen: Beide Führungsstil-Varianten haben ähnliche Antwortverteilungen, es besteht nur ein leichter Vorteil für die "leistungsorientierten" Führungsstile, weil sie weniger negative Befunde auf sich versammelten.

Ein ähnliches Ergebnis liefert die Auswertung SEIDELs (1978), der unabhängig von STOGDILL und nach etwas veränderten Gesichtspunkten über 100 empirische Studien hinsichtlich ihrer Erfolgswirksamkeit verglich und jede dieser Arbeiten in einem kurzen Abstract vorstellt, so daß sein Buch auf den Seiten 325-494 einen ausgezeichneten Überblick über die empirische Führungsstilforschung gibt. Die referierten Studien sind überwiegend aus jener Grundmenge, die auch STOGDILL analysierte. Ich habe SEIDELs Ergebnisse in der folgenden Tabelle zusammengefaßt:

Anzahl der Untersuchungseinheiten, bei denen sich die "kooperative Führung" (+) oder die "direktive" Führung (-) als überlegen erwies bzw. bei denen keine eindeutige Überlegenheit feststellbar war (0) oder die aus methodischen Gründen nicht ausgewertet wurden (n.a.) (SEIDEL 1978, S. 548-554).

	Abhängige Variablen	Anzahl der Einheiten	+	-	0	n.a.
1.	Fehlzeiten und Ausfälle	24	20	-	1	3
2a	repetitive betriebliche Aufgaben	56	25	7	13	11
2b	novative betriebliche Aufgaben	11	7	-	-	4
2c	kreative betriebliche Aufgaben	12	8	1	1	2
2d	alle aufgabenbezogenen*) zusammengefaßt	78	39	8	14	17
3.	Entscheidungen	16	12	-	3	1

*) Eine Einheit wurde als Repetition nicht berücksichtigt.

Tab. 6.2.   Zur Überlegenheit von direktiver vs. kooperativer Führung

Da SEIDEL Arbeitszufriedenheitsmaße nicht berücksichtigte, sind seine Ergebnisse nur mit den Angaben zu "Produktivität" bei STOGDILL (s. oben) zu vergleichen. Das Bild ist - wie man sieht - sehr ähnlich; SEIDEL formuliert das Ergebnis in seiner auf Korrektheit bedachten Art folgendermaßen:

"Global darf man einer nicht spezifizierten (Hypo-)These von der Effizienzüberlegenheit kooperativer betrieblicher Führungsform über direktive betriebliche Führungsform nach Abwägung aller Gesichtspunkte aufgrund des vorgelegten Materials einige Bestätigung zusprechen" (1978, S. 555).

STOGDILLs und SEIDELs Ergebnisse würden für eine Leistungsgleichheit bzw. -überlegenheit kooperativer Führung sprechen. Da in ihren Sammelreferaten aber jeweils eine große Anzahl von *Befragungs*studien berücksichtigt worden war, berichte ich noch eine Auswertung, die ausschließlich *experimentelle* Studien berücksichtigte. Ich habe (NEUBERGER 1972) 31 solcher Arbeiten ausgewertet und folgendes Resultat berichtet:

Abhängige Variable (Erfolgsmaß)	Überlegenheit des autoritären kooperativen Führungsstils		keine eindeutige Überlegenheit
Leistung	9	8	6
Einstellungen (v.a. Zufriedenheit)	6	17	5
Verhalten	1	3	-

Im Unterschied zu den beiden vorausgegangenen Zusammenfassungen ist bei dieser - die sich allerdings auf weit weniger Fälle stützt - keine höhere Leistungseffizienz der "kooperativen" Führung festzustellen.

Diese Differenz kann an der Untersuchungsmethode liegen: bei *experimentellen* Studien wird zu einem Zeitpunkt t_0 eine Variable neu eingeführt oder verändert (z.B. in einer Untersuchungsgruppe "autoritäre", in der anderen "kooperative" Führung); zu einem späteren Zeitpunkt t_1 wird dann festgestellt, ob sich die beiden Gruppen in einem Kriteriumsmaß unterscheiden.

Bei *korrelativen* Erhebungen werden demgegenüber meist zum gleichen Zeitpunkt die "unabhängige" Variable (z.B. Führungsstil) und die "abhängige" Variable (ein Erfolgsmaß) bestimmt.

In beiden Vorgehensweisen werden Kausal-Aussagen gemacht (etwa: "Ein kooperativer Führungsstil führt zu höherer Leistung"). Zumindest in der korrelativen Befragungs-Studie ist ein solcher Schluß jedoch nicht gerechtfertigt. Es wird ja lediglich eine Korrelation festgestellt, die genauso gut in Gegenrichtung interpretierbar ist: "Hohe Leistung führt zu kooperativer Führung" (oder anders: "Ein Vorgesetzter, dessen Mitarbeiter hohe Leistungen bringen, kann es sich erlauben, freundlich mit ihnen umzugehen und sie zu Selbständigkeit zu ermuntern; während ein Vorgesetzter, dessen Leute ungenügende Leistungsresultate bringen, mit Nachdruck und direktivem Eingreifen dafür sorgen muß, daß sich die Situation bessert!").

ALLERBECK (1977, S. 100 f.) kommentiert diese Situation folgendermaßen:

"Schließt man jedoch von der zeitlichen Abfolge der Variablenmessung, die jeweils zu einem willkürlich gewählten Zeitpunkt durchgeführt wird und nur Ausschnitt aus einem prozeßhaft ablaufenden Geschehen sein kann, auf eine bestimmte Kausalrichtung, so ist dies ein fragwürdiges Vorgehen.

Bei den genannten Studien tritt die für die bedingte Variable gehaltene, nämlich Leistung, nicht später auf als die bedingende, Vorgesetztenverhalten, sondern wird nur zu einem späteren Zeitpunkt gemessen als diese; sie war also u.U. schon vor dem Zeitpunkt der Verhaltensmessung wirksam.

Folgende schematische Darstellung soll das Gesagte veranschaulichen:

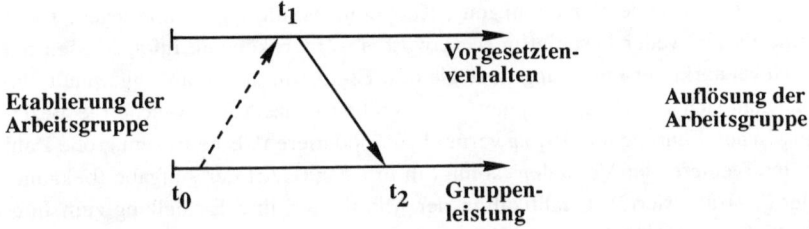

Vom Zeitpunkt der Etablierung einer Arbeitsgruppe bis zu ihrer Auflösung steht der Vorgesetzte mit seinen Mitarbeitern in Interaktion, zeigt ihnen gegenüber ein bestimmtes Verhalten. Während desselben Zeitraums erbringen seine Mitarbeiter eine bestimmte Leistung.

Die zitierten Untersuchungen sind nun so angelegt, daß zu einem Zeitpunkt t_1, über dessen zeitliche Distanz zum Beginn des Gruppenbestehens nichts ausgesagt wird, das Vorgesetztenverhalten erfaßt und zu einem späteren Zeitpunkt t_2 die Leistung gemessen wird. Aus der Korrelation $t_1 t_2$ wird abgeleitet, daß Vorgesetztenverhalten die Ursache für Leistung ist. Da Leistung jedoch auch schon vor den Zeitpunkten t_1 und t_2 erbracht wurde, kann sie ebensogut Ursache des Verhaltens sein. Eine signifikante Korrelation $t_0 t_1$ würde diese alternative Hypothese stützen. Die Anlage der Untersuchungsdesigns begünstigt also von vornherein eine Bestätigung der aufgestellten Hypothese".

Es gibt inzwischen einige experimentelle Studien, in denen gezeigt werden konnte, daß gute Leistungen ihrer Mitarbeiter Vorgesetzte veranlassen können, ihren vorher "autoritären" Stil auf "kooperativ" umzustellen (und umgekehrt; s. dazu die Zusammenfassungen bei ALLERBECK 1977 und McCALL 1976).

Aber auch bei *experimentellen* Studien gibt es eine Reihe von methodischen Problemen, die eine unbesehene Übernahme der Schlußfolgerungen nicht erlauben (Künstlichkeit und Kürze der Versuche, ihre Konsequenzenlosigkeit für die Beteiligten, die gesicherte Überlegenheit des Führers - oder zumindest des Versuchsleiters, Verzerrungen in der Versuchspersonenauswahl, fehlende oder unzulängliche Vergleichsgruppen, ungenügende Kontrolle von dritten Einflußgrößen usw.). Das Hauptproblem von experimentellen Studien ist jedoch, daß sie meist so angelegt sind, daß irgendeine Art von Führung auf jeden Fall praktiziert wird und damit sichergestellt ist, daß "Führung Konsequenzen hat", so daß die Alternativhypothese (daß es ohne Führung genauso gut oder noch besser geht) gar keine Chance der Bestätigung hat.

Als Resümee der Sammelreferate ist festzuhalten, daß keine methodisch gesicherten Aussagen zur Überlegenheit eines bestimmten Führungsstils hinsichtlich der Erfolgswirksamkeit gemacht werden können. Zwar gilt inzwischen als unstrittig, daß global generalisierende Behauptungen ("Kooperative Führung ist überlegen!") leer sind und darum weder bestätigt noch verworfen werden können. Infolgedessen hat man sich verstärkt der Forschungsstrategie des "Es-kommt-darauf-an" zugewandt; dabei hat man sich vor allem auf jene Einflußgrößen konzentriert, welche die Beziehung zwischen Führung und Erfolg vermutlich "moderieren". Eine extrem große Zahl solch "intervenierender Variablen" kommt in Frage, z.B. Art der Aufgabe (bekannt? schwierig? strukturiert?), Qualifikation der Mitarbeiter, ihre Einstellung zum Führungsstil, Größe der Arbeitsgruppe bzw. Organisation, affektive Beziehungen zwischen Untergebenen und Vorgesetztem, Abhängigkeit der Untergebenen vom Vorgesetzten usw. (s. MÜLLER & HILL 1977). Aber auch diese "Kontingenz-Ansätze" oder "situativen Relativierungen" konnten bislang das Blatt nicht wenden. Der entscheidende Grund dafür liegt in der ungenügenden theoretischen Vorarbeit. Es reicht nicht aus, wenn Untersucher mit guten und einsichtigen Gründen eine oder mehrere Variable(n) als relevant berücksichtigen. Unter Umständen mögen sie durchaus (in ihrem Sinne) positive Resultate erhalten. Sie können z.B. zeigen, daß Wissenschaftler unter kooperativer Führung bessere Leistungen erbringen als unter autoritärer - und sie generalisieren diesen spezifischen Befund zu der These: "Je höher die Qualifikation der Mitarbeiter, desto erfolgreicher ist ein kooperativer Führungsstil." Dabei übersehen sie aber die große Bedeutung der Klausel, daß ihr Resultat nur "unter sonst gleichen Bedingungen" gilt. Eine Führungskraft kann sich unter Umständen durchaus ein höheres Maß an Strukturierung und Druck erlauben, wenn die hochqualifizierten Mitarbeiter unerfahren sind, oder wenn zwischen ihnen starke Animositäten herrschen oder wenn sie selbst anerkannte Expertin ist oder ...

Mit Schrotschüssen wird man immer etwas treffen. Die Übertragbarkeit von Befunden und ihre konstruktive Kombination wird jedoch solange ein Glücksspiel bleiben, solange nicht prüfbare Vermutungen entwickelt werden, die Begründungen für gefundene oder erwartete Zusammenhänge liefern und die an der Realität scheitern können. Statt kurzatmig Fakten auf Fakten zu häufen und mit unzulänglichen Meßinstrumenten auf Verdacht herausgegriffene Variablen in ihrem Zusammenhang zu ungenügend operationalisierten Ad-hoc-Erfolgsmaßen zu bestimmen, muß der theoretischen Durchdringung der bereits vorliegenden Erfahrungen größere Aufmerksamkeit geschenkt werden. Neben den schon diskutierten Problemen der begrifflichen Fassung von Führungsverhalten bzw. Führungsstil verdienen zwei weitere Themen verstärkte Beachtung:

- Die Analyse der Erfolgs-Maße und
- die Berücksichtigung von Organisationsvariablen und Führungssubstituten.

6.3.2. Führungs-Erfolg

In den vielen Führungsdefinitionen wird implizit oder explizit davon ausgegangen, daß Führen ein zielgerichtetes Bewirken von Ergebnissen sei. Umso mehr muß es überraschen, daß das Endprodukt von Führung, der "Erfolg", vergleichsweise wenig theoretische und empirische Beachtung gefunden hat. Es ist an der Zeit, von der Überbetonung des Führungsstils (als dem Mittel) endlich zum Zweck zu kommen. In dieser Hinsicht waren die Führungsforscher bislang wenig geschmäcklerisch, sie haben genommen, was sich ihnen bot. Am häufigsten waren die Leistungs-Einschätzungen durch nächsthöhere Vorgesetzte. LENT, AURBACH & LEVIN (1971) fanden, daß bei den 406 im Zeitraum zwischen 1954 und 1966 in der Fachzeitschrift "Personnel Psychology" veröffentlichten Validierungsstudien insgesamt 1506 Kriterien verwendet wurden; davon waren 63% Rating-Daten, 12% "indirekte" Maße (Gehaltshöhe, erreichte Position, Fluktuation, Fehlzeiten) und nur ca. 17% "direkte" Leistungsmaße (Leistungsdaten, Arbeitsstichproben, Produktionsziffern) (der Rest wurde unter "Sonstiges" klassifiziert).

FIEDLER kann für diese Quodlibet-"Strategie" als Musterbeispiel dienen. Er verwendete zur Entwicklung und Prüfung seines Ansatzes unterschiedslos die heterogensten Maße (bei Basketballteams den Tabellenstand, bei Panzerbesatzungen die Treffergenauigkeit, bei Landvermessern die Präzision, bei Supermarktmanagern den Umsatz, bei Stahlarbeitern die Abstichintervalle usw.). Dahinter steckt kein System - denn dies würde voraussetzen, daß FIEDLER geklärt hätte, daß die verwendeten Maße jeweils

- zuverlässig (zeitlich stabil),
- relevant (d.h. nicht nebensächlich),
- nicht defizient (d.h. alle wesentlichen Aspekte erfassend),
- kontaminationsfrei (d.h. nicht "verunreinigt" durch dritte Einflüsse),
- differenzierend (d.h. die "guten" Vorgesetzten von den "schlechten" tatsächlich trennend)

waren.

Es scheint so, als ob er buchstäblich das nächstbeste Maß genommen hätte - und damit hat er nur getan, was alle anderen auch machen.

Ein solcher Pragmatismus versteckt sich dann in den Zusammenfassungen der Forschungsberichte und beim Zitieren der Ergebnisse hinter den verallgemeinernden Begriffen Leistung, Effizienz, Produktivität, Erfolg usw. Dies sind magische Wörter, deren Faszination allzu leicht Denkblockaden auslöst. Anders ist es nicht zu erklären, daß beliebige einzelne Maße (Umsatz, Wachstum, Kosten, Tempo, Ausschuß, Krankenstand, Fluktuation, Ausstoß, Lieferfristen usw.) als die abhängige Variable und somit als Erfolgsindikator akzeptiert werden. Jeder Führungskraft ist klar, daß ein ganzes Bündel von Kennziffern nötig ist, um faire Leistungsvergleiche durchzuführen, denn die Konzentration auf ein Maß kann allzuleicht dazu führen, daß andere vernachlässigt werden. In der Praxis wird im Regelfall von einem Ziel*system* (s. HEINEN 1966) und damit einem differenzierten und nicht immer ganz durchschauten Netz von gegenseitigen Abhängigkeiten, Konkurrenzbeziehungen und Substitutionsmöglichkeiten ausgegangen, wobei einzelne Ziele als unverzichtbare "Nebenbedingungen" (constraints) fixiert, andere zur Maximierung freigegeben werden usw.

Dies ist aber nur die eine (technische oder kognitive) Seite des Zielproblems, bei der die inneren Zusammenhänge, Ausprägungsgrade und Terminierungen der Einzelziele so aufeinander abgestimmt werden müssen, daß die Menge der gesamten erfaßten Resultate langfristig bestimmten Standards entspricht.

Die andere Seite ist die Wert- oder Interessenfrage. Die Zielsetzung ist nicht nur ein Problemlöse-, sondern auch ein Konfliktlösungsprozeß, denn das, "worum es geht", ist nicht quasi naturgesetzlich vorgegeben, sondern wird ausgehandelt und ist deshalb auch abhängig von den inner- und außerorganisatorischen Machtverhältnissen und Koalitionen (s. HAUSCHILDT 1980).

Man man dagegen einwenden, daß diese Fragestellung für die normale Führungskraft (die nicht Vorstand oder Unternehmer ist) müßig sei, denn ihr seien ihre Ziele präzise vorgegeben. Selbst wenn dem so wäre (und es gibt begründete Zweifel an der Lückenlosigkeit der Determination - s. die obige Diskussion des rollentheoretischen Ansatzes-, dann müßten sich Vorgesetzte dennoch fragen, ob sie sich - wenn sie schon loyale Ausführungsorgane sind - nicht Gedanken machen sollten, wofür sie führen. Dieses "Wofür" ist ein doppeltes: *für wen* (Wem nutzt oder schadet es?) und *für was* (Was bewirkt es - auch an ungewollten Nebenfolgen?). Wenn sie sich bereit erklärten, bedenkenlos jedes aufgetragene Ziel und nur dieses zu erfüllen, dann fehlte nicht mehr viel zum bewußtlos funktionierenden Roboter. Würden sie aber - unterstellen wir den Mut zum Heldentum - jedes übertragene Ziel in Frage stellen, dann würden sie unberechenbar und das System als Ganzes wäre, wenn ihr Beispiel Schule machte, handlungsunfähig. Es geht deshalb nicht um das Entweder-Oder, sondern um das Sowohl-Als-Auch, um das Aushalten und Balancieren von Gegenprinzipien, die allein die Lebens- und Fortschrittsfähigkeit eines sozialen Systems sichern.

6.3.3. Führung im Kontext organisatorischer Einflüsse: Der Ansatz von TÜRK

Mit den letzten Überlegungen ist der zweite Problemkreis angeschnitten. Lange Zeit haben offenbar Hollywood-Phantasien die Führungsforschung beherrscht: Der Führer wurde als der große Einzelne gesehen, der (als alleingelassener Marshall, als unbestechlicher Anwalt oder Kommissar, als furchtloser Soldat) allen Widerständen zum Trotz der guten Sache zum Sieg verhilft und der Masse der Feiglinge, Korrupten und Verzweifelten zeigt, wozu ein echter Mann fähig ist. Dieses Heldenmotiv spiegelt das Wunschdenken derjenigen, die ihrem ereignislosen, unbedeutenden und fremdbestimmten Alltagsleben nur durch die Flucht in Walter-Mitty-Träume entkommen.

Die reale Führungskraft ist jedoch eingebaut in eine Vielzahl von Zwängen. Sie ist vor allem eingefügt in eine bürokratische Organisation, eine Einrichtung also, die sich durch Formalisierung, Differenzierung und Hierarchisierung unabhängig zu machen sucht von der Unsicherheit, Störbarkeit und Instabilität personaler Motivationen und Fähigkeiten. TÜRK (1981) hat dieser Thematik seine Habilitationsschrift gewidmet, deren theoretisches Niveau weit über die schon zum Refrain degenerierte Floskel hinausführt, daß "natürlich" auch noch die organisatorischen Umfeldbedingungen berücksichtigt werden müßten - wobei dies meist dadurch geschieht, daß "Kästchen mit Pfeilen" gezeichnet werden (wie das etwa bei NEUBERGER 1976, S. 221 geschieht).

TÜRK wendet sich engagiert gegen die instrumentalistische Verkürzung und Theorieabstinenz der meisten betriebswirtschaftlichen und organisationspsychologischen Ansätze. In seinem eigenen Entwurf, den er einmal (S. 181) ein *"lücken- oder interventionstheoretisches Modell"* nennt, begründet er seinen Kerngedanken, daß Personalführung nur ein *"Residualfaktor"* (S. 65) sei, auf der Basis

a) der soziologischen Systemtheorie und

b) des Äquivalenzfunktionalismus LUHMANNscher Prägung.

zu a) Differenzierung von Subsystemen

Vielen Führungsansätzen attestiert TÜRK, daß sie die Führer-Geführten-Beziehung losgelöst vom organisatorischen und gesellschaftlichen Kontext untersucht hätten; aber: *"der Vorgesetzte ist kein Bandenchef"* (S. 57). Personalführung ist immer institutionelle Führung.

Aus systemtheoretischer Perspektive ist eine konkrete Handlung verschiedenen "Systemen" zuzurechnen, sie wird gesteuert oder beeinflußt vom

- Organisations-System,

- Interaktions-System und

- Person-System.

Die *Organisation* versteht TÜRK nicht als materiell greifbaren Sachverhalt, sondern als ideelle Konstruktion, welche die normativ erwarteten Handlungsmuster bezeichnet: Organisation ist die "Vorab-Konstitution von sozialen Verhältnissen" (S. 28). Sie erreicht ihre Rationalität vor allem dadurch, daß sie sich von den Besonderheiten und Einmaligkeiten der Mitglieder unabhängig macht, indem sie sich verselbständigt, d.h. Verhaltenserwartungen in drei Dimensionen generalisiert, nämlich *sachlich* (über aufeinander bezogene Mitgliedschafts-Rollen), *sozial* (über verallgemeinerte Legitimation, die vom Einverständnis je einzelner befreit) und *zeitlich* (indem die Zustimmung der Mitglieder auf Dauer gestellt und gegen einzelne Abweichungen und Enttäuschungen gesichert wird).

Mit *Interaktions*-System ist die Tatsache gemeint, daß der einzelne nie autonom agiert, sondern in seinen Orientierungen, Wirklichkeits-Interpretationen, Rollen und Kooperationszusammenhängen immer schon durch seine unmittelbaren Sozialkontakte geprägt ist. In diesen konkreten Beziehungen wird das formal-normative Organisationssystem gedeutet, kompensiert und sozusagen mit Leben erfüllt.

Von der *Person*seite her schließlich sind Handlungen bestimmt durch Kenntnisse, Fähigkeiten und Motivationen, die jedoch nicht als angeborene, sondern sozial vermittelte und organisational geprägte anzusehen sind.

Die drei Systeme sind gegeneinander abgegrenzt und partiell unabhängig; eine "Vermenschlichung" der Organisation z.B. würde die spezifischen Vorteile, die durch formal-unpersönliche Handlungsregulierungen erreicht werden, zunichte machen; ein Aufgehen des Individuums in Gruppenbeziehungen würde seine Identität auslöschen; die Konstitution der Organisation als Interaktionssystem würde sie zwar dynamisieren, ihr aber zugleich Stabilität, Planbarkeit und Kalkulierbarkeit nehmen.

Trotz ihrer teilweisen Selbständigkeit müssen die Systeme einander kongruent gemacht werden; die Person muß der Organisation "angepaßt" werden (und umgekehrt), damit zielgerichtetes Handeln möglich wird.

Diese Anpassung erfolgt über den Mechanismus der sozialen Kontrolle. Damit ist das zweite theoretische Fundament berührt:

zu b)   Äquivalenzfunktionalismus

Dieser Ansatz läßt sich in seinen Grundzügen grafisch folgendermaßen skizzieren:

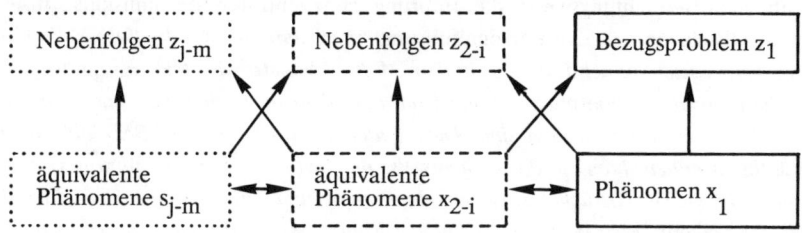

Das "Bezugsproblem (Z_1)" ist der zu erklärende soziale Tatbestand (z.B. Effizienz, Rollenstruktur, sozialer Wandel). Zur vorliegenden Problemstellung ist das Bezugsproblem die "soziale Kontrolle". Unter "Phänomen (X_1)" ist jene soziale Erscheinung zu verstehen, die im Hinblick auf ein bestimmtes Bezugsproblem (Z_1) Leistungen erbringt, die in einen sinnvollen (keinen kausalen) Zusammenhang mit den zu erklärenden Inhalten gebracht werden können in dem Sinne, daß eine Beziehung von der Art

$$Z_n = f(x_i)$$

konstituiert wird.

Soziale Kontrolle (Z_1) ist z.B. eine Funktion von *Personalführung* (x_1).

Im Hinblick auf das Bezugsproblem gibt es im Regelfall "funktionale Äquivalente", d.h. andere Phänomene x_{2-i}, die ebenfalls Z_1 herbeiführen können: soziale Kontrolle kann z.B. auch ausgeübt werden durch verinnerlichte Normen (x_2), Etablierung technischer Sachzwänge (x_3), Auswahl bestimmter geeigneter Personen (x_4) usw. Genauso wie x_1 können diese "funktionalen Äquivalente" x_{2-i} Beiträge nicht nur zu Z_1, sondern auch noch zu anderen Bezugsproblemen (s. oben: Z_2 = Effizienz, Z_3 = Wandel, Z_4 = Entfremdung usf.) liefern und somit erwünschte oder unerwünschte Folgen haben. Die funktionalen Äquivalente können nun wiederum ihrerseits andere funktionale Äquivalente mit weiteren Folgen und Nebenfolgen haben, usw.

Das Bezugsproblem (die zentrale Thematik), das TÜRK untersucht, ist - wie gesagt - "soziale Kontrolle", unter der er *"alle sozialen Prozesse (versteht), die die Funktion haben, eine Konformität des Handelns mit bestehenden systembezogenen Handlungsmustern (Erwartungen, Anforderungen, Normen, Zielen, Werten, Szenen usw.) zu erreichen, zu sichern oder wiederherzustellen" (S. 45).* Gelungene soziale Kontrolle konkretisiert sich in Konformität.

Dabei tragen verschiedene Phänomene oder Mechanismen zur Sicherung von Konformität (mit den Anforderungen des Organisations-Systems) bei. Personalführung ist eines dieser Phänomene, zu dem im gegebenen gesellschaftlichen und organisationalen Zusammenhang zahlreiche funktionale Äquivalente existieren. In Umkehrung der üblichen Betrachtungsweise, die "Führung" zum zentralen Mechanismus stilisiert, geht TÜRK davon aus, daß Personalführung *"gleichsam ein 'Residualfaktor' (ist), der situationsspezifisch immer dann und in dem Maße eingesetzt wird (einzusetzen wäre), in dem die übrigen Mechanismen sozialer Kontrolle nicht ausreichen bzw. nicht zur Wirkung oder zum Einsatz gelangt sind. Dies deutet auf substitutionale Beziehungen hin. Vorläufig formuliert, hängt in dieser Sichtweise der Bedarf an Personalführung von dem Ausmaß der 'Kontroll-Lücke' zwischen Handlungs- und Orientierungszielen einerseits, sowie der zielkonformen Wirkung der übrigen Kontrollmechanismen andererseits ab"* (S. 65).

Ein großer Teil der Ausführungen TÜRKs ist der detaillierten Darlegung der konformitätserzeugenden Wirkungen von außerorganisationalen und organisationalen Kontrollen gewidmet.

Besondere Aufmerksamkeit widmet TÜRK im Hinblick auf die Entstehung von Personalführungs-Bedarf den durch Sozialisation und Interaktion vermittelten *"inneren Kontrollen"* und der durch organisationale Prozeduren und Regeln erzeugten *"indirekten Kontrolle"*. Diese Diskussion ist besonders bedeutsam, weil sie sich unmittelbar auf die Frage des Abbaus personaler Herrschaft bezieht. Als allgemeine Hypothese formuliert TÜRK:

"Mit der Zunahme innerer und indirekter Kontrollen nimmt der Personalführungsbedarf in Arbeitsorganisationen hinsichtlich der grundsätzlichen Akzeptanz und Befolgung geltender Arbeitsnormen ab" (S. 131).

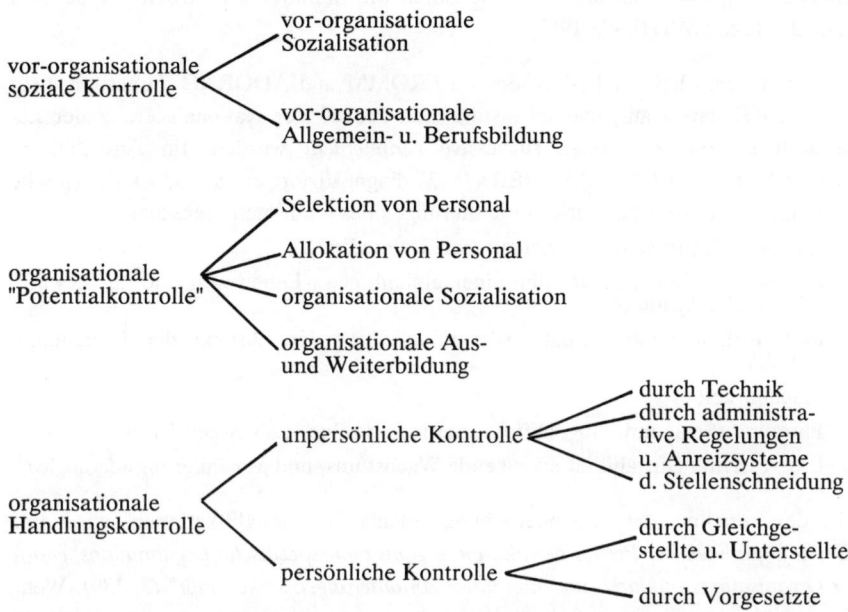

Abb. 6.5.: **Prozesse und Medien sozialer Kontrolle organisationalen Handelns**
(K. TÜRK 1981)

Schon bevor der einzelne in eine bestimmte Organisation eintritt, wird er entsprechend zu- oder vorbereitet ("vororganisationale" Sozialisation und Bildung). "Die Organisation" wählt sodann auch nur bestimmte Fähigkeiten aus ("Personal"), weist ihnen bestimmte Stellen zu ("Allokation"), unterwirft sie bestimmten prägenden Erfahrungen vor allem in der Einführungsphase und der Einarbeitungszeit und sorgt durch
spezifische Aus- und Weiterbildung für die Vermittlung brauchbarer Fähigkeiten und
Einstellungen. Im aktuellen Handlungsvollzug wird der einzelne oft weit mehr als
durch Personen durch den Sachzwang technischer Anlagen oder durch organisatorische Regeln und Belohnungssysteme gesteuert und durch eine spezifische Kombination nachgefragter Fähigkeiten ("Stellenschneidung") auf ein erwartetes Verhalten
festgelegt. Zusätzlich zu all diesen Vor-Kontrollen kommt schließlich noch die personale End-Kontrolle, zum einen durch die Kollegen und die Unterstellten und zuletzt:
durch personale Führung von Vorgesetzten. Führung wird damit zu einer Restkategorie, zu einem "Lückenbüßer der Organisation" (was LUHMANN 1964 erkannt
hat). Die eigentliche Führung wird durch zahlreiche funktionsgleiche "Führungssubstitute" ersetzt. KERR & JERMIER (1978) und KERR & SLOCUM (1981) haben
als solchen "Führungsersatz" identifiziert: Organisationsregeln und spezifische Aufgaben, professionelle Orientierung (z.B. Expertentum, moralische Verpflichtung gegenüber der (Fach-)Öffentlichkeit auf Einhaltung bestimmter Standards, kollegiale

Überwachung usw.), soziale Kontrolle durch die unmittelbare Arbeitsgruppe usw. (s.a. KERR & MATHEWS 1987).

Wie oben schon bei der Diskussion von FROMM und ADORNO dargestellt, geht auch TÜRK davon aus, daß im historischen Prozeß der Rationalisierung der Lebenswelt externe Kontrollen sukzessive *verinnerlicht* wurden. Im Anschluß an BERGER, BERGER & KELLNER (1973) diagnostiziert er (S. 137 f.) als typische Deutungsmuster bzw. normative Orientierungen des modernen Menschen

- Rationalität (im Sinne technologischer Rationalität)
- Komponentialität (Zerbrechen einer einheitlichen Lebenswelt und nur bewußtseinsmäßige Synthese)
- Multi-Relationalität (Situationsdefinition unter dem Aspekt der Beziehungsvielfalt)
- Machbarkeit
- Pluralität (Segmentierung, Differenzierung einzelner Lebensbereiche)
- Progressivität (Instabilität erzeugende Wachstums- und Maximierungsideologie)

Mit der zunehmenden Verinnerlichung solcher "Metaqualifikationen" wird eine *"Grundfügsamkeit der Person bewirkt, die organisationsspezifische Legitimationsbedarfe für Organisationsstrukturen und normative Anforderungen sinken läßt" (S. 139).* Wenn Organisationsmitglieder auf diese Weise "zugerichtet" werden, können spezifische *personale* Herrschafts- und Unterwerfungsakte ausbleiben: Fremdbestimmung löst sich ab von Personen, ist gleichsam allgegenwärtig und unfaßbar - und somit schwieriger zu reflektieren und zu bekämpfen.

In ähnlich unpersönlich-abstrakter Weise wirken die *"indirekten Kontrollen"* durch die Strukturen und Prozesse des Organisationssystems.

"Je mehr sie Anwendung finden und je wirksamer sie sind, desto geringer - ceteris paribus - der Personalführungsbedarf" (S. 146). "Die Zunahme indirekter Kontrollen in Arbeitsorganisationen ist als Ausdruck und Ergebnis des schon mehrfach angesprochenen Prozesses der 'verobjektivierenden Versystemlichung'* (TÜRK entschuldigt sich selbst für diesen sperrigen Ausdruck) *innerhalb der modernen Zivilisation. Es handelt sich dabei nur oberflächlich um einen Prozeß 'von der Herrschaft über Personen zur Verwaltung der Dinge', sondern vielmehr um einen Wandel von der Herrschaft von Personen vermittelst Befehlsgewalt zur Herrschaft von Personen vermittelst Organisation und System" (S. 147).*

Tendenziell bewirken "innere" und "indirekte" Kontrollen eine Aushöhlung des Bedarfs an Personalführung, soweit sie sich auf die instrumentelle und sachliche Ausrichtung des Personals bezieht, denn diese wird zunehmend versachlicht. Umso mehr rückt die Bedeutung der "emotionalen Autorität" (S. 151) von Vorgesetzten in den Mittelpunkt. Für die Emotionalität der Menschen ist in der instrumentell-technisierten Welt keine Vorsorge getroffen, sie muß durch *"Zusatzinstitutionen aufgefangen werden"* (S. 151). In der Schließung von *"Motivationslücken"* sieht TÜRK deshalb eine bedeutsame Funktion der Personalführung (die nach seiner Meinung allerdings von Experten übernommen werden wird und in eine "*Betriebspsychiatrie*" mündet, welche die "*Neuadjustierung der Person*" zu besorgen hat). Angesichts zunehmender Steuerung durch innere und indirekte Kontrollen verkümmert eine sog. "kooperative Führung" zur bloßen Ideologie, weil sie sich letztlich auf Beziehungspflege beschränken muß. Aus dieser Perspektive gibt TÜRK zu bedenken, daß es "*a priori auch überhaupt nicht ausgemacht (ist), daß eine Verminderung des Anteils personaler Herrschaftsausübungen in Organisationen durch vermehrten Einsatz indirekter Kontrollformen wünschenswert wäre. Mit zunehmender Substitution von Personalführung durch andere Steuerungsformen ... schwinden nämlich Möglichkeiten der interaktionellen Einflußnahme und Gegensteuerung durch das zu führende Personal. So könnte man gerade den vermehrten Einsatz von indirekten Kontrollinstrumenten vor diesem Hintergrund versuchen zu begreifen als Ausdruck des Mißtrauens gegenüber der Loyalität und Durchsetzungsfähigkeit der Vorgesetzten, die in Interaktionssituationen dem Gegendruck ausgesetzt sind. Man sollte aber lernen ..., daß schein-objektive Verfahren nur dadurch, daß sie als rational gedeutet werden, nicht notwendigerweise 'humaner' sind als die Anweisung eines Vorgesetzten. Die Frage nach der optimalen Handhabung von Fremdsteuerungsbedarfen ist damit nicht nur eine ökonomische, sondern auch eine moralische ... eine Arbeitsorganisation, in der viel über Personalführung gesteuert wird, ist nicht notwendigerweise 'herrschaftlicher' als eine, in der Personalführung kaum auszumachen ist*" (S. 193).

In diesen Bemerkungen wird ein Problem sichtbar, das in der TÜRKschen Konzeption von Personalführung als Restkategorie sozialer Kontrolle liegt. TÜRK geht davon aus (1981, S. 45, S. 61, S. 66, S. 79), daß das Bezugsproblem die Herstellung von Konformität mit "bestehenden", "vorformulierten", "feststehenden" Organisations-Normen sei. Er steht damit in der Tradition jener Autoren, die eine "überwältigende Objektivität" der "verwalteten Welt" (s. oben, S. 35) unterstellen. Die Kontrolle durch "das System" ist allgegenwärtig, umfassend und unentrinnbar. Wenn man dieses Bild entwirft, bleibt für (personale) Führung tatsächlich nur noch die Lückenbüßer-Rolle. Geht man aber davon aus, daß die organisationalen Normen und Kontrollen grundsätzlich unvollständig, dehnbar, widersprüchlich, entwicklungsbedürftig und unscharf sind, dann gewinnt personale Führung eine andere Qualität. Sie ist dann nicht nur eine Variante sozialer Kontrolle (Normenwächter und Büttel der Organisation), sondern auch ein Instrument der inhaltlichen Gestaltung und Veränderung eben dieser Normen, die ja gesellschaftlich vermittelte sind. In vielen Fällen mag der "Zwang der Verhältnisse" übergroß sein, so daß dem Vorgesetzten (und seinen Untergebenen) tatsächlich nur ein kleiner Handlungs-Spielraum bleibt. Aber dieser Spielraum ist nicht (nur) vorgegeben, er kann (auch) hergestellt werden durch aktive Nutzung jener Normenunschärfe und -widersprüchlichkeit.

In seiner Analyse bürokratischer Herrschaft behandelt SCHLUCHTER (1972) diese Dialektik. Ausgehend von der oben schon erwähnten These ENGELS' "*An die Stelle der Regierung über Personen tritt die Verwaltung von Sachen und die Leitung von*

Produktionsprozessen. Der Staat wird nicht 'abgeschafft', er stirbt ab" untersucht
SCHLUCHTER u.a. die Konsequenzen von Demokratisierung und Professionalisierung in bürokratischen Organisationen. Er weist nach, daß hier in mehrfacher Hinsicht unauflösliche Spannungszustände bestehen. Funktionale Autorität (Sachautorität, Expertentum) steht in einem Widerspruch sowohl zur *Amtsautorität* wie auch zur
Demokratisierung, weil sie tendenziell dazu führt, daß Nicht-Fachleute nicht mehr
mitzuentscheiden haben, wodurch es zu einer "Laisierung Dritter" (HARTMANN)
und damit zu ihrem Ausschluß aus demokratischer Kontrolle kommt. Funktionale
Autorität ist tendenziell wegen ihrer "strukturellen Labilität" "debürokratisierend"
(weil unvorhersehbar je nach Lage der Dinge und wechselnder Sachkompetenz entschieden wird), aber damit für komplexe Probleme und veränderliche Umwelten
überlegen. Sachautorität kann zwar durch Professionalisierung sekundär stabilisiert
werden (indem sich die Experten zu Vereinigungen zusammenschließen, spezifische
Ausbildungsgänge einrichten, sich bestimmten Verhaltens- und Wertkodices unterwerfen usw.), aber sie ist inhaltlich nicht mehr kontrollierbar und mündet durch die
Professionalisierung in eine neue *Bürokratisierung* (Berufsverbände, ethische Richtlinien, Repräsentanten usw.) und *Segregation* (Abgrenzung, Absonderung systeminter-
ner von -externen Rollen); durch diese Exklusivität wird wiederum demokratische
Kontrolle erschwert. Eine solche Perspektive *"behandelt Bürokratisierung, Professionalisierung und Demokratisierung, Amtsautorität, Sachautorität und demokratische
Kontrolle weder in erster Linie als historische Stadien noch als Aporien, sondern als konkurrierende Strategien und institutionalisierbare Gegenprinzipien, deren Zusammenspiel
erst die bei zunehmender Rationalisierung auch für Organisationen notwendige Komplexität erzeugt ... Organisationen, in denen ein Strukturprinzip und eine Strategie dominieren, sind deshalb entweder auf einem Stand relativer Undifferenziertheit verblieben oder
befinden sich in einem Prozeß der Regression" (SCHLUCHTER 1972, S. 174).*

Dieses Plädoyer SCHLUCHTERs, *antagonistische* Prinzipien und Strategien zu insti-
tutionalisieren, ist kein Aufruf zur Anarchie, sondern eine "politische" Antwort auf
die Herausforderungen wachsender Komplexität von Organisationen und Umwelten.
Sie richtet sich auch gegen die zwar gutwilligen, aber unkritischen Forderungen nach
radikaler Demokratisierung, Machtausgleich, Gruppenentscheidung, Arbeiterselbst-
kontrolle usw., weil diese die Erfahrungen, die in Kleingruppen gemacht und bestätigt werden können, auf Großorganisationen extrapolieren und dabei übersehen, daß
mit der quantitativen Veränderung ein qualitativer Wandel einhergeht, der eine völlig neue Organisation von Information, Zielsetzung, Entscheidung, Koordination und
Kontrolle erfordert.

6.4. Die Beobachtung von Führungsverhalten

In den meisten Untersuchungen des Führer-Verhaltens dominieren Schreibtisch-Analysen oder Befragungen von Unterstellten. Beide Vorgehensweisen sind wertvoll, aber sie unterliegen auch der Gefahr, daß Sollvorstellungen, Wunschdenken und persönliche Bezugssysteme eine große Rolle spielen. Aus diesem Grund kann die Methode der (Selbst-)Beobachtung Aufschlüsse erbringen, die durch die beiden anderen Ansätze nicht gewonnen werden können.

Es gibt verschiedene Varianten der Beobachtungsmethode; in der Führungsforschung sind vor allem zwei Hauptgruppen von Ansätzen genutzt worden:

1. *Beobachtung durch Externe*

   a) als fortlaufende unmittelbare Beobachtung. Hier begleitet z.B. ein registrierender Beobachter einen Vorgesetzten während des gesamten Arbeitstags, oder - im Labor - eine in sich abgeschlossene Aufgabe (z.B. eine Gruppendiskussion) wird in Gänze aufgezeichnet und/oder ausgewertet;

   b) als stichprobenartige unmittelbare Beobachtung. Nach einem genau festgelegten Stichprobenplan werden zu den vorherbestimmten Zeiten Beobachtungsprotokolle durch einen Externen angefertigt;

   c) als fortlaufende oder stichprobenartige Registrierung des Verhaltens durch technische Medien. Denkbar wäre z.B. die Aufzeichnung durch Video oder Funk. BEISHON & PALMER haben z.B. über 6 Vorgesetzte, die sie mit einem Funkmikrofon ausgestattet haben, lückenlose Tonbandprotokolle aller Aktivitäten über mehrere Arbeitstage hinweg erstellt.

2. *Selbstbeobachtung ("Tagebuch-Methode")*

   Bei dieser Vorgehensweise werden die Führungskräfte angehalten, alle täglichen Vorkommnisse (oder eine festgelegte Zahl davon) mit Hilfe von vorgegebenen Protokollbögen möglichst unmittelbar nach dem Ereignis zu kodieren; für jede Episode ist ein derartiges Blatt auszufüllen.

Die verschiedenen Methoden haben ihre spezifischen Schwächen. Bei der Fremdbeobachtung z.B. kann der Beobachter, der dem Vorgesetzten wie ein "Schatten" folgt, störend wirken oder künstliches Verhalten provozieren und als Uneingeweihter oft Bedeutung und Zusammenhang der Ereignisse nicht zutreffend einschätzen, so daß seine Eintragungen verzerrt sind. Bei der Tagebuch-Methode gehen die selbstprotokollierenden Führungskräfte erfahrungsgemäß sehr selektiv vor (sie berichten z.B. nur 2-10 Vorkommnisse pro Tag) und mit Fortdauer der Studie sinkt meist die Häufigkeit der Eintragungen, die zudem subjektiv verzerrt sein können.

Für beide Methoden gleichermaßen gilt, daß Selbstselektionseffekte eine große Rolle spielen, d.h. daß sich nur bestimmte Führungskräfte dazu bereitfinden, sich über Tage hinweg genau beobachten zu lassen oder selbst zu protokollieren.

Ich werde im folgenden auf die methodischen Besonderheiten der Vorgehensweisen nicht mehr eingehen, sondern - weil es mir um einen Überblick geht - die Ergebnisse zusammengefaßt berichten. Dabei werde ich nicht jeweils einzelne Studien zusammenhängend referieren, sondern die Ergebnisse verschiedener Untersuchungen unter insgesamt 7 Hauptpunkten zusammenstellen.

6.4.1. Empirische Ergebnisse

1. Der Arbeitstag der typischen Führungskraft ist aus sehr vielen kurzen Episoden zusammengesetzt.

Eine Episode wird abgeschlossen, wenn durch den Wechsel des Orts, des Gesprächspartners, des Kommunikationsmediums usw. eine neue Situation eintritt. SKEAFF (1967), der 21 "foremen" an 21 Arbeitstagen zu 3295 verschiedenen Zeitpunkten beobachtete, fand für den durchschnittlichen Arbeitstag pro Führungskraft 307 Episoden, deren mittlere Dauer unter einer halben Minute lag.

GUEST (1956) beobachtete 56 "foremen" je einen vollen 8-Stunden-Tag lang und registrierte dabei 32 652 einzelne Ereignisse. Deren Häufigkeiten pro Tag schwankten für die verschiedenen Vorgesetzten zwischen 273 und 1073; Mittelwert waren 583 Vorfälle, d.h. daß eine Führungskraft im Durchschnitt alle 48 Sekunden vor eine neue Situation gestellt wurde.

BEISHON & PALMER (1979) berichten von Vorgesetzten, die sie 10 bzw. 7 Tage lang mit dem Funkmikrofon "überwacht" hatten, daß die *"meisten Aktivitäten der Manager 3 Minuten oder kürzer dauerten. Im Schnitt sind es 7,59 bzw. 6,22 Minuten. In beiden Fällen zeigte sich, daß nur sehr wenige Ereignisse sehr lang dauern - bis zu 200 Minuten" (a.a.O., S.198).*

PONDER (zitiert in McCALL 1976) fand bei "foremen" im Mittel 200 - 270 Arbeitsakte pro 8-Stunden-Tag und CARLSON (1951), der als Pionier der Manager-Beobachtungsstudien gilt, berichtet über seine schwedischen Direktoren, daß sie während eines 35-Tage-Berichtszeitraums nur 12 mal für 23 Minuten oder länger ungestört waren. MINTZBERG (1975), der 5 Geschäftsführer beobachtete, fand, daß die Hälfte der Episoden weniger als 9 Minuten dauerten und daß nur 10 % länger als eine Stunde waren (s. Tab. 6.3. auf S. 160).

Die 160 Manager, deren Selbstberichte R. STEWART (1967) auswertete, gaben an, daß sie nur etwa einmal an zwei Tagen länger als eine halbe Stunde ununterbrochen arbeiten konnten.

STÄRK & WALLAT (1975) berichten von 7 Vorgesetzten in der DDR, daß "Störungen" durch "unangemeldete Besuche" zwischen 29 und 248 Minuten je Leiter ausmachten (S. 449).

2. *Vorgesetzte kommunizieren hauptsächlich mündlich.*

In der schon erwähnten Studie von GUEST (1956) zeigte sich, daß der Hauptanteil der täglichen Arbeitszeit durch "Reden" beansprucht war (46,6 %).

In MINTZBERGs Geschäftsführer-Studie wendeten die Unternehmensleiter 78 % ihrer Arbeitszeit in Gesprächen auf. STEWART (1967) berichtet, daß die Manager im Schnitt 43 % ihrer Zeit mit Diskussionen, 7 % in Konferenzen und 6 % mit Telefonieren verbrachten.

HORNE & LUPTON (1965, S. 26), die von 66 englischen Führungskräften aus dem Mittelmanagement Selbstberichte über eine einwöchige Arbeitsperiode auswerteten, teilen mit, daß 63 % der Arbeitszeit auf Zweier- und Gruppengespräche, Telefonate und Konferenzen entfielen.

In einer dreiwöchigen Beobachtungsstudie, in der insgesamt 578 Episoden analysiert wurden, fand CARROLL (1960), daß 4 Personalabteilungsleiter 65 % ihrer Zeit mit mündlicher Kommunikation verbrachten. BURNS, der von 4 leitenden Angestellten in einer britischen metallverarbeitenden Fabrik über einen Zeitraum von 25 Arbeitstagen Selbstbericht-Daten erhielt, stellt fest: *"Die einfachste Antwort auf die Frage: 'Wie verbrachten die vier Berichterstatter ihre Zeit?' ist: in Gesprächen. Im Durchschnitt verbrachten die vier 80 % der gesamten Berichtszeit (890 Std.) in Gesprächen, einschließlich Telefongesprächen"* (1954, S. 78). DUBIN & SPRAY (1964) teilen die Daten von 8 leitenden US-Führungskräften mit. Sie fanden, daß der Anteil verbaler Kommunikation an der Gesamtarbeitszeit im Durchschnitt 54 % betrug (mit einer Spannweite zwischen 26 und 91 %).

BRINKMANN et al. (1982) sammelten von 459 Führungskräften aus "kleineren" Unternehmen (zwischen 50 und 499 Mitarbeitern) Protokolle, in denen pro Tag etwa 2 "Arbeitsakte" detailliert beschrieben wurden. Bei der Auswertung der insgesamt berichteten 8708 Arbeitsvorkommnisse fanden sie zu 79,1 % mündliche und zu 35,1 % schriftliche Kommunikation (die Angaben ergänzen sich nicht zu 100 %, weil in 24 % aller Arbeitsakte beide Medien zum Einsatz kamen).

GRAVES (1979) stellt die Auswertung von "Kontakt-Tagebüchern" dar, die Manager aus drei Ländern 11 Tage lang führten. Er fand für mündliche Kommunikation (unmittelbar und telefonisch), daß Manager einer schottischen Fabrik 85,7 %, Führungskräfte einer französischen Fabrik 78,3 % und englische Manager 72,2 % der Gesamtzahl der Kontakte auf Miteinander reden verwandten.

Kategorie	Summenwert	Manager A	Manager B	Manager C	Manager D	Manager E
Gesamtarbeitsstunden	202 Stunden	28 1)	36	45	53	40
Gesamtzeit verbale Kontakte	158 Stunden	17	28	37	42	34
Gesamtzahl verbale Kontakte	368	65	55	71	106	71
Medien: % Kontakte / % Zeit						
Telefonate	36%/8% 1)	42/14	49/12	42/8	21/5	38/7
Geplante Treffen	29%/76%	25/60	25/75	38/79	17/69	42/88
Ungeplante Treffen	27%/13%	15/10	25/13	14/11	52/23	17/4
Reisen	8%/3%	18/16	-/-	6/1	11/4	3/1
Beteiligte: % Kontakte / % Zeit						
Unterstellte	64%/48%	66/60	59/34	54/50	77/39	65/61
Direktor	6%/7%	6/2	4/5	14/10	-/-	11/17
Kodirektor	5%/5%	9/19	14/12	3/3	1/0.2	1/0.3
Kollege und Verbandsorgan	3%/11%	-/-	-/-	10/28	2/16	3/1
Kunde	2%/3%	8/9	-/-	-/-	-/-	6/10
Lieferant	9%/17%	8/6	20/48	1/0.3	9/24	10/9
Unabhängige und andere	9%/8%	3/3	4/1	18/8	12/21	4/2
Einleitung des Kontakts (in % der Gesamtkontakte)						
Manager	32%	52	25	27	27	30
Andere Seite	57%	43	66	58	64	52
Gemeinsam	5%	2	5	-	6	10
Uhr, Termin	7%	3	4	15	3	8
Ort: % Kontakte / % Zeit						
Manager-Büro	75%/39%	87/39	86/38	66/41	75/38	85/47
Büro des Unterstellten	10%/8%	22/18	11/11	8/6	10/9	1/0.3
Werk	3%/1%	3/3	2/1	7/1	4/1	-/-
Konferenzraum	3%/14%	3/19	5/28	8/16	4/10	1/4
Außerhalb der Organisation	8%/38%	5/21	7/23	10/36	8/43	13/48
%-Satz der Aktivitäten mit einer Dauer unter 9 Minuten	49%	44%	40%	45%	56%	51%
%-Satz der Aktivitäten mit einer Dauer länger als 60 Mi nuten	10%	5%	12%	13%	9%	12%
eingehende Post Anzahl erhaltener Einheiten	659	112	142	164	172	69
ausgehende Post Anzahl der Reaktionen auf eingehende Post	206	34	20	65	49	38
Anzahl selbstinitiierter Reaktionen	25	15	3	1	1	5
Gesamtzahl ausgehende Post	231	49	23	66	50	43

1) Eine siebenstündige Reise des Managers A zu einem Kongreß-Hearing nach Washington blieb unberücksichtigt

Tab. 6.3.: **Die Aktivitäten von 5 Geschäftsführern während einer Arbeitswoche (aus MINTZBERG 1973, S. 242-250)**

BEISHON & PALMER (1979) berichten die Auswertung der durch Funk übermittelten Daten von 4 Managern, die 3 bis 11 Tage lang ununterbrochen beobachtet wurden. Manager D (7 Tage beobachtet) verwendete 64,3 % seiner Zeit in unmittelbaren oder telefonischen Gesprächen, E (11 Tage) 70,8 %, B (6 Tage) 49,6 % und A (3 Tage) 97,1 %.

3. *Kontakte mit Untergebenen spielen zwar eine wichtige, aber bei weitem nicht die alleinige Rolle.*

Die Zeit, in der Vorgesetzte "für sich allein" sind, beträgt meist weniger als ein Fünftel der Arbeitszeit. Die verschiedenen vorliegenden Studien stimmen darin überein, daß neben den Kontakten mit Unterstellten, vor allem die Beziehungen zu Gleichrangigen, Externen und höheren Vorgesetzten (in dieser Reihenfolge) wichtig sind.

Ich gebe einige Befunde im Telegrammstil wieder:

KELLY (1969): Vorgesetzte: 13 %, Kollegen: 20 %, Unterstellte: 28 %.

DUBIN & SPRAY (1962): Unterstellte: 42 %, Gleichrangige: 36 %.

BRINKMANN u.a. (1982): Vorgesetzte: 16,5 %, Untergebene: 53,1 %, Gleichgestellte: 23 %, "diagonale Kontakte": 16,1 %, Betriebsrat: 5,2 % (über 100 % wegen der Möglichkeit mehrerer Adressaten in einem "Arbeitsakt").

STEWART (1967): 26% mit Untergebenen, 8 % mit Vorgesetzten.

MINTZBERG (1975): mit Vorgesetzten: 7 %, mit Gleichgestellten: 16 %, mit externen Stellen: 28 %, mit Untergebenen: 48 %.

GUEST (1956): mit Vorgesetzten: 10 %, mit Unterstellten: 46 %, mit Kollegen: 12 %, mit anderen: 32 %.

PIERSOL (zit. in DUBIN 1962, S. 21): mit Vorgesetzten: 30 %, mit Unterstellten: 60 %, mit Kollegen: 10 %.

COPEMAN (1963): mit Vorgesetzten: 14,5 %, mit Kollegen: 10,5 %, mit Unterstellten: 30 % (Rest mit Kunden, Lieferanten, Stäben etc.).

4. *Führungskräfte haben keinen "festen" Arbeitsplatz.*

Einige Beobachtungsstudien, die den "Ort des Geschehens" erfaßten, zeigen Vorgesetzte als sehr mobile Personen: meist sind sie in ihrem eigenen Büro zu finden, häufig aber auch bei Vorgesetzten, Kollegen, Untergebenen, Externen (z.B. Kunden, Lieferanten etc.), in Konferenzen, Firmenveranstaltungen usw.

KELLYs Abteilungsleiter etwa verbrachten innerhalb ihrer eigenen Abteilung 54 % ihrer Arbeitszeit, in einer anderen Abteilung 12 %, in übergeordneten Stabsabteilungen 24 % und 10 % außerhalb des Werks.

HORNE & LUPTON (1965, S. 27) stellten fest, daß die von ihnen untersuchten Vorgesetzten 52 % ihrer Zeit im eigenen Büro waren und 15 % in firmenexternen Kontakten verbrachten.

Bei STEWART (1967) waren die Zahlenverhältnisse ähnlich: 75 % der Zeit in der eigenen Firma, 51 % im eigenen Büro.

Der Manager A, über den BEISHON & PALMER (1979) lückenlose Daten über drei Arbeitstage erhoben haben, war 67,7 % im eigenen Büro, 6,2 % im Büro des Vorgesetzten, 21,1 % im Büro des "Verwalters", 3,8 % im Werk und 1,2 % auf dem Firmengelände. Wie sehr sich die Verhältnisse jedoch an verschiedenen Arbeitstagen ändern können, wird im Protokoll des Managers B sichtbar, der 6 Tage lang ununterbrochen "verfolgt" wurde (s. Tab. 6.4.):

Aufenthaltsort	Tag 1	2	3	4	5	6
	%	%	%	%	%	%
Büro d. Vorgesetzten	0,0	0,0	19,7	18,2	6,7	1,4
Eigenes Büro	38,0	49,2	32,3	26,5	25,7	32,9
Büro d. Verwalters	0,0	5,1	0,0	0,3	7,8	1,9
Außenbüro	9,9	6,6	22,3	11,1	10,7	0,6
Kontrollräume	25,6	22,7	2,5	21,7	21,6	33,6
anderer Ort	26,5	16,4	23,2	22,2	27,5	29,6

**Tab. 6.4.: Die Aufenthaltsorte des Managers B an 6 Arbeitstagen
(aus: BEISHON & PALMER 1979, S. 196)**

5. *Der Arbeitstag eines Vorgesetzten ist voll unvorhergesehener bzw. ungeplanter Kontakte oder Ereignisse.*

MINTZBERG (1975) berichtet, daß 93 % der verbalen Kontakte seiner 5 Geschäftsführer auf einer ad hoc-Basis arrangiert wurden (siehe Tab. 6.3. auf S. 160). Bei allen

Gesprächskontakten des Managers D (insgesamt 1121 während der 11-tägigen "Über-
wachungszeit", die BEISHON & PALMER (1979) ausgewertet haben), waren 53 %
"zufällig" zustandegekommen!

6. *In Selbstberichten von Vorgesetzten über ihren Arbeitstag ist die Kodierung oft unzu-*
   verlässig.

Es ist naturgemäß schwierig, bei Tagebuch-Protokollen eine Überprüfung der Richtigkeit der Eintragungen vorzunehmen, weil meist unabhängige Kontrollinformatio-
nen fehlen (s. MARPLES 1967). Wenn jedoch innerhalb einer Organisation Führungskräfte untersucht werden, bietet sich die Möglichkeit, alle Berichte über gemeinsame Kontakte, die ja von jedem einzelnen protokolliert werden, auf inhaltliche
Übereinstimmung zu prüfen.

Vereinzelt ist dies geschehen; dabei konnte gezeigt werden, daß dasselbe Vorkomm-
nis z.T. sehr unterschiedlich interpretiert wurde:

Obwohl in BURNs Studie (1954) die vier untersuchten Manager intensiven Kontakt
miteinander hatten, kodierten sie in über 30 % der Fälle den Inhalt zweiseitiger Interaktionen verschieden. Der Abteilungsleiter vermerkte z.b. insgesamt 165 Verhal-
tensepisoden, in denen er *"Anweisungen gegeben oder Entscheidungen getroffen"* hätte;
seine drei betroffenen Untergebenen berichteten in nur 84 Fällen, *"Anweisungen oder*
Entscheidungen entgegengenommen" zu haben; sie kodierten den Rest unter *"Informa-*
tion oder Beratung erhalten".

WEINSHALL (1966) berichtet von 34 Managern, die morgens und abends die erin-
nerten Episoden notierten. Von 436 parallelen Vorgängen (an denen je zwei Be-
richtende beteiligt waren) stimmten nur 47 % hinsichtlich des Inhalts überein.

R. STEWART (1965) machte bei Vorstudien zu ihrer oben erwähnten Studie die Beobachtung, daß Führungskräfte nicht in der Lage waren, übereinstimmend zu unterscheiden zwischen

- Routine- und Nichtroutine-Tätigkeiten

- Spezialistenaufgaben und eigentlichen Führungsaufgaben

- Selbstinitiierten und fremdinitiierten Kontakten.

WEBBER (1970) zeigte bei der Untersuchung von 34 Vorgesetzten-Untergebenen-
Paaren, daß Berichte über Ausmaß und Einleitung verbaler Kommunikationen systematisch verzerrt waren.

HARPER & ARGENT (1975) fanden bei 1548 Episoden, bei denen zwei Personen
beteiligt waren, daß nicht einmal 40 % von beiden Partnern übereinstimmend berichtet wurden.

7.   Es besteht eine hohe Schwankungsbreite.

Mittelwertsangaben dürfen nicht darüber hinwegtäuschen, daß sowohl von Vorgesetztem zu Vorgesetztem, wie auch bei jedem einzelnen Vorgesetzten von Tag zu Tag sehr unterschiedliche Verhältnisse bestehen können.

Darauf wurde oben schon hingewiesen, als die hohe Streubreite der pro Tag berichteten Episoden erwähnt wurde. Auch aus dem oben abgedruckten Tabellenauszug von BEISHON & PALMER (1979) geht hervor, daß der Manager B an sechs aufeinanderfolgenden Tagen z.T. sehr unterschiedliche Prozentzahlen der Aufenthaltszeit an verschiedenen Orten hatte. Aus derselben Studie ist auch angeführt worden, daß die 4 untersuchten Manager A, B, D und E, was die Anteile mündlicher Kommunikation pro Arbeitstag angeht, zwischen 49,6 und 97,1 % aufzuweisen hatten. Siehe auch die von DUBIN & SPRAY (1964) berichtete Spannweite der Prozentanteile verbaler Kommunikation, die von 26 bis 91 % reichten (ähnlich COPEMAN 1963, S. 8).

In einer Kommunikationsstudie, in der BAUMÜLLER (1968) über einen Zeitraum von 2 mal 4 Wochen alle organisationsinternen schriftlichen ("organisierten") Kommunikationen von insgesamt 24 hohen Führungskräften eines Industriebetriebs auswertete, zeigt, daß je nach Funktion und hierarchischer Position erhebliche Unterschiede bestehen, die ich in der Abb. 6.6. grafisch veranschaulicht habe.

MAHONEY, JERDEE & CARROLL (1965) holten von 452 Führungskräften aus 13 Firmen und unterschiedlichen Hierarchiestufen mit Hilfe eines Fragebogens Einschätzungen über die für bestimmte Funktionen (s.u.) eingesetzte Arbeitszeit ein. Die relativen Zeitanteile habe ich in der Tab. 6.5. unter den Überschriften angegeben. Interessant ist jedoch auch die große Streubreite zwischen den Managern, die ich in der zweiten Zahlenreihe unter den jeweiligen Funktionen wiedergegeben habe. Darin zeigt sich das hohe Maß an funktioneller Spezialisierung in Managementpositionen, die es im Grunde unmöglich macht, von der Führungsposition zu sprechen: *"Relativ wenige der individuellen Profile ähneln dem Durchschnittsprofil"* (S. 103). Der typische Manager scheint kein Allround-Experte zu sein, sondern "einen relativ hohen Anteil seiner Zeit auf eine einzige Funktion zu konzentrieren" (S. 103). Unter ihren 452 Führungskräften konnten die Autoren nur 56 "Generalisten" ausmachen, die etwa gleiche Zeitanteile in allen Funktionen zeigten und nirgendwo mehr als 30% ihrer Zeit investierten und 29 "Multispezialisten", die in zwei Gebieten jeweils mehr als 30 % ihrer Arbeitszeit einbrachten. In Abb. 6.7., die eine Aufgliederung der Funktionen nach hierarchischen Ebenen vornimmt (wegen geringer Besetzung sind die Funktionen "Personalausstattung" und "Repräsentation" unberücksichtigt), wird deutlich, daß unmittelbare Führungsaufgaben mit steigendem hierarchischen Niveau zurückgehen, während "Planer" und "Generalisten" an Bedeutung gewinnen.

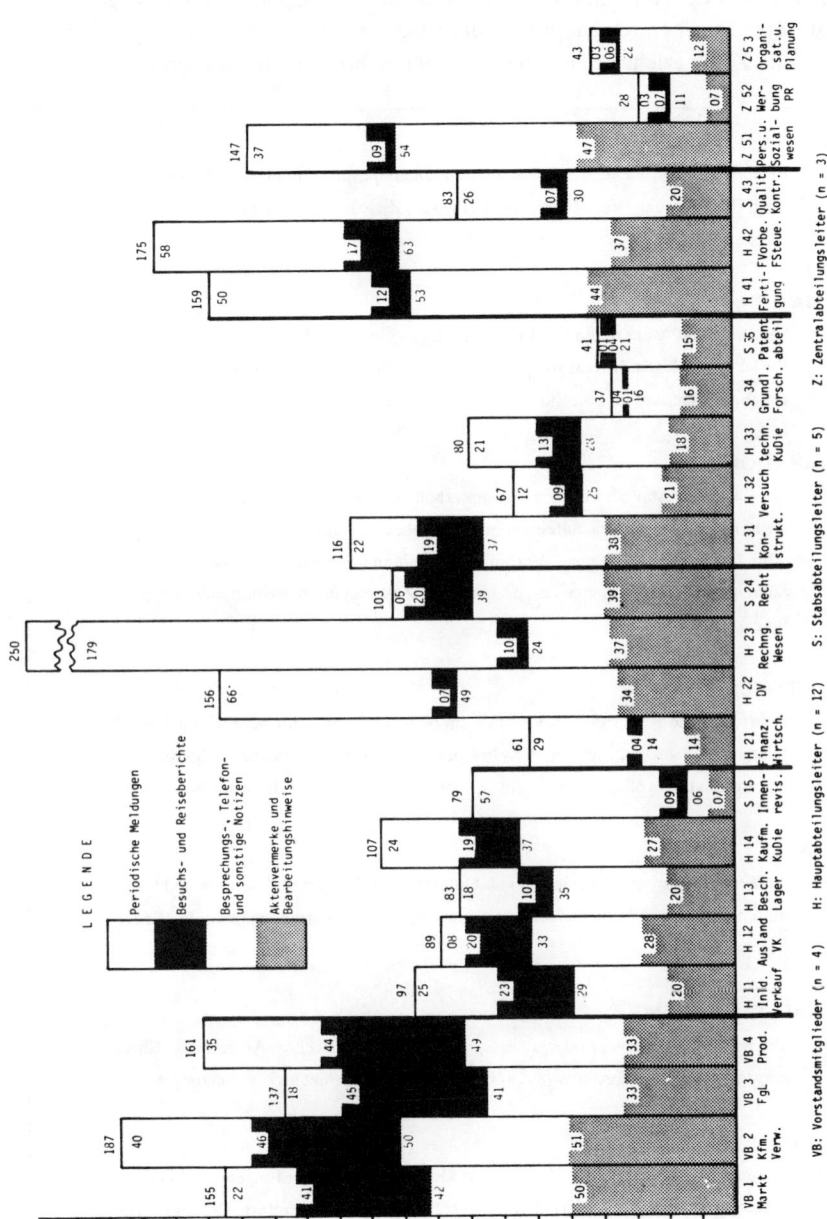

Abb. 6.6.: Verteilung der schriftlichen Kontakte in der Führungsspitze eines Industrieunternehmens (nach BAUMÜLLER 1968)

In der folgenden Tab. 6.5. (nach MAHONEY et al. 1965, S. 100 u. 105) gebe ich das Kategorien-Raster der Autoren wieder. Die nach jedem Kategorien-Namen angegebene erste Zahl ist der Durchschnittswert der jeweiligen Funktion für alle 452 Manager, die zweite Zahl bezieht sich auf die Schwankungsbreite in der Stichprobe.

PLANUNG:

(19,5 %) Bestimmung von Zielen, Grundsätzen und Handlungsprogrammen. Arbeitseintei-
(12-39)   lung, Budgetierung, Verfahrensregeln erlassen, Ziele oder Standards setzen,
          Tagesordnungen vorbereiten, programmieren.

INFORMATION:

(12,6 %) Sammeln und Aufbereiten von Information, gewöhnlich in Form von Mitteilungen,
(8-44)   Berichten, Belegen. Inventarisieren, Ausstoßmessung, Finanzaufstellungen vorbe-
          reiten, Berichtswesen, Forschungsarbeit, Arbeitsanalyse.

KOORDINATION:

(15,0 %) Informationsaustausch mit Personen innerhalb der Organisation (aber nicht Unter-
(9-39)   stellten), um Programme aufeinander zu beziehen und abzustimmen. Beratung anderer
          Abteilungen, Auslieferungen, Verbindungen mit anderen Managern, Arrangieren von
          Sitzungen, Information von Vorgesetzten, die Zusammenarbeit mit anderen Abtei-
          lungen suchen.

BEURTEILUNG:

(12,7 %) Beurteilen und Bewerten von Vorschlägen oder von berichteter oder beobachteter
(8-35)   Leistung. Personalbeurteilung, Ergebnisberichte beurteilen, Finanzberichte beurtei-
          len, Produktkontrolle, Anfragen zustimmen, Vorschläge oder Hinweise beurteilen.

FÜHRUNG:

(28,4 %) Anleiten, Führen und Entwickeln von Unterstellten. Unterstellte beraten und trai-
(12-50)   nieren, Arbeitsregeln erklären, Arbeit zuweisen, Disziplinarmaßnahmen, Beschwer-
          deregulierung.

PERSONALAUSSTATTUNG:

(4,1 %)   Die P.-Ausstattung einer oder mehrerer Einheiten sicherstellen. Anwerbung, Einstel-
(2-7)   lungsgespräche, Personalauswahl, -plazierung, -beförderung und -versetzung.

VERHANDLUNG:

(6,08 %) Einkaufen, Verkaufen oder Verträge für Güter oder Dienstleistungen abschließen.
(3-45)   Steuerverhandlungen, Lieferantenkontakte, Umgang mit Vertretern, Produktwerbung,
          Verhandlungen mit Gewerkschaften, Verkauf an Händler oder Kunden.

REPRÄSENTATION:

(1,8 %) Allgemeine Interessen der Organisation durch Reden, Beratungen und Kontakte mit
(1-4)   Individuen oder Gruppen außerhalb der Organisation fördern. Öffentliche Ansprachen,
         Aktivitäten in der Gemeinde, Pressemitteilungen, Besuch von Tagungen, Treffen in
         geschäftlichen Clubs.

Tab. 6.5.: Managementfunktionen (MAHONEY et al. 1965, S. 100 u. 105)

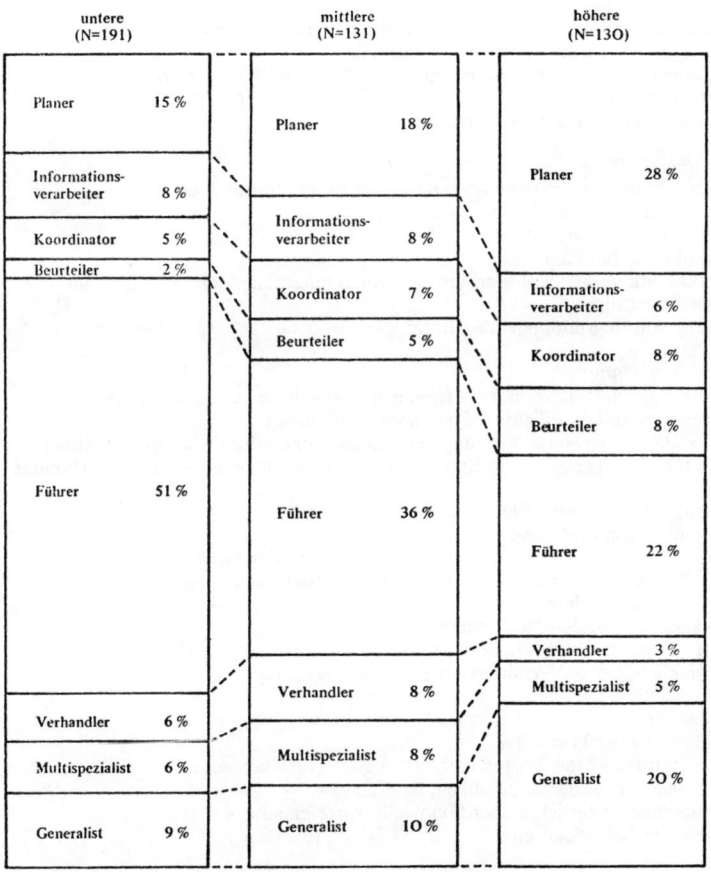

MANAGEMENT - EBENE

untere (N=191)   mittlere (N=131)   höhere (N=130)

Planer 15 %	Planer 18 %	Planer 28 %
Informationsverarbeiter 8 %	Informationsverarbeiter 8 %	Informationsverarbeiter 6 %
Koordinator 5 %	Koordinator 7 %	Koordinator 8 %
Beurteiler 2 %	Beurteiler 5 %	Beurteiler 8 %
Führer 51 %	Führer 36 %	Führer 22 %
		Verhandler 3 %
Verhandler 6 %	Verhandler 8 %	Multispezialist 5 %
Multispezialist 6 %	Multispezialist 8 %	Generalist 20 %
Generalist 9 %	Generalist 10 %	

Wegen Aufrundungen ergibt die Gesamtsumme nicht immer 100%

**Abb. 6.7.: Verteilung von Management-Typen auf verschiedenen hierarchischen
Ebenen (MAHONEY, JERDEE & CARROLL 1965, S. 109)**

Während das Kategorien-Schema, das MAHONEY u.a. benutzten, noch sehr stark an herkömmliche "normative" Einteilungen von Manager-Aktivitäten angelehnt ist, haben LUTHANS und seine Mitarbeiter - orientiert an einem lerntheoretischen Zugang zum Führungsgeschehen (s. dazu unten ausführlich S. 216 ff.) - eher verhaltensnahe Kategorien gewählt. Ich gebe ihr Schema im folgenden Kasten wieder:

Das LOS (Leader Observation System; deutsche Fassung zitiert nach LUTHANS & ROSENKRANTZ 1987)

1. Planung/Koordination
a) Setzen von Zielen
b) Bestimmen von Aufgaben, die zur Erreichung der Ziele nötig sind
c) Festlegen von Terminen für Mitarbeiter, Zeitpläne
d) Zuweisen von Aufgaben und Erteilen von routinemäßigen Instruktionen
e) Koordination der Tätigkeiten von verschiedenen Untergebenen, um einen ungestörten Arbeitsablauf zu garantieren

2. Personalbeschaffung
a) Beschreibung der Arbeitsaufgaben für neu zu schaffende Posten
b) Durchsicht von Bewerbungen
c) Interviews mit Bewerbern
d) Auswahlentscheidung
e) Kontaktaufnahme mit Bewerbern, um ihnen mitzuteilen, ob sie eingestellt werden oder nicht
f) Abgabe von Begründungen, wo nötig

3. Aus-/Weiterbildung
a) Einführung von Mitarbeitern, Planung von Ausbildungsseminaren usw.
b) Klären von Rollen, Pflichten, Stellenbeschreibungen
c) Hilfestellung, Beratung, Führung der Untergebenen durch Arbeitsgestaltung
d) Hilfe für Untergebene beim Erstellen von Plänen für persönliche Weiterbildung

4. Entscheidung/Problemlösung
a) Definieren von Problemen
b) Wahl zwischen zwei oder mehreren Alternativen oder Strategien
c) Verhalten gegenüber alltäglichen kritischen Situationen im Betrieb, sobald sie auftauchen
d) Abwägen der "trade-offs", Kosten-Nutzen-Analysen
e) Treffen von Durchführungsentscheidungen
f) Entwicklung neuer Verfahren zur Effizienzsteigerung

5. Schreibarbeit
a) Bearbeitung der Post
b) Lesen von Berichten, Posteinlauf
c) Verfassen von Berichten, Notizen, Briefen usw.
d) Routinemäßige Berichte über finanzielle Angelegenheiten
e) Allgemeine Schreibarbeit

6. Austausch von Routineinformationen
a) Beantwortung routinemäßiger Verfahrensfragen
b) Entgegennahme und Weitergabe von Informationen
c) Mitteilung der Ergebnisse von Besprechungen
d) Weitergabe oder Entgegennahme von routinemäßigen Informationen über das Telefon
e) Konferenzen informativer Art mit dem Personal (z.B. Interpretation des jüngsten Kostenstatus, neue Richtlinien der Unternehmenspolitik usw.).

7. Überwachung/Kontrolle der Leistung
a) Inspektion der Arbeit
b) Rundgänge und Überprüfung von Abläufen, Reisen
c) Überwachung der Leistungsdaten (z.B. Computerausdrucke, Produktions-, Finanzberichte)
d) Präventive Instandhaltung

8. Motivation/Verstärkung
a) Zuerkennung von formellen Belohnungen
b) Bitte um Arbeitseinsatz, Engagement
c) Mitteilung der Wertschätzung, Belobigungen
d) Vertrauen, wo es gebührt
e) Anhören von Vorschlägen
f) Positive Rückmeldung über Leistung
g) Steigerung der beruflichen Herausforderung
h) Delegieren von Verantwortung und Autorität
i) Untergebene erhalten Entscheidungsfreiheit zur Selbstgestaltung ihrer Arbeit
j) Eintreten für die Gruppe gegenüber Vorgesetzten und anderen, Unterstützung eines Untergebenen

9. Disziplinarische Maßnahmen/Bestrafung
a) Geltendmachung von Regeln und Grundsätzen
b) Nonverbales Kundtun des Grolls, Schikanieren
c) Degradierung, Entlassung, Kurzarbeit anordnen
d) Irgendeine formelle organisatorische Rüge
e) Einen Untergebenen "zur Schnecke machen", Kritik
f) Negative Rückmeldung über Leistung

10. Interaktion mit anderen
a) Public Relations
b) Kunden
c) Kontakte mit Lieferanten, Verkäufern
d) Besprechungen außer Haus
e) Karitative Tätigkeiten

11. Konfliktbewältigung
a) Bewältigung von interpersonellen Konflikten zwischen Untergebenen und anderen
b) Anrufung einer höheren Autorität, einen Streit zu schlichten
c) Anrufung einer 3. Person als Unterhändler
d) Versuche, Zusammenarbeit oder Übereinstimmung zwischen streitenden Parteien zu erreichen
e) Versuche, Konflikte mit einem Untergebenen zu lösen

12. Gesellschaftliche/politische Aktivitäten
a) Geplauder, das nicht mit der Arbeit in Zusammenhang steht (z.B. familiäre oder persönliche Angelegenheiten)
b) Ungezwungenes "Scherzen"
c) Gespräche über Gerüchte, Gerede, Gemunkel
d) Klagen, Meckerei, andere "abkanzeln"
e) Politische Aktivitäten, Intrigen spinnen

In einer späteren Veröffentlichung (1988) faßten LUTHANS, HODGETTS & ROSENKRANTZ die 12 Kategorien zu vier Hauptgruppen zusammen:

Beobachtungskategorien aus dem LOS	Zusammenfassung zu Hauptkategorien
Informationsaustausch Schreibarbeit	Routine-Kommunikation
Planen/Koordinieren Entscheiden/Problemlösen Kontrollieren	traditionelle Managementfunktionen
Interagieren mit Externen Soziale Kontakte pflegen/Mikropolitik	Beziehungspflege
Motivieren/Verstärken Disziplinieren/Bestrafen Konflikte handhaben Personal beschaffen Personal entwickeln	Human Resource Management

In verschiedenen Stichproben wurden insgesamt 457 Führungskräfte von trainierten Beobachtern bei ihrer Arbeit in den LOS-Kategorien eingestuft. LUTHANS u.a. fanden folgende Häufigkeitsverteilungen:

Relative Häufigkeit der beobachteten Manageraktivitäten

	Alle Manager (N = 248)	Erfolgs- Manager (N = 52)	Leistungs- Manager (N = 178)	Erfolgs- *und* Leistgs.-Mgr. (N = 15)
Routinekommunikation	29	28	44	31
trad. Managementfunkt.	32	13	19	34
Beziehungspflege	19	48	11	20
Human Resource Management	20	11	26	15
	100	100	100	100

Erfolgsmanager (successful managers) wurde jene genannt, die einen überdurchschnittlichen Karriere-Erfolg hatten (schnell befördert wurden, steilen Gehaltsanstieg hatten), während als Leistungsmanager (effective managers) Führungskräfte bezeichnet wurden, deren Ergebnisse überdurchschnittlich waren. Wie zu sehen ist, konzentrierten sich die "Erfolgsmanager" auf Beziehungspflege (48% ! ihrer Arbeitszeit), während Leistungsmanager "Routine-Kommunikation" betonten.

6.4.2. Schlußfolgerungen

Die berichteten Ergebnisse von Beobachtungsstudien lassen es geraten erscheinen, bei Aussagen über "die" Manager außerordentlich vorsichtig zu sein. Dennoch werde ich aus den berichteten Trends einige zusammenfassende Schlußfolgerungen ziehen. Dies ist aus mehreren Gründen nützlich: es trägt dazu bei, die einseitige und verengende Betrachtungsweise von Führung, wie sie in Schreibtisch-Analysen und Fragebogen-Erhebungen inzüchtig weitergegeben wird, zu korrigieren. Ein(e) Vorgesetzte(r) ist einiges mehr als "nur" Führer(in) von Unterstellten. Auch das Gewicht, das bei der Führungskräfte-Auslese auf einzelne Merkmale gelegt wird (z.B. Planungsfähigkeit, Erledigung von "Papierarbeit", gründliche Problemanalyse) wird relativiert, zusätzliche Anforderungen werden sichtbar. Nicht zuletzt haben die Befunde der Führer-Verhaltens-Beobachtung auch Konsequenzen für die Führungstheorie.

Im folgenden werde ich auf diesem Hintergrund die referierten Ergebnisse interpretieren:

1. *Vorgesetzte bevorzugen mündliche Kommunikation.* Sie sind viel eher "Reder" (nicht Redner!) als Schreiber. Mündlicher Informationsaustausch läßt Vorgesetzte "live" am Geschehen teilnehmen und verlangt von ihnen, daß sie ständig "auf Sendung sind". Papierarbeit als Produktion und Analyse von "Konserven" wird von den meisten Vorgesetzten - s. dazu MINTZBERGs (1973) Ausführungen und Belege - wenig geschätzt.

Dies hat zwei wichtige Konsequenzen: Zum einen ist sehr viel wichtige Information nur in den Köpfen der Vorgesetzten gespeichert und ist nicht mehr greifbar, wenn die Führungskraft ausfällt oder ausscheidet. Dies stellt eine bedeutende Machtquelle dar, die Vorgesetzte gegenüber der Organisation nutzen können. Zum anderen erklärt diese Situation das "Delegations-Dilemma" (MINTZBERG 1973): Um sich zu entlasten, sollten Vorgesetzte Aufgaben an Mitarbeiter abgeben; weil die dazu nötigen Informationen aber nicht portioniert und weitergebbar gespeichert sind, sondern als "Erfahrung", "Gespür", "Hintergrundwissen" usw. jeweils neu aktiviert und integriert werden müssen, ersparen sich viele Vorgesetzte langwierige Erläuterungen, machen die Sache selbst - und überlasten sich noch mehr.

2. *Vorgesetzte leben von sozialen Kontakten.* Sie arbeiten wenig allein in ihrem Büro. Es scheint für sie wichtig zu sein, zu möglichst vielen Informanten Beziehungen zu haben. Dabei spielt die hierarchische Verortung eine wichtige Rolle; aber neben dem Verbindung halten nach unten und oben sind auch die Kontakte zu Kollegen, Vorgesetzten und Unterstellten in anderen Abteilungen, zu Stäben, zum Betriebsrat und nicht zuletzt auch zu organisationsexternen Kontaktpartnern sehr wichtig. Dabei zeigt sich (was die Rolle mündlicher Kommunikation unterstreicht), daß die Vorgesetzten nicht nur an "harten Fakten" und "gesicherten Informationen" interessiert sind, sondern daß sie - wie insbesondere Fallstudien sehr eindringlich demonstrieren - in hohem Maße auf Gerüchte, Klatsch, Spekulationen, Andeutungen, Hörensagen usw. reagieren. Es ist wichtig, zu den Insidern zu gehören und Frühwarnsignale zu empfangen; denn was heute noch Gerücht ist, kann morgen schon Faktum sein - und dann ist es vielleicht für Anpassungsreaktionen zu spät. Das Kontaktnetz der Vorgesetzten hat die Funktion, sie auf dem Laufenden zu halten; sie müssen zur Stelle sein, wenn die Fäden zu vibrieren beginnen.

3. *Der Arbeitstag von Vorgesetzten ist äußerst zerstückelt.* Der Vielzahl der Störungen und Unterbrechungen können sie sich nicht durch "splendid isolation" entziehen, denn - wie gerade gesagt - sie leben ja von der aktuellen Information. Dieser "labor interruptus" verlangt die Fähigkeit, trotz aller Fragmentierung den "roten Faden" nicht aus den Augen zu verlieren.

"Bei einem andauernd läutenden Telefon, einer endlosen Serie von Sitzungen und Konferenzen und einem Schauer von Notizen und Papierkram kann der betriebsame Manager leicht Tag für Tag in fieberhafter Eile arbeiten und ein befriedigendes Gefühl der Leistung haben. Aber nicht wenige Manager arbeiten monatelang und machen doch keine Fortschritte angesichts sich abzeichnender oder existierender Probleme. Stattdessen verschlechtert sich manchmal die Situation, für die sie verantwortlich sind" (SKINNER & SASSER 1977, S. 141).

Vorgesetzte müssen deshalb die Kunst des Durchwurstelns beherrschen, hellwach und reaktionsschnell sein. Eine (erfolgreiche) Führungskraft, die einen gründlich erarbeiteten Plan unbeirrbar exekutiert, dürfte eher dem Ordnungsdenken von Organisationsfetischisten entsprungen sein, als daß sie in Wirklichkeit vorzufinden wäre.

4. *Der Arbeitstag ist uneinheitlich und enthält viele ungeplante Elemente.* In diesem Zusammenhang zitiert MINTZBERG (1975, S. 57) SAYLES, der das vielgebrauchte Bild vom Manager als "Dirigenten" persifliert und schreibt, daß eine Führungskraft *"wie der Dirigent eines Symphonieorchesters ist, der sich um eine wohlklingende Aufführung bemüht, bei der die Beiträge der verschiedenen Instrumente koordiniert und in Abfolge, Zusammenklang und Tempo abgestimmt sind, während gleichzeitig die Orchestermitglieder verschiedene persönliche Schwierigkeiten haben, Bühnenarbeiter ständig die Notenständer umstellen, excessive Hitze und Kälte Probleme mit den Zuhörern und Instrumenten erzeugen und der Konzertveranstalter auf irrationalen Änderungen im Programm besteht".*

Viel seltener als es der Mythos von der souveränen Führergestalt wahrhaben will, ist eine Führungskraft Initiator und Impulsgeber; sie ist mindestens genauso oft gezwungen, auf die Vorgaben anderer oder auf unvorhergesehene Entwicklungen zu reagieren. Sie muß deshalb in hohem Maße umstellungsfähig sein, gewissermaßen ein "Sponti-Tuwas", der sich nicht sklavisch an ein Schema F bindet, sondern sich durch konsequente Inkonsistenz auszeichnet und ausgeprägt oder oberflächlich sein kann. Auf der Basis ihrer Analyse von 31 Fallstudien formulieren SKINNER & SASSER (1977, S. 140) das Fazit: *"Manager, die beständig viel erreichen, sind bemerkenswert unbeständig in der Art wie sie Probleme anpacken."*

Für schwache Manager gilt: *"Ihr Untergang ist Beständigkeit, nicht nur eine allgemeine Beständigkeit des Stils, sondern auch eine Tendenz, auf einer begrenzten Anzahl von Instrumenten und Techniken zu beharren, die auf einer kleinen Auswahl von Führungsgrundsätzen beruhen, die sie immer und immer wieder benutzen" (S. 143).*

5. *Vorgesetzte sind mit vielen kurzen Arbeitsakten ausgelastet.* Wegen der häufigen Unterbrechungen kann sich eine Führungskraft meist nicht auf ein Problem konzentrieren und es endgültig lösen: sie ist wie ein Rastelli, der gleichzeitig mehrere Bälle in der Luft hat und dafür sorgen muß, daß keiner von ihnen herunterfällt. Diese Kurzatmigkeit hält ab von gründlicher Reflexion und erklärt auch, warum "action" einen so hohen Stellenwert für Vorgesetzte als "Macher" hat. Sie stehen damit ständig unter Zeitdruck; nicht von ungefähr haben

Management-Seminare, die "rationelle Arbeitstechniken" versprechen (s. RÜHLE 1982), einen starken Zulauf.

Weil es für Vorgesetzte darauf ankommt, den "kritischen Punkt" möglichst schnell zu erfassen, können sie sich mit differenzierender Problematisierung nicht aufhalten: ihr Job ist Reduktion von Komplexität - oftmals auf das Niveau von Daumenregeln. Bei dieser Nötigung zu vielfach holzschnittartiger Vereinfachung laufen sie aber immer Gefahr, wichtige Details zu übersehen - und dies ist ihr Dilemma: sie denken in groben Grundzügen und müssen gleichzeitig sensibel auf kleinste Unterschiede und Anzeichen von Veränderungen achten.

6. *Vorgesetzte sind mehr als Führer.* Wie oben (Punkt 2) schon erwähnt, müssen sich Vorgesetzte ein umspannendes Kontaktnetz schaffen. Sie sind nicht nur Führer von Untergebenen, sie handeln zu einem großen Teil auch auf eigene Rechnung, etwa als Fachfrau, die mit Kunden oder Lieferanten Gespräche führt, als erfahrene Spezialistin, die schwierige Aufgaben selbst erledigt, als Repräsentantin der Organisation in öffentlichen Veranstaltungen, als empfindliche Antenne, die alle Signale registriert, die das eigene Fortkommen betreffen usw. Führungsstil-Analysen und Führerverhaltens-Fragebogen engen das Blickfeld unzulässig ein auf die Vorgesetzten-Untergebenen-Beziehung; sie übersehen dabei, daß Vorgesetzte auch noch Experten, Verbindungsoffiziere, Feuerwehrmänner, Galionsfiguren, Spionagesatelliten usw. sind (s. auch die zehn Rollen, die MINTZBERG (1973), nennt und die oben - s. S. 100 f. - im einzelnen erläutert wurden).

7. *Vorgesetzte müssen mobil sein.* Nicht in dem Sinne, daß sie bereit zu Aufstieg und Versetzung sind, sondern im Hinblick auf ihren Arbeitsplatz, denn dieser ist nicht nur das eigene Büro, sondern auch die Zimmer von höheren Vorgesetzten, Kollegen, Stabsleuten, Unterstellten, Kunden usw. Wegen der Bedeutung aktueller mündlicher Information und der großen Zahl seiner Gesprächspartner sind Vorgesetzte oft gezwungen, "vor Ort" tätig zu sein und Information als Holschuld zu betrachten. Die regelmäßig angelieferten schriftlichen Informationen (Post, Berichte, Statistiken, Rundschreiben, Geschäftsmitteilungen usw.) werden - MINTZBERG (1973) zufolge - häufig als Belastung und Papierflut betrachtet. Ihre Bearbeitung erfolgt kursorisch, sie werden beiseitegelegt, oft "in einem Aufwasch" weggearbeitet und in hohem Maße selektiv gelesen, weil meist nur ein kleiner Bruchteil für relevant gehalten wird.

Weil Vorgesetzte damit zeitweilig nicht erreichbar sind, häufen sich die Kontaktwünsche dann in ihrer Anwesenheitszeit und manche Vorgänge werden aufs geduldigere schriftliche Medium verlegt, das die Adressaten sicher erreicht, aber - weil verspätet - eben auch nur verzögert zur Reaktion veranlaßt.

Ähnliche Schlußfolgerungen zieht KOTTER auf der Basis seiner Beobachtungen von Geschäftsführern in den USA.

Fast 10 Jahre nach MINTZBERG hat KOTTER in einer ähnlichen Studie insgesamt 15 Geschäftsführer in den USA (General Managers; GM) während zwei Jahren insgesamt 500 Stunden beobachtet und dabei 4000 Seiten Notizen angefertigt. Im folgenden referiere ich seine zusammenfassende Darstellung der Gemeinsamkeiten der Zeitverwendung der GMs (KOTTER 1982, S. 80 f):

"1. *Sie verbrachten die meiste Zeit mit anderen.* Der durchschnittliche GM verbrachte nur 24% seiner Arbeitszeit allein und dies war gewöhnlich zu Hause, in einem Flugzeug oder beim Pendeln. Nur zwei der GMs ... verbrachten weniger als 70% ihrer Zeit mit anderen. Die meisten GMs verbrachten den größten Teil ihres Arbeitstags mit Reden und Zuhören; einige verbrachten bis zu 90% ihrer Arbeitszeit auf diese Weise.

2. *Zu den Leuten, mit denen sie ihre Zeit verbrachten, gehörten viele andere außer den direkten Unterstellten und Vorgesetzten.* Es war nichts ungewöhnliches, einen GM mit einem Unterstellten eines Unterstellten, einem Chef des Chefs, einem Kunden oder Lieferanten, oder einem Externen ohne formale Beziehung zu seiner Firma sprechen zu sehen. Die GMs umgingen regelmäßig die formale Befehlskette, und sie kamen ebenso regelmäßig mit Leuten zusammen, die oft relativ unbedeutende Außenstehende zu sein schienen.

3. *Die Breite der Themen, die sie in Diskussionen mit diesen Leuten behandelten, war extrem.* Die GMs beschränkten ihr Interesse nicht auf Planung, Geschäftsstrategie, Personalausstattung und andere "Top-Management"- Angelegenheiten. Gelegentlich diskutierten sie buchstäblich alles und jedes was auch nur entfernt mit ihren Geschäften und Organisationen zu tun hatte.

4. *In diesen Gesprächen stellten die GMs normalerweise viele Fragen.* Es kam vor, daß in einer halbstündigen Diskussion einige der GMs ... buchstäblich hunderte von Fragen stellten.

5. *In diesen Gesprächen schienen die GMs selten "große" Entscheidungen zu treffen.* Meine Studenten "treffen" in ihren Fall-Diskussionen an einem Tag mehr große Entscheidungen als bei den meisten GMs in einem Monat beobachtet werden konnten.

6. *Diese Diskussionen enthielten normalerweise ein beträchtliches Maß an Witzeln, Hänseln und nicht arbeitsbezogenen Themen.* Der Humor bezog sich oft auf andere in der Organisation oder Branche. Andere nicht arbeitsbezogene Diskussionen behandelten gewöhnlich die Familien der Personen, Hobbies oder kürzliche Freizeit-Aktivitäten (Golfpunkte usw.).

7. *In einer nicht geringen Zahl dieser Begegnungen war das Hauptthema, um das es ging, für das Geschäft oder die Organisation relativ unwichtig.* D.h., die GMs engagierten sich regelmäßig in Tätigkeiten, die sogar sie selbst als Zeitvergeudung betrachteten.

8. *In diesen Begegnungen gaben die GMs selten "Anweisungen" in einem traditionellen Sinn.* D.h., sie sagten den Leuten selten, was sie zu tun hätten.

9. *Nichtsdestoweniger machten die GMs häufig Versuche andere zu beeinflussen.* Aber anstatt den Leuten zu "sagen", was sie zu tun hätten, zogen sie es vor zu bitten, zu ersuchen, gut zuzureden, zu überreden oder einzuschüchtern.

10. *In der Einteilung ihrer Zeiten mit anderen verhielten sich die GMs oft in einer "reaktiven" Weise.* Der Hauptteil des typischen Tages eines GMs war nicht im voraus geplant. Auch jene GMs, die einen vollen Kalender mit vorgeplanten Sitzungen hatten ... endeten oft damit, viel Zeit mit der Diskussion von Themen zu verbringen, die nicht auf der offiziellen Tagesordnung standen.

11. *Die meiste Zeit mit anderen wurde in kurzen und zusammenhangslosen Gesprächen verbracht.* Selten sah man, daß eine Diskussion einer einzelnen Frage oder Thematik mehr als zehn Minuten dauerte. Und es war überhaupt nicht ungewöhnlich eine fünfminütige Interaktion zu sehen, die zehn unzusammenhängende Themen behandelte.

12. *Ihr Arbeitstag war lang.* Die Durchschnittsperson arbeitete etwas unter 60 Stunden pro Woche; nur drei der 15 GMs arbeiteten weniger als 55 Stunden pro Woche ... Obwohl sie einen Teil ihrer Arbeit zu Hause, beim Pendeln oder beim Reisen erledigten, verbrachten sie den größten Teil der Zeit an ihrem Arbeitsplatz (Der Durchschnitts-GM reist nur viereinhalb Tage pro Monat. Nur zwei der 15 ... reisten mehr als sechs Tage pro Monat)."

Aus diesen Überlegungen zu den Befunden der Verhaltensbeobachtung läßt sich Mißtrauen gegenüber häufigen, aber häufig auch simplen Ratschlägen begründen. Solche Standard-Ingredienzien von Führungsbrevieren sind z.B.:

- Delegiere alle Arbeiten, die Deine Mitarbeiter ausführen können.
- Analysiere Probleme gründlich, bevor Du Maßnahmen triffst.
- Denke in großen Zusammenhängen und verliere Dich nicht ins Detail.
- Konzentriere Dich auf objektive Information und gib nichts auf Klatsch und Hörensagen.
- Konzentriere Dich aufs Führen, das Ausführen sollen Deine Mitarbeiter besorgen.
- Setze Dir selbst Handlungsschwerpunkte und verfolge sie konsequent.
- Plane Deine Arbeit im voraus.

- Halte Dir immer genügend Zeit fürs Nachdenken frei.
- Sei berechenbar in Arbeitsstil und Vorgehensweise.

An der Richtigkeit solcher Kalenderweisheiten zweifle ich nicht. Es ist in der Praxis aber offensichtlich aus strukturellen Gründen (und nicht wegen persönlicher Unfähigkeit von Vorgesetzten) äußerst schwierig, wenn nicht unmöglich, diese Regeln tatsächlich einzuhalten. Sie vermitteln ein zu reines und zu logisches Soll-Modell des Arbeitens; suggerieren aber gleichzeitig, daß es möglich sei, diese Anweisungen in die Tat umzusetzen. Weil dies aber nicht der Fall ist, besorgen sie jeder Führungskraft ein schlechtes Gewissen, weil sie glaubt, nur bei ihr ginge es so chaotisch, hektisch und zerstückelt zu. Das manchmal kreative, manchmal entnervende Chaos, das Führungskräfte vorfinden und schaffen, ist ein idealer Nährboden für Mikropolitik. Darauf werde ich weiter unten noch ausführlich eingehen.

7. Theorien des Führens

Vorbemerkung

Auch in den vorangegangenen Kapiteln sind schon Führungs-Theorien behandelt worden (z.b. die Eigenschafts-Theorie oder die Rollen-Theorie). Die beiden folgenden Theorie-Kapitel setzten aber einen etwas anderen Akzent: Dem Titel des Buches entsprechend werde ich zunächst "Theorien des Führens" und dann "Theorien des Geführtwerdens" besprechen. Dazu einige Vorbemerkungen:

In den "Theorien des Führens" steht der *personale Einfluß auf Geführte* im Mittelpunkt. Führung ist hier eine hierarchisch strukturierte soziale Beziehung, bei der typischerweise ein(e) Vorgesetzte(r) den Geführten gegenübergestellt und - mit Macht-Informations-, Status-, Fähigkeits-Vorsprüngen ausgestattet - das Handeln dieser Geführten maßgeblich bestimmt. Theorien über diese Beziehung sind eigentlich "Führer-Theorien" (oder Führerin-Theorien), weil sie analysieren oder abbilden, wie und mit welchen Folgen eine Führungskraft vorgeht, um *ihre* Vorstellungen durchzusetzen. Führung gilt dabei als eine zweiseitige Relation; die Unterstellten sind *Objekte* von Einflußversuchen. Ableitungen aus diesen Theorien bieten sich für Gebrauchsanleitungen an ("Wie man mit Mitarbeitern erfolgreich umgeht").

Anders ist die Ausgangslage bei den "Theorien des Geführtwerdens". Hier werden die Inhaber(innen) von Führungspositionen nicht als etwas *qualitativ* anderes hervorgehoben, sondern mit den Geführten zusammen in umfassendere Kontexte eingeordnet. Beide führen einander und/oder werden geführt durch fremdbestimmte und selbstgeschaffene Bedingungen (z.B. Normen, Strukturen, Vereinbarungen, Gewohnheiten usw.). Führer(innen) sind nicht mehr autonome, überlegene, alleinverantwortliche, allwissende Lenker, sondern ebenfalls Gelenkte. Nicht mehr die dyadische Beziehung "Vorgesetzte(r) - Mitarbeiter" steht im Mittelpunkt, sondern Beziehungs-Netze, Kraftfelder oder Strukturen, in denen Führer wie Geführte integriert sind. Die Betrachtungsweise ist nicht mehr linear (im Schema "oben - unten"), sondern polyzentrisch: viele Einflüsse sind gleichzeitig und zum Teil zirkulär wirksam.

Die *Theorien des Führens*, die ich in diesem Kapitel behandele, habe ich in zwei Gruppen unterteilt. In der ersten werde ich "pragmatische" Ansätze besprechen, die eine geringere Reichweite haben, weil sie speziell für die Analyse und Gestaltung von *Führungsstilen* "maßgeschneidert" wurden und deshalb auf andere Sachgebiete nicht übertragbar sind. Bei einem Wechsel des Fokus (z.B. von Führungsstil auf Macht oder Geführten-Strategien) sind solche Ansätze kaum noch verwertbar. Den Vorteil (scheinbar) größerer Anwendungsnähe bezahlt diese erste Gruppe mit geringer Generalisierbarkeit. Musterbeispiel für diese erste Theoriengruppe ist der Ansatz von FIEDLER, der - ausgehend von empirischen Befunden mit wenig elaborierten Meß-instrumenten - interessante Zusammenhänge entdeckt hat und in immer neuen Interpretationsversuchen Sinn zu machen sucht aus seinen *Meß- und Analyse-Verfahren*.

Die zweite Gruppe orientiert sich an Grundlagentheorien und versucht, Führungs-verhalten und Führungsstil aus einer allgemeineren Perspektive zu analysieren. Bei-spiele sind etwa lerntheoretische, attributionstheoretische oder motivationstheore-tische Ansätze. Mit dem höheren Abstraktionsgrad sind zunächst für den sprichwört-lichen Praktiker sowohl Einsichtsverluste wie ein Defizit an anwendungsreifen Ge-staltungsvorschlägen verbunden. Durch Einbettung in umgreifendere Zusammen-hänge besteht aber andererseits die Chance zum Erkenntnisfortschritt und zu einer Verbreiterung des Handlungsrepertoires aller Beteiligten.

Beiden Gruppen von *Theorien des Führers* ist gemeinsam, daß sie sich auf Verhalten (bzw. Verhaltensstile) konzentrieren. Sie gehen damit - im Unterschied zu den später darzustellenden Ansätzen der *Theorien des Geführtwerdens* - davon aus, daß Aktionen einzelner Personen ("Führer") einen Unterschied machen und daß gewollte Effekte durch entsprechendes personales Handeln gezielt herbeigeführt werden können.

7.1. Pragmatische Ansätze

In den Ansätzen der ersten Theorie-Gruppe sehe ich zwei unterschiedliche Richtun-gen: die eine orientiert sich an *eindimensionalen* Führungsstil-Konzeptionen, die an-dere an *mehrdimensionalen.*

7.1.1. Eindimensionale Ansätze

7.1.1.1. Das Kontinuum "autoritär - kooperativ"

Diese erste Gruppe, die in der betriebswirtschaftlichen Literatur besonders beliebt ist, orientiert sich an LEWINs klassischer Studie. Dort wurde untersucht, welchen Einfluß einerseits "autoritäres", andererseits "demokratisches" Führerverhalten auf Produktivität, Kreativität, Klima etc. von Kindergruppen hatten, die Papiermasken anfertigten und bemalten.

Das Kontinuum

autoritär ———————————————— demokratisch

wurde später mehrfach variiert, umbenannt oder neu interpretiert. Bekannt sind Ge-genüberstellungen wie "autoritär - kooperativ", "führerzentriert - geführtenzentriert", "imperativ - kooperativ", "direktiv - partizipativ" usw.

Die zentrale Variable, um die es meist ging, war das Ausmaß der Entscheidungsbe-teiligung, das Unterstellten zugestanden wird. Das Kontinuum wird meist in ver-schiedene Abstufungen zerlegt; in der Fußzeile der Abb. 7.2. (S. 182) ist eine solche Variante wiedergegeben.

Gegenüberstellungen dieser Art haben auch zahlreiche deutschsprachige Autoren inspiriert, die die Dimension "autoritär - kooperativ" zu einem Generalnenner gemacht haben, der eine große Zahl polarer Gegenüberstellungen rechtfertigt.

Als Anschauungsmaterial für die zum Teil außerordentlich differenzierten Systeme, die z.B. BLEICHER & MEYER 1976, BAUMGARTEN 1977, LATTMANN 1975, 1982 oder SEIDEL 1978 entwickelt haben, ist in Abb. 7.1. das Einstufungsraster von BAUMGARTEN (1977, S. 27) abgedruckt.

		1	2	3	④	5	6	7	
① Art der Willensbildung	individuell								kollegial
② Verteilung von Entscheidungsaufgaben	zentral								dezentral
③ Art der Willensdurchsetzung	bilateral								multilateral
④ Informationsbeziehungen	bilateral								multilateral
⑤ Art der Kontrolle	Fremd-kontrolle								Selbst-kontrolle
⑥ Formalisierungs- und Organisationsgrad	stark								schwach
⑦ Einstellung des Vorgesetzten zum Mitarbeiter	Mißtrauen								Offenheit
⑧ Einstellung des Mitarbeiters zum Vorgesetzten	Respekt, Abwehr								Achtung, Vertrautheit
⑨ Grundlage des Kontaktes zwischen Vorgesetztem und Mitarbeitern	Abstand								Gleich-stellung
⑩ Häufigkeit des Kontaktes zwischen Vorgesetztem und Mitarbeitern	selten								oft
⑪ Handlungsmotive des Vorgesetzten	Pflichtbewußt-sein, Leistung								Integration
⑫ Handlungsmotive des Mitarbeiters	Sicherheit, Zwang								Selbständig-keit, Einsicht
⑬ Bindung der Mitarbeiter an das Führungssystem	schwach								stark
⑭ Soziales Klima	gespannt								verträglich

Spaltenannotationen: Extrem autoritärer Führungsstil — Extrem kooperativer Führungsstil

Abb. 7.1.: Schema zur Erfassung des Führungsverhaltens

Das zentrale Problem dieser nur scheinbaren Differenzierungen ist, daß sie trotz des Reichtums der Betrachtungsperspektiven letztlich doch die Vieldimensionalität drastisch auf das eine Kontinuum "autoritär - kooperativ" reduzieren und damit die Unabhängigkeit der vorher postulierten Einzelaspekte aufgeben. Die Einzelmerkmale des Führungsstils sind somit lediglich variierende Beschreibungen ein und desselben. Es wird gar nicht der Versuch unternommen, den Zusammenhang der Aspekte *empirisch* zu ermitteln; eine solche Untersuchung würde wahrscheinlich keineswegs perfekte Korrelationen zwischen den Dimensionen erbringen (Beispiel nach Abb. 7.1.: "11. Handlungsmotive des Vorgesetzten" dürften - wie immer operationalisiert - kaum perfekt mit "14. Soziales Klima" interkorrelieren !).

Man müßte *theoretisch* zeigen, daß in allen Einzeldimensionen derselbe Faktor (nämlich: Macht oder Entscheidungsmonopol) steckt. Dies ist ein durchaus sinnvoller Ansatz, der in den Politik-Konzeptionen von Führung genutzt wird (s. dazu Kap. 8.3. in diesem Buch). Die eindimensionalen Führungsstil-Modelle verschleiern aber die zugrundeliegende Kerndimension und geben vor, facettenreiche *empirische Beschreibungen* zu sein. Diese Behauptung widerlegen sie jedoch selbst, weil sie sich weder empirisch noch theoretisch auf eine Prüfung einer möglichen Mehrdimensionalität einlassen.

7.1.1.2. FIEDLERs Kontingenztheorie

Während die eben genannten Ansätze zwar ausgefeilte, aber empirisch unüberprüfte Analyseraster anbieten, hat FIEDLER das Verdienst, als erster eine scheinbar prinzipiell falsifizierbare Führungstheorie vorgelegt und empirisch geprüft zu haben.

Ausgangspunkt ist eine sehr eigenwillige Definition von Führungsstil: Anders als alle anderen Autoren versteht FIEDLER darunter nicht charakteristisches Muster zeit- und situationsstabiler Verhaltensweisen, sondern einen Wahrnehmungsstil. Er operationalisiert dieses Konzept mithilfe eines Polaritätenprofils, in dem Führungskräfte jenen Mitarbeiter beschreiben sollen, mit dem sie bisher am schlechtesten zusammenarbeiten konnten (LPC: least preferred coworker). Der resultierende Wert ist der (eindimensional konzipierte) Führungsstil: Wenn Vorgesetzte ihren LPC durchgängig abwerten, erreichen sie einen niedrigen LPC-Wert (und gelten als "aufgabenorientiert"); finden sie auch noch einige positive Seiten am LPC, ist ihr Führungsstil-Wert höher und sie werden als "beziehungsorientierte" Vorgesetzte eingestuft.

Zugleich werden verschiedene Aspekte der Situation, in der Vorgesetzte handeln müssen, erfaßt: die *Führer-Mitglieder-Beziehungen* (ebenfalls in einem von der Führungskraft ausgefüllten Polaritätenprofil), die *Positionsmacht* (auf der Grundlage einer von dem/der Vorgesetzten ausgefüllten Prüfliste) und die *Aufgabenstruktur* (anfangs durch Beobachter-Rating bestimmt). Dichotomisiert man die Werte dieser drei Situations-Faktoren, erhält man $2^3 = 8$ mögliche Situations-Konstellationen, die FIEDLER auf einem "Kontinuum der situativen Günstigkeit" ordnet (wobei das Gewicht der drei Faktoren in der oben angegebenen Reihenfolge abnimmt). In seiner "speziellen Kontingenz-Hypothese", die FIEDLER aus der Analyse einer größeren Zahl empirischer Untersuchungen ableitete, behauptet er, daß die Korrelation (!) zwischen Führungsstil (LPC-Wert) und Effektivität mit der situativen Günstigkeit variiere: In mäßig günstigen Situationen würden Vorgesetzte mit hohem LPC-Wert, in sehr (un)günstigen Situationen dagegen Vorgesetzte mit niedrigem LPC-Wert erfolgreicher sein.

Nachfolgende Untersuchungen haben diese Vermutung im Regelfall nicht bestätigt - sofern die Autoren der Studien *nicht* der FIEDLER-Schule angehörten. Autoren, die mit FIEDLER zusammenarbeiteten, fanden immer einen Weg, ihre Ergebnisse als theoriekonform auszulegen (s. die Überblicksartikel von GRAEN, ALVARES, ORRIS & MARTELLA 1970, ASHOUR 1973, SARGES 1976, SCHRIESHEIM & KERR 1977).

Später hat FIEDLER seine Theorie marktgängiger formuliert (s. FIEDLER, CHEMERS & MAHAR 1979) und andere Meßverfahren vorgeschlagen, aber am Rationale der Theorie hat sich nichts geändert.

Weil sein Ansatz nur noch historischen Wert hat, gehe ich nicht näher darauf ein. FIEDLER hat mit seiner Kontingenztheorie viele empirische und methodologische Arbeiten angeregt, war aber nicht bereit, die differenzierte Kritik an Meßverfahren und Theorie für Revisionen seines Ansatzes zu nutzen. Seine Arbeit ist ein gutes Beispiel dafür, daß Theorien erst grundlegend geändert oder aufgegeben werden, wenn ihr Begründer gestorben ist. FIEDLERs Ausgangspunkt waren (fragwürdige) Meßverfahren; die Ergebnisse, die er mit ihnen erhielt, hat er zur "Theorie" generalisiert. Für seine rein empirisch begründeten Verallgemeinerungen hat er wechselnde Erklärungen angeboten, so daß er sich allen möglichen Befunden anpassen konnte. Eine vertiefte Einsicht in das Zustandekommen seiner Ergebnisse konnte er aber nicht vermitteln.

7.1.1.3. VROOM & YETTON: Die Wahl der Entscheidungsmethode

Es handelt sich bei diesem Ansatz ebenfalls um ein Modell aus der Gruppe der "Situationstheorien". Dies geht auch aus der grafischen Veranschaulichung (siehe Abb. 7.2. auf S. 182) hervor.

Ausgangspunkt ist die Annahme, daß eine Führungskraft für ihr Vorgehen Wahlmöglichkeiten hat. Ihr stehen 5 mögliche Führungsstile zur Verfügung, die sich voneinander durch den Grad der Mitbeteiligung der Unterstellten unterscheiden: von der autoritären Alleinentscheidung (A I) bis zur Übertragung der Problemlösung auf die Gruppe, deren Entscheidung der Vorgesetzte akzeptiert (G II) (s. die letzten Zeilen der Abb. 7.2.). Damit wird deutlich, daß die abhängige Variable des Modells in der Tradition der eindimensionalen Führungsstil-Auffassungen konzipiert ist.

VROOM & YETTON gehen - anders als etwa BLAKE & MOUTON (s. S. 189) - davon aus, daß es den einen optimalen Führungsstil *nicht* gibt, der unter allen Bedingungen Erfolg verspricht. Es hängt vielmehr von der spezifischen Konstellation situativer Voraussetzungen ab, welche der fünf Möglichkeiten am effizientesten ist. Die 7 Situationsaspekte, die VROOM & YETTON für relevant halten, sind unter den Buchstaben A - G in der rechten Spalte der Abb. 7.2. aufgeführt.

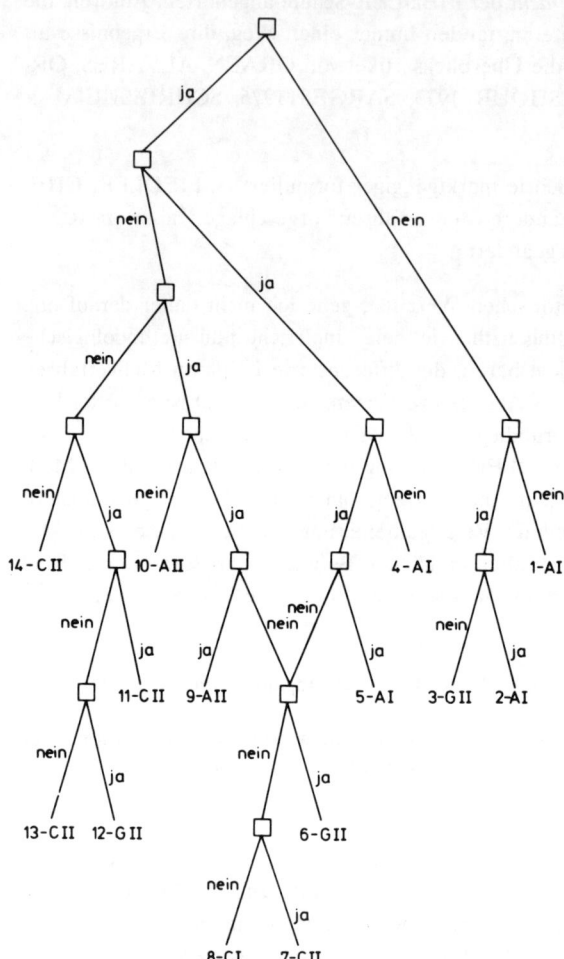

ENTSCHEIDUNGSBEDINGUNGEN:

A Qualität wichtig?
SPIELT DIE QUALITÄT DER LÖSUNG EINE WICHTIGE ROLLE?

B Genügend Informationen vorhanden?
HAT DER VORGESETZTE SELBST ALLE INFORMATIONEN FÜR EINE RICHTIGE ENTSCHEIDUNG?

C Problem strukturiert?
ES IST BEKANNT, WELCHE INFORMATIONEN FEHLEN, WIE DAS PROBLEM ZU LÖSEN IST UND WO DIE FEHLENDEN INFORMATIONEN GEFUNDEN WERDEN KÖNNEN.

D Akzeptierung wichtig?
MÜSSEN DIE UNTERGEBENEN DIE ENTSCHEIDUNG AKZEPTIEREN, WEIL SIE SIE AUSFÜHREN MÜSSEN (ODER WIRD SIE VON ANDEREN AUSGEFÜHRT?)

E Akzeptierung bei Alleinentsch.?
WENN DER VORGESETZTE DIE ENTSCHEIDUNG ALLEIN TRIFFT – WIRD SIE DANN VON SEINEN UNTERSTELLTEN AKZEPTIERT?

F Organisationsziele akzeptiert?
VERFOLGEN DIE MITARBEITER IHRE EIGENEN INTERESSEN ODER AKZEPTIEREN SIE DIE ORGANISATIONSZIELE?

G Konflikte wahrscheinlich?
WIRD DIE BEVORZUGTE LÖSUNG VERMUTLICH ZU KONFLIKTEN UNTER DEN MITARBEITERN FÜHREN?

Beim Problemtyp

1,2,4,5	9,10	8	7,11,13,14	3,6,12

ist folgender <u>Entscheidungsstil</u> optimal (A - MODELL)

A I	A II	C I	C II	G II
„Autoritäre" Alleinentsch.	„Autoritäre" Entscheidung nach Information durch Untergebene	„Consultative" Entscheidung nach Einzelberatung mit Untergebenen	„Consultative" Entscheidung nach Gruppenbesprechung	Problemlösung u. Entscheidung durch die „Gruppe"

Abb. 7.2.: Das Entscheidungsmodell von VROOM & YETTON (1973)

Aus diesen Situationsbedingungen geht hervor, daß die Autoren organisatorische, technische und aufgabenbezogene Bedingungen sozusagen "übersetzt" in die Sicht des Vorgesetzten bzw. seiner Untergebenen berücksichtigen. Zu der Auswahl der Entscheidungs-Bedingungen sind VROOM & YETTON durch die Auswertung der vorliegenden empirischen Literatur gekommen, wobei sie vor allem sozialpsychologische Studien herangezogen haben. Bei 7 Situationsaspekten, die jeweils "vorhanden" oder "nicht vorhanden" sein können, gibt es theoretisch 2^7 (= 128) Konstellationen. Die Autoren halten davon 14 für praktisch bedeutsam (s. die durchnummerierten Endungen des Entscheidungsbaums; in der Fassung des Modells, die JAGO (1987) präsentiert, werden nur noch 13 Problemtypen berücksichtigt). Die zentrale Forschungsfrage besteht für die Verfasser darin, für die 14 Problemtypen die beste Vorgehensweise zu finden, d.h. festzulegen, unter welchen Bedingungen welcher Stil optimal ist

Zu diesem Zweck haben sie 7 Entscheidungsregeln formuliert, die auf Plausibilitätsüberlegungen gründen:

1. *Informationsregel*: Wenn die Entscheidungsqualität wichtig ist, der/die Vorgesetzte selbst aber nicht alle Informationen hat, ist A I auszuscheiden.

2. *Zielübereinstimmungs-Regel*: Wenn die Entscheidungsqualität wichtig ist, die Mitarbeiter aber die Organisationsziele nicht teilen, ist G II auszuschließen.

3. *Regel für unstrukturierte Probleme*: Wenn bei notwendiger Entscheidungsqualität dem/der Vorgesetzten wichtige Informationen fehlen, dann muß sie/er diese auf eine ökonomische Weise von den Unterstellten einholen; deshalb entfallen neben A I auch die uneffizienten (weil an Einzel-Gespräche gebundenen) Stile A II und C I.

4. *Akzeptanzregel*: Wenn die Akzeptanz der Entscheidung durch die Mitarbeiter wichtig ist und diese eine autokratische Entscheidung vermutlich nicht akzeptieren werden, fallen logischerweise A I und A II aus.

5. *Konfliktregel*: Wenn Akzeptanz der Entscheidung wichtig ist und die Untergebenen eine Alleinentscheidung nicht akzeptieren werden, gleichzeitig aber über die beste Lösung uneins sind (Situationsbedingung G), muß ihnen die Möglichkeit gegeben werden, gemeinsam über das beste Vorgehen zu diskutieren, so daß A I, A II und C I nicht in Frage kommen.

6. *Fairness-Regel*: Wenn Entscheidungsqualität unwichtig, aber gleichzeitig die Akzeptanz wichtig ist und Alleinentscheidungen abgelehnt würden, sollen die Unterstellten, damit eine möglichst hohe Zustimmung erzielt wird, die Sache selbst in die Hand nehmen: G II.

7. *Akzeptanz-Vorrang-Regel*: Wenn Mitarbeiter die Organisationsziele teilen und die Akzeptanz wichtig, aber bei einer Alleinentscheidung nicht wahrscheinlich ist, dann müssen A I, A II, C I und C II außer Betracht bleiben.

Wenn man die 14 Problemtypen anhand der eben skizzierten Entscheidungsregeln analysiert, dann ergibt sich - s. die zweite Spalte der folgenden Tabelle 7.1. -, daß für 9 der 14 Problemtypen mehr als eine Entscheidungsmethode zulässig ist, weil sich das Basismodell nur an der Entscheidungs*qualität* orientiert. Will man unter der Menge zulässiger Strategien weiter auswählen, schlagen die Autoren ein "Modell A" und ein "Modell P" vor. Bei **Modell A** wird immer die schnellste Methode (geringster Zeitaufwand) empfohlen. JAGO (1987, S. 939) formuliert: *"Da der Manager darauf bedacht ist, Zeit zu sparen, steht eine achte Entscheidungsregel zur Verfügung: 'Wähle von den möglichen Entscheidungsprozessen den autokratischsten.'"* Bei **Modell P** wird immer die partizipativste Strategie, die größte Akzeptanz verspricht, angeraten. Die Ergebnisse sind in den Spalten 3 und 4 der Tab. 7.1. festgehalten.

Daraus geht hervor, daß im Entscheidungsbaum der Abb. 7.2. neben den Problemtypen immer die Strategie des A-Modells aufgeführt ist!

Problem-Typ	zulässige Entscheidungsmethoden	Modell A	Modell P
1	AI, AII, CI, CII, GII	AI	GII
2	AI, AII, CI, CII, GII	AI	GII
3	GII	GII	GII
4	AI, AII, CI, CII, GII$^+$	AI	GII$^+$/CII
5	AI, AII, CI, CII, GII$^+$	AI	GII$^+$/CII
6	GII	GII	GII
7	CII	CII	CII
8	CI, CII	CI	CII
9	AII, CI, CII, GII$^+$	AII	GII$^+$/CII
10	AII, CI, CII, GII$^+$	AII	GII$^+$/CII
11	CII, GII$^+$	CII	GII$^+$/CII
12	GII	GII	GII
13	CII	CII	CII
14	CII, GII$^+$	CII	GII$^+$/CII

+) Nur dann zulässig, wenn Frage F mit "Ja" zu entscheiden ist.

Tab. 7.1.: Problemtypen und zulässige Entscheidungsmethode im Modell von VROOM & YETTON

An einem Fallbeispiel der Autoren illustriere ich das Vorgehen (VROOM & YET-TON 1973):

"Fall II

Sie sind Vorgesetzter einer Gruppe von 12 Technikern. Deren Ausbildung und Arbeitserfahrung sind sehr ähnlich, so daß Sie sie bei Projekten untereinander austauschen können. Gestern hat Sie Ihr Vorgesetzter darüber informiert, daß von einer überseeischen Tochter eine Personalanforderung für 4 Techniker gestellt wurde, die für eine Periode von 6 - 8 Monaten benötigt würden. Aus einer Reihe von Gründen meinte er, und Sie stimmten zu, daß diese Anforderung von Ihrer Gruppe erfüllt werden sollte.

Alle Ihre Techniker sind in der Lage, die Aufgabe zu erfüllen und angesichts bestehender und künftiger Vorhaben gibt es keinen besonderen Grund, warum irgend einer von ihnen nicht abgestellt werden sollte. Das Problem wird dadurch etwas kompliziert, daß der überseeische Standort in der Firma als wenig attraktiv gilt.

Analyse:
Fragen:
A (Qualität): nein
D (Akzeptanz): ja
E (Akzeptierung bei Alleinentscheidung): nein
Problemtyp: 3
Zulässige Entscheidungsmethode(n): G II
Methode mit dem geringsten Zeitaufwand: G II
Regelverletzungen: A I und A II verletzen Regeln 4, 5 und 6, C I verletzt Regel 5 und 6, C II verletzt Regel 6."

Mit 30 derartigen Kurzfällen werden Führungskräfte in der Modellhandhabung trainiert. Sie bekommen unmittelbar während des Trainingsseminars eine computergeschriebene individuelle Rückmeldung darüber, ob sie einen bestimmten Entscheidungsstil bevorzugen, wie oft sie einen nicht-zulässigen Stil gewählt haben, wie sie sich in ihren Antworten vom Durchschnitt der Seminargruppe und von einer bundesweiten Stichprobe unterscheiden usw.

JAGO (1987, S. 943) berichtet über eine eigene Studie, in der Daten von 2631 Managern erhoben wurden, die derartige Fall-Skizzen bearbeitet haben. Spontan - ohne vorausgegangene Schulungen wählten die (amerikanischen) Führungskräfte am häufigsten C II (29%), gefolgt von A I (24%), C I (18%), G II (16%) und A II (13%). Ihr Verhalten entsprach dem normativen Modell von VROOM & YETTON in 70% aller Fälle.

Stellungnahme:

Das Modell von VROOM & YETTON ist normativ, d.h. es schreibt vor, wie zu verfahren ist, wenn man ein bestimmtes Ziel (nämlich das Ziel der Organisation) am schnellsten oder reibungslosesten erreichen will. Das Erfolgskriterium selbst wird inhaltlich nicht näher differenziert, eigene Ziele von Vorgesetzten oder Mitarbeitern werden jedenfalls nicht in Rechnung gestellt. Es werden lediglich drei formale Aspekte genannt: Qualität, Zeiteffizienz und Akzeptanz.

Die meisten vorliegenden Untersuchungen sind retrospektiv, d.h. Führungskräfte wurden gebeten, zurückliegende Entscheidungssituationen in den Kategorien des Modells einzustufen und anzugeben, welche Strategie sie gewählt hätten und ob sie Erfolg gehabt hätten. Die subjektive Situations- und Erfolgsdiagnose unterliegt der Gefahr von Verzerrungen (in einem Klima, das partizipative Strategien sozial erwünscht sein läßt, nehmen Führungskräfte diese unter Umständen häufiger für sich in Anspruch). FIELD (1979) berichtet, daß z.B. die Kodierung von freien Fall-Schilderungen durch Manager ohne VROOM-YETTON-Training mit der Expertenkodierung nur zu 30 - 45 % übereinstimmte und auch nach Training nur Werte zwischen 63 - 78 % erreichte. In seinem Überblicksreferat referiert JAGO neben FIELDs Studie noch zwei weitere Modell-Tests aus der VROOM-Gruppe, die etwas bessere Ergebnisse erbrachten.

Betrachtet man die Tab. 7.1., so zeigt sich, daß in allen Problemtypen entweder GII oder CII in der zulässigen Menge sind. Die Wahrscheinlichkeit für Erfolg ist bei partizipativen Strategien deshalb a priori größer als bei autoritären. FIELD (1979, S. 256) schlägt deshalb die vereinfachte Strategie vor: *"Wähle entweder GII oder CII, wenn bei E 'nein' zu antworten ist!"*

Angesichts der Unbestimmtheit des Erfolgskriteriums ist kaum zu entscheiden, ob die von den Autoren berücksichtigten Situationsdimensionen hinreichen (oder evtl. Entbehrliches enthalten). Die Variable "Zeitverbrauch" z.B. wird nicht als situative Anforderung, sondern als Kriteriumsaspekt behandelt (s. Modell A).

Das Modell beschränkt sich auf Empfehlungen für Entscheidungsverfahren; weitere Aspekte des Führungsgeschehens bleiben außer Betracht. Insofern ist der Ansatz bestenfalls als eine "Mikrotheorie" der Führung zu bezeichnen, weil er sich auf Vorschriften zur Entscheidungsmethode beschränkt. Für praktische Zwecke ist zu bedenken, daß ein Vorgesetzter, der weiß, welcher Stil richtig wäre, nicht unbedingt dazu fähig ist, diesen Stil auch zu praktizieren!

Die zwischenzeitliche Kritik hat die VROOM-Gruppe zu einigen Modifikationen bewegt, die vermutlich auf Kosten der Einfachheit und Übersichtlichkeit des Modells gehen werden: Die Ja-Nein-Antwortmöglichkeit für die Situationseinstufungen soll erweitert werden durch eine dritte Möglichkeit ("vielleicht") oder durch eine 5-stufige

Skala. Es gibt eben viele Führungs-Situationen, in denen eindeutige Festlegungen nicht möglich sind! Außerdem sollen zwei neue Situationsattribute hinzugefügt werden: *"Sind Mitarbeiter geographisch verteilt?"* und - man beachte die Suggestivität - *"Beschränkt ein unausweichlicher Zeitzwang ihre Fähigkeit, Mitarbeiter einzubeziehen?"*. Außerdem sollen der Entscheidungsbaum, das System zulässiger Strategien und die Wahlmöglichkeit zwischen den Modellen A und P durch fünf simultane Gleichungen ersetzt werden.

VROOM & YETTON haben ein logisch aufgebautes und transparentes Modell entwickelt, das, wenn man es zu Ende denkt, für die meisten Führungskräfte eine Horrorvision bedeuten dürfte: Ihr Entscheidungs-Handeln wird durch die Erfordernisse der Situation bestimmt, ist somit zur Gänze programmierbar; Führungskräfte könnten in dieser Hinsicht (Wahl der Entscheidungsmethode) durch einen Automaten ersetzt werden; die Führungskräften einzig verbliebene Funktion ist die Situationsdiagnose. Die technizistische Fassade wird als Trugbild entlarvt, wenn man sich vergegenwärtigt, daß zur Entscheidung zwischen den "zulässigen" Methoden (plötzlich) ein Modell A oder P eingeführt werden muß, womit sich die komplexe Modellstruktur weitgehend reduziert auf die Frage: "Immer partizipativ führen oder nur manchmal?" Da für das nichtpartizipative Führen (und nur für dieses) Gründe gebraucht werden, muß die letztlich alles entscheidende Variable "Zeitaufwand" eingeführt werden: mit ihr allein kann autoritäres Führen gerechtfertigt werden. Darin zeigt sich, daß das VROOM-YETTON-Modell trotz seiner scheinbaren Offenheit für verschiedene Vorgehensweisen von dem Glauben getragen wird, daß alle Konflikte im Betrieb durch vernünftiges Miteinanderreden ausgeräumt werden können. Nur kostenminimierendes Zeitsparen als Grund für Alleinentscheidungen? Die rationale Konstruktion des Modells lenkt von der zugrundeliegenden normativen Irrationalität ab, die darin begründet liegt, daß die Ziele des Führungshandelns unanalysiert und unbewertet bleiben.

7.1.2. Mehrdimensionale Ansätze

Bei diesen Konzeptionen wird das Kontinuum der eindimensionalen Modelle quasi im Mittelpunkt geknickt, so daß ein rechtwinkliges Koordinatensystem entsteht. Dies ist der grafische Ausdruck für die gedachte Unabhängigkeit der beiden Dimensionen. Bei der Darstellung der Führer-Verhaltens-Beschreibung ist darauf ausführlich eingegangen worden (s. oben, insbesondere S. 119 f.). Die beiden Koordinaten werden unterschiedlich benannt (Consideration vs. Initiating structure; Mitarbeiter- vs. Leistungsorientierung; Person- vs. Aufgabenorientierung usw.). Zweiteilt man jede dieser Dimensionen in einem gedachten Mittelwert, dann entstehen vier Quadranten:

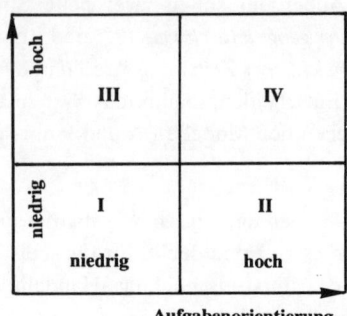

Der Quadrant **I** entspricht einem Rückzug aus *beiden* Dimensionen; das kann man als "Laissez-faire" (LEWIN et al. 1939), als "Verfahrensstil" oder als "Delegationsstil" bezeichnen. In allen Fällen werden die Untergebenen sich selbst überlassen.

II repräsentiert den Vorstellungsinhalt, der klassischerweise mit sachbezogener und/oder autoritärer Führung assoziiert wird: die Führungskraft betont allein die Leistungskomponente, um das Wohlergehen der Mitarbeiter kümmert sie sich nicht.

Bei **III** ist diese Akzentsetzung umgekehrt: der Vorgesetzte konzentriert sich auf die Pflege der zwischenmenschlichen Beziehungen, wohl in der Hoffnung, dadurch Leistungsimpulse freizusetzen.

Der "Integrationsstil" (**IV**) schließlich markiert jenen Fall, bei dem die Vorgesetzte die beiden Orientierungen gleich stark und zwar hoch ausgeprägt manifestiert.

7.1.2.1. Das Verhaltensgitter von BLAKE & MOUTON

BLAKE & MOUTON (1968) haben dieses Grundschema durch Differenzierung der beiden Skalen in je 9 (statt zwei) Abstufungen optisch kompliziert. Es entsteht so ihr "Verhaltensgitter" (managerial grid), das ihnen eine numerische Kurz-Charakterisierung der wichtigsten Führungsstilvarianten erlaubt. Die beiden Orientierungen ("concern for people", "concern for production"), die ja immer zusammen vorkommen, ermöglichen die Kennzeichnung durch einen zweiwertigen Term: die erste Zahl steht für den Leistungs-, die zweite für den Mitarbeiter-Wert. Ein 9,1-Vorgesetzter wäre demnach eine Führungskraft, die extrem hohen Wert auf Leistung unter Vernachlässigung oder Mißachtung der Mitarbeiterorientierung legt. Im Unterschied zu den anderen Autoren legen sich BLAKE & MOUTON darauf fest, daß es einen optimalen Führungsstil (9,9) gebe.

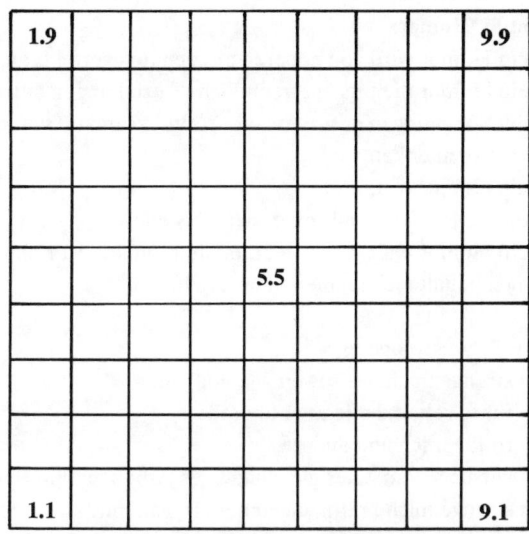

Abb. 7.3.: Das Verhaltensgitter von BLAKE & MOUTON (1968)

Kurios mutet die Operationalisierung der beiden Dimensionen an, der auch bei den ebenfalls stark schulungsorientierten Modellen von REDDIN und HERSEY & BLANCHARD (siehe unten) keine große methodische Sorgfalt gewidmet wird. BLAKE & MOUTON bestimmen die beiden Dimensionswerte durch sechs einfache Items, mit denen sie die Verhaltensmerkmale eines Vorgesetzten abbilden; bei jedem Item sind 5 Antwortmöglichkeiten (für jeden der 5 "Schlüssel-Führungsstile") vorgegeben. Das Führungsverhalten wird bewertet im Hinblick auf

- *Entscheidungen,*
- *Überzeugungen,*
- *die Behandlung von Konflikten,*
- *Emotionen (Launen),*
- *den Humor,*
- *die Anstrengung des Vorgesetzten.*

Zwei Beispiel-Items (s. BLAKE & MOUTON 1980):

Element 5: "Humor:
a) Mein Humor wird von anderen als ziemlich verfehlt angesehen.
b) Mein Humor dient dazu, freundliche Beziehungen aufrechtzuerhalten oder,
    wenn Spannungen auftreten, die Aufmerksamkeit von der Bedeutung des Kon
    fliktes abzulenken.
c) Mein Humor trifft hart.
d) Mein Humor dient mir oder meiner Stellung.
e) Mein Humor paßt genau auf die Situation und ist richtungsweisend, selbst unter
    Druck behalte ich meinen Sinn für Humor."

Element 6: "Anstrengung:
a) Ich strenge mich nur soweit wie nötig an.
b) Ich führe selten, helfe aber überall.
c) Ich treibe mich und andere.
d) Ich versuche, ein gutes gleichmäßiges Arbeitstempo zu erhalten.
e) Ich strenge mich kräftig an, andere folgen mir."

Jede der 5 Antwortmöglichkeiten von a - e steht für einen der Schlüssel-Führungsstile
(1,1 - 1,9 - 9,1 - 5,5, - 9,9).

Ohne eine systematische Begründung wird hier eine Mischung von Variablen versam-
melt, die offensichtlich als untereinander gleichwertig und gleich wichtig betrachtet
werden. Warum nicht andere (s. die in den obigen Tabellen vorgestellten) oder weniger bzw. mehr Dimensionen berücksichtigt werden, bleibt undiskutiert. In einer neueren Version (BLAKE, MOUTON & LUX 1987 wird z.B. "einfach" eine dritte Dimension - vorwiegende Motivation - angehängt). Die Vielfalt der "Elemente" ist ohnehin
eine scheinbare, denn völlig unterschiedliche Ausprägungen der verschiedenen Elemente (also ihre Unabhängigkeit voneinander) werden nicht erwartet. Das Modell ist
somit nicht sechs-, sondern, wie das Gitter zeigt, (bestenfalls) zweidimensional. Die 6
Items dienen dazu, denselben Sachverhalt (nämlich die 5 Schlüsselführungsstile) aus
jeweils anderen Perspektiven zu beleuchten. Wenn alle 6 Items zuverlässig wären,
würde deshalb eines von ihnen genügen, um die Einstufung einer Führungskraft vorzunehmen.

7.1.2.2. Die 3-D-Theorie von REDDIN

Er hat die 3 Faktoren (Führungsstil - Situation - Erfolg) ganz wörtlich genommen zu
einer dreidimensionalen "Theorie" vereinigt. Der Grundgedanke basiert auf der
Zweiteilung der Führer-Verhaltens-Dimensionen, die in den Fragebogenerhebungen

der sog. Ohio-Schule gefunden worden war (s.o.: Consideration und Initiating Structure). REDDIN hälftet jede Dimension in einen "hohen" und einen "niedrigen" Abschnitt und kommt so zu vier "Grundstilen":

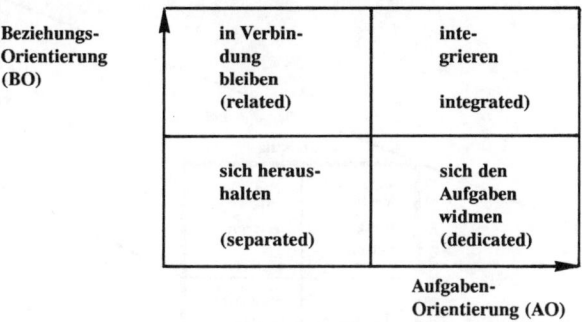

Abb. 7.4.: Die vier Grundstile bei REDDIN

Anders als für BLAKE & MOUTON gibt es für REDDIN keinen einzelnen "optimalen" Führungsstil; er hält jeden der 4 Grundstile unter bestimmten Bedingungen für effizient und unter anderen Bedingungen für ineffizient. Diese (situativen) Bedingungen sind:

1. Arbeitsanforderungen (ähnlich wie die Aufgabenstruktur im System von FIEDLER, Ausmaß der notwendigen Kenntnisse, Selbständigkeit, Ausführungsgenauigkeit usw.).

2. Führungsstil des/der nächsthöheren Vorgesetzten.

3. Kollegen (insbesondere bei Abhängigkeit und häufigen Arbeitskontakten).

4. Unterstellte (insbesondere bei intensiver Zusammenarbeit).

5. Organisation (formelle und informelle Normen und Regeln).

Wenn z.B. die Aufgabenstruktur eindeutig, die Unabhängigkeit von Vorgesetzten und Kollegen groß, die Fähigkeiten der Mitarbeiter und ihr Arbeitsengagement ausgeprägt sind und klare Organisationsprozeduren bestehen, kann sich der Vorgesetzte zurückziehen: Der Grundstil "Sich heraushalten" (Verfahrensstil) ist dann effizient, der Vorgesetzte kann sich als "Bürokrat" auf die Überwachung der gesetzten Regeln beschränken. Hätte er es aber mit wenig kooperationsbereiten und unfähigen Mitarbeitern, unklaren und schwierigen Aufgaben, unberechenbaren Vorgesetzten usw. zu tun, dann wäre der Stil des "Sich heraushaltens" ineffizent, der Vorgesetzte würde zum "Deserteur", der sich den Forderungen entzieht.

Damit ist die dritte Dimension des Modells eingeführt: Effektivität. Sie ist Ausdruck und Folge der Anpassung des Führungsstils an die Erfordernisse der Situation:

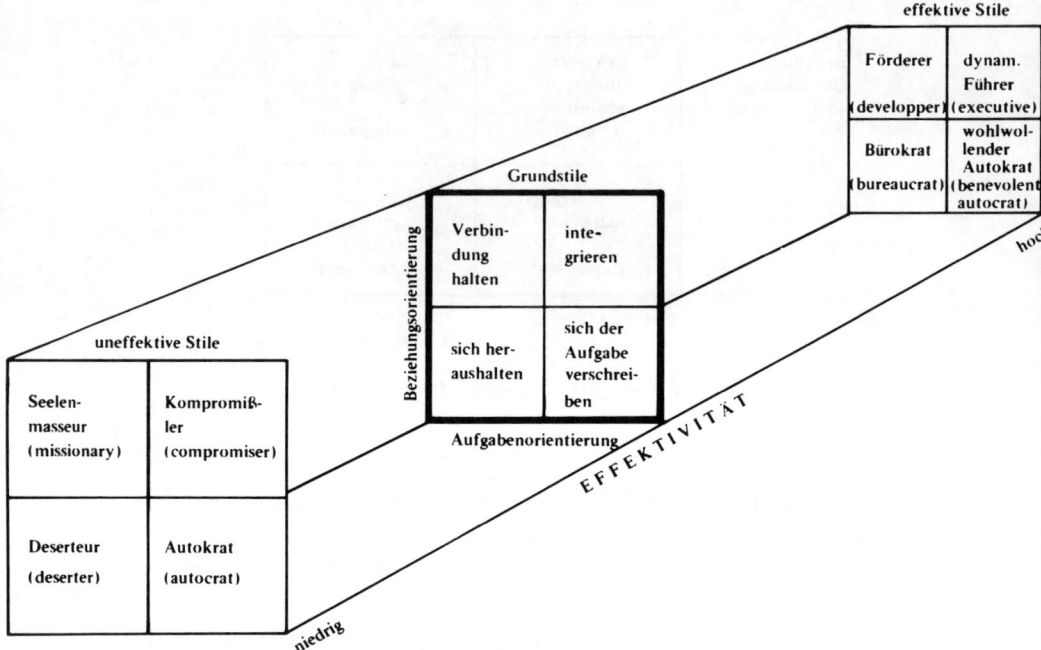

Abb. 7.5.   Das 3-D-Modell von REDDIN

Ein weiteres, didaktisch geschickt veranschaulichtes Konzept ist die "Stil-Flexibilität". Gemeint ist damit die Bandbreite der Führungsstile, die eine Führungskraft beherrscht. Die eine kann z.B. fixiert sein auf den "Verbindungs-Stil", während eine andere in der Lage ist, sowohl diesen, als auch noch den integrierten und den aufgabenbezogenen zu praktizieren. Andererseits ist auch die konkrete Situation unter Umständen weder einfach, noch stabil, sondern fordert möglicherweise ihrerseits "Flexibilität". Das Zueinanderpassen oder Auseinanderfallen dieser beiden Flexibilitäten veranschaulicht REDDIN in sog. "Flex-Karten", die einen großen Teil seines Buchs ausmachen. Zwei Beispiele geben Abb. 7.6a und 7.6b wieder:

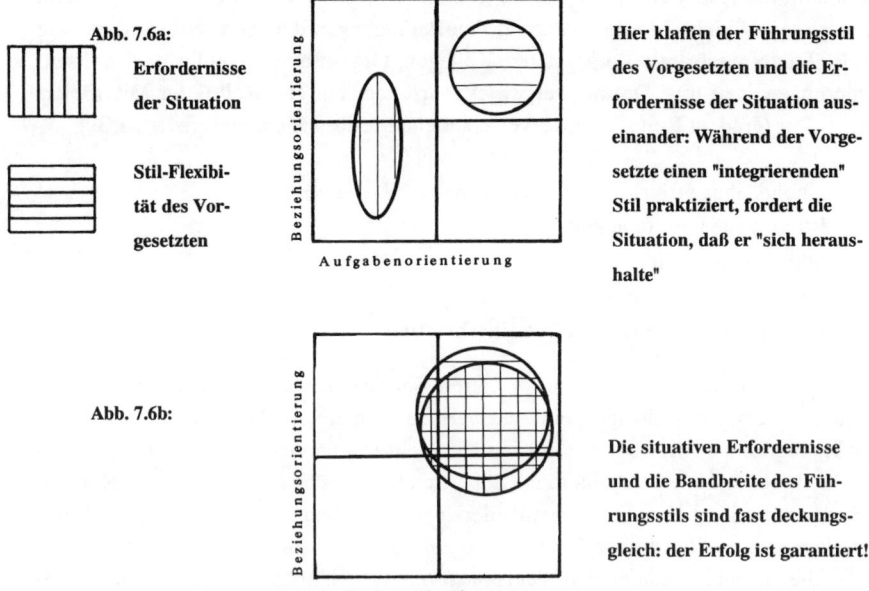

Abb. 7.6a: Erfordernisse der Situation

Stil-Flexibilität des Vorgesetzten

Beziehungsorientierung

Aufgabenorientierung

Hier klaffen der Führungsstil des Vorgesetzten und die Erfordernisse der Situation auseinander: Während der Vorgesetzte einen "integrierenden" Stil praktiziert, fordert die Situation, daß er "sich heraushalte"

Abb. 7.6b:

Beziehungsorientierung

Aufgabenorientierung

Die situativen Erfordernisse und die Bandbreite des Führungsstils sind fast deckungsgleich: der Erfolg ist garantiert!

Abb. 7.6a und 7.6b: Flex-Karten (nach REDDIN)

REDDINs Theorie ist ein anregender Entwurf, bei dem der Verfasser keine große Mühe auf systematisch entwickelte und geprüfte Meßverfahren, empirische Untersuchungen oder eine theoretische Reflexion des Erfolgskriteriums verschwendet hat. Das Modell gibt dem Anwender extremen Interpretationsspielraum; das Schicksal, falsifiziert zu werden, hat es nicht zu befürchten. Es suggeriert Orientierung und Handlungsanweisung, wo es letztlich nur recht allgemeine und unverbindliche Weisheiten zum Besten (!?) gibt.

7.1.2.3. HERSEY & BLANCHARD: Die Situative Führungstheorie

Einen geradezu exemplarisch eklektischen Text haben HERSEY & BLANCHARD vorgelegt. Es ist ihnen gelungen, in ihrem Text nahezu alle bekannten US-amerikanischen Autoren zu integrieren, die sich mit Fragen der Führung, Motivation und Organisation beschäftigt haben. Ihre Theorie ähnelt stark dem Ansatz von REDDIN. Auch sie unterscheiden vier Führungsstile und halten keinen für den allzeit überlegenen. Sie nennen diese 4 Stile anders als REDDIN (1 = "telling", 2 = "participating", 3 = "selling" und 4 = "delegating", siehe dazu auch Abb. 7.7.). Eine dritte Dimension kennen sie ebenfalls, die sie abwechselnd (1977, S. 105 f) Effektivität oder Umwelt nennen, weil ein Manager, der sich situationsgerecht verhält, automatisch effektiv ist. Wie REDDIN und BLAKE & MOUTON legen sie sich auf keine inhaltliche Erfolgsdefinition fest; welche Ziele auch immer verfolgt werden: wer sie gut (schnell, günstig etc.) erreicht, ist effektiv. Unter den Bedingungen der "Umwelt" werden - wie bei REDDIN - erörtert: Vorgesetzter, Kollegen, Organisation, Geführte, Arbeitsanforderungen, Zeit usw. Das Schwergewicht wird aber auf die "Reife" der Mitarbeiter gelegt. Der Grad an Reife ist durch verschiedene Merkmale charakterisiert, z.B.:

- sich hohe, aber erreichbare Ziele setzen
- Leistungswille und -fähigkeit
- Ausbildung und Erfahrung
- arbeitsrelevante Kenntnisse
- psychologische Reife (z.B. Selbstsicherheit und -achtung)

Es gibt eine "Reife-Skala", die zu all diesen Bereichen Fragen enthält und die Gesamt-Reife in einem einzigen Summenwert zusammenfaßt. Wenn der Vorgesetzte den Reifegrad der Mitarbeiter ermittelt hat, zieht er - wie in Abb. 7.7 demonstriert - eine senkrechte Linie nach oben; ihr Schnittpunkt mit der eingezeichneten Normalverteilung markiert den Führungsstil, der in dieser Situation (Reife) am erfolgversprechendsten ist. Bei seiner Entwicklung zur reifen Persönlichkeit muß der Mitarbeiter die Normalverteilung von rechts nach links durchlaufen: ein reifer Mitarbeiter ist einer, der von sich aus (gern und kompetent) tut, was er soll! Unmittelbare Führung ist in einer solchen Situation entbehrlich: der Vorgesetzte hat delegiert.

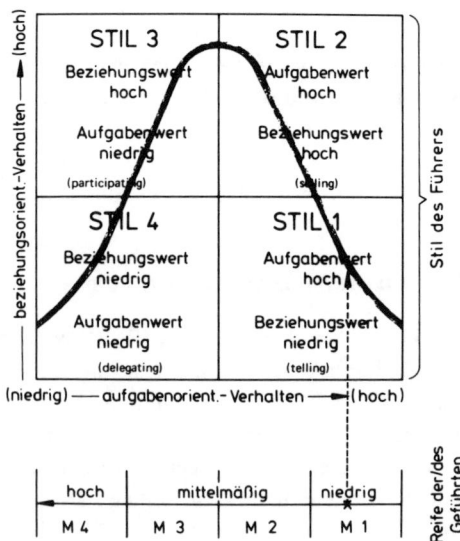

Abb. 7.7.: Das Grundmodell der situativen Führungstheorie von HERSEY & BLANCHARD (1977)

Die Autoren haben ein Diagnose-Instrument entwickelt, das sie LEAD nennen (Leader-Effectiveness and Adaptability Description). Es besteht aus 12 Items, in denen jeweils zunächst eine bestimmte Situation skizziert wird und dann 4 Antwortmöglichkeiten (für jeden der Stile eine) vorgegeben werden: Der Befragte hat jeweils die Möglichkeit, die er in einer solchen Situation wählen würde, anzukreuzen. Ich gebe zwei Beispielitems wieder:

Situation

Verschiedene Handlungsmöglichkeiten (die beste ankreuzen!)

1. Ihre Untergebenen reagieren in der letzten Zeit nicht auf Ihre freundlichen Gespräche und Ihr offensichtliches Bemühen um ihr Wohlergehen. Ihre Leistungen sind sehr unregelmäßig.

   A   Sie betonen die Anwendung einheitlicher Vorgehensweisen und die Notwendigkeit der Aufgabenerfüllung.
   B   Sie halten sich für die Gespräche zur Verfügung, aber Sie drängen nicht darauf.
   C   Sie sprechen mit Ihren Untergebenen und setzen dann Ziele.
   D   Sie mischen sich absichtlich nicht ein.

2. Die beobachtbare Leistung Ihrer Gruppe steigt an. Sie haben dafür gesorgt, daß alle Mitglieder ihre Rolle und ihre Anforderungen kennen.

   A   Sie pflegen freundliche Beziehungen, aber Sie sorgen weiterhin dafür, daß alle Mitglieder ihre Rolle und ihre Anforderungen kennen.
   B   Sie unternehmen nichts Bestimmtes.
   C   Sie tun was Sie nur können, um der Gruppe das Gefühl zu geben, wichtig und mitbeteiligt zu sein.
   D   Sie betonen die Wichtigkeit von Terminen und Aufgaben.

Wenn der Befragte die Situation richtig diagnostizierte und den dazu passenden Führungsstil gewählt hat, erhält er für diese Lösung +2 Punkte. Hat er die nach Situations-Diagnose nächstbeste Lösung gewählt, bekommt er +1 Punkt, ist er in der Richtung der Normalverteilung noch weiter weg, bekommt er -1 Punkt und bei der völlig falschen Reaktion -2.

Für die beiden zitierten Items gilt:

Item 1:				Item 2:		
A	+2	(Stil 1)		A	+2	(Stil 1)
B	-1	(Stil 3)		B	-2	(Stil 4)
C	+1	(Stil 2)		C	+1	(Stil 3)
D	-2	(Stil 4)		D	-1	(Stil 1)

Mit diesem "Meßinstrument" stellen HERSEY & BLANCHARD zum einen die Vielfalt der verschiedenen Führungsstile fest, die jemand anwendet (analog der "Flexibilität" bei REDDIN): wenn ein Vorgesetzter bei allen Problemsituationen den gleichen Stil (z.B. "delegating") einsetzte, hätte er einen niedrigen "Adaptability"-Wert. Der "Effectiveness"-Wert gibt zum anderen an, wie sehr der Vorgesetzte richtig, d.h. situationsentsprechend geantwortet hat und wird durch die Summe der erreichten Punkte ausgedrückt (die bei 12 Items natürlich zwischen -24 und +24 schwanken kann). HERSEY & BLANCHARD behaupten - ohne dies näher zu belegen -, daß "mehr als zehntausend Vorgesetzte" den LEAD-Test absolviert hätten und 84 % im Bereich zwischen +/- 6 lägen: Für die Theorie ein sehr günstiges Ergebnis, weil dann die größte Zahl der Führungskräfte nicht so schlecht ist, daß sie das Modell als ungünstig ablehnen müßte, aber andererseits auch nicht so gut, daß sie nichts mehr dazulernen könnte!

Abgesehen vom Hinweis auf methodische Probleme der "Meß"-Instrumente und der völlig unzulänglichen Dokumentation vorgeblicher Forschungsresultate sind aus ideologischer Perspektive Anmerkungen zu machen:

- Im wesentlichen werden die Situationsbedingungen auf den Mitarbeiter "verengt": auf ihn kommt es an (wie er es schafft, die Bedingungen von Organisation, Technologie, Aufgabenstruktur etc. zu bewältigen).

- Je reifer der Mitarbeiter, desto mehr kann er ohne Führung bleiben: dem liegt eine Harmonie-These zugrunde, derzufolge ein wirklich reifer Mensch gar nicht anders kann, als die Ziele der Organisation zu den seinen zu machen.

- Diese Ziele bleiben inhaltlich unanalysiert. Effektivität wird rein formal definiert als Zueinanderpassen von "Situationsanforderungen" und "Führungsstil". Daß die Situationserfordernisse äußerst heterogen sein und Mitarbeiter-, Vorgesetzten-, Organisations- und "Umwelt"-Ziele praktisch nie gleichgeschaltet werden können, wird nicht problematisiert. Die unbekümmerte Oberflächlichkeit, mit der Pseudo-erkenntnisse zu rezeptartigen Empfehlungen verarbeitet werden, läßt leicht übersehen, daß hinter diesen naiv-technizistischen Modellen eine personalistische Machbarkeits-Ideologie steht, die im wahrsten Sinne des Wortes nicht verraten, sondern verkauft wird (s. zur Kritik am Modell von HERSEY & BLANCHARD auch KRCZAL 1982 und NICHOLLS 1986).

7.1.2.4. Die 4-D-Theorie von DREYER

Die 4-D-Theorie, die DREYER (1985) vorgestellt hat, versteht sich als ein integrativer Ansatz, der vorhandene Modelle nicht ersetzt, sondern kombiniert. DREYER skizziert zunächst die Entwicklung der Führungsstil-Konzepte: vom 1-dimensionalen Kontinuum "autoritär - kooperativ", über das 2-dimensionale Spannungsfeld "Person - Aufgabe" (Beispiele sind das Verhaltensgitter von BLAKE & MOUTON oder die C-IS-Dimensionen der Ohio-Schule) bis zu den 3-dimensionalen Modellen, die explizit die Situation berücksichtigen (Beispiele FIEDLER, REDDIN, HERSEY & BLANCHARD). Als vierte Dimension schlägt DREYER *Zukunftsorientierung* vor:

"Es geht daher darum, der zukünftigen Entwicklung (die wir sowieso nicht vermeiden, aber gestalten können) als einer eigenständigen Dimension des Führens volle

Aufmerksamkeit zu widmen. Führung heißt in ganz entscheidendem Maße Sicherung und Gestaltung der Zukunft. Zur Optimierung der Situation gehört also gleichzeitig und gleichrangig die Optimierung der Zukunft" (1985, S. XI) (Hervorhebungen im Original).

"... Zukunft als antizipierte Realität begegnet uns also nicht in Form von Fakten, sondern in Form von Annahmen ... Der Umgang mit Annahmen wird so zum besonderen Charakteristikum der Beschäftigung mit Zukunftsproblemen" (a.a.O., S. XV).

Dabei betont DREYER, daß es nicht genüge, Zukunft nur *rational* zu antizipieren; sie müsse auch emotionale Realität werden: *"Eine Antizipation möglicher Entwicklungen im Sinne eines affektiven Betroffenseins erzielt erst die erforderliche Verhaltenswirksamkeit" (a.a.O., S. XIV).*

Zumindest das Logo, das er für seine Theorie gefunden hat, ist durch hohen emotionalen Mehrwert ausgezeichnet: der dynamische Pfeil, der aufwärts gerichtet in die Zukunft weist, symbolisiert und suggeriert (Führungs-)Erfolg.

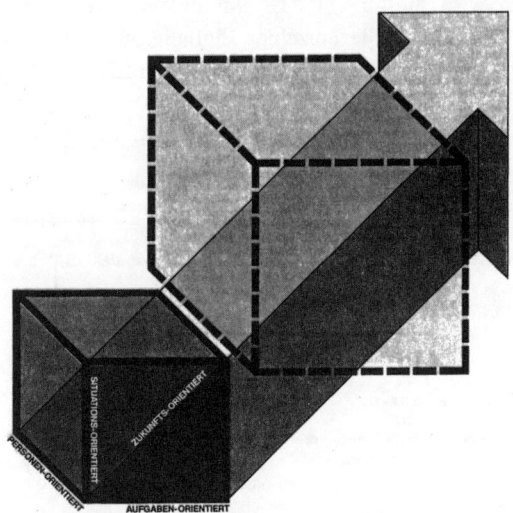

DREYER hat für seine Überlegungen uneinheitliche Resonanz gefunden; zustimmende und kritische Kommentare referiert GOTTSCHALL (1985). In erster Linie wurde von den Kritikern behauptet, daß Führungshandeln immer schon zukunftsbezogen gewesen sei, so daß die Herausstellung einer besondern "Dimension Zukunft" unnötig sei. KÖNIG (1986), ein Mitarbeiter DREYERs, wies diesen Einwand mit der Bemerkung zurück, auch Person, Aufgabe und Situation seien selbstverständliche Gegenstände der Führung und dennoch in akzeptierten Modellen hervorgehoben worden. KÖNIG versuchte die Vernachlässigung zukunftsorientierten Handelns mit Ergebnissen eigener Führungskräfte-Befragungen zu erhärten. Wegen der sehr komprimierten Darstellung ist die Beweiskraft dieser Studie aber nicht abzuschätzen.

DREYERs Modell ist - im Vergleich zu den Modellen der situativen Theorie, auf denen er aufbaut - nur eine erste kurze Skizze, die vor allem die *Notwendigkeit* der Berücksichtigung von Zukunft betont, die Konkretisierung dieser neuen Variablen aber noch offenläßt. Weil es der erste Ansatz ist, der die Dimension *Zeit* explizit einbaut, wäre eine ausführlichere theoretische Begründung sehr wünschenswert. Ob dies allerdings im Kontext eines *situativen* Führungsstilmodells gelingen kann, halte ich für mehr als fraglich. DREYER übernimmt mit seiner Konzeption die vielen Hypotheken des Situationsansatzes, insbesondere dessen unreflektierten Objektivismus (die Situation ist "gegeben" und kann eindeutig erkannt werden) und die weit-gehende Beliebigkeit in der Erfindung immer neuer Aspekte, die zu berücksichtigen sind, will man Führungs-Erfolg erreichen; dabei wird diese "abhängige Variable" in ebensolcher Beliebigkeit mit unterschiedlichsten Indikatoren erfaßt oder bleibt - dies ist der Normalfall - gar völlig unanalysiert.

Besonders deutlich wird dies in YUKLs "Multiplem-Verbindungs-Modell" (1981, 1986). Der Autor faßt eine Fülle einzelner Einflußgrößen in getrennten Kästchen zusammen und verbindet diese mit Pfeilen (hier: VAN FLEET & YUKL 1986, S.32):

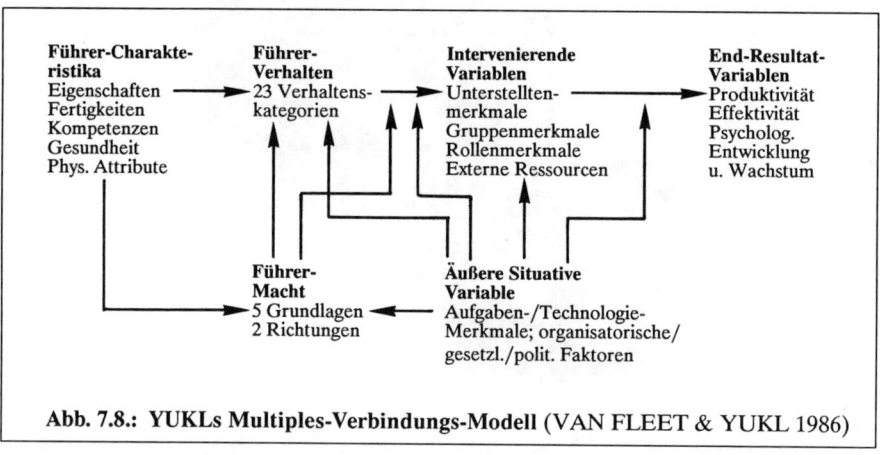

Abb. 7.8.: YUKLs Multiples-Verbindungs-Modell (VAN FLEET & YUKL 1986)

Die "Theorie" besteht nun darin, daß für jede der Eintragungen zahlreiche Einzelstudien und Ergebnisse referiert werden, so daß der Eindruck empirischer Evidenz entsteht. In Wirklichkeit aber werden Studien und ihre Ergebnisse willkürlich und kontextfrei zusammengestellt. Das Ergebnis ist kruder Empirismus, der unwiderleglich ist, weil er keinerlei Position bezieht, so daß natürlich auch keine an einer empirischen Prüfung scheitern kann.

7.2. Allgemeinpsychologisch fundierte Theorien des Führens

Nach der Darstellung der Modelle, die das Teilgebiet "Führungsstil" herausgegriffen haben und *speziell* dafür "maßgeschneiderte" Empfehlungen gegeben haben, gehe ich im folgenden auf Konzeptionen ein, die - in der gleichen Absicht - auf *allgemeine* Theorien der Psychologie zurückgreifen.

Es gibt eine Reihe von Versuchen, allgemeinere Theorien auf den konkreten Sonderfall der Führung zu beziehen. Größere Bedeutung haben aber nur wenige dieser Anwendungen gefunden; im folgenden werde ich auf zwei davon näher eingehen, nämlich attributions- und lerntheoretische. Austauschtheoretische Ansätze habe ich oben schon bei der Diskussion der Beiträge von GRAEN erwähnt (s. S. 105 f.), eine kurze Zusammenfassung findet sich auch bei ZALESNY & GRAEN 1987.

Aus der Gruppe der inhaltsorientierten motivationstheoretischen Überlegungen habe ich oben schon (s. S. 39) das MASLOWsche Bedürfnismodell erwähnt; anzufügen wären Ausführungen zum Machiavellismus von Führungskräften (s. dazu das Kap. 8.3.) oder Anwendungen verschiedener Macht-Theorien (s. NEUBERGER 1987). Daß ich auf die sog. Weg-Ziel-Theorie der Führung nicht näher eingehe, möchte ich im folgenden kurz begründen.

7.2.1. Die Weg-Ziel-Theorie der Führung

Dieser Ansatz, auf den ich nur kurz eingehen werde, entstammt den sogenannten Prozeß-Theorien der Motivation, speziell: der Gruppe der Erwartungs-Valenz-Theorien. Im Grunde übersetzen diese Theorien das Entscheidungsverhalten des homo oeconomicus in psychologische Konzepte: Ein rationaler Entscheider wird sich im Fall der Unsicherheit und bei Verfügbarkeit mehrerer Handlungsalternativen für jene Möglichkeit entscheiden, die den größten Nutzen zu bringen verspricht. Es wird also unterstellt, daß ein Handelnder weiß, welche Ergebnisse sein Handeln (jede seiner Handlungsalternativen) nach sich ziehen wird, mit welcher Wahrscheinlichkeit diese Ergebnisse zu erwarten sind und wie er jedes von ihnen bewerten wird. Hat man nun noch eine Entscheidungsregel (z.B.: "Wähle jene Alternative, die im Durchschnitt die größte Befriedigung bringt"), dann kann man vorhersagen, wie sich ein Akteur in einer bestimmten Situation entscheiden (und verhalten) wird.

Die Weg-Ziel-Theorie der Führung unterstellt dieses Kalkül bei der Führungskraft: Ihre Aufgabe ist es, sich in die Situation des oder der Geführten zu versetzen und seine bzw. ihre Überlegungen nachzuvollziehen. Wenn also z.B. eine Vorgesetzte die Forderung nach mehr Pünktlichkeit stellt, muß sie sich überlegen, was in einer Mitarbeiterin vor sich geht, die mit diesem Verlangen konfrontiert wird. Die Vorgesetzte muß wissen, was die "eigentlichen" Ziele der Mitarbeiterin sind (z.B.: in Ruhe gelassen werden, Anerkennung finden, den Arbeitsplatz nicht verlieren, für den Partner Zeit haben, sich nicht verausgaben usw.), sie muß wissen, wie wichtig diese

Ziele für die Mitarbeiterin sind, sie muß ferner wissen, ob die Mitarbeiterin einen engen Zusammenhang zwischen "Pünktlichkeit" und dem Erreichen dieser Ziele sieht und ob die Handlungen, die die Mitarbeiterin ergreifen kann, sicherstellen, daß sie tatsächlich, wenn sie sich anstrengt, pünktlich sein kann - und was sie das an Aufwand, Zeit, Konflikten, Ausgaben etc. kostet.

Das Prinzip ist, daß die Führungskraft für alle ihre Mitarbeiter und alle Handlungen, die sie von ihnen verlangt, diese Kalkulationen durchführt, um für jede Person diejenigen Vorgehensweisen zu finden, die ergebnisoptimal sind. Würde sich die Weg-Ziel-Theorie darauf beschränken, Vorgesetzte zum Gespräch mit Mitarbeitern aufzufordern, damit sie gemeinsam herausfinden oder festlegen können, was sinnvollerweise zu tun ist, dann könnte man wohl wenig gegen das allgemeine Rahmenkonzept sagen. Die Weg-Ziel-Theorien gehen jedoch erheblich weiter: Sie unterstellen ein *rationales* Entscheidungskalkül beim Mitarbeiter und das rationale Kalkül dieses Kalküls bei der Führungskraft, unterstellen exakte *Meßbarkeit* der Parameter, fordern auf zur *Quantifizierung* der erwähnten Parameter und sind *a-kommunikativ*, denn die Führungskraft entscheidet quasi stellvertretend für die Unterstellte(n) und arrangiert ihr eigenes Verhalten dann so, daß sie mit möglichst großer Wahrscheinlichkeit ein (fürs Unternehmen) akzeptables oder optimales Mitarbeiter-Handeln durchsetzt. Die Erfordernisse, die das Modell an die Quantität und Qualität benötigter Informationen stellt, sind wahrscheinlich für den normalen Vorgesetzten unerfüllbar; noch bedeutsamer ist, daß die *mechanistische Kombination* der Informationen, die das Modell unterstellt (ausführlich dazu: NEUBERGER 1976) praxisfremd ist (dazu wird beim attributionstheoretischen Ansatz Näheres ausgeführt) und Vorgesetzte die Mitarbeiter lediglich als *Objekte* ihrer Einflußnahme betrachten. Deshalb wird auch von den Anhängern der (lerntheoretischen) O.B.Mod.Strategie (s. unten, S. 216 ff.) behauptet, die Weg-Ziel-Theorie ließe sich sich leicht in Sprache und Geist der Lerntheorie übersetzen. Im Unterschied zu O.B.Mod. hat der Weg-Ziel-Ansatz unter Praktikern keine Resonanz gefunden und auch die theoretische Auseinandersetzung mit dem Modell stagniert, so daß man feststellen kann, daß die eigenartige Ehe aus mentalistischer Begrifflichkeit und instrumentellem Verwertungsinteresse unfruchtbar geblieben ist.

Anders ist dies bei den beiden Ansätzen, die ich differenzierter darstellen werde, nämlich der Attributions- und der Lerntheorie.

7.2.2. Attributionstheorien der Führung

Die Attributionstheorie ist ein Teilgebiet der sog. kognitiven Sozialpsychologie (s. MEYER & SCHMALT 1978). Ihre zentrale Fragestellung ist die Untersuchung der Prozesse sozialer Wahrnehmung unter dem Gesichtspunkt der Ursachenzuschreibung (Kausalattribution). Jeder Mensch ist darauf angewiesen, sich in seiner Umwelt zurechtzufinden; zu diesem Zweck sucht und sieht er Ordnung, Struktur, Regelmäßigkeit - als eine Voraussetzung für die eigene Handlungsplanung und die Beherrschung der Umwelt. Besondere Bedeutung kommt dabei der nicht-dinglichen sozialen Umwelt zu, insbesondere wenn es um das Verständnis und die Kontrolle der Handlungen anderer Personen geht. Aus diesem Grund ist die Attributionstheorie auch von Interesse für die Führungsforschung.

Meine Darstellung habe ich in zwei Unterabschnitte gegliedert: Im ersten werde ich - nach einer kurzen Darstellung des Ansatzes von KELLEY - auf das zweistufige Modell von MITCHELL eingehen, in dessen Mittelpunkt die Frage steht: Wie kommt ein Vorgesetzter zu Urteilen über das Verhalten seiner Unterstellten - und wie reagiert er infolgedessen? Im Anschluß daran werde ich die Ausführungen fortsetzen, die ich oben (s. S. 66 ff.) zur Kategorisierungs-Theorie der Führung gemacht habe und das Modell von CALDER vorstellen.

7.2.2.1. KELLEYs Grundlegung der Attributionstheorie

Nach Auffassung von KELLEY (1973) verhält sich jeder Laie wie ein Sozialwissenschaftler, wenn er aus der Beobachtung von Handlungen auf deren Verursachung schließt. In einer unsicheren und dynamischen Welt sucht er nach Hinweisen, die ihm zutreffende Erklärungen über das Zustandekommen von Handlungen ermöglichen. Dabei werden drei hauptsächliche Quellen von Verhaltensunterschieden angenommen: die *Person*, die beobachtet wird, die *Inhalte* (Aufgaben), mit denen sie sich beschäftigt und schließlich äußere *Umstände*. Wie bei einer Varianzanalyse interpretiert der Beobachter Unterschiede zum üblichen oder durchschnittlichen Verhalten auf der Basis dreier Dimensionen:

- *Unterschiedlichkeit*, Besonderheit (hinsichtlich der Aufgabenlösungen bzw. Arbeitsergebnisse)
- *Unstimmigkeit* (bezogen v.a. auf die zeitlichen und situativen Umstände)
- *Dissens*, fehlende Übereinstimmung mit anderen Personen.

Es ist in diesem Zusammenhang auf eine interessante Parallele zu den oben erwähnten systemtheoretischen Überlegungen LUHMANNs (1964) hinzuweisen: Dieser geht davon aus, daß formale Organisationen eine sachliche, zeitliche und soziale Generalisierung von Verhaltenserwartungen sicherstellen müssen: Das Handeln in Organisationen wird normiert, so daß die einzelnen Akteure nur noch als auswechselbare Typen fungieren (sollen). Will man nun von der Beobachtung solch neutralisierten gesichtslosen Handelns auf *Individuen* zurückschließen, muß man nach Anzeichen von Abweichung suchen.

In der folgenden Abb. 7.9. sind die Überlegungen grafisch veranschaulicht. Die drei Kanten der Würfel stehen für die o.a. drei Dimensionen *Person*, *Aufgabe*, Kontext (*Umstände*). Wenn eine Vorgesetzte Mitarbeiterverhalten beobachtet, wird sie darauf achten, ob sich in einer dieser Dimensionen Unterschiede zum sonstigen Verhalten feststellen lassen:

Nehmen wir folgende Situation an: Einer Vorgesetzten sind drei Mitarbeiter unterstellt (P_{1-3}); diese Mitarbeiter haben verschiedene Aufgaben auszuführen (A_1: Schreibmaschine schreiben, A_2: Archivieren, Ablage, A_3: Terminplanung, Organisation). Die Beobachtungen werden zu drei Zeitpunkten gemacht (U_1: Wochenanfang, U_2: Wochenmitte, U_3: Wochenende).

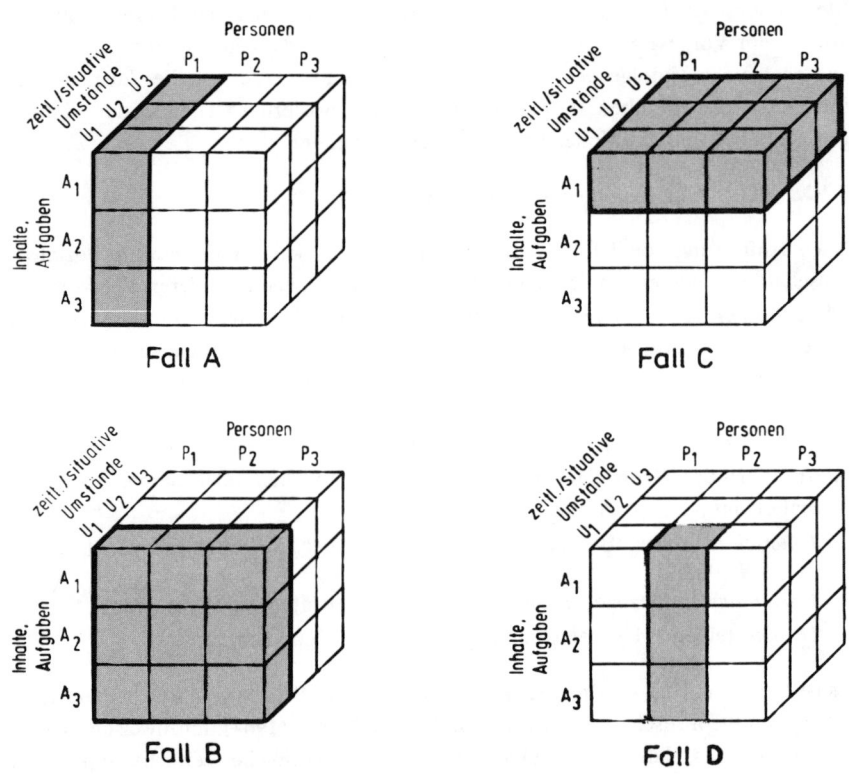

Abb. 7.9.: **Das varianzanalytische Modell für Kausalschlüsse**
(nach KELLEY 1973, S. 110-111)

Fall A: Hier stellt die Vorgesetzte fest, daß eine *Person* P_1 sich zu allen Zeitpunkten (U_{1-3}) und bei allen Aufgaben (A_{1-3}) von den anderen Personen unterscheidet: Die Vorgesetzte wird die Ursache in der *Person* suchen.

Fall B: Alle 3 Personen sind bei allen drei Aufgabentypen *am Wochenanfang* anders als sonst: Die Vorgesetzte wird die Ursache dafür in den *zeitlichen* Umständen sehen ("blauer Montag").

Fall C: Zu allen Zeitpunkten lehnen alle drei Personen einen bestimmten *Aufgabentyp* (z.B. A_1: Maschineschreiben) ab. Die Führungskraft wird den Inhalt dieser *Aufgabe* für die Auffälligkeit verantwortlich machen.

Fall D: In dieser Situation ist die Ursachenzuschreibung nicht mehr so einfach wie in den vorangegangenen Fällen, weil gleichzeitig auf zwei Dimensionen Abweichungen vom Üblichen festzustellen sind: Eine Person verhält sich zu einem Zeitpunkt bei allen Aufgaben *anders als die anderen* und *anders als sonst*. Die Ursache kann sowohl/als auch bzw. entweder/oder in P oder U liegen.

Mit diesen simplen Fällen sollte das sog. *Kovariationsprinzip* veranschaulicht werden: Wenn Abweichungen in auffälliger Weise mit bestimmten Gegebenheiten einhergehen (kovariieren), werden diese als Gründe interpretiert.

7.2.2.2. Die Erweiterungen durch MITCHELL

Darauf nimmt auch die folgende Abb. 7.10. Bezug, die ich nach GREEN & MITCHELL (1979, S. 450) und MITCHELL & WOOD (1980, S. 124) entworfen habe (s. auch die Variante in MITCHELL 1987, S. 703-4). Die mittlere Zeile dieser Abbildung zeigt das Erkenntnisobjekt der Attributionstheorie der *Führung*: Aus der Beobachtung von Mitarbeiterverhalten (1) zieht die Führungskraft Schlüsse ("Vorgesetztenattribution" 2), die ihr eigenes Verhalten (3) lenken werden.

Im Kasten **A** ist die eben erläuterte Kovariationsanalyse angeführt. Bei ausreichenden Informationen wird die Führungskraft zu sehr differenzierten Diagnosen kommen. Bei Zeitdruck, ungenügender oder widersprüchlicher Information und aus eingeschliffenen Verhaltensgewohnheiten kann sie abgekürzte Beweisverfahren einsetzen. Solche "Kausalschemata" (Kasten **B**) sind einfach abrufbare Standarddeutungen bei denen sehr wenige Informationen genügen, um weitreichende Schlüsse subjektiv zu rechtfertigen: *"Allgemein gesprochen ist ein Kausalschema eine Vorstellung von der Art, in der zwei oder mehr kausale Faktoren in Beziehung auf einen Effekt interagieren"* (KELLEY 1972, S. 14). Am bekanntesten ist das Kausalschema, das WEINER et al. (1972) zur Analyse von Leistungsverhalten identifiziert haben (siehe Abb. 7.11.). Sie gehen davon aus, daß eine Person, die ein Leistungsresultat zu würdigen hat, zwei Urteilsdimensionen mit je zwei Ausprägungen zugrundelegt.

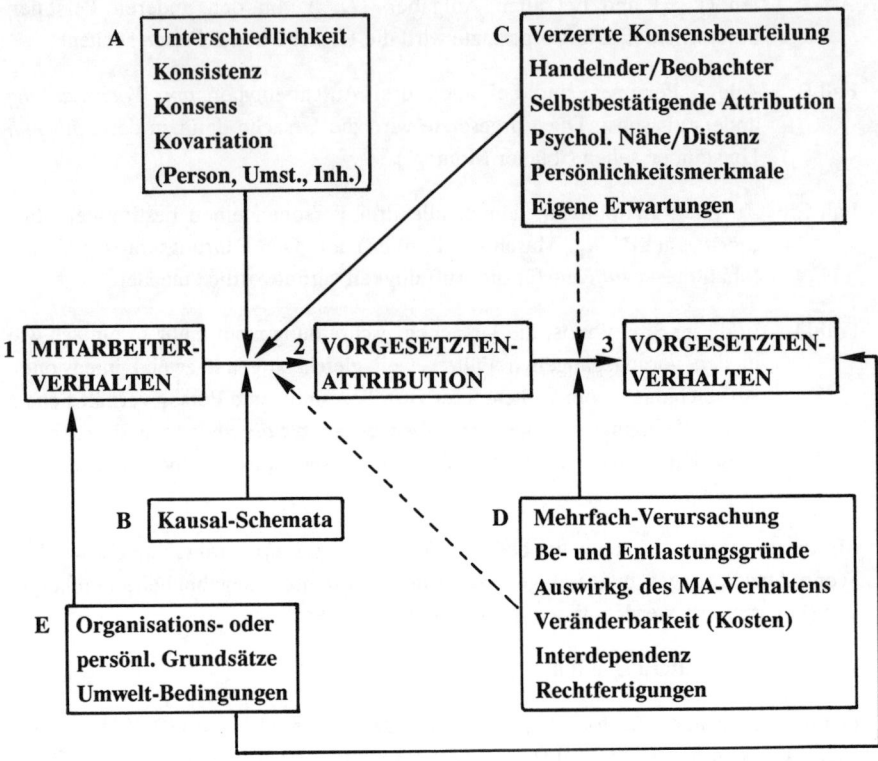

Abb. 7.10: Attributionstheorie der Führung nach GREEN & MITCHELL (1979)

Wenn eine Vorgesetzte schlechte Leistungen feststellen muß, dann wird ihre Reaktion darauf wesentlich durch ihre Kausalattribution determiniert. Glaubt sie, daß es an mangelnden Fähigkeiten liegt, dann wird sie den Mitarbeiter schulen oder ihm leichtere Aufgaben zuweisen; hält sie dagegen mangelnden Einsatz für die Ursache, wird sie den Unterstellten unter Druck setzen, enger überwachen oder durch Belohnungen locken; war die Aufgabe zu anspruchsvoll, wird sie nicht den Mitarbeiter tadeln oder trainieren, sondern ihm leichtere Aufgaben übertragen; betrachtet sie die schlechten Leistungen jedoch als Zufallsergebnis, wird sie vermutlich gar nichts unternehmen (s. ausführlich dazu: MARTINKO & GARDNER 1987). Externe unstabile Attributionen stellen für Vorgesetzte das größte Problem dar; sie werden im Regelfall vermieden zugunsten einer der drei anderen Möglichkeiten.

Zeitliche Stabilität	Ort der Verursachung (locus of control)	
	in der Person ("internal")	in den Umständen ("external")
stabil	z.B. Fähigkeit	z.B. Aufgaben-schwierigkeit
variabel	z.B. Anstrengung	z.B. Zufall

Abb. 7.11.   Kausalschema (nach WEINER et al. 1972)

Bei der Urteilsbildung von Vorgesetzten spielen eine Reihe weiterer Eigenheiten sozialer Wahrnehmung eine Rolle, die im Kasten C der Abb. 7.10. aufgeführt sind (GREEN & MITCHELL 1979, S. 437 ff; s.a. MÜLLER 1980, S. 100 ff):

a)   *Verzerrte Konsens-Beurteilung*

Wenn ein Vorgesetzter ein Verhalten als üblich oder normal betrachten soll, dann muß er es auf eine repräsentative Stichprobe von Personen beziehen, die allesamt dieses Verhalten zeigen. Selten haben Vorgesetzte jedoch genügend Vergleichsdaten, so daß sie die Tendenz haben, ihren eigenen sehr begrenzten Erfahrungsschatz unberechtigt zu generalisieren. Dieses Problem spielt z.B. in der Personalbeurteilung eine Rolle, wenn Mitarbeiterleistungen oder -eigenschaften als "gut", "unterdurchschnittlich", "sehr gut" etc. eingestuft werden müssen, der Vorgesetzte aber für diese spezielle Position praktisch keine Vergleichsdaten hat.

b)   *Ein Beobachter neigt zu personalen, ein Handelnder zu situativen Attributionen.*

Diese Tendenz ist von ausschlaggebender Bedeutung im Führungsprozeß. ROSS (1977) bezeichnet sie als den "fundamentalen Attributionsfehler": als Beobachter tendieren Vorgesetzte (im Zweifelsfall) eher zu "internalen Attributionen", d.h. sie werden gute oder schlechte Leistungen häufiger dem Mitarbeiter anrechnen als situativen Begleitumständen. Bittet man dagegen Handelnde selbst um eine Ursachenerklärung für Erfolg und vor allem Mißerfolg, dann werden sie seltener eigene Fähigkeiten, sondern häufiger günstige Bedingungen als Grund nennen.

Insbesondere für den Fall des Versagens kann diese Tendenz zur Personattribuierung für den Mitarbeiter unangenehme Konsequenzen haben, weil allein ihm die Last der Verantwortung aufgebürdet wird.

c)   *Selbstbestätigende (egoverstärkende) Attributionen*

Für Erfolge wird viel bereitwilliger die Verantwortung übernommen als für Mißerfolge. Ein positives Selbstbild läßt sich eher aufrechterhalten, wenn sich eine Person von Schuld freisprechen kann und ein Versagen externen Bedingungen anlasten kann. Auch Vorgesetzte scheinen dazu zu neigen, schlechte Leistungen der Mitarbeiter nicht als Folge ihrer eigenen Führungsunfähigkeit, sondern als mangelnde Fähigkeit oder Motivation der Mitarbeiter zu deuten. Gute Mitarbeiterleistungen werden aber umso eher auf's eigene Konto verbucht (oder zumindest als Koproduktion vereinnahmt).

d) Psychologische Nähe

Je enger und positiver die Beziehung zwischen Vorgesetztem und Mitarbeiter, desto mehr nähert sich die Perspektive des *Beobachters* derjenigen des *Handelnden* und Vorgesetzte machen Ursachenzuschreibungen, die denen der Mitarbeiter selbst gleichen. Aus diesem Grundsatz können einige Ableitungen gefolgert werden: Je mächtiger Vorgesetzte sind, desto größere Distanz haben sie zu Mitarbeitern und desto eher werden sie deren Leistungen "internal" attribuieren. Erfahrene Vorgesetzte haben viele Mitarbeiter-in-Leistungssituationen kennengelernt und attribuieren eher external ...

e) Persönlichkeitsmerkmale von Mitarbeitern

Bestimmte Persönlichkeitsmerkmale scheinen "Auslöser" für eine gerichtete Ursachenzuschreibung zu sein - ein Mechanismus, der aus der Stereotypen-Forschung bekannt ist. Es genügt manchen Personen, von einem anderen zu wissen, daß sie Frau, Jude, Pazifist, Gastarbeiter, Bayer usw. ist, um sie auch in ihrem Arbeits- und Kooperationsverhalten einschätzen zu können. In einigen Untersuchungen wurde gezeigt, daß männliche Vorgesetzte bei Frauen häufiger als bei Männern in vergleichbaren Situationen Erfolge externen und Mißerfolge internen Ursachen zuschreiben: War eine Frau gut, lag es an Zufall oder geringem Schwierigkeitsgrad; hat sie versagt, waren ihre geringen Fähigkeiten oder ihr unzureichender Einsatz schuld!

f) Erwartungsbestätigung

Aus Befunden zur Selbstattribution folgern GREEN & MITCHELL (1977, S. 442), daß die Ursachen für ein *erwartungskonformes* Verhalten in den Mitarbeiter verlegt werden; zeigen sich dagegen *überraschende* Ergebnisse, neigen Vorgesetzte dazu, dafür veränderte Bedingungen verantwortlich zu machen.

Nach der Diagnose folgt die zweite Phase des MITCHELL-Modells: die Entscheidung für ein bestimmtes (Antwort-)Verhalten. Wenn eine Führungskraft auf der Basis der bisher skizzierten Überlegungen zu einer Ursachendiagnose gekommen ist, dann wird ihre eigene Reaktion von einigen Überlegungen bestimmt werden, die in Kasten **D** der Abb. 7.10. genannt sind:

a) Mehrfach-Verursachung

Dies ist sowohl simultan wie sukzessiv gemeint. Wenn für ein beobachtetes Verhalten gleichzeitig mehrere Gründe aus verschiedenen Dimensionen (personelle, situative; stabile, variable) verantwortlich sein können, werden einzelne Gründe in ihrer Bedeutung abgewertet ("Discount-Prinzip"). Ähnliches gilt für "Kausalketten" (eine Vorgesetzte wird eine schlechte Leistung z.B. internal attribuieren, bis sie erfährt, daß zur Zeit die Ehefrau des Unterstellten schwer erkrankt ist und er deshalb bei der Arbeit völlig unkonzentriert ist). Ganz allgemein dürfte die Mehrfach-Verursachung sich auf das Vorgesetztenverhalten folgendermaßen auswirken:

- Wegen ihrer Unsicherheit wird die Führungskraft zu weniger extremen Reaktionen neigen und

- sie wird versuchen, dadurch mehr Sicherheit zu erlangen, daß sie den Mitarbeiter testet, indem sie z.B. Bewährungs- und Entscheidungssituationen herbeiführt.

b) Be- oder Entlastungsgründe

Bei einer externalen Attribution werden Mitarbeiter selbstredend von Verantwortung freigesprochen; aber auch bei einer internalen Zuschreibung kann dies der Fall sein (wenn eine Mitarbeiterin einen Arbeitsunfall aus Leichtsinn herbeiführt, wird sie zur Rechenschaft gezogen werden, nicht aber, wenn der Unfall durch eine Herzattacke verursacht war). Die höchste Stufe von Verantwortlichkeit wird zugeschrieben, wenn ein Ergebnis von der Mitarbeiterin sowohl initiiert, wie intendiert und absehbar war (s. SHAVER 1975). Je mehr ein Mitarbeiter für verantwortlich gehalten wird, desto mehr werden sich Vorgesetztenreaktionen personalisierend auf *ihn* konzentrieren und desto extremer werden sie sein.

c) Auswirkungen des Mitarbeiter-Verhaltens

Ein und dasselbe Verhalten (eine Krankenschwester z.B. gibt einem Patienten ein falsches Medikament) kann je nach den Konsequenzen sehr verschieden geahndet werden. Je gravierender die Auswirkungen des Untergebenen-Verhaltens, desto extremer werden die Vorgesetztenmaßnahmen sein (wenn der Patient nur unruhig schläft wird die Chefärztin andere Konsequenzen ziehen als wenn er einen schweren Rückfall erleidet).

d) Leichtigkeit der verändernden Einwirkung (Kosten der Veränderung)

Es scheint - obwohl dafür wenig gesicherte Belege vorliegen - , daß Vorgesetzte eher davon ausgehen, daß Einwirkungen auf die *Mitarbeiter* leichter zu realisieren sind als Veränderungen der *Situation*, vor allem auch deshalb, weil in einer (großen) Organisation viele der Einflußgrößen dem Zugriff von Vorgesetzten entzogen sind. Es ist zudem leichter, einen Mitarbeiter aufzufordern, sich mehr anzustrengen, als Aufgabe oder Situation zu verändern.

Weitere Einflußfaktoren, die in den verschiedenen empirischen Studien von MITCHELL untersucht werden sind z.B. (vgl. die Übersicht von SCHETTGEN 1989):

- Gegenseitige Abhängigkeit: Wenn eine Vorgesetzte z.B. in ihrem eigenen Vorwärtskommen oder ihrer Gehaltseinstufung abhängt von den Leistungen der Mitarbeiter, versetzt sie sich eher in die Lage der Mitarbeiter und wird so reagieren, als ob sie selbst in der Handelnden-Position wäre.

- "Impression management": Wenn Mitarbeiter für Mißerfolge glaubhafte Entschuldigungen oder Rechtfertigungen vorbringen können, tendieren Vorgesetzte zu externalen Attributionen.

- Soziales Bezugssystem: Vorgesetzte sind in ihrem Urteil abhängig von der Vergleichsgruppe, an der sie einen Unterstellten messen. Leistungsversagen einer Person, die in ihrer Gruppe beliebt ist oder sich durch Führungseigenschaften ausweisen kann, wird milder bewertet und geahndet.

Abschließend weisen GREEN & MITCHELL darauf hin, daß *organisatorische Rahmenbedingungen* (s. Kasten E in Abb. 7.10.) Vorgesetzte auf ein bestimmtes Verhalten festlegen können, selbst wenn sie persönlich aufgrund ihrer Ursachenanalyse eine andere Vorgehensweise bevorzugen würden (Eine Vorgesetzte könnte z.B. Verständnis für das Zuspätkommen einer Mitarbeiterin haben, deren Kind erkrankt ist; dennoch schreiben die Organisationsregeln zwingend vor, daß sie den Fall an die Personalabteilung melden muß, die dann Sanktionen verhängt). In dem Überblick, den MITCHELL 1987 über die Attributionstheorie der Führung gibt, betont er, daß die situative Determination als weit bedeutsamer einzuschätzen sei als die Kausalattribution durch die Führungskraft.

GREEN & MITCHELL (1979), MITCHELL & WOOD (1980) und MITCHELL (1987) beschreiben einige interessante Experimente, in denen sie im wesentlichen ihre hier dargestellten Vermutungen bestätigen konnten. Wichtig scheint mir, noch auf eine weitere Konsequenz hinzuweisen, die quasi mit der Umkehrung des Attributionsprozesses verbunden ist, wenn nämlich Unterstellte das Führungsverhalten ihres Vorgesetzten beschreiben (siehe die besprochenen Führer-Verhaltensbeschreibungs-Fragebogen, S. 110 ff.). Es konnte in einigen Untersuchungen gezeigt werden (zusammenfassend: LORD u.a. 1986), daß Befragte imstande sind, mit nur wenigen Informationen über einen Vorgesetzten vollständige Beschreibungen abzugeben. Den Versuchspersonen wurde z.B. über einen fiktiven oder fremden Vorgesetzten nur mitgeteilt, daß seine Arbeitsgruppe hohe Leistungen hat. Nachfolgende Beschreibungen mit dem LBDQ XII (s.o. S. 132) erbrachten die gleiche Faktorenstruktur und vergleichbare Mittelwerte wie sie beim Durchschnitt der Eichpopulationen gefunden worden waren! Es gibt also "implizite Theorien" über die (eigentliche, richtige) Führungskraft und jede(r) konkrete Vorgesetzte wird an diesem Stereotyp gemessen (dazu ist oben ja schon bei der Diskussion der "Kategorisierungs-Theorie" Näheres gesagt worden). Es wird bei Führer-Verhaltensbeschreibungen somit nicht aktuelles Vorgesetztenverhalten nur beschrieben, sondern zugleich überlagert durch die Reaktivierung eines sozial vermittelten Vorgesetztenstereotyps.

Auf den Prozeß der Zuschreibung von Führungsqualitäten ist CALDER (1977) in seiner "Attributionstheorie der Führung" eingegangen. Ich werde im folgenden seine Überlegungen kurz nachzeichnen:

7.2.2.3. CALDERs Attributionstheorie der Führung

CALDER schließt an die "naive Psychologie" HEIDERs an, der davon ausgegangen war, daß Personen ihre Welt dadurch ordnen und vorhersagbar machen, daß sie Ereignisse und Ergebnisse ungern einer unüberschaubar großen Anzahl situativer Einflüsse zurechnen, sondern lieber einzelne Handelnde dafür verantwortlich machen. Führung aber ist ein besonders markanter Fall dieser Tendenz, *personale* Ursachen für Verhalten(swirkungen) zu suchen. Ob jemand "Führer" genannt wird, ist durch persönliche Qualifikationen aber nicht festgelegt: ein Führer kann - wie oben schon ausgeführt - selbstlos, machthungrig, neurotisch, sensibel, rücksichtslos usw. sein. Als Führer gilt einer immer nur für eine bestimmte Gruppe, deren Erwartungen über einen Führer er erfüllt (für eine Straßenbande gelten andere Führungskriterien als in einem Industriebetrieb); dazu gehört auch, daß er sich anders als die anderen in der Bezugsgruppe verhält - sonst wäre er ja von ihnen nicht abgehoben. Sein Verhalten darf außerdem nicht situativ erzwungen sein; er muß Wahlmöglichkeiten gehabt haben. Eine internale, d.h. auf Führungs-Qualitäten bezogene Attribution ist dann - KELLEY zufolge - wahrscheinlicher, wenn

- die Effekte der gewählten und der nicht-gewählten Alternativen sich deutlich unterscheiden (wenn Verhalten im wahrsten Sinn des Wortes "einen Unterschied macht") und

- wenn dieses Verhalten keine hohe soziale Erwünschtheit hatte (wenn es nicht nur breite Zustimmung einbringt, also ein gewisser sozialer Widerstand zu überwinden war).

Bei der Beschreibung des Attributionsprozesses geht CALDER von der Grundthese aus, daß Führung nicht "an sich", sondern nur als Wahrnehmungsphänomen existiert. Er hält Führung für einen Begriff der Alltagssprache, der wissenschaftlich *"nicht lebensfähig"* (S. 202) ist, weil er so unklar, vielgestaltig und widersprüchlich ist. Deshalb will er systematisch untersuchen, wie Laien dazu kommen, jemandem Führungsqualitäten zuzuschreiben. In der Abb. 7.12. habe ich sein Prozeßmodell wiedergegeben (1977, S. 196); ich werde es im folgenden kurz erläutern:

Die Abbildung ist von unten nach oben zu lesen. Damit Führerschaft attestiert werden kann, müssen Handlungen einer Person beobachtet werden oder Wirkungen mit einer Person in Verbindung gebracht werden (wenn z.B. nach dem Trainerwechsel eine bislang sieglose Mannschaft ihre ersten Punkte macht, braucht man nichts über die Maßnahmen des neuen Trainers zu wissen: *er* hat die Veränderung zustande gebracht). Aber nicht irgendwelche Handlungen/Wirkungen interessieren, sondern nur solche, die aufgrund eines in der Bezugsgruppe allgemein verbreiteten Vorverständnisses von einem Führer erwartet werden können. In einem "Beweisführungsprozeß" (2. Stufe) wird untersucht, ob Verhalten und Effekte "führungsrelevant" sind. Aus den vorliegenden Indizien (Beobachtungen, Berichte) wird zunächst noch weiteres nicht-beobachtetes Verhalten erschlossen (offensichtlich hat der neue Trainer "durchgegriffen" oder die Spieler "motiviert"). Das Verhalten des prospektiven Führers muß sich - s. oben - von den Handlungen des Restes der Gruppe unterscheiden (wenn ein Trainer genau dasselbe macht wie die Spieler, kann er nicht als Führer ausgemacht werden). Darüber hinaus wird geprüft, ob das Verhalten in Übereinstimmung mit der "impliziten Führungstheorie" steht, ob sich ein "typischer Führer" so verhalten würde (in einer Straßengang muß sich bei Meinungsverschiedenheiten ein "richtiger Führer" notfalls mit körperlicher Gewalt durchsetzen, in einem Industriebetrieb würde sich ein Manager mit dieser Methode unmöglich machen). Des weiteren wird noch untersucht, ob

- das gezeigte Verhalten *charakteristisch* für die Person ist, ob es also - wie oben bei den Würfeldarstellungen schon diskutiert - zeitlich, sachlich und interpersonell konsistent ist oder lediglich ein einmaliges Zufallsergebnis bzw. ein Verhalten ist, bei dem die Meinungen in der Bezugsgruppe weit auseinandergehen (einige nennen es z.B. dynamisch, andere normal und wieder andere überheblich ...);

- ob es *sozial erwünscht* war (s.o.) und

- ob es *ausgeprägt genug* war, so daß es tatsächlich einen gravierenden Unterschied zum üblichen Verhalten machte.

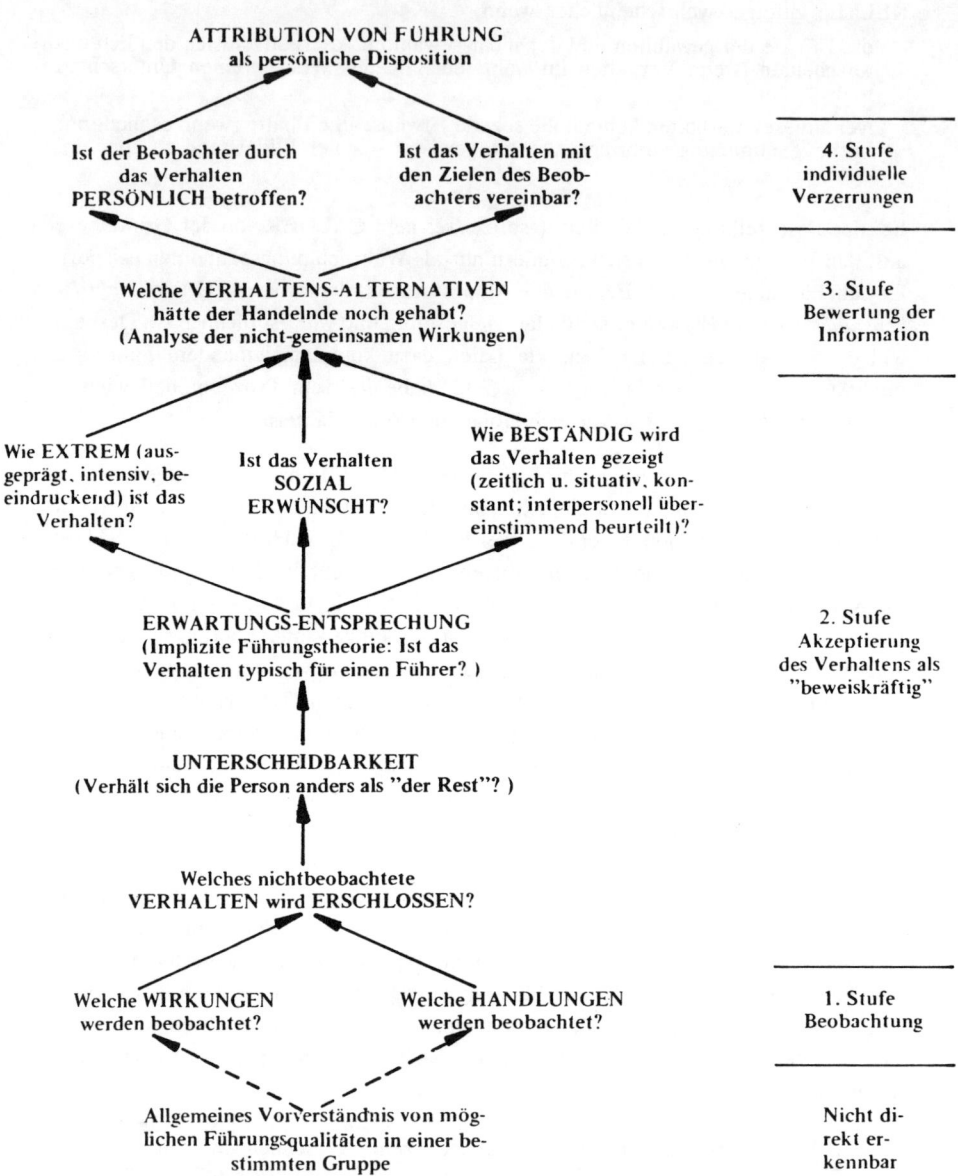

Abb. 7.12.: FLUSSDIAGRAMM DES ATTRIBUTIONSMODELLS
(nach B. J. CALDER 1977, S. 196)

Sind diese Hürden überwunden, wird der Führer-Kandidat noch daraufhin begutachtet (3. Stufe), ob er überhaupt in dieser Situation anders hätte handeln können, ob nicht alles, was er hätte tun können, letztlich die gleiche Wirkung gezeigt hätte. Je mehr sich die Effekte seines Handelns von den Wirkungen unterscheiden, die andere Verhaltensweisen gehabt hätte, desto eher kann ihm Führertum zugesprochen werden.

In der 4. Stufe schließlich kommt zum Ausdruck, daß die Attribution kein sachlich-neutraler Prüfprozeß ist, sondern daß ganz persönliche Interessen und Voreingenommenheiten von Beobachtern eine wichtige Rolle spielen können (hier könnten übrigens auch die bei GREEN & MITCHELL besprochenen "Attributionsfehler" angeführt werden). CALDER berücksichtigt zwei Überlegungen von Beobachtern; sie werden sich fragen, ob sie durch die Handlungen von Vorgesetzten *persönlich betroffen* sind und ob diese Handlungen ihnen *Vorteile bringen* werden oder mit den eigenen Zielen unvereinbar sind. Sie werden als "Führung" eher solche Akte klassifizieren, die ihnen selbst nützen (anderenfalls werden sie das Verhalten als parteiisch, kriminell, schikanös etc. abtun).

CALDERs Entwurf ist eine Systematisierung längst bekannter Aspekte; er ist aber auch der Vollzug einer operationalen Definition von Führung - so wie sie von den Geführten vorgenommen wird. Führung ist kein dauerhafter Besitz, der an eine hierarchische Position unauflöslich gekoppelt ist, sondern wird zu- und aberkannt. CALDER leistet mit seiner Analyse, was die Konstrukteure von Führerverhaltens-Fragebogen voraussetzen: er liefert die Ermittlungsprozedur, die feststellen läßt, was als Führung angesehen wird. Dabei geht es nicht um außeralltägliche charismatische Führergestalten. Es stellt sich z.B. die Frage, ob das wichtige Verhaltensmerkmal "Consideration" (das in der Faktorenstruktur bei Fragebogenstudien meist den größten Varianzanteil erklärt) tatsächlich ein *Führungs*-Merkmal ist. Ist dieser Zug so typisch, so distinkt, so konsistent, so wenig sozial erwünscht und so extrem, daß er besondere ("nicht-gemeinsame") Wirkungen hervorzurufen vermag? Oder ist "Freundlichkeit" eine bloße Hintergrundvariable, die die emotionale Tönung der sozialen Beziehung zwischen Führer und Geführten charakterisiert? Consideration hätte dann inhaltlich nicht viel mit Führung zu tun, es würde lediglich die Führungskraft als Verwalterin eines Führungs-Amtes beschreiben, das sie zur austauschbaren Vollstreckerin eines organisatorisch fixierten Programms macht.

7.2.2.4. Attributionstheorie und Symbolische Führung

Die Attribution von Führung muß man nicht naturwüchsigen Prozessen überlassen, man kann sie bewußt und gezielt in Dienst nehmen. PFEFFER (1977, S. 110) formuliert eine Hypothese, die in diesem Zusammenhang relevant ist: *"Je mehr der Kontext die organisatorischen Ergebnisse tatsächlich bewirkt, desto größere Anstrengungen werden gemacht, um ihre Attribution auf Führung zu sichern"*. Ähnlich wie der Kulturanthropo-

loge MALINOWSKI vermutete, daß die "Erfindung" von Göttern durch die To-
briand-Insulaner als Versuch zu werten sei, ansonsten unkontrollierbare Mächte
(Sonne, Regen, Insektenbefall, Gezeiten, Stürme etc.) zu beeinflussen, weil man
Götter anrufen kann, die ihnen gebieten (s. LIEBERSON & O'CONNOR 1972, S.
118), kann man auch die "Erfindung" von Führung in (großen) Organisationen sehen:
Es wird damit eine personale Instanz geschaffen, die für Erfolg oder Mißerfolg
zuständig ist - denn diese hängen von so vielen einzelnen Faktoren ab, daß es ein
hoffnungsloses Unterfangen wäre, dieses Geflecht durchschauen oder gar
beeinflussen zu wollen. Diese Aufwertung von Führung wird auch besorgt durch
organisatorische Zeremonien (etwa bei der Einführung neuer Vorgesetzter, bei der
Führungsauslese, bei der Ausstattung mit Statussymbolen), Mythen und Erfolgs-
legenden (s.a. PFEFFER 1977, S. 110).

MEINDL & EHRLICH (1987) nennen dies eine "romantisierte" Auffassung von
Führung:

*"Zusammengefaßt kennzeichnet die romantisierte Auffassung von Führung eine starke
Überzeugung - einen Glauben - an die Bedeutung von Führungsfaktoren für das Funktionieren und Fehlfunktionieren von organisierten Systemen. Sie schließt ein, daß Führung
die Hauptkraft im System organisationaler Ereignisse und Vorkommnisse ist. Sie kann
gesehen werden als Annahme, Meinung oder Vorurteil, denen interessierte Beobachter
und Mitglieder anhängen, wenn sie ein intellektuell zwingendes und emotional befriedigendes Verständnis der Ursachen, Inhalte und Konsequenzen organisationaler Aktivitäten finden müssen. Diesen Weg bevorzugen viele, um die kognitiven und moralischen
Verwicklungen zu bewältigen und in den Griff zu bekommen, die das Verständnis der
Myriaden von Interaktionen zwischen den kausalen Kräften erfordert, die organisierte
Aktivität erzeugen und erhalten - Kräfte, die oft unerkennbar und unbestimmbar , vielleicht sogar unerwünscht sind. Sie reduziert und übersetzt diese Komplexitäten in einfache
menschliche Begriffe, die sie verstehen, mit denen sie leben und die sie leicht anderen
kommunizieren können" (1987, S. 92).*

Unter ausdrücklicher Bezugnahme auf "symbolic management" formulieren die
Autoren, die auch die Selbstdarstellungs-(oder Selbstbeweihräucherungs-)Praxis des
Managements in Geschäftsberichten analysiert haben (s. MEINDL, EHRLICH &
DUKERICH 1985): *"Der Hauptgrund für diese Ursachenbegründungen der Manager ist,
den Glauben an die Wirksamkeit der gegenwärtigen Unternehmensleitung zu stärken und
zu betonen, daß das Schicksal der Firmen in guten Händen ist. Vielleicht engagieren sich
Manager in diesen und anderen symbolische Aktivitäten, um den Wert ihrer Firma zu
steigern und ihre eigene Eliten-Position zu rechtfertigen. Wir können uns jedoch
vernünftigerweise fragen, warum diese kaum verschleierten Überredungsversuche - ... -
wirksam sind. Wie können solch einseitige, verzerrte Interpretationen von manchmal
spärlichen, manchmal widersprüchlichen substantiellen Wirkungen überhaupt überzeugend sein - selbst für unbefangene Beobachter, ganz zu schweigen für differenzierte orga-*

nisationale Interessenten, deren eigene Angelegenheiten auf dem Spiel stehen? Diese Ursachenbegründungen erscheinen oft als Ausflüchte, die mit der willentlichen Kumpanei und Empfänglichkeit ihrer geplanten Zielgruppe zu tun haben. Auf der Basis der hier berichteten Resultate vermuten wir, daß die romantisierte Auffassung von Führung und die Werte und Ideologien, für die sie steht, wahrscheinlich wichtige Bestandteile dieser paradoxen Empfänglichkeit sind" (1987, S.107).

Die Attributionstheoretiker definieren Führung als Wahrnehmungsphänomen; erst müssen die Eigenheiten dieses Prozesses entschlüsselt werden, bevor man Führung zum *Gegenstand* deklarieren kann, der mit spezifischen objektiven Merkmalen ausgestattet ist und nach verallgemeinerungsfähigen Gesetzen funktioniert.

Für Vertreter der sog. Great-Man-Theory, denen es als ausgemacht gilt, daß es auf den Mann an der Spitze ankommt, mögen solche Überlegungen ein Sakrileg sein. Eine Untersuchung von LIEBERSON & O'CONNOR (1972) gibt aber zumindest zum Nachdenken Anlaß. Sie werteten für den Zeitraum von 1946 - 1965 die Geschäftsberichte von 167 großen amerikanischen Aktiengesellschaften aus und stellten für jedes Jahr als Erfolgsmaße die Werte von Umsatz, Gewinn und Umsatzrendite fest. Durch eine Varianzanalyse suchten sie zu klären, in welchem Umfang diese abhängigen Variablen

- vom Geschäftsjahr
- von der Branche
- von der Unternehmung
- von der Unternehmensleitung (definiert durch eine personellen Wechsel in der Unternehmensspitze)

abhingen. Daß z.B. Branche und Geschäftsjahr (allgemeine Konjunktur) einen Einfluß haben können, legt das unten abgebildete Schaubild nahe, das sie für die 8 größen amerikanischen Stahlproduzenten veröffentlicht haben. Es geht daraus hervor, daß die verschiedenen Firmen in dieser 20-Jahres-Periode einen fast identischen Umsatz-*Verlauf* hatten.

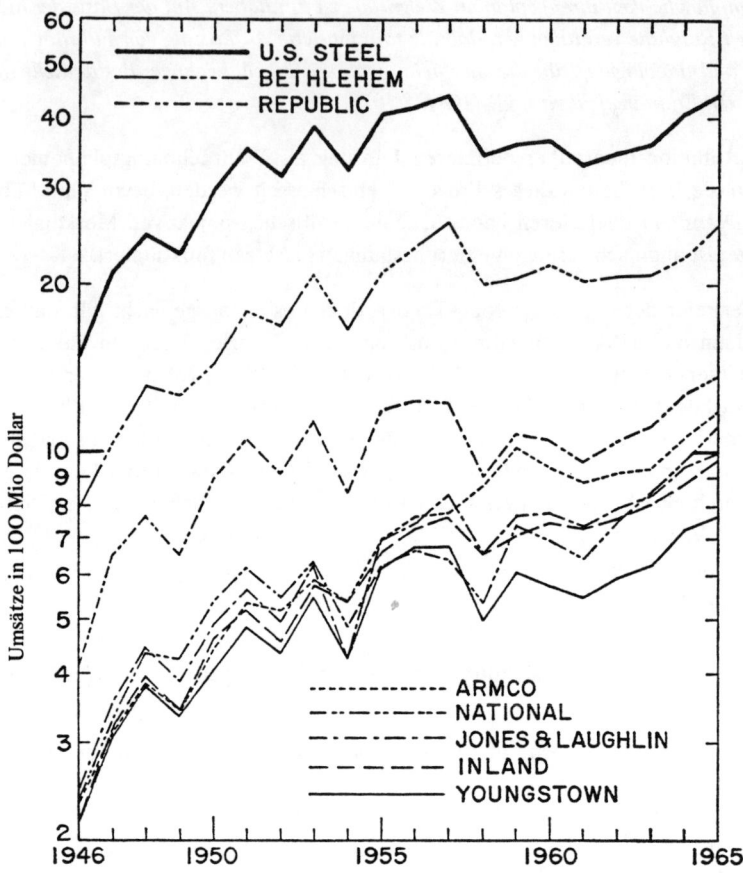

Abb. 7.13. Die Veränderung der Umsätze der 8 größten US-Stahlfirmen in der Zeit zwischen 1946 bis 1965 (LIEBERSON & O'CONNOR 1972, S. 120)

Für alle drei Kriterienmaße fanden sie, daß die *Branche* und die *Unternehmung* die größten Erklärungsbeiträge brachten, während das *Geschäftsjahr* (es handelt sich um eine Periode steten Wirtschaftswachstums) und die *Leitung* weit weniger bedeutsam waren. Die Autoren stellen fest, *"daß wir bei der Betonung der Wirkung von Führung weiter mächtigere Umwelteinflüsse übersehen können" (S. 129).*

Stellungnahme zur attributionstheoretischen Führungstheorie

1. Die Attributionstheorie konzentriert sich auf die Wirklichkeits-Konstruktion der Beteiligten; Führung gilt nicht als objektiver Sachverhalt, sondern als phänomenales Konstrukt, das geeignet ist, eine komplexe und instabile Realität zu ordnen. Insofern machen diese Ansätze wahr mit der These, daß wirklich ist, was als wirklich erkannt oder gedeutet wird. Führer und Geführte wirken nicht wie unabhängige Massen aufeinander ein und stoßen sich gegenseitig mechanisch zu einem gemeinsamen Ziel hin; es interessierten vielmehr die Besonderheiten der *Zuschreibung* von Kausalität bei der Verursachung von Verhaltensweisen und Ergebnissen. Die soziale Urteilsbildung folgt gewissen Gesetzmäßigkeiten, die zentraler Untersuchungsgegenstand sind.

2. Führer- und Geführtenverhalten werden nicht auf Durchschnittswerte reduziert (etwa: "Reifegrad" oder "Initiating-Structure-Wert"). Solche zeit- und situationsabhängigen Werte suggerieren, daß es etwas "an sich" zu messendes gäbe, wo es doch nur (?) um subjektive Bilder der Wirklichkeit geht.

3. Es werden somit auch keine systematischen Zusammenhänge zu "abhängigen Variablen" (wie etwa Führungserfolg) aufgezeigt und untersucht; es wird vielmehr analysiert, wie und warum ein Ergebnis bestimmten Personen zugerechnet wird.

4. Diese subjektive Akzentsetzung bringt es mit sich, daß die Übergänge zur objektiven und objektivierten Welt vernachlässigt werden. Die Attributionstheorie konzentriert sich auf die Binnenwelt der Handelnden bzw. die Interpretation ihrer Handlungen und Ergebnisse durch Dritte.

5. Attributionstheoretische Ansätze sperren sich gegen eine unmittelbare technologische Indienstnahme zur Fremdsteuerung anderer (obwohl sie dazu auch genutzt werden können); sie sind ein geeigneter theoretischer Bezugsrahmen für verständigungsorientierte Kooperationsformen. Der eigenständige Erklärungsbeitrag, den Attributionen zur Vorhersage von (Leistungs-)Verhalten bringen, ist nicht besonders hoch; dies hat MITCHELL (1982, 1987) veranlaßt, für eine stärkere Berücksichtigung von "hard facts" (speziell: situativen Bedingungen) zu votieren. Man kann aber wohl die eine Erklärung nicht gegen die andere ausspielen, weil monokausale Interpretationen grundsätzlich unzulänglich sind. Man muß sich hüten, die Fehler der Einstellungsforschung zu wiederholen. In dieser Disziplin kam es zu einer gewissen Resignation und zu einem Stillstand der Forschung, weil unzählige Untersuchungen gezeigt hatten, daß man von Einstellungen (allein) nicht auf nachfolgendes Verhalten schließen kann. Eine solch allzu simple Erwartung kann man heute auch im Hinblick auf die Folgen von Attribution nicht mehr hegen.

7.2.3. Lerntheorie: Verhaltensmodifikation in Organisationen

Mit einem Überblick über einen lerntheoretischen Ansatz schließe ich die Darstellung der theoretischen Modelle ab. Unter dem Stichwort "Verhaltensmodifikation in Organisationen" (Slang Ausdruck: O.B.Mod., d.h. Organizational Behavior Modification) hat vor allem im Anschluß an verhaltenstherapeutische Erfolge seit etwa 1972 die durch SKINNER geprägte Theorie des "operanten Lernens"[1] in der Organisationspsychologie zunehmende Beachtung gefunden.

Ich werde zuerst die wichtigsten Grundzüge der Theorie darstellen und dann auf ihre Anwendung in der Führungsforschung eingehen. Die funktionale lerntheoretische Analyse erklärt gerade das, was der attributionstheoretische Ansatz ins Zentrum rückt, zum größten Hindernis für wirkliche wissenschaftliche Fortschritte in den Führungstheorien.

"Ein Hauptproblem ist, daß Führung selten direkt beobachtet wird, sondern bloß wahrgenommen und erschlossen wird... die Begriffe Führung und Einfluß sind Adjektive, die nachträglich Verhalten reflektieren... Viele Diskussionen in der Literatur sprechen von Begriffen wie Führung oder Delegation als ob sie beobachtbar wären, behandeln die Metaphern als empirische Realität... Wie ARGYRIS feststellt, sind nicht nur viele der Items in Führungsfragebogen unbeobachtbar, sie basieren auch auf Schlüssen. Zum Beispiel gibt es keine Hinweise auf das tatsächliche Verhalten, das mit 'drückt Anerkennung aus', 'ist leicht zu verstehen', 'sorgt für ein entspanntes Verhältnis zu seinen Unterstellten' gemeint ist. Günstigstenfalls haben wir eher, was CAMPBELL eine Wissenschaft des Fragebogen-Verhaltens nennt, als eine des Führungsverhaltens" (DAVIS & LUTHANS 1979, S. 238 f).

Eine funktionale Analyse konzentriert sich auf *beobachtbares* Verhalten (und die Anhänger der reinen Lehre beschränken sich darauf, s.u.). Dabei wird jeder Verhaltensakt als eine dreiwertige Einheit beschrieben, d.h. es müssen Aussagen gemacht werden über

- A (antecedents):   Ausgangs- oder Auslösebedingungen

- B (behavior):   Verhalten, Response

- C (consequence):   Konsequenz, die auf das Verhalten folgt.

---

1 "Operant" wird es deshalb genannt, weil es sich auf *spontan* gezeigtes Verhalten konzentriert, im Unterschied zu "respondentem" d.h. re-agierendem Verhalten.

Diese eingängige A-B-C-Analyse (LUTHANS & KREITNER 1975) wird in der Terminologie von MAWHINNEY & MAWHINNEY (1982) differenzierter und im Einklang mit der in der Lerntheorie üblichen Form beschrieben: A und C sind Umweltzustände (Reize, Stimuli, Situationen); sie werden deshalb mit S gekennzeichnet. Das Verhalten (B) wird als "Response" durch R symbolisiert.

Um mit den Konsequenzen zu beginnen, die der "Verstärkungstheorie" - wie die Theorie des operanten Lernens auch genannt wird - ihren Namen gegeben haben: Mit *Verstärkung* ist der Sachverhalt gemeint, daß S_C (Konsequenzen, die auf das Verhalten folgen), die Wiederauftretensrate eben dieses Verhaltens beeinflussen. Folgende Möglichkeiten sind denkbar:

a) Den bestehenden S_C werden S hinzugefügt oder welche entfernt.

b) Die S_C-Veränderung führt zu Steigerung oder Senkung der Verhaltensrate oder läßt sie unverändert.

Schematisch lassen sich diese Konsequenz-Manipulationen und ihre Folgen nachstehend darstellen:

Folge	Hinzufügen eines S zu S_C	Entfernen eines S von S_C
Steigerung (+) der Verhaltensrate	"positiver Verstärker" S^+ (1)	negativer Verstärker" $-S^+$ (2)
Senkung (-) der Verhaltensrate	"positive Bestrafung" S^- (3)	"negative Bestrafung" $-S^-$ (4)
kurzfristig keine Veränderung	"neutraler Reiz" S^0 (5)	"neutraler Reiz" S^0 (5)

In einer "mentalistischen" Interpretation kann man die Verhältnisse folgendermaßen illustrieren:

zu (1): "Belohnen":   Ein Mitarbeiter kommt pünktlich, die Vorgesetzte lobt ihn.

zu (2): "Ent-Strafen":   Ein Mitarbeiter kommt pünktlich, die Vorgesetzte hört auf, wegen Zuspätkommens dauernd an ihm herumzunörgeln.

zu (3): "Bestrafen":   Ein Mitarbeiter kommt unpünktlich, die Vorgesetzte verlangt Nacharbeit nach Dienstschluß.

zu (4): "Ent-Lohnen":   Ein Mitarbeiter kommt unpünktlich, die Vorgesetzte streicht mit sofortiger Wirkung die übliche Kaffepause.

zu (5): "neutrale Handlung": Ein Mitarbeiter kommt (un-)pünktlich, die Vorgesetzte telefoniert mit Kunden.

MAWHINNEY & FORD (1977, S. 401) formulieren das sog. "Entsprechungs-Gesetz" (Matching Law):

$$\frac{V_1}{V_2} = \frac{r_1}{r_2}$$

V_1 und V_2 sind alternative Verhaltensweisen und r_1 und r_2 sind die Verstärkungen, die auf das jeweilige Verhalten folgen: Das Auftretens-Verhältnis der Verhaltensweisen entspricht dem Verstärkungsverhältnis.

Die verwendeten Begriffe sind z.T. etwas ungewöhnlich (negative Verstärkung, negative Bestrafung); das System ist aber in sich konsistent: Verstärkung führt - egal ob der folgende Reiz S^+ oder $-S^+$ ist - zur Steigerung ($+$), Bestrafung in jedem Fall zur Senkung (-) der Verhaltensrate. Es ist anzumerken, daß der Verstärkerbegriff rein tautologisch ist: Verstärker ist, was Verhalten verstärkt. Es ist also unzulässig, irgendwelche Gefühlsqualitäten mit der Definition von Verstärkern oder "aversiven Reizen" zu vermengen (Nur am Rand (und zur Erheiterung oder Verärgerung) sei der wissenschaftliche Ausdruck für "Bestrafung" notiert: 'reaktions-kontingente aversive Stimulation', RCAS, s. KAROLY 1977, S. 247).

Der Zusammenhang zwischen der Response R und (-) $S^{+\text{-}o}$ wird "Kontingenz" genannt. Das sog. "Kontingenz-Management" ist für die Verhaltenssteuerung von großer Bedeutung. Dabei werden verschiedene Verstärkungspläne ("schedules of reinforcement") unterschieden:

A) *kontinuierliche Verstärkung*: Jeder R wird regelmäßig von einem (-)$S^{+\text{-}}$ gefolgt.

B) *intermittierende Verstärkung*: hier werden zwei unabhängige Dimensionen unterschieden:

a) Quoten- oder Intervallverstärkung. Bei ersterer wird bezogen auf die Auftretensrate verstärkt, bei letzterer spielt das Zeitintervall zwischen R und $(-)S^{+-}$ eine Rolle;

b) fixierte oder variable Verstärkung. Bei fixierter Verstärkung wird jedesmal nach dem gleichen Schema vorgegangen (z.B.: Jede 5. Response, oder: Immer 3 Minuten nach der Response, wird verstärkt). Bei variablen Plänen folgt die Verstärkung unsystematisch.

Dies läßt sich in folgender Vierfeldertafel darstellen:

	Quotenverstärkung	Intervallverstärkung
fixiert	für 10 verkaufte Einheiten bekommt der Mitarbeiter einen Bonus	am Ende jeder Woche wird der Lohn ausbezahlt
variabel	am Werksausgang werden unregelmäßig Taschen kontrolliert	ab und zu macht der Vorgesetzte Portobuchkontrolle

Quotenverstärkungen produzieren hohe Responseraten, die bei variabler Verstärkung auch noch sehr löschungsresistent sind. Fixe Intervallverstärkung bewirkt ein unstabiles Responsemuster.

Mit "stretching" (Dehnung) wird der Sachverhalt bezeichnet, daß nach dem Errichten einer Verbindung (z.B. durch sehr häufige Verstärkung) langsam die Verstärkungsquoten verringert oder die Verstärkungs-Intervalle verlängert werden, so daß insgesamt die Verstärkungshäufigkeit reduziert wird, die Auftretensrate dabei aber nicht sinkt.

C) Als eine weitere, allerdings nicht von allen Behavioristen akzeptierte Form ist *"Selbstverstärkung"* zu nennen. Sie entspricht dem, was oben mit "intrinsischer Motivation" bezeichnet wurde und bezieht sich auf Verhalten, das aufrechterhalten wird, obwohl keine externen S^{+-} auszumachen sind (s. LUTHANS & KREITNER 1975, S. 70).

Mit Verstärkung wird kein "neues" Verhalten erzeugt, sondern lediglich solches, das bereits im Repertoire vorhanden ist, (häufiger) hervorgerufen. Da es aber natürliche Schwankungen in der Intensität, Qualität, Dauer etc. der Rs gibt, können aus der Verteilung dieser Response-Charakteristika bestimmte Ausprägungen gezielt verstärkt bzw. eliminiert werden ("shaping"; ein Vorgesetzter "belohnt" z.B. nur noch besonders schnelles, sorgfältiges, freundliches...Verhalten; dies führt dazu, daß die nichtbelohnten Varianten langsam gelöscht werden).

Bislang war nur vom Kontingenz-Management bzw. den Verstärkungsplänen die Rede, es ist also nur die rechte Hälfte des Verhaltensschemas behandelt worden:

$$A \longrightarrow B \longrightarrow C$$
bzw.
$$S_A \longrightarrow R \longrightarrow S_C$$

Nun ist noch auf das Glied $S_A \rightarrow R$, die sog. "Stimuluskontrolle" einzugehen.

Verhalten findet immer unter situativen Bedingungen (S_A: Situation-Antezedent) statt. Wenn eine Person erfahren hat, daß bei Anwesenheit einer Situationsbedingung S^D immer auf ein bestimmtes Verhalten die Verstärkung/Bestrafung (-) S^{+-} gefolgt ist, dann wird S^D zum sog. diskriminativen Reiz, weil der Situationsbestandteil S^D sich aus der Gesamtsituation S_A dadurch hervorhebt, daß er regelmäßig mit bestimmten Konsequenzen gekoppelt ist, und - locker formuliert - künftige Folgen anzeigt. S_A-Reize, die keine S^D-Funktion haben (S^Δ) gelten als irrelevant für ein bestimmtes Verhalten. Einige Behavioristen sprechen dem S^D neben dieser informatorischen noch eine motivierende Funktion zu, weil die Anwesenheit von S^D hinreicht, um Responses auszulösen. Man kann also durch Darbietung entsprechender S^D Verhalten beeinflussen (Stimuluskontrolle). Erklärbar ist dies durch die Verstärkungsgeschichte der Person: wenn genügend oft bei S^D auf R S^+ folgte, wird diese Koppelung gelernt ("Wenn der Vorgesetzte ein rotes Gesicht bekommt, wird er auf Widerspruch mit einem Wutanfall reagieren"). Da die S - ebenso wie die R - in einer bestimmten "Streubreite" auftreten, ist es möglich, ähnlich wie beim Response-Shaping durch Betonung oder Verringerung der Unterschiede zwischen S^Ds die Bandbreite der "Auslöser" von Responses zu verengen oder zu erweitern: Diskriminations- oder Generalisations-Lernen. Ein Mitarbeiter lernt z.B. durch Reizgeneralisation, daß er bei seinem Vorgesetzten nicht nur dann auf der Hut sein muß, wenn er ein rotes Gesicht hat, sondern auch wenn er nervös mit den Fingern trommelt, die Krawatte lockert, auf die Uhr schaut usw. Mit Diskrimination und Generalisation wird erklärt, warum Personen auch in völlig neuen Situationen, mit denen sie bislang nicht konfrontiert worden waren, handeln können: sie entdecken auch in solchen Situationen Gegebenheiten, die mit erlernten S^Ds in engerem oder weiterem Zusammenhang stehen. Insofern ist die Verstärkungsgeschichte für funktionale Verhaltensanalysen wichtig, da für sie als Axiom gilt, daß Verhalten nur aus der Vergangenheit erklärbar ist. "Futuristische" Erklärungen (s. MAWHINNEY & MAWHINNEY 1982, S. 122) werden abgelehnt; damit sind Erklärungen gemeint, die Absichten und Ziele un-

terstellen ("um-zu-Erklärungen", z.B. "Er macht Kurse, um Karriere zu machen").
Alle Erwartungen und Absichten werden abgeleitet aus den Erfahrungen, die früher
gemacht wurden: Weil eine bestimmte Situation gleich oder ähnlich ist mit einer früheren Situation, bei der ein bestimmtes Verhalten mit gewissen S^{+-} gekoppelt war,
wird auch in der Jetzt-Situation die damals verstärkte (oder bestrafte) R (nicht) gezeigt. Mit dieser Konstruktion erklären Behavioristen auch wert- und normorientier-
tes Verhalten ("regelgeleitetes Verhalten"), das u.U. durch verbale Instruktion gelernt
worden sein kann.

Voraussetzung ist, daß in der Vergangenheit erfahren wurde, daß die "verbalen
Reize" regelmäßig und verläßlich als S^Ds fungierten, die bestimmte S^{+-} signalisier-
ten (Wenn eine Vorgesetzte bei jedem Fehler droht: "Das nächste Mal werde ich
streng durchgreifen", dies aber nie tut, dann wird die Mitarbeiterin dieses Vorgesetztenverhalten nicht als S^D erleben und nicht berücksichtigen).

MAWHINNEY & FORD (1977) erklären mit diesem Begriffsapparat die "mentalistischen" Konstrukte der Erwartungs-Valenz-Theorien. *Valenzen* sind z.B. nichts anderes als S^{+-} und *Erwartungen* sind S^D-R- und R-S^{+-}-Koppelungen.

In konkreten betrieblichen Situationen ist der Mitarbeiter vielen z.T. unklaren S_As
und sehr unterschiedlichen S^{+-} ausgesetzt (Er wird z.B. nicht nur von seinem Vorgesetzten verstärkt/bestraft, sondern auch von seinen Kollegen, von höheren Vorgesetzten, Gewerkschaften..., ganz abgesehen von den je einmaligen Verstärkungsge-
schichten der Personen, die sehr unterschiedliche Dinge für sie zum S^D machen können). Eine gezielte Verhaltenskontrolle ist deshalb für Vorgesetzte sehr erschwert,
aber genau das ist ihre Hauptaufgabe: durch Stimuluskontrolle und Kontingenz-
management dafür zu sorgen, daß aufgabenbezogenes produktives Verhalten hervorgerufen und verstärkt und daß unproduktives Verhalten eliminiert wird:

"Wir gehen davon aus, daß es zur Rolle des Führers gehört, komplexe Verhaltensketten
der Unterstellten zu organisieren, zu spezifizieren und aufrechtzuerhalten, indem er ihnen
Verstärkungskontingenzen mitteilt (S^d ⟶ R ⟶$S^{+,-,o}$, also istrumentelle Ketten, die Ver-
stärker produzieren und Bestrafungen vermeiden)..." "Das Rollenverhalten des Führers ist
demnach Regelerzeugung und -durchsetzung. Es ist die Aufgabe des Führers, die Verstär-
kungskontingenzen in einer Arbeitssituation zu beschreiben und sie in dem Maße herzu-
stellen, wie sein Verhalten S^d, S^Δ, S^+, S^- für verschiedene Mitarbeiterverhaltensweisen
ist. Da physisches und verbales Führerverhalten sowohl $S^{+/-}$ -wie S^d-Eigenschaften ha-
ben kann, kann man davon ausgehen, daß Führerverhalten die Verteilung von Mitarbei-
ter-Verhaltensweisen beeinflußt, da angenommen wird, daß Mitarbeiter-Verhalten gemäß

dem Entsprechungsgesetz verteilt ist" (MAWHINNEY, T.C. & FORD, J.D. 1977, S. 405-406; s.a. die Definition von SIMS 1977, S. 134, die auf S. 225 dieses Textes zitiert ist).

Zur Erfüllung dieser Aufgabe sind pragmatische Anwendungshilfen entwickelt worden, die sich eng an Schemata orientieren, wie sie in der klinischen Verhaltenstherapie bei der Behandlung von Verhaltensauffälligkeiten und -störungen entwickelt wurden (s. KANFER & GOLDSTEIN 1977). Ich gebe im folgenden ein solches Schema wieder (Abb. 7.14.) und erläutere es am Beispiel einer empirischen Untersuchung von KOMAKI, BLOOD & HOLDER (1980).

Es ist nachdrücklich zu betonen, daß der Vorgesetzte bei der Verhaltensmodifikation beobachtbares Verhalten verändern will. *"Wenn man will, daß Arbeiter so reagieren, daß sie der Vorgesetzte mag, dann sollte man ein System von Vorgesetzten-Beurteilungen anwenden. Wenn man jedoch das produktive Arbeitsverhalten der Mitarbeiter steigern will, dann sollte man besser diese Verhaltensweisen messen"* (O'BRIEN & DICKINSON 1982, S. 20). In der Studie von KOMAKI u.a. ging es um die Steigerung der Freundlichkeit des Pesonals gegenüber Kunden in einem Schnellrestaurant. Entsprechend dem Schritt 1 in Abb. 7.14 ist deshalb zunächst jenes Verhalten zu bestimmen, das mit "Freundlichkeit" gemeint ist. Es geht also nicht um die Wirkung der Freundlichkeit auf die Kunden (wie man sie in einer Klimabefragung feststellen könnte) oder um gesteigerte Umsätze (als organisatorische Konsequenzen von Freundlichkeit). Zusammen mit den Managern definierten KOMAKI u.a. Freundlichkeit als "Lächeln" und "mit den Kunden sprechen". Sodann wurde die Grundrate der Freundlichkeit während einer 13-wöchigen Periode festgestellt (Schritt 2), indem 5-7 mal pro Woche an der Kasse und im Lokal beobachtet und registriert wurde.

Im Schritt 3 wurden vier verschiedene S^D ermittelt, Gelegenheiten also, die als "Auslöser" für freundliches Verhalten geeignet waren (z.B. Wechselgeld herausgeben); das freundliche Verhalten wurde operational definiert und geprobt und drei Arten von Konsequenzen wurden festgehalten (Selbstüberwachung der Mitarbeiter, Zurücklächeln der Kunden und Lob durch den Manager).

Mit diesen positiven Verstärkern wurde während der Interventionsperiode an beiden Beobachtungspunkten gearbeitet. Es zeigte sich an der Kasse ein 26%iger Anstieg der Freundlichkeit, nicht jedoch im Eßlokal. Daraufhin wurde der Belohnungswert gesteigert: eine 5-minütige Kaffeepause wurde gewährt, wenn eine Bedienung mit mindestens 5 Kunden im Lokal geredet hatte; das verdoppelte die Häufigkeit des Zielverhaltens (erwies sich aber wegen "Durchführungsproblemen" als ungeeignet).

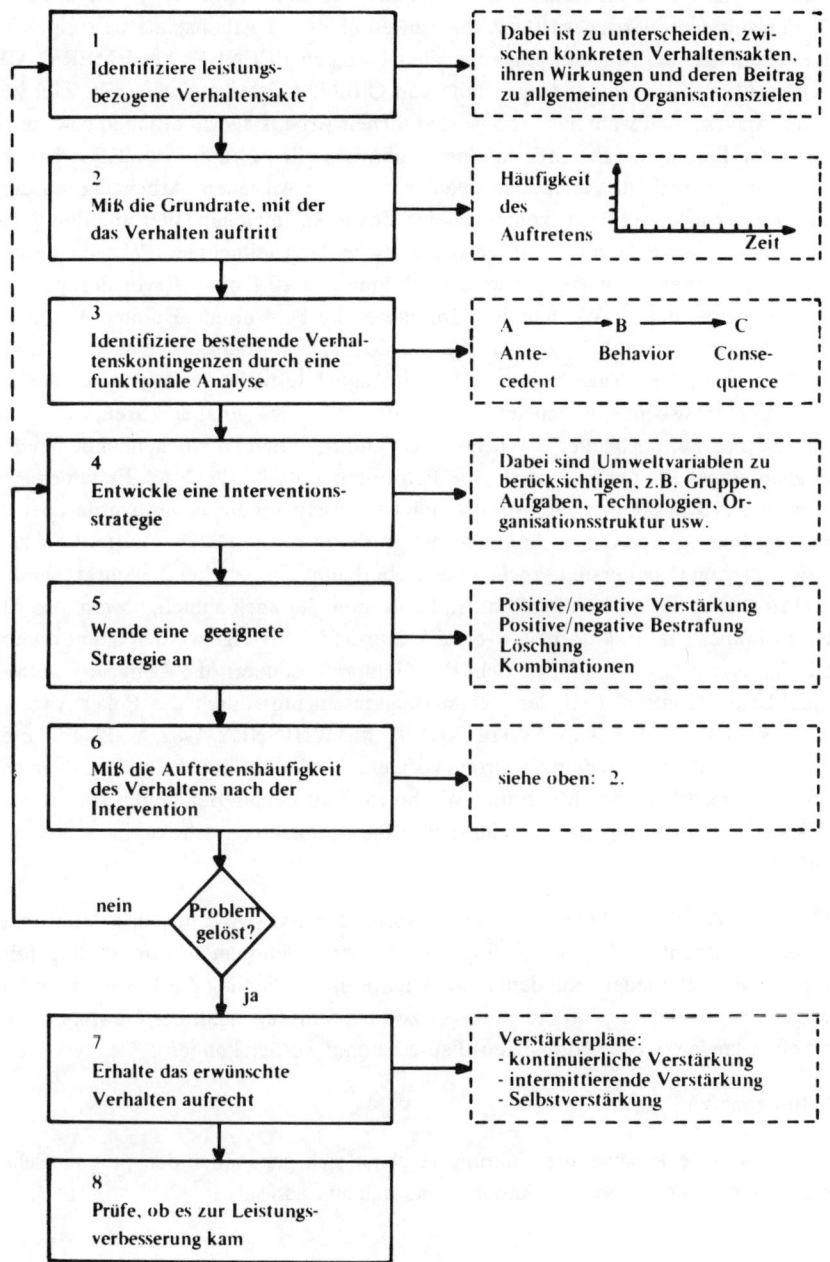

Abb. 7.14: Ein Ablaufplan für Verhaltensmodifikation in Organisationen
(nach LUTHANS & KREITNER 1975, S. 70)

In einer anderen Untersuchung von PEDALINO & GAMBOA (1974) war das Ziel, die Fehlzeiten zu verringern (bzw. die Anwesenheit am Arbeitsplatz zu steigern) - eine Thematik, die seit den phänomenalen Erfolgen FEENEYs bei EMERY AIR FREIGHT als bevorzugter Gegenstand von O.B.Mod.-Interventionen gilt. Ziel war es, die Anwesenheit während der 5 wöchentlichen Arbeitstage zu erhöhen bzw. zu sichern. Zu diesem Zweck wurde in einer experimentellen Gruppe von 215 Arbeitern ein "Fixierter-Intervall-Verstärkungsplan" eingeführt: An jedem Arbeitstag, an dem der Arbeiter anwesend war, konnte er eine Poker-Karte ziehen. Wer an allen 5 Tagen anwesend war, konnte dann an der Entscheidung teilnehmen: Wer die besten Karten pro Abteilung hatte, bekam eine Prämie von 20 Dollar. Bevor der Versuch begann, wurde über 32 Wochen die "Grundrate" der Fehlzeiten bestimmt: 3,01% der vertraglichen Anwesenheitszeit. Als Ziel wurde 2,31% formuliert (wenn jeder Arbeiter jährlich nur die 6 Tage fehlte, die tarifvertraglich festgelegt waren). Nach den ersten 6 Versuchswochen, in denen die Fehlzeiten auf 2,38% gefallen waren, wurde das "Poker-Spiel" nur nach jeder 2. Woche durchgeführt; in den 10 Wochen, in denen dieser Plan eingehalten wurde, betrug die Fehlzeitenquote 2,51%. Nach Ende des Programms und Rückkehr zu den (unbelohnten) Ausgangsbedingungen wurde über 22 Wochen hinweg eine durchschnittliche Fehlzeitenrate von 3,02% ermittelt! Es kam übrigens schon in der ersten Woche (bevor überhaupt ein Arbeiter "verstärkt" worden war) zu einem markanten Abfall in den Fehlzeiten, der auch anhielt, obwohl pro Abteilung immer nur ein Mitarbeiter verstärkt wurde. Die Erfolge werden damit erklärt, daß der eigentliche Verstärker nicht der Geldpreis, sondern die Lotterie war, weil "Spiel-Leidenschaften" (aus der Verstärkungsgeschichte) durch das Poker-Angebot (S^D) aktiviert wurden (s. MAWHINNEY & MAWHINNEY 1982, S. 127). Hätten die Arbeiter allein nach dem Erwartungs-Valenz-Modell rational kalkuliert, dann wären im Durchschnitt pro Mann und Woche ca. 1,40 Dollar Belohnung zu erwarten gewesen - ein zu geringer Betrag, als daß er die beobachteten Effekte hätte auslösen können.

(O'BRIEN & DICKINSON vermuten übrigens, daß KOMAKI und ihre Mitarbeiter in der Restaurant-Studie mehr Erfolg gehabt hätten, wenn eine "Lotterie" eingeführt worden wäre: Bei jedem Kundengespräch hätte die Bedienung ein Los in einen Hut legen sollen, aus dem dann der Manager zweimal am Tag zieht: der Gewinner hätte mit einer langen (z.B. 1/2-stündigen) Pause belohnt werden können).

Stellungnahme

Die funktionale Analyse der Führung zeichnet sich gegenüber den pragmatischen Rezeptologien der Führungsstilmodelle dadurch aus, daß sie

- auf eine allgemeine Verhaltenstheorie zurückgreift und deshalb Führung als einen Spezialfall sozialen Handelns in einem umfassenden Kontext analysieren kann;

- sich auf das "objektive" Verhalten von Menschen konzentriert und beschränkt; Leistungsergebnisse sind für sie nicht Endresultate, sondern "Konsequenzen" (S_C, S^{+-O}), die allein für nachfolgendes Verhalten relevant sind. Insofern ist das System in sich geschlossen und macht keine kategorialen Sprünge (wie es etwa der Fall bei der Great Man Theory ist, die aus Eigenschaften Erfolg "erklärt");

- die Integration vorliegender Befunde der Führungsforschung erlaubt. MA-WHINNEY & FORD (1977) haben z.b. demonstriert, daß die Erwartungs-Valenz-Theorien in die operante Theorie überführt werden können; SIMS (1977) interpretiert die Verhaltensdimension "Initiating Structure" als Stimuluskontrolle und das Belohnungsverhalten des Vorgesetzten (zu dem "Consideration" gehört) als Kontingenzmanagement;

- die Relativität des Vorgesetzteneinflusses deutlich machen: Neben dem Vorgesetzten existieren noch zahlreiche weitere "Agenten", die z.T. im Widerspruch zum Vorgesetzten verstärken; die Mitarbeiter und Vorgesetzten haben überdies eine komplexe Verstärkungsgeschichte, in der sich ihre Individualität abbildet; die "antezedenten" Bedingungen sind im Bereich menschlichen Handelns extrem komplex und dynamisch. Außerdem bestehen beim funktionalen Ansatz keine Schwierigkeiten, die Betrachtungsperspektive umzukehren: Man kann genauso gut Vorgesetzte als Objekt der Verstärkungen und Stimuluskontrollen der Mitarbeiter untersuchen. SCOTT (1977), hat dies in den Mittelpunkt seines Ansatzes gestellt; er definiert Führung als *operantes menschliches Verhalten, das durch seine Wirkungen auf das Verhalten anderer verstärkt wird"* (S. 86).

Die Kritik am O.B.Mod-Ansatz hat zwei Hauptangriffsrichtungen, eine theoretisch-technische und eine ethische. LOCKE (1977, S. 550) faßt die Einwendungen zum ersten Bereich in der Formel zusammen: *"Die Schlußfolgerung ist unausweichlich, daß Verhaltensmodifikation in der Industrie weder neu noch behavioristisch ist"*. Neu ist sie deswegen nicht, weil alle ihre Vorgehensweisen längst praktiziert worden sind; sie sind von den Behavioristen in einer befremdend-technizistischen Sprache lediglich neu formuliert worden. TAYLOR hat als Begründer der "Wissenschaftlichen Betriebsführung" vor mehr als 60 Jahren schon viele der Ratschläge gegeben, die die Verhaltenstheoretiker als ihre Entdeckung preisen. Ihre Versessenheit auf beobachtbares Verhalten zwingt die Behavioristen dazu, spezifisch menschliche mentale Sachverhalte (Gedanken, Ziele, Absichten, Erwartungen usw.) auf eine höchst umständliche Art theoretisch zu umschreiben, in der konkreten Arbeit letztlich aber doch als Realität eigener Art zu nutzen.

In Vorwürfen dieser Art spiegelt sich die alte Kontroverse zwischen kognitiven und behavioristischen Theorien in der Psychologie, die als Paradigmenstreit letztlich unentscheidbar ist.

Es ist zu berücksichtigen, daß sich die Methoden der O.B.Mod. bisher vor allem bei Verhaltensweisen bewährt haben, die isoliert werden können und für die es quantitative Standards gibt (*"Was man nicht messen kann, damit kann man nicht arbeiten"*, O'BRIEN & DICKINSON 1982, S. 20). Wie in den Tier-Labor-Versuchen, in denen die operante Theorie geprüft wurde, müssen auch in den organisatorischen Anwendungssituationen

- die Aufgaben vereinfacht und zerstückelt werden können,

- die Trainierten abhängig und unterlegen sein (s. ARGYRIS 1971) und nur isolierte Ziele verfolgen,

- die Verstärkerpläne konsequent und systematisch durchgehalten werden (was einen hohen Beobachtungs- bzw. Kontrollaufwand erfordert) und

- die Stimuluskontrollen wirksam durchgeführt werden können.

Bezeichnend ist in diesem Zusammenhang die lakonische Feststellung von BABB & KOPP (1978, S. 288): *"Außerdem weisen die meisten industriellen Bedingungen hohe Ähnlichkeit zu den Umwelten in Laboratorien auf, obwohl wir das nicht gern hören"*. Gerade für die letztgenannten Erfordernisse hält der organisatorische Kontext besondere Erschwernisse bereit:

- Es sind zugleich - s.o. - viele verstärkende/bestrafende Instanzen am Werk (unmittelbare und höhere Vorgesetzte, Kollegen, Stabsabteilungen, Technologie etc., s. JABLONSKY & DeVRIES 1972), die auf dasselbe Verhalten höchst unterschiedlich reagieren können;

- die Situation ist wegen der Unvorhersehbarkeit von Umweltentwicklungen (und Management-Entscheidungen) häufig nur partiell kontrollierbar;

- die Verstärkungsgeschichte der einzelnen Person kann oft nicht angemessen berücksichtigt werden, weil aus verschiedenen Gründen bestimmte Verstärker für alle Personen gleichermaßen zur Verfügung gestellt werden müssen;

- die Theorie, die (klassisch individualpsychologisch) für einzelne entwickelt wurde, muß oft auf Personen*gruppen* angewandt werden, ohne auf gruppendynamische Effekte vorbereitet zu sein.

Unabhängig davon ist die *ethische Kritik* an behavioristischen Interventionsstrategien zu sehen, die zunächst hauptsächlich gegen die klinische Verhaltenstherapie gerichtet wurde, aber mit nur wenigen Abstrichen auch gegen die Anwendungen in Arbeits-Organisationen vorgetragen wurde. BERTHOLD (1982) hat die wichtigsten Bedenken gegen O.B.Mod. zusammengestellt und kommentiert. Seine Ausführungen münden in ein Plädoyer für den verantwortungsvollen Einsatz dieser - wie er meint - erstmalig tatsächlich wirksamen Instrumente zur Verhaltensbeeinflussung. Er argumentiert - sehr verkürzt dargestellt - folgendermaßen:

1. Jede Wissenschaft will ihren Gegenstand erklären, vorhersagen und gestalten; dies gilt auch für die Wissenschaft vom menschlichen Verhalten. Sie muß davon ausgehen, daß es erkennbare Gesetzmäßigkeiten dieses Verhaltens gibt. Wäre Verhalten nicht determiniert, könnten weder Gesetzmäßigkeiten entdeckt, noch Einfluß ausgeübt werden.

2. Beeinflussung menschlichen Verhaltens ist allgegenwärtig und unausweichlich: Verhalten wurde schon immer "modifiziert".

3. Absichtliche und geplante Verhaltenskontrolle ist ethisch vertretbar, wenn sie systematisch erfolgt, offengelegt und damit kritisierbar wird. Eine wissenschaftliche Kontrolle ist undurchschaubaren "hausgemachten" Methoden vorzuziehen.

4. Die Verhaltensmodifikation in Organisationen nutzt keine aversiven Techniken (wie Zwang, Elektroschock, Chemotherapie etc.), sondern nur positive Stimulation (Lob, Einkommenssteigerung, Freizeit etc.).

5. O.B.Mod. kann Menschen nicht zu Robotern eines fremden Willens machen, weil nie alle relevanten "Antezedenz-Bedingungen" hergestellt oder kontrolliert werden können, was aber zu einer perfekten Verhaltensmanipulation nötig wäre.

6. O.B.Mod. ist keine Totalkontrolle menschlichen Verhaltens, sondern beschränkt sich auf wichtige ergebnisrelevante Verhaltensweisen. Weil sie gezielt ist, muß sie als weniger problematisch bezeichnet werden als die oft massiven "Breitband-Techniken" von Praktikern, die aus mangelnder Einsicht in die Zusammenhänge unnötig viel kontrollieren und deshalb eher unbeabsichtigte schädliche Nebenwirkungen haben.

7. Mißtrauen gegen wissenschaftliche Verhaltensmodifikation ist unangebracht weil,

   - ineffektive Methoden weit mehr negative Wirkung haben und damit den Bestand der Firma und der Arbeitsplätze bedrohen,

   - die Beeinflusser selbst beeinflußt werden: O.B.Mod. ist keine Einbahnstraße, auch die Mitarbeiter können ihre Vorgesetzten systematisch verändern!

   - es keine Geheimniskrämerei gibt: das Vorgehen ist völlig transparent und allen Beteiligten und Betroffenen bekannt,

   - keine schädlichen, schmerzhaften, negativen Techniken eingesetzt werden.

BERTHOLD formuliert zusammenfassend 6 "ethische Prinzipien" (1982, S. 415-424):

Verhaltensmodifikation in Organisationen wird dann kaum kontrovers beurteilt werden können, wenn

1. *"... sie positive und nicht negative Techniken einsetzt und Verhaltensweisen anwendet, für die nach übereinstimmender Meinung Verhaltensmanagement gerechtfertigt ist";*

2. *"... die am Programm Beteiligten voll informiert sind über Methoden und Ziele und die Möglichkeit haben, diese Techniken zu akzeptieren oder abzulehnen";*

3. *"... alle vernünftigen Alternativen aufgeführt wurden und allgemeine Übereinstimmung besteht, daß die gewählte Alternative die beste ist";*

5. *"... die Personen, die sie ausführen, über die damit verbundenen ethischen Probleme gut informiert sind, diese auf intelligente Weise diskutieren können und bemüht sind, den festgelegten Richtlinien ihrer Profession zu folgen";*

6. *"... sie die persönlichen und sozialen Ideale der Menschen fördert und stützt".*

Diese Thesen BERTHOLDs sind zum Teil so formuliert, daß sie gegen jede denkbare Kritik immunisiert sind (v.a. 1, 2 und 4). Außerdem liegen ihnen u.a. folgende Annahmen zugrunde:

1. Wenn gute Techniken vorhanden sind, dann sollen sie auch eingesetzt werden. BERTHOLD diagnostiziert in diesem Zusammenhang eine (wie er meint) eigenartige Ambivalenz und Inkonsequenz der Manager, die auf der einen Seite davon leben, daß sie Menschen beeinflussen, aber andererseits einen Widerstand gegen eine "perfekte" Strategie entwickeln. Könnte es nicht sein, daß technische Perfektion nicht so sehr aus moralischen Erwägungen abgelehnt wird, sondern vor allem deshalb, weil sie den Managern selbst letzten Endes jeden Handlungsspielraum nimmt, wenn sie zu bloßen Programmadministratoren degradiert werden?

2. Seinen Vorschlägen legt BERTHOLD eine apolitische Weltsicht zugrunde: Vorgesetzte und Unterstellte können sich sachlich über die Alternativen verständigen und die beste auswählen - als ob der Interessengrundsatz zwischen den beiden Parteien aufgehoben werden könnte!

3. Die Möglichkeit, ein Programm abzulehnen, dürfte in der Praxis asymmetrisch verteilt sein; dies ist vermutlich einer der Gründe dafür, daß Unterstellte durch "informelles" Verhalten versuchen, Kontrolle über ihre Arbeit zurückzugewinnen oder auszubauen (s. dazu die sog. Labor-Process-Debatte, LAPPE 1986). Wer bestimmt, welches Verhalten effizient oder uneffizient ist (BABB & KOPP 1978)? Leistungsrestriktion kann aus der Perspektive der Arbeiter durchaus 'effizient' sein! Der TAYLORsche Harmoniegedanke, daß Arbeiter und Management im Grunde das gleiche - nämlich möglichst viel Geld - wollen, beschreibt eben nur einen kleinen Teil der Interessen und läßt andere völlig unberücksichtigt.

Ethische Einwendungen gegen die Perfektionierung der Verhaltenssteuerung (v.a. gegen mechanistisch-diktatorische bzw. manipulative Dressurakte) werden zurückgewiesen; BERTHOLD rät in diesem Zusammenhang, den anstößigen Namen *Verhaltenskontrolle* zu vermeiden und mit akzeptableren Etiketten zu operieren (zu schwindeln?). Überdies verweist er auf die beiden letzten Prinzipien, in denen er auf die "ethischen Richtlinien" und die "persönlichen und sozialen Ideale" eingeht. Er zeigt damit das Dilemma indirekt auf, indem er einerseits behauptet, daß zwar eine exakte wissenschaftlich fundierte Technik vorhanden sei, ihr Einsatz aber sozialen und ethischen Überlegungen zu unterwerfen sei, die der einzelne Anwender anzustellen und zu vertreten habe - kontrolliert sowohl von einem Berufsverband wie von der Zustimmung der Beteiligten. Diese Kontrollen mögen genügen für offizielle, von einem Berater initiierte Programme, sie verlieren aber an Überzeugungskraft, wenn das Instrumentarium zum Handlungsrepertoire von Vorgesetzten wird, die in ihrer Alltagsarbeit keiner derart organisierten Überwachung unterworfen sind. Hier reduziert (oder erweitert?) sich das Problem zur Frage, ob und wie die systematische Verhaltenskontrolle von Unterstellten *gerechtfertigt* wird (und nicht, wie und ob sie am effizientesten zu bewerkstelligen ist). Jeder Ratschlag zur wirksamen Führung ist der Versuch, die Kontroll-Lücken zu schließen, die aus der Unmöglichkeit und Unwirtschaftlichkeit völliger Rationalisierung stammen. Dabei geht es aber nicht nur um technische Rationalität (im Sinne aufwandsminimaler oder ergebnisoptimaler Zielerreichung), sondern auch um "normative" Rationalität (die ethische Rechtfertigung des Handelns) und "personale" Rationalität (Ausdruck und Entwicklung der persönlichen Identität). In diesem "magischen Dreieck" kann ein rein technisches Programm der Führung keine Lösung bringen - wie es überhaupt *die* Lösung nicht geben kann.

8. Theorien des Geführtwerdens

8.1. Systemische Führung

Systemische, symbolische, politische Konzepte der Führung sind ein frontaler Angriff gegen das Heldenverständnis von Führung. In all diesen Auffassungen werden "die Macher" konfrontiert mit anonymen, verstreuten, selbständigen Einflußzentren, die ihnen das hierarchische Einflußmonopol streitig machen.

MALIK & PROBST (1984, S. 105) stellen ihrem Symposiumsbeitrag über "Evolutionäres Management" zwei Zitate voraus, die einander zu widersprechen scheinen und damit einen guten Eindruck geben von der kontroversen Diskussion auf dem Gebiet systemischer Führung:

"Das einzige, das sich von selbst entwickelt in Organisationen, sind Unordnung, Reibereien und schlechte Leistungen" (P. DRUCKER)

und

"... die einzige Möglichkeit, die Kapazität des individuellen Geistes zu überschreiten ist, sich auf jene überpersonalen 'selbstorganisierenden' Kräfte zu verlassen, die spontane Ordnungen erzeugen" (F.v.HAYEK).

Dem ließe sich als pragmatisches Motto noch eine Bemerkung hinzufügen, die ein von WITTENZELLNER (1989, S. 109) befragter Manager machte:

"In der Vergangenheit lautete die Frage: 'Wie führe ich ein Unternehmen?' Heute heißt sie: 'Wie führen wir ein Unternehmen?' Für die Zukunft gilt: 'Wie führt sich ein Unternehmen?'"

Der systemische Ansatz geht aus von der unbewältigbaren Komplexität lebender (und sozialer) Systeme, die er nicht zu "trivialisieren" sucht, indem er sie z.B. in Ursache-Wirkungs- oder Mittel-Zweck-Beziehungen zerlegt. Dieser Bruch mit einer technizistischen Vergangenheit erfordert neue Begriffe, Theorien und Methoden, die zunächst als unnötige Komplizierungen erscheinen mögen, aber unverzichtbar sind, um sich mit der andersgelagerten Fragestellung fruchtbar auseinandersetzen zu können.

Die fast schon unsteuerbare Komplexität entwickelter sozialer Systeme ist für Führungskräfte keine neue Entdeckung. In ihrem Alltag wurden sie immer schon mit Widersprüchen, Mehrdeutigkeiten, Intransparenz, Doppelarbeit, Vergeudung von Ressourcen, Provisorien, Überraschungen etc. konfrontiert. Meist wurden solche Phänomene aber als "Störungen" abgebucht, die es zu beseitigen galt. Es war beinahe allgemeines Dogma, daß in einer gut geführten Unternehmung derartiges nicht vorkommen dürfe; wenn es sich doch zeige, dann sei es schnellstmöglich zu beseitigen. Heute hat sich dazu eine andere Ansicht durchgesetzt: Diese Phänomene sind allgegenwärtig, quasi "natürlich" und müssen nicht tabuisiert werden, sondern sind als normale Erscheinungen anzusehen. Was vor kurzem noch verrückt oder ketzerisch geklungen hätte, kann jetzt in einer Manager-Zeitschrift ohne großen Begründungs-aufwand als Faktum hingestellt werden:

"Vieles von dem, was in Unternehmungen passiert, sind Rituale, die nichts wirklich be-wirken, nichts wirklich verändern. Viele soziale Institutionen sind, obwohl es den An-schein hat, gar nicht geführt, weil sie nicht führbar sind. Viele Entscheidungen werden nicht getroffen; sie treffen sich; in vielen Organisationen geschieht Vernünftiges nicht we-gen, sondern trotz des Managements, und in vielen Fällen haben die letzten Jahre gezeigt, daß es nur weniger Veränderungen bedarf, um ganze Branchen außer Kontrolle zu brin-gen" (MALIK, 1984, S. 52).

Das Angebot neuer Denk-Modelle und eine rasch expandierende Beratungs-Szene haben dazu beigetragen, daß die früher übliche Verdrängung der "Irrationalitäten" und der mit ihnen verbundenen Ängste und Beunruhigungen geradezu einer Eupho-rie der Steuerbarkeit wich, die alle Schwierigkeiten zu beseitigen versprach, indem sie als Allheilmittel ganzheitliche, systemische Methoden anpries! Bevor ich auf solche Ratschläge eingehe, möchte ich das Problem, um das es geht, in groben Zügen ent-wickeln.

Der Begriff "systemische Führung" ist ein Hybrid-Begriff, der zwei entgegengesetzte Elemente in sich vereinigt: Bei "System" wird im allgemeinen Ganzheitlichkeit und Selbst-Organisation mitgemeint, bei "Führung" dagegen individuelle Einwirkung und Fremdbestimmung. Da über Führung in diesem Text schon ausführlich geredet wurde, soll im folgenden näher auf den System-Begriff eingegangen werden. Im all-gemeinen werden zwei Theorie-Stränge unterschieden: Ein eher naturwissenschaftli-cher und ein sozialwissenschaftlicher.

8.1.1. Naturwissenschaftliche System-Theorien

Sie konzentrierten sich anfangs auf die Steuerung mechanischer Systeme (Musterbei-spiel: Temperaturregelung durch Thermostat) und wendeten sich dann komplexeren biokybernetischen Prozessen zu.

Was in der Organisationstheorie als "sozio-technischer System-Ansatz" bekannt ist (s. den zusammenfassenden Überblick von SYDOW 1985) kann wohl eher der "mechanistischen" Frühphase zugerechnet werden, weil die beiden betrachteten Sy-steme (das *technische System* der Aufgaben, Maschinen, Verfahren etc. und das *so-ziale System* der Personen und ihrer Beziehungen) verdinglicht wurden, so daß sie in einem Prozeß "reziproker Determination" wie zwei selbständige Wesenheiten auf-einander einwirken konnten (s.a. MANZ & SIMS 1987). Weil beide Systeme nach verschiedenen Gesetzmäßigkeiten funktionieren, führt diese buchstäblich unvermit-telte Gegenüber-Stellung zu Konflikten, Spannungen und Problemen, die der sozio-technische System-Ansatz durch eine geschickte Organisation und Führung zu lösen verspricht. Durch die Hintertür kommt also wiederum die Steuerungsphantasie des "Machens" sozialer Systeme herein, wenngleich die Rettung nicht mehr vom überlegenen Eingriff eines "Führers" erwartet wird, sondern durch indirekte Gestaltung von Randbedingungen und Gruppenprozessen.

Einen grundlegend anderen Ansatz verfolgt die Biokybernetik, von der für eine Reihe von wissenschaftlichen Disziplinen - nicht zuletzt für die Sozialwissenschaften - fruchtbare Anregungen ausgegangen sind. Praktische Anwendungen ihrer Prinzipien sind immer wieder vorgeschlagen worden (s. etwa für sehr heterogene drängende gesellschaftliche und wirtschaftliche Fragen VESTER 1988, für den Management-Bereich GOMEZ & PROBST 1987). Dabei ist oft schwer einzuschätzen, inwieweit tatsächlich biologische Erkenntnisse in die Praxis übertragen oder Praktiker-Erfahrungen in eine biologistische Sprache übersetzt werden. PROBST (1987) betont in diesem Zusammenhang den Metaphern- und Analogie-Charakter biokybernetischer Modelle und warnt vor einer vorschnellen Gleichsetzung von Organisationen mit Organismen oder lebenden Systemen; siehe dazu auch DACHLERs (1984) Mahnung zur Vorsicht bei Gleichsetzungen, weil für soziale Systeme die neue Dimension symbolisch-interpretativer Leistungen hinzukomme.

Gemeinsam ist die Ablehnung herkömmlicher Auffassungen über Organisation (und Führung), die als linear, technomorph, kausalistisch, mechanisch usw. etikettiert werden; stattdessen werden die System-Eigenschaften von Unternehmen betont. Was aber unter "Systemen" zu verstehen ist, wird in den verschiedenen Ansätzen sehr unterschiedlich gefaßt.

Das Spektrum der Erkenntnisquellen und Nutzanwendungen reicht von mechanischen Systemen ("trivialen Maschinen", wie einem Thermostaten) bis hin zu kosmischen Dimensionen, in denen sich New-Age-Ansätze bewegen, die sich - mit Bezug auf die Selbst-Erfahrung des inneren Zusammenhangs aller Lebensprozesse - meist auf die magische Anrufung von Holismus und Übersummativität beschränken und mit messianischem Eifer als das radikal Neue von allen "alten" Denkweisen absetzen.

Zu den häufig zitierten Überlegungen der naturwissenschaftlichen Systemtheorie gehören Ausführungen VON FOERSTERs (1984) über die grundlegenden Unterschiede zwischen "trivialen" und "nichttrivialen" Maschinen:

Eine "triviale Maschine" (TM) ist - wie in Abb. 8.1. gezeigt, definiert durch einen Input x, einen Output y und eine Funktion f.

Abb. 8.1.:   Eine triviale Maschine

Wenn z.B. die Funktion einer Maschine "Quadrieren" ist, dann ist das Ergebnis y festgelegt durch den Input x. Werden nacheinander die Zahlen 1, 2, 3 usw. eingegeben, weiß man, daß jeweils 1, 4, 9 usw. herauskommen wird. Ähnlich bei einer Streifencode-Kasse im Supermarkt: Wird eine Ware mit Streifencode über das Lesefenster geführt, gibt es einen Ausdruck: "Spaghetti DM 2.80". Wenn man in einem Syllogismus den Input kennt: "Sokrates ist ein Mensch" und die "Funktion": "Alle Menschen sind sterblich", dann weiß man, daß die "Lösung" sein muß: "Sokrates wird sterben". Wegen der unveränderlichen Beziehung (f) zwischen Input (x) und Output (y) ist das Verhalten solcher TMn vorhersagbar und geschichtsunabhängig, synthetisch deterministisch (weil die x-y-Beziehung, also f, eindeutig definiert ist) und analytisch determinierbar, weil man für jedes x nur das korrespondierende y zu notieren braucht.

Nichttriviale Maschinen (NTMn) funktionieren im Prinzip ebenfalls recht einfach, aber bei ihnen kann die Antwort auf eine bestimmte Eingabe *nicht* sicher vorhergesagt werden. Bei NTMn kommt noch ein innerer Zustand z hinzu, der die Input-Output-Beziehung zwischen x und y mitbestimmt; darüberhinaus ist die Beziehung zwischen aufeinanderfolgenden inneren Zuständen (z, z') durch die Inputs mitbestimmt. In Abb. 8.2. ist die Funktionsweise veranschaulicht.

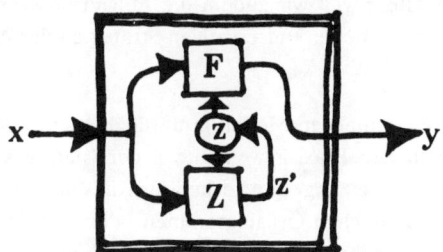

Abb. 8.2.:   Eine nicht-triviale Maschine

Das Neue ist der zentrale Platz von z (im Mittelkreis). Zusammen mit x ist z Input einerseits für F, andererseits für Z, die beide selbst Triviale Maschinen sind: Z bestimmt den Folgezustand z', F den Output y. Darum ist auch die NTM synthetisch deterministisch.

VON FOERSTER zeigt nun, daß man dann, wenn man den internen Mechanismus der Zustandsänderungen von z *nicht* kennt, als außenstehender Beobachter praktisch keine Chance mehr hat, bei Kenntnis von x den Wert von y vorherzusagen, weil schon bei geringen Variationen Kombinationsmöglichkeiten in astronomischer Höhe entstehen. NTMn sind zwar synthetisch deterministisch, aber geschichtsabhängig, analytisch unvorhersehbar und unbestimmbar. VON FOERSTER macht deutlich, daß beliebte Denkschemata (unabhängige - abhängige Variablen, Reiz - Reaktion, Ursache

- Wirkung, Ziel - Handlung usw.) auf dem Hintergrund solcher Überlegungen als übervereinfacht und darum irreführend zu betrachten sind.

Er fährt fort: Hält man sich diese "Unschönheiten" der NTMn vor Augen, dann "... *werden unsere Bemühungen sehr verständlich, alle Unsicherheiten in unserer Umwelt zu beseitigen oder zu unterdrücken. Wenn wir eine Maschine kaufen, wollen wir, daß sie genauso wie geplant funktioniert. Wenn wir den Zündschlüssel im Auto drehen, soll es anspringen; wenn wir eine Telefonnummer wählen, wollen wir den richtigen Anschluß usw. usw., wir wollen triviale Maschinen. Deshalb mögen wir jene Garantien so sehr, die im Kern sagen '... mindestens ein Jahr lang wird diese Maschine eine triviale Maschine bleiben.' Wenn sie dennoch nichttriviale Tendenzen zeigt (das Auto springt nicht an usw.), rufen wir den Spezialisten für Trivialisierung, der die Situation in Ordnung bringt.*

Das ist alles sehr schön. Wenn wir jedoch beginnen uns gegenseitig zu trivialisieren, dann werden wir binnen kurzem nicht nur blind werden, wir werden auch für unsere Blindheit blind werden. Wechselseitige Trivialisierung verringert die Zahl der Wahlmöglichkeiten, und widerspricht dem ethischen Imperativ, den ich eingangs formuliert habe ("Handle immer so, daß die Zahl deiner Wahlmöglichkeiten größer wird"; Anmerkung O.N.). Die anstehende Aufgabe ist: Enttrivialisierung." (v. FOERSTER 1984, S. 13).

Dies ist nun allerdings keine leichte Aufgabe, denn jedes Handeln ist Auswählen und damit Reduktion von Möglichkeiten; weil wir zudem die Folgen unseres Handelns nicht übersehen können, neigen wir zu eher konservativen Strategien der Abgrenzung und Stabilisierung.

Was VON FOERSTER an einem einfachen Modell grundsätzlich entwickelt hat, ist eines der zentralen Momente in den Praxisanwendungen der (naturwissenschaftlichen) Systemtheorie, wenn von "Vernetzung" und "zirkulärer Kausalität" die Rede ist. Ganz anders als man es von den üblichen Organigrammen oder den Darstellungen von Ziel-Systemen gewohnt ist, die beide konsequent hierarchisch geordnet sind (Beispiel: das Oberziel wird in widerspruchsfreie und zunehmend detailliertere und konkretere Bereichs-, Abteilungs-, Gruppen- und Stellenziele zerlegt), wird hier von einem dichten Netz von Funktionen oder Zielen ausgegangen, die untereinander auf vielfältige und zum Teil indirekte und widersprüchliche Weise verbunden sind. Daraus entsteht eine Komplexität, die im Grunde von niemand mehr überblickt werden kann und die sich auch Versuchen einer kausalen Steuerung entzieht. Als Praxisbeispiel drucke ich auf der folgenden Seite die Rekonstruktion eines Zielsystems ab, die Führungskräfte von HEWLETT PACKARD für ihr Unternehmen entworfen haben (analoge Praxis-Beispiele finden sich bei GOMEZ & PROBST 1987). Diese Abbildung zeigt, daß hier Elemente in Beziehung gesetzt werden, die auf sehr verschiedenen Abstraktions- und Aggregations-Ebenen liegen. Dennoch mag sie als Beleg dafür dienen, daß dynamisch-forsche oder auch sorgfältig kalkulierte Eingriffe in ein solch delikates Beziehungsnetz an anderen Stellen Folge- und Neben-Wirkungen zeigen können, die nicht bedacht wurden und - s. die Überlegungen von v. FOERSTER - mit

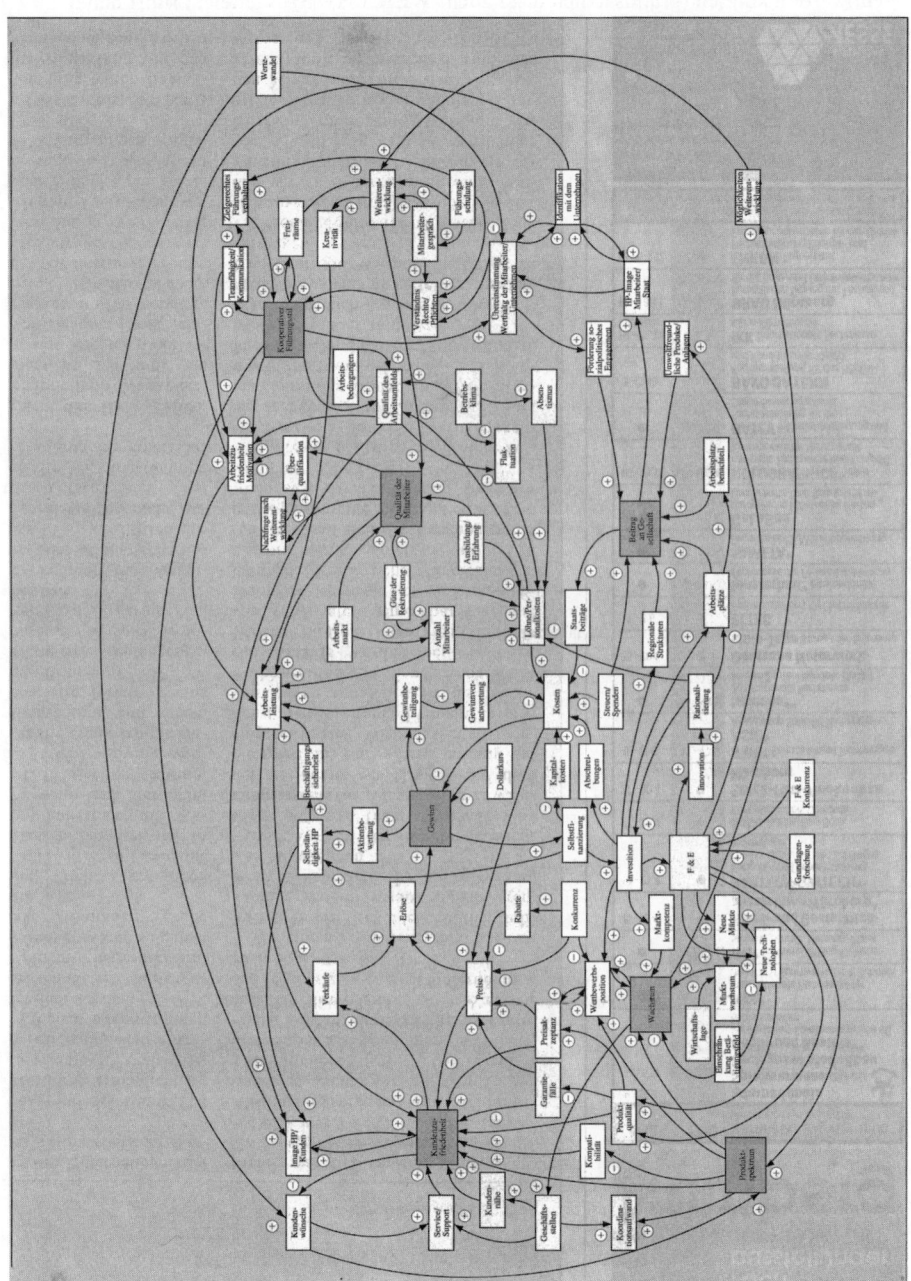

Abb. 8.3.: Netzwerk der Zielsetzungen bei der Hewlett Packard GmbH (aus WITTENZELLNER 1989, S. 104)

vernünftigem Aufwand und unter realistischen Zeitbegrenzungen auch gar nicht bedacht werden können (grundsätzlich dazu auch: WEICK 1985). Vielleicht rührt daher die verzweifelte gordische Lösungsempfehlung: "Primat der Tat!" Ihr Aktionismus beendet das Denken in Möglichkeiten, nimmt verändernde Eingriffe vor und sucht dann, die Folgen in den Griff zu bekommen. DÖRNER (1989) hat in einer Reihe von Simulationsstudien gezeigt, daß Menschen üblicherweise nicht in der Lage sind, Probleme relativ geringer Komplexität erfolgreich zu bearbeiten. Dabei untersuchte er primär *individuelles* Problemlösen; man muß sich klar darüber sein, daß bei *kollektivem* Problemlösen zusätzliche Komplexitätsstufen ins Spiel kommen.

Pragmatische Ratschläge zur Gestaltung selbst-organisierender Systeme versammeln Erfahrungen und Vermutungen, die vielen Bereichen der System-Theorie, der Organisations-Entwicklung und der Kognitions-Psychologie (insbesondere dem Lösen komplexer schlechtstrukturierter Probleme) entstammen. Beispiele für solche Empfehlungen sind die "8 kybernetischen Grundregeln" von VESTER, z.B. 1988a, S. 81 ff oder 1988b, S. 20 f; oder die "7 Denkfehler" und ihre Bewältigung, die GOMEZ & PROBST (1987, S. 16 ff) diskutieren. Ich drucke im folgenden eine längere Liste von PROBST ab, die einen plastischen Eindruck vom Facettenreichtum der Ratschläge und Ansatzpunkte gibt:

Behandle das System mit Respekt
- Systeme sind komplex und nicht trivialisierbar.
- Es gibt nicht nur eine Struktur oder ein Modell, das die Realität abbildet.
- Zahlreiche Perspektiven, Auffassungen, Wertstrukturen, Zwecke usw. prägen das System.
- Viele interagierende, relativ autonome Teile erfordern Toleranz.
- Wir sind alle Teil des Systems, das wir gestalten und lenken.

Lerne mit Mehrdeutigkeit, Unbestimmtheit und Unsicherheit umzugehen
- Ambiguität, Unbestimmtheit und Unsicherheit sind natürlicher Teil in der Beschreibung und der Zwecksetzung komplexer Systeme.
- Jede Reduktion und Trivialisierung zerstört die Eigenschaften des Systems.
- Eine geistige Akzeptanz und ein Bewußtsein der Komplexität ist notwendig.
- Wir haben es mit komplexen Menschen und Systemen zu tun, die als Ganzheiten zu behandeln sind.

Erhalte und schaffe Möglichkeiten
- Organisatoren sind Facilitatoren und nicht "Befehlsgeber".
- Redundanz in den Funktionen schafft potentielle Komplexitätsbewältigung.
- Verfolge ein Varietätsengineering ohne Zerstörung von Möglichkeiten.
- Eine Spezifizierung soll nicht höher als notwendig sein. Keine detaillierten Vorschriften, Vorgehensweisen, Inhalte usw., jedoch klare (ideale) Ziel- und Zweckorientierung sind die Grundlage.

Erhöhe Autonomie und Integration
- Strebe nach einer Verstärkung der Identität und der Ausgrenzung durch ein Management der Ressourcen, Akzeptanz von Subkulturen usw.
- Suche eine kontinuierliche Integration zu einem Ganzen durch Gestaltung und Lenkung der Beziehungen und Interaktionen.
- Denke und handle in heterarchischen statt hierarchischen Idealen und Vorstellungen.

Nutze und fördere das Potential des Systems
- Nutze die Möglichkeiten der Komplexitätsbewältigung durch die Bildung relativ autonomer Systeme und Subsysteme.
- Beteiligte leisten einen Beitrag (Partizipation) und sind dazu fähig und zu befähigen.
- Gestaltungs- und Lenkungsfähigkeit ist über das System verteilt und eine solche Verteilung ist zu fördern.
- Betroffene "lösen" ihre Probleme selbst; es wird nicht für sie organisiert, geplant, entschieden.

Definiere und löse Probleme auf
- Probleme, Konflikte, Störungen usw. sind nicht grundsätzlich schlecht, zu vertuschen oder zu leugnen. Denke in Chancen.
- Fördere eine Offenheit gegenüber Problemen, die "erfunden" werden, und gegenüber dem Handeln im Rahmen der Möglichkeiten.
- Probleme sind aufzulösen, indem die Natur des Systems und/oder seiner Umwelt so verändert wird, daß ein definiertes Problem nicht produziert wird. Sie werden damit nicht auf Kosten anderer (Gewinn/Verlust-Situation), durch Kompromiß oder Ignoranz und Abwarten "gelöst".
- Selbstkritik, Selbstevaluation, Freiheit, sich mit ungewohnten, neuen Fragen auseinander-zusetzen usw. sind notwendiger Bestandteil.

Beachte die Ebenen und Dimensionen der Gestaltung und Lenkung
- Eigenheiten und Manifestationen von Prozessen sind je nach Ebene verschieden zu gestal-ten und zu handhaben (normativ, strategisch, taktisch, operationell) und umfaßt andere Dimensionen (Wesentlichkeit, Zeitrahmen, Detaillierungsgrad, Abstraktionsgrad).
- Strukturen komplexer Systeme sind notwendigerweise mehrdimensional, überlagernd, dauer-haft und temporär und von unterschiedlichem Formalisierungsgrad.

Erhalte Flexibilität und Eigenschaften der Anpassung und Evolution
- Die Verhaltensmöglichkeiten von Systemen sind potentiell zu erhalten und zu vergrößern.
- Die Fähigkeiten zu lernen und ein Lernen zu lernen sind zu gestalten und zu lenken.
- Minimale kritische Spezifikationen sind anzustreben.
- Automatisieren von Bekanntem (Verhaltensprogramme) und häufige Überprüfung (um zu verändern) sind komplementär.

Strebe vom Überleben zu Lebensfähigkeit und letztlich nach Entwicklung
- Überleben genügt nicht; langfristig muß ein System lebensfähig sein. Organisation, Planung usw. orientieren sich daher an der Lebensfähigkeit.
- Humane Systeme streben nach Entwicklung. Innerhalb der finanziellen, technologischen und sozialen Constraints soll Selbstrealisierung und Entfaltung verwirklicht werden (können).
- Verschiebe die Constraints (Mangel an Ressourcen) und hebe Hindernisse auf, um Ent-wicklung zu fördern. Beachte besonders das Schlechtfunktionieren oder Fehlen von ökonomi-schen, wissenschaftlichen (inkl. technologischen), psychisch-sozialen, ethischen und ästhetischen Faktoren und deren Interaktionen.

Synchronisiere Entscheidungen und Handlungen im System mit zeitgerechtem Systemgeschehen
- Versuche das Netzwerk, den Filz, zu "durchschauen" (sensitiv werden für vernetzte Systeme und Eigenschaften mit Aufschaukelung, Umkippeffekten usw.).
- Suche im richtigen Zeitpunkt etwas geschehen zu lassen.
- Veränderungen benötigen Zeit. Zu frühe Gegenmaßnahmen, vorzeitiger Abbruch des Projektes oder ein ständiges Mehr-desselben sind zu verhindern.

Halte die Prozesse im Gang - es gibt keine endgültigen Lösungen
- Organisationsprobleme, -fragen usw. können nicht definitiv gelöst und die Lösungen einge-führt werden.
- Vermeide nicht Konflikte, erlaube Fluktuationen, schaffe neue Perspektiven usw., um neue Problemstellungen zu kreieren.
- Experimentiere und anerkenne Fehler, um das Verhalten des Systems zu erfahren und seine Möglichkeiten zu erkennen.
- Verändere und gestalte, um Ordnung und Ordnungsprozesse verstehen zu können.

Balanciere die Extreme
- Extreme sind systemzerstörend. Balanciere daher Flexibilität und Rigidität, Wandel und Stabilität, Autonomie und Integration, Freiheit und Sicherheit, Individualität und Kollektivität, Einzigartigkeit und Gleichheit, Varietätserhöhung und -reduktion, Lang- und Kurzfristziele.
- Balanciere zwischen neuartigen Perspektiven, Experimenten, Ideen, Einflußnahmen, Handlungen usw. und vergangenen und bestehenden Leistungen, Zielen, Traditionen, Erfahrungen, Simulationen usw.
- Beachte die Geschichte des Systems und organisiere, plane, entscheide aus einer idealen Zukunft in die Gegenwart.

Tab. 8.1.: Empfehlungen für Interventionen in selbstorganisierende Systeme (aus PROBST 1987, S. 114-116)

8.1.2. Sozialwissenschaftliche Systemtheorie

Auch der sozialwissenschaftliche Strang der System-Theorie ist kein einheitliches Theoriegebilde, sondern faßt verschiedene Strömungen in sich zusammen. Ich referiere im folgenden sehr verkürzt die Fortentwicklung der Auffassungen des wohl prominentesten soziologischen Systemtheoretikers, Niklas LUHMANN.

In der systemtheoretischen Diskussion werden die Grundbegriffe Komplexität und Kontingenz fast gebetsmühlenhaft wiederholt; es sollen deshalb zunächst diese Kernbegriffe in der Fassung LUHMANNs definiert werden.

Komplexität

"Üblicherweise wird Komplexität mit Hilfe der Begriffe Element und Relation definiert ... Mindestens drei Dimensionen müssen bestimmt werden, um das Ausmaß der Komplexität eines Systems festzulegen, nämlich (1) die Zahl der Elemente, (2) die Zahl der im System möglichen Beziehungen zwischen den Elementen und (3) der Verschiedenartigkeit dieser Beziehungen, durch die dann in komplexen Bestimmungsprozessen zugleich die Elemente 'qualifiziert' werden... anspruchsvollere Begriffsfassungen ziehen zusätzlich die Zeitdimension in Betracht" (1980, S. 1065 f).

Aus Komplexität rührt der Zwang zur Selektion her:

"Komplexe Systeme setzen sich selbst unter Selektionszwang. Sie können schon bei geringer Größe nicht mehr jedes Element mit jedem anderen verknüpfen, zum Beispiel in Entscheidungssystemen nicht jede Entscheidung mit jeder anderen (vergangenen und künftigen) abstimmen. Das heißt zunächst: alle aktuell realisierten Verknüpfungen müssen gewählt werden. Soll diese Wahl nicht dem Zufall überlassen bleiben, muß der Bereich möglicher Wahl, d.h. die Gesamtheit der im System möglichen Beziehungen eingeschränkt werden. Das geschieht durch die Wahl von Strukturen" (a.a.O).

"Die Umwelt eines jeden Systems ist, wie immer man Komplexität operationalisiert, weitaus komplexer als das System selbst. Zwischen Umwelt und System besteht ein Komplexitätsgefälle. Entsprechend hat jede Relation zwischen System und Umwelt einen doppelten Komplexitätsbezug. Sie verknüpft ausgewählte Elemente der Umwelt mit ausgewählten Elementen des Systems und trägt so ein zweifaches Selektionsrisiko; sie mag Gefahren oder Chancen in der Umwelt verkennen und mag im System die richtigen Stellen oder Ressourcen nicht finden... Das Komplexitätsgefälle zwischen Umwelt und System schließt es aus, ein System auf der Basis von Punkt-für-Punkt Relationen zwischen Ereignissen in der Umwelt und Ereignissen des Systems zu errichten.. Ein System muß (1) Umweltereignisse aggregieren und (2) Zeit gewinnen können. Die Aggregation kann durch Typisierung und Indifferenz gegen Unterschiede erreicht werden, indem das System für konkret verschiedene, aber ähnliche Ereignisse ein Reaktionsmuster bereithält... Diese Bedingungen setzen ihrerseits der Steigerung interner Komplexität im Bereich der Relationierung Schranken. Ein System, in dem jedes Element von jedem anderen abhängt, könnte seine Umweltbeziehungen weder generalisieren, noch hätte es genug Zeit, da jede eigene Zustandsänderung eine Gesamtänderung erfordern würde (Ashby 1956). Systemintern erfordert eine komplexe Umwelt zunächst Reduktion der Eigenkomplexität in der Form von Interdependenzunterbrechungen (Subsystembildung), und erst auf dieser Basis kann die Eigenkomplexität durch Wachstumsprozesse ... erhöht werden" (1980, S. 1067f).

Kontingenz

"Entsprechend müssen wir den Kontingenzbegriff erweitern, nämlich zurückführen auf seine ursprüngliche modaltheoretische Fassung. Der Begriff wird gewonnen durch Ausschließung von Notwendigkeit und Unmöglichkeit. Kontingent ist etwas, was weder notwendig, noch unmöglich ist; was also so, wie es ist (war, sein wird), sein kann, aber auch anders möglich ist. Der Begriff bezeichnet mithin Gegebenes (Erfahrenes, Erwartetes, Gedachtes, Phantasiertes) im Hinblick auf mögliches Anderssein; er bezeichnet Gegenstände im Horizont möglicher Abwandlungen "(1984, S. 152).

Von besonderer Bedeutung ist der von PARSONS übernommene Begriff der "doppelten Kontingenz". Mit ihm gelingt es, der spezifischen Eigenart *sozialer* Systeme Rechnung zu tragen:

Doppelte Kontingenz

"Jede soziale Interaktion involviert mindestens zwei Partner, nennen wir sie Alter und Ego, die beide sich kontingent verhalten, das heißt: die beide über verschiedene Verhaltensmöglichkeiten verfügen und dies voneinander wissen. Jeder kann so - und auch anders. Jeder kann sich dem nahegelegten Modus der Interaktion fügen, aber auch abweichen. Man nimmt normalerweise an und hält fest, was einem in die Hand gegeben wird; aber man könnte es auch fallenlassen. Daß sowohl Alter als auch Ego dieses einfachen Modells in diesem Sinne kontingent handeln und dies voneinander wissen und

sogar voneinander wissen, daß sie es voneinander wissen, dies nennt man im soziologischen Fachjargon 'doppelte Kontingenz'"(1975, S. 68).

Die Wandlungen des System-Begriffs bei LUHMANN: Von der System-Umwelt-Differenz zum selbstreferentiellen autopoietischen System

Um LUHMANNs systemtheoretische Konzeption besser zu verstehen, ist es sinnvoll, die verschiedenen Fassungen nachzuzeichnen, in denen er den Systembegriff im Laufe seiner Theorieentwicklung gebraucht hat.

In seiner Habilitationsschrift (1964) schreibt LUHMANN (S. 23 ff):

"In der ontologischen Denktradition wird System durch die Begriffe Ganzes, Teil und Beziehung definiert. Ein System besteht darin, daß Einheiten (Substanzen) durch Beziehungen als Teile zu einem Ganzen verbunden werden. Das System ist die Interdependenz der Teile im Rahmen eines Ganzen. Die Art, wie die Teile zu einem Ganzen zusammengeordnet sind, macht die Struktur des Systems aus.

Für den Vorstellungszusammenhang, den wir im folgenden kurz als klassische oder traditionelle Organisationstheorie bezeichnen werden, ist charakteristisch, daß dieser Ansatz übernommen und mit Hilfe des Zweck/Mittel-Schemas ausgedeutet wird: Das Ganze wird durch einen feststehenden Zweck definiert, zu dem die Teile als Mittel beitragen. Die Struktur der Organisation wird als Aufgabenordnung begriffen.

Mit Einzelheiten dieser Lehre werden wir uns verschiedentlich kritisch auseinandersetzen müssen. Darum ist es wichtig, am Anfang klarzustellen, daß wir einen anderen Systembegriff verwenden. Der ontologische Systembegriff hat einen entscheidenden Mangel: Er isoliert das System auf interne Beziehungen und vernachlässigt dessen Umwelt. Seine Systeme sind, wie Substanzen, selbstgenügsame Einheiten. So kommt das kaum zur Sprache, was ein System als Leistungszusammenhang erst verständlich macht: daß sein Bestand in einer veränderlichen Umwelt stets problematisch ist, daß es, um sich in einer solchen Umwelt unverändert zu halten, einer inneren Ordnung bedarf, die der Systemerhaltung dienen kann. Dieser Ordnung sind bestimmte Probleme gestellt, sie kann daher nicht aus beliebigen Kombinationen bestehen. Die funktionale Analyse muß diese Problematik in ihrem Systembegriff zum Ausdruck bringen. Sie definiert System durch relative Invarianz seiner Grenzen gegenüber einer Umwelt.

Als System läßt sich danach alles bezeichnen, worauf man die Unterscheidung von innen und außen anwenden kann; denn in dem Maße, als eine Ordnung sich ausprägt und verdichtet, müssen unterscheidende Grenzen gezogen werden, und andererseits setzt die Erhaltung der Grenzen eine darauf abzielende innere Ordnung voraus. Die Innen/Außen-Differenz besagt, daß eine Ordnung festgestellt wird, die sich nicht beliebig ausdehnt, sondern durch ihre innere Struktur, durch die eigentümliche Art ihrer Beziehungen Grenzen setzt. Die Struktur des Systems ermöglicht zugleich, daß das System sich in einer andersartigen Umwelt gegenüber Wechselfällen relativ invariant hält.

... Als Handlungssysteme gesehen, schließen soziale Systeme keineswegs alle Handlungen der beteiligten Personen ein. Sozialsysteme bestehen nicht aus konkreten Personen mit Leib und Seele, sondern aus konkreten Handlungen. Personen sind - sozialwissenschaftlich gesehen - Aktionssysteme eigener Art, die durch einzelne Handlungen in verschiedene Sozialsysteme hineingeflochten sind, als System jedoch außerhalb des jeweiligen Sozialsystems stehen. Alle Personen, auch die Mitglieder, sind daher für das Sozialsystem Umwelt."

Der erste Theorie-Schritt LUHMANNs konzipierte eine "Offene System-Theorie", in der die Gegenüberstellung von System und Umwelt die Funktionsweise der Systemeinheiten erklären sollte. Die Systemstrukturen entwickeln sich dieser Auffassung zufolge in Auseinandersetzung mit den jeweiligen Umwelten. Kennt man die Transformationsregeln des System-Umwelt-Austausches, dann kennt man die Funktionsweisen des Systems.

Der Paradigmenwechsel zur Theorie autopoietischer Systeme verlagert die Akzentsetzung von der Differenz System-Umwelt auf die Differenzen der Systemelemente selbst. Das bedeutet keine Rückkehr zum alten Konzept "geschlossener Systeme", weil zwar vom internen Operationsmodus der Selbsterzeugung ausgegangen wird, aber der Anstoß (die Irritation oder Perturbation) durch die Umwelt als möglicher Anlaß für interne (allerdings selbstbestimmte !) Operationen genommen wird.

Autopoiese

Der Autopoiese-Begriff (wörtlich: Selbst-Erzeugung, Selbst-Produktion) ist ursprünglich aus der Zellular-Biologie übernommen worden (daran entzündet sich auch Kritik an der Übertragbarkeit auf sozialwissenschaftliche Fragestellungen, s. LIPP 1987). Zellen können Energie und Materie nicht einfach übernehmen, sondern müssen sie sich buchstäblich "aneignen", d.h. nach ihren eigenen Regeln selbstbestimmt transformieren. Wird ihr eigener Operationsmodus zerstört, hören sie auf als Einheit zu existieren und sie existieren nur so lange, wie sie in der Lage sind, den Prozeß ihrer Selbsterzeugung fortzusetzen.

Die Einheiten, aus denen soziale Systeme bestehen und die sie selbstbestimmt erzeugen, sind nicht Menschen, sondern Entscheidungen, Handlungen, Erwartungen usw. Die Frage nach den "Elementen" sozialer Systeme ist außerordentlich wichtig, weil Systeme durch die selbstbestimmte Relationierung ihrer Elemente existieren. Soziale Systeme wie etwa Unternehmen bestehen deshalb grundsätzlich nicht aus Menschen.

"Als autopoietisch wollen wir Systeme bezeichnen, die die Elemente, aus denen sie bestehen, durch die Elemente, aus denen sie bestehen, selbst produzieren und

reproduzieren. Alles, was solche Systeme als Einheit verwenden, ihre Elemente, ihre Prozesse, ihre Strukturen und sich selbst, wird durch eben solche Einheiten im System erst bestimmt. Oder anders gesagt: Es gibt weder Input von Einheit in das System noch Output von Einheit aus dem System. Das System operiert als ein selbstreferentiell-geschlossenes System. Das heißt nicht, daß keine Beziehungen zur Umwelt bestehen, aber diese Beziehungen liegen auf anderen Realitätsebenen als die Autopoiesis selbst. Sie werden im Anschluß an Maturana oft als Koppelung des Systems an seine Umwelt bezeichnet" (1985, S. 403).

Noch konsequenter geht LUHMANN (1988b, S. 166)

"... von der Annahme aus, daß soziale Systeme ganz allgemein und ohne Ausnahme sich als selbstreferentielle autopoietische Systeme bilden und daß dies deshalb auch für organisierte soziale Systeme gelten muß. Autopoietische Systeme erzeugen die elementaren Einheiten, aus denen sie bestehen, durch das Netzwerk eben dieser elementaren Einheiten. Sie sind also in dem, was für sie Einheit ist, auf Eigenproduktion eingestellt, obwohl dies natürlich nur in einer Umwelt und auf der Grundlage von Materialien, Reizen und Störungen von seiten der Umwelt möglich ist. Auf dieser Theoriegrundlage können organisierte Sozialsysteme begriffen werden als Systeme, die aus Entscheidungen bestehen und die Entscheidungen, aus denen sie bestehen, durch die Entscheidungen, aus denen sie bestehen, selbst anfertigen. Mit 'Entscheidung' ist dabei nicht ein psychischer Vorgang gemeint, sondern eine Kommunikation, nicht ein psychisches Ereignis, eine bewußtseinsinterne Selbstfestlegung, sondern ein soziales Ereignis... Geht man von dieser Annahme einer selbstreferentiellen Geschlossenheit aus, muß man alle externen Referenzen, die im System benutzt werden, als interne Operationen auffassen ...Alles kommt, mit anderen Worten, darauf an, was in Entscheidungen explizit oder implizit zitiert wird; und es gibt keine davon unabhängige Realität, die eine Organisation direkt beeinflussen könnte."

"Im Kontext der autopoietischen Reproduktion wirkt die Umwelt als Irritation, als Störung, als Rauschen, und sie wird für das System erst sinnvoll, wenn sie auf die Entscheidungszusammenhänge des Systems bezogen werden kann. Eine solche für das System in der Umwelt liegende Differenz, die für das System eine eigene Differenz, nämlich eine verschiedene Entscheidung bedeuten kann, wollen wir im Anschluß an Gregory Bateson Information nennen. Als 'difference that makes a difference' ist Information immer ein Eigenprodukt des Systems, ein Moment des Prozessierens von Entscheidungen und nicht ein Faktum in der Umwelt, das unabhängig von Beobachtung und Auswertung existiert. Andererseits steht es nicht im Belieben des Systems, dies Eigenprodukt Information zu erzeugen oder es zu lassen. Das System wird durch die Umwelt laufend irritiert, und es sucht mit seinem Entscheidungsnetz geradezu Irritationen auf, um sie in Informationen umzuwandeln und zur Führung seines Entscheidens benutzen zu können" (1988, S. 173).

Diese nur umrißhaft angedeuteten Überlegungen LUHMANNs bedeuten für die Theorie der Führung eine radikale Neuorientierung. Führer werden dezentriert, buchstäblich aus dem Mittelpunkt der Aufmerksamkeit entfernt. Es geht nicht mehr um den Führer oder die Führerin als Personen, sondern um die Frage, wie das System "Unternehmung" (das aus Entscheidungen, Erwartungen, Handlungen) besteht, die Fortsetzung seines Bestandes und seiner Leistungen sichert. Dies kann mit zahlreichen funktionalen Äquivalenten zu personaler Führung geschehen (s. etwa die Aufstellung auf S. 153). Eine Führungskraft steht der Organisation nicht als Eigenständiges oder Fremdes gegenüber, sondern ist Teil des Systems und damit beteiligt an der Fortsetzung von Entscheidungen, Handlungen usw. Als Teil ist sie geprägt sowohl von den anderen Einflüssen, die aktuell wirken, wie auch von den Einflüssen, die von ihr selbst ausgehen und auf sie zurückwirken. Aus einem solchen Blickwinkel ist es auch fragwürdig, einen willkürlichen (Einfluß-)Anfang zu setzen und der Führungskraft die Rolle einer kausalen Ursache (Bewegungsbewirkung!) zuzusprechen. Derartige Interpunktionen sind willkürlich; realistischer ist es, von Vernetzung und zirkulärer Kausalität auszugehen (s. oben abgebildetes Ziel-Netzwerk).

Aus einer Theorie *selbstreferentieller* Systeme folgt auch, daß soziale Systeme einen großen Teil ihrer Aktivität auf Selbst-Beobachtung verwenden. Aus den Informationen über *interne* Veränderungen ("Perturbationen") werden Rückschlüsse über die Umwelt gezogen. Dies bedeutet auch, daß den Codes, mit denen Ereignisse beobachtet und beschrieben werden, große Bedeutung zukommt: Wenn für einen Vorgang kein Organ und keine Sprache existieren, ist der Vorgang für den Akteur keine Information (macht keinen Unterschied!) und löst deshalb auch kein Antwortverhalten aus.

"Die Möglichkeiten am - wie auch immer definierten - Markt sind erheblich vielfältiger als die jeweils aktuell realisierten und die geplanten Maßnahmen. Betriebe verdienen auf den Märkten, die sie verdienen; es können nur die Chancen wahrgenommen werden, die man wahrnimmt" (EXNER, KÖNIGSWIESER u. TITSCHER 1987, S. 273).

Weil und solange Wirtschafts-Unternehmen nur nach dem Geld-Code funktionieren (buchstäblich allein die Sprache des Geldes sprechen), werden Informationen über Umweltzerstörung oder menschliches Leid in der Dritten Welt, die nicht zahlungsrelevant sind, keinen Eingang in die internen Operationen des Systems finden! Wenn es kein "Wort" für Mikropolitik gibt, kann sie offiziell nicht erkannt und behandelt werden! Aus diesen Überlegungen erfährt die Bedeutung, die im Unternehmenskultur-Ansatz der *Sprachregelung* zugemessen wird, eine funktionale Begründung. Ähnliches gilt für die Kategorie "Sinn", auf die im Kap. 8.2. ausführlich eingegangen wird. Weil soziale Systeme nicht nur auf eine "objektive" Wirklichkeit reagieren, sondern auf eine symbolisch repräsentierte und (damit) zum Teil auf eine selbstgeschaffene Wirklichkeit, ist es so schwer, unter Hinweis auf "objektive Fakten" Entwicklungen oder Entscheidungen zu kritisieren oder zu verteidigen. Fakten sind soziale Tat-Sachen!

8.2. Symbolische Führung

Wenn über Führung geredet wird, geht es um Handlungssteuerung. Der Ansatz "Symbolischer Führung" will nun keine neue isolierte Führungstheorie sein (wie die personalistische, situative, gruppendynamische usw.), sondern das Führungsgeschehen in einen umfassenderen theoretischen Rahmen einbetten und damit auch die Beziehung öffnen zu verwandten Problemfeldern, die in der Organisationspsychologie bisher meist in je eigenen Mini- oder Adhoc-Theorien abgehandelt wurden (Motivations-, Gruppen-, Organisations-, Lern-Theorien usw.).

"Symbolische Führung" ist im Grunde ein irreführender Begriff. Das Adjektiv *symbolisch* erweckt den Eindruck, als sei diese Art von Führung "nicht wirklich", "vorgeblich", "scheinhaft", als handele es sich um die Vortäuschung "eigentlicher Führung". Das ist jedoch nicht gemeint, denn die Bezeichnung *symbolisch* steht hier als vielleicht irreführendes Kürzel für zwei Aspekte sinngesteuerter Führung, nämlich *symbolisierte* und *symbolisierende* (oder: sinnkonstituierte und sinnkonstituierende, sinnbindende und sinnbildende) Führung. Aber weil sich der Begriff "symbolische Führung" eingebürgert hat (s. z.B. LASSER 1987), soll er trotz seiner Unschärfe beibehalten werden.

Zunächst sollen drei Zentralbegriffe geklärt werden: Symbol, Sinn, Fakten.

8.2.1. Begriffsklärung: Symbol - Sinn - Fakten

8.2.1.1. Symbol

Symbol heißt im ursprünglichen Wortsinn "Zusammenfügung". Ein in Teile zerbrochener Gegenstand (z.B. ein Ring oder ein Medaillon) diente, wenn die Teile beim Zusammenfügen paßten, als Erkennungszeichen.

Diese Grundelemente hat auch die spätere Begriffsverwendung bewahrt:
- Ein Symbol ist etwas Konkretes (ein Ding, ein Wort, ein Zeichen);
- im Symbol wird Getrenntes zusammengefügt;
- das Symbol hat eine übertragene Bedeutung. Ursprünglich ging es nicht so sehr um die Wiederherstellung einer zerbrochenen Ganzheit, sondern um den Nachweis, daß ein Teil, wenn es zu einem anderen paßte, als Ausweis diente.

Durch ein Symbol wird auf etwas anderes verwiesen; dieses andere ist nicht gegenwärtig, es ist vielleicht unsichtbar oder ungegenständlich (z.B. Freundschaft). Eheringe z.B. sind ein Symbol für Treue und Zusammengehörigkeit, ein teures Auto ist ein Symbol für finanzielle Potenz, eine Krawatte ein Symbol für Konventionalität und Konformität ... Die unauflösliche Paradoxie des Symbols markiert, daß es etwas Konkretes und zugleich nicht dieses Konkrete, sondern ein Anderes ist.

Ein Symbol ist somit ein Sinn-Bild, das die Konkretisierung oder Ver-Wirklichung von Sinn darstellt. Welcher Sinn durch diese Vergegenständlichung ausgedrückt wird, ist in bestimmten Deutegemeinschaften festgelegt und im allgemeinen kulturspezifische Konvention; die Möglichkeit kulturübergreifender archetypischer Symbole (z.B. Kreis, Ring, Pfeil usw.) ist damit nicht ausgeschlossen. Sinn-Stiftung ist keine individuelle Leistung, sondern setzt soziale Verbindlichkeit und Verständlichkeit voraus. Charakteristisch für Symbole ist, daß sie nicht für eine ein-eindeutige umkehrbare Zuordnung von Merkmal und Bedeutung stehen, sondern daß diese Beziehung meist mehrwertig oder mehrdeutig ist und somit Interpretationsspielraum bzw. mehrere Verknüpfungsmöglichkeiten offenläßt.

Fakten symbolisch zu sehen heißt, sie nicht für bare Münze zu nehmen, sondern als mehrdeutige Sinn-Bilder zu betrachten. Weil Tat-Sachen unausweichlich in Kontexten stehen ("vernetzt sind"), können sie in sehr verschiedenen Beziehungen gesehen werden, von denen her sie jeweils andere Bedeutung erhalten. Tat-Sachen können zu Symbolen werden; sie sprechen dann *nicht* für sich selbst, sondern für etwas anderes. Ungreifbare Ideen, wie Einheit, Fairness, Macht, Verläßlichkeit, Vertrauen, Wertschätzung sind nicht als solche erlebbar, sondern nur vermittelt über sinnlich Erfahrbares (Worte, Taten, Dinge). Diese Versachlichungen muß man zu dekodieren lernen: man muß die Sinn-Bilderschrift entziffern können. In dem Augenblick, in dem man sich von etwas ein Bild macht, hat man aber gleichzeitig dieses Etwas verformt, verdinglicht.

8.2.1.2. Sinn

Sinn ist Verortung und Vernetzung einer sozialen Tatsache (z.B. eines Gedankens, einer Äußerung, eines Produkts, eines Lebensentwurfs usw.). Sinn ist nur möglich in und durch einen Bezugsrahmen: Was völlig zusammenhangslos, "aus dem Zusammenhang gerissen" ist, hat ebensowenig einen Sinn wie irgendwelche beliebigen Verbindungen; Sinn hat, was eine "gute Gestalt" bildet, prägnant, geschlossen, stimmig, passend ist.

Sinn ist ein schillernder Begriff mit wechselvoller Geschichte, die in der heutigen Bedeutungsvielfalt aufbewahrt ist. PAUL (1908, S. 497 f) rekonstruiert die verschiedenen Facetten: Ursprünglich vom lateinischen "sensus" abgeleitet, meint Sinn zuerst (Sinnes-) Wahrnehmung, quasi ein (Sinnes-)Organ haben für sinnliche Erfahrungen; später wurde diese Bedeutungskomponente verallgemeinert zur Empfänglichkeit für Eindrücke überhaupt (s. Formsinn, Kunstsinn usw.). Im Mittelhochdeutschen war Sinn gleichbedeutend mit Verstand und Überlegung, was in vielen Wortbildungen erhalten ist (Unsinn, Schwachsinn, Blödsinn, Irrsinn, Wahnsinn, Tiefsinn, Scharfsinn). Danach kamen die Bedeutungsanteile Empfindung, Verfassung und Stimmung hinzu (Frohsinn, Stumpfsinn, Trübsinn, Leichtsinn, Starrsinn, Eigensinn etc.) und schließlich lagerte sich noch der heute dominierende Gehalt "Bedeutung" oder "das in einer Äußerung Gemeinte" an.

Im Bedeutungsspektrum von "Sinn" lassen sich also vier Akzentsetzungen unterscheiden, die alle zum Verständnis von "Symbolischer Führung" beitragen.

Um die bisherigen Überlegungen zusammenzufassen: Symbolische Führung ist Führung, die sich auf die Kategorie Sinn beruft und stützt. Dieser Sinn wird gegenständlich und faktisch erfahrbar in Symbolen.

8.2.1.3. Fakten

Im Ansatz der Symbolischen Führung spielt drittens der Begriff der Tat-Sachen (*Fakten* in des Wortes ursprünglicher Bedeutung als das - von Menschen - *Gemachte*) eine fundamentale Rolle. Symbolische Führung nutzt den Sinn, der in Fakten liegt, die vorgefunden oder geschaffen werden. Kultur beginnt mit Tat-Sachen, in denen das "Wort" (Sinn) steckt. Über Symbolische Führung sprechen heißt somit nicht, idealistisch zu spekulieren, sondern von empirischen Fakten auszugehen und sie zu deuten, ihren Sinn zu verstehen.

Damit wird von allem Anfang an die Zweideutigkeit von Fakten betont: Sie sind zum einen wie selbstverständlich in bestimmte (Handlungs-)Kontexte eingefügt; sie sind, was sie sind (mit sich selbst identisch); sie haben eine spezifische offen zutage liegende "rein praktische", handlungs- und wirkungsbezogene Funktion. Zugleich aber können Fakten interpretiert und damit in neue Zusammenhänge gestellt werden. Sie können dann in einem ganz anderen Licht erscheinen, eine neue Qualität erhalten. Die Um-Deutung darf jedoch nicht idiosynkratisch erfolgen, also nicht nur für einen einzigen Interpreten subjektiven Sinn machen (wie das bei einer "einsamen Entscheidung" der Fall wäre, die anderen unverständlich bleibt); Deutungen müssen von mehreren als sinn-voll nachvollzogen werden können.

In den folgenden beiden Abbildungen habe ich versucht, die Zusammenhänge zwischen Fakten und Symbolisierung darzustellen (Abb. 8.4.) und an einem Beispiel zu veranschaulichen (Abb. 8.5.).

Symbolische Führung steht im Gegensatz zum derzeit dominierenden Paradigma der Situativen Führung. Die Besonderheiten Symbolischer Führung können durch eine kontrastierende Gegenüberstellung zur Situativen Führung herausgearbeitet werden. Deshalb soll zunächst kurz auf diesen Ansatz eingegangen werden (ausführlicher wird die Situative Führung auf den Seiten 180-187 und 192-199 behandelt).

Situative Führung vs. Symbolische Führung

Dem Modell der sogenannten "Situativen Führung" liegt eine individualistisch-entscheidungsorientierte Basisannahme zugrunde: Ein rationaler Akteur nähert sich einem (selbstgewählten oder vorgegebenen) Ziel unter Berücksichtigung aller verfügbaren Informationen aufwandsminimal oder ergebnisoptimal. Im Kontrast zu früheren Auffassungen, die *einen optimalen* Führungsstil unterstellten, der buchstäblich unter allen Umständen Erfolg versprach, betont Situative Führung die "Kontingenz" des Führungshandelns: Welches Vorgehen optimal ist, hängt immer ab von den konkreten situativen Bedingungen. Ein solcher Ansatz macht Vorgesetzte zu Informationssammlern und Entscheidern; sie registrieren, was (wichtig) ist, kombinieren diese Einsichten nach bewährten Programmen, treffen dann im Hinblick auf ein klares Ziel, das vorgegeben ist, die nötigen Entscheidungen und sind in der Lage, die nötigen Schritte zu ihrer Verwirklichung zu unternehmen. Imgrunde diktiert die Situation, was zu tun ist. Dies ist - radikal zu Ende gedacht - der Kern des Modells: Es gibt für jede Bedingungs- und Zielkonstellation "den einen besten Weg" - und wenn man die richtige Diagnose gestellt hat und nach den richtigen Programmen handelt, kann der Erfolg nicht ausbleiben. Führung läßt sich so auf der Basis empirisch ermittelter Gesetzmäßigkeiten rationalisieren und damit programmieren (s. etwa den Entscheidungsbaum im Modell von VROOM & YETTON 1973, der auf S. 182 dargestellt ist).

Modelle situativer Führung denken positivistisch-naturwissenschaftlich: Für sie gibt es eine objektive Wirklichkeit, die objektiv erkannt und nach empirisch ermittelten "Gesetzmäßigkeiten" deterministisch gestaltet werden kann.

Damit müssen solche Ansätze buchstäblich absehen von jener unfaßbaren Komplexität, Widersprüchlichkeit, Mehrdeutigkeit, unberechenbaren Dynamik und Instabilität, die zahlreiche Entscheidungssituationen kennzeichnen. Situative Führung setzt Eindeutigkeit, Klarheit, Transparenz, Objektivität voraus oder muß sie zuerst herbeiführen, um angewandt werden zu können. Insofern ist situative Führung a-sozial und a-personal: sie exekutiert nur noch allgemeine Gesetzmäßigkeiten, wenngleich auf einem (scheinbar) hohen Differenzierungsniveau: Eines schickt sich nicht für alle (Fälle), je nach Lage der Dinge muß anders - aber kalkuliert und kalkulierbar - vorgegangen werden. Die Logik des Modells läßt keinen Raum mehr für Intuition, Spontaneität, Selbstwidersprüche, Unklarheit ... Sowohl Situationen wie Handelnde sind zu objektivieren und zu normieren, um sie beherrschen zu können.

Weil soziale Situationen nun aber nicht in dieser geforderten Objektivität, Eindeutigkeit, Widerspruchsfreiheit, Transparenz etc. vorliegen, müssen sie entsprechend durchschaubar, vereinfacht und quantifizierbar *gemacht* werden. Ein typisches Beispiel ist die "Situative Führungstheorie" von HERSEY & BLANCHARD (1977); auf Seite 193 ff. wird dieses Modell besprochen und in Abb. 7.7. veranschaulicht.

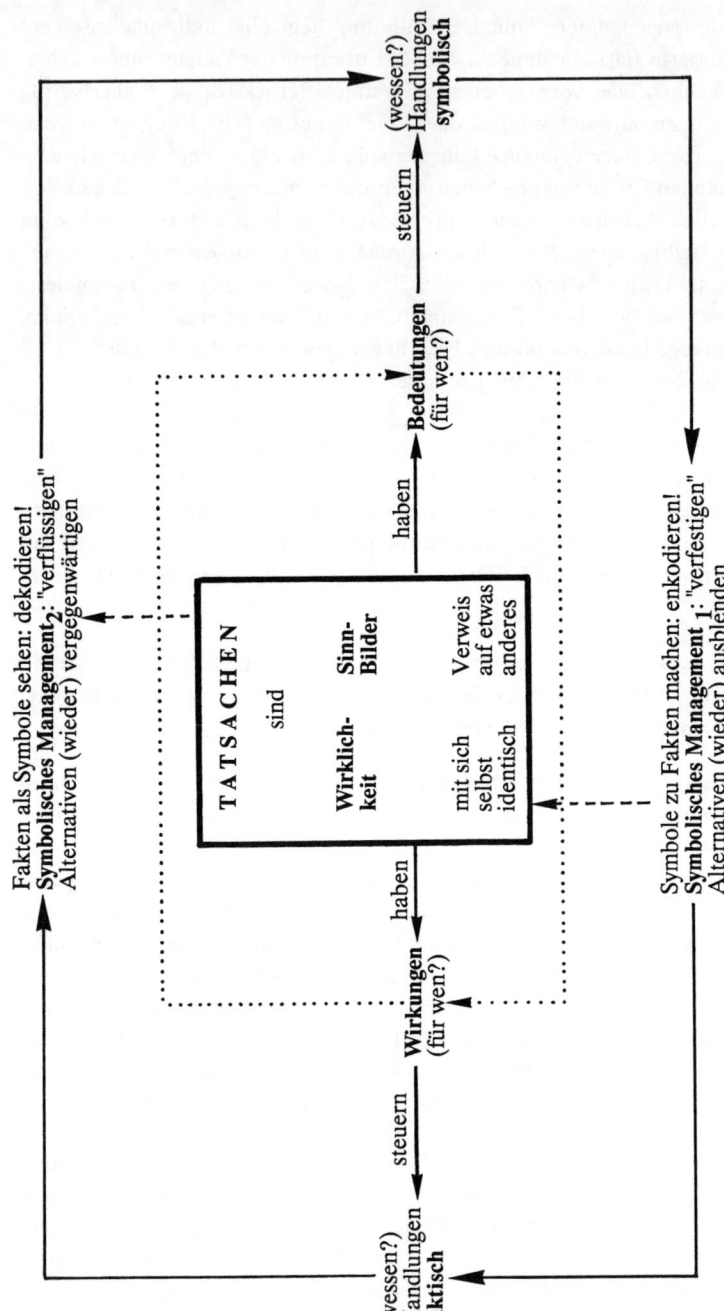

Abb. 8.4.: Symbolisches Management₁ und Symbolisches Management₂

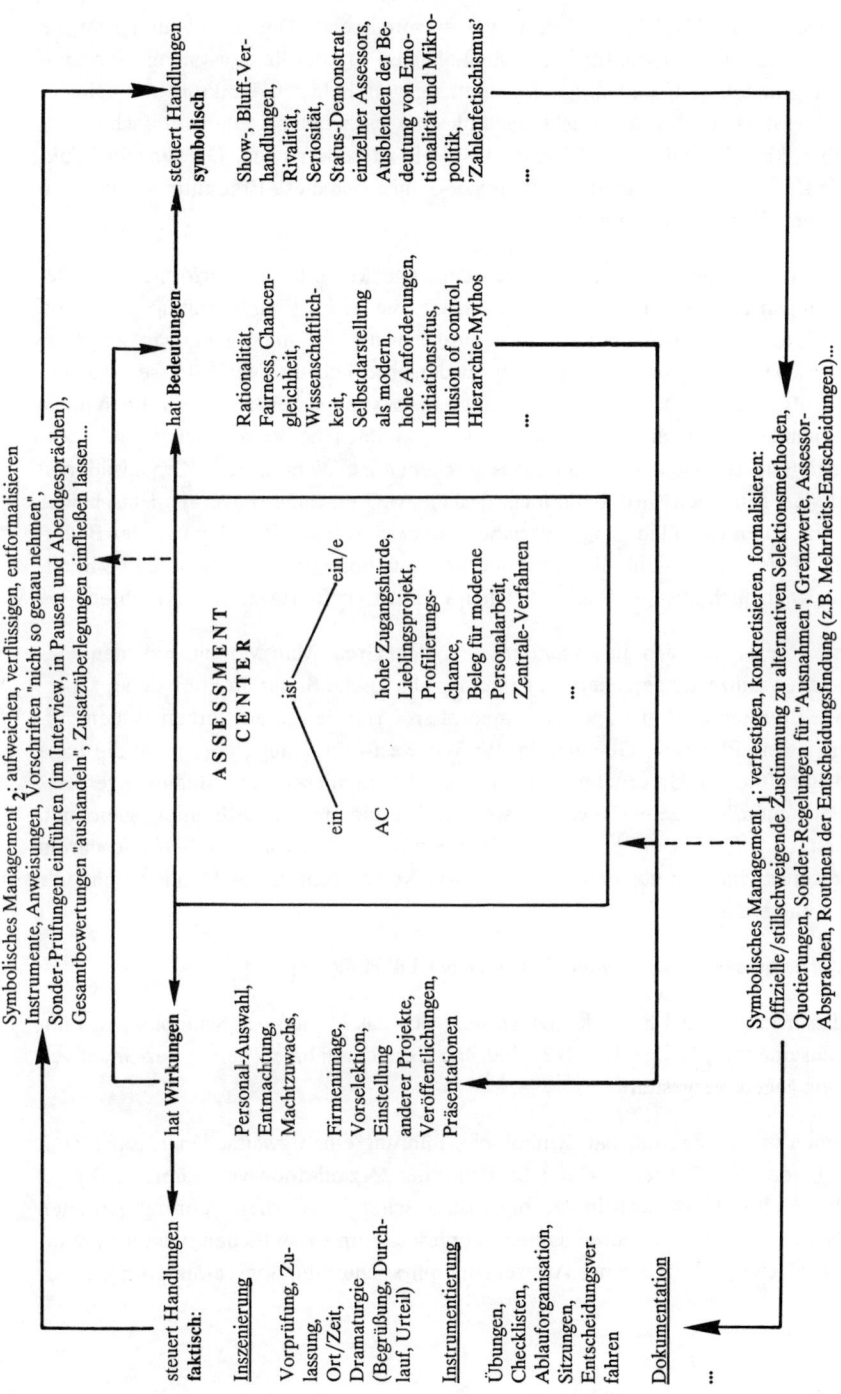

Abb. 8.5.: Symbolisches Management₁ und Symbolisches Management₂ Beispiel: ASSESSMENT-CENTER

Das Design der Abb. 7.7. suggeriert, was es voraussetzt: Durch Anlehnung an die Symbolik naturwissenschaftlicher Darstellungen (Koordinatensystem, Normalverteilungskurve, Lot, eindeutige Bestimmung von Feldern, Punkten und Dimensionen) wird der Eindruck erweckt, das Führungsgeschehen sei relativ einfach durchschaubar, klar abzubilden und leicht (4 Stile !) zu beherrschen. Die einzelne Führungskraft - auf die es ja letztlich ankomme - könne sich diese Erkenntnisse aneignen und in die (Führungs-)Tat umsetzen.

Bei näherer Betrachtung entlarven sich derartige Modelle als leerformelhafte Beschwörungen einer problemlosen Wirklichkeit, die es im Führungsalltag nicht gibt. Jedem Praktiker ist (oft schmerzlich genug) bewußt, wie unberechenbar, komplex, undurchschaubar, fließend, mehrdeutig, widersprüchlich die Verhältnisse sind und daß sie oft nicht erkannt, sondern benannt oder bestimmt werden, um in ihnen überhaupt handeln zu können und daß Handeln vielfach heißt: re-agieren und rückblickend Sinn zu machen aus dem, was geschehen ist. Wenn aber in Organisationen koordiniert gehandelt wird, dann nicht deshalb, weil einzelne souveräne Entscheider nach rationalen Kalkülen gehandelt haben, sondern weil *alle* Beteiligten unter Bedingungen stehen, die Anschlußhandeln und Koordination vor-regeln, so daß *alle* Beteiligten - wenn auch nicht jeweils im gleichen Umfang - geführt werden und führen.

"Führung" ereignet sich in *Organisationen*; das Great-Man-Modell, das den entschlossenen Einzelgänger feiert, der in einer chaotische Situation kraft seiner Überlegenheit Ordnung schafft und einer amorphen Urhorde seinen starken Willen aufzwingt, ist ein Phantasie-Gebilde, das für Wildwest-Filme taugt, aber nicht die Lage in wirtschaftlichen Unternehmungen wiedergibt. In diesen sind Bedingungen des Handelns für *alle* einzelnen reguliert, so daß Abstimmung (Ko-Ordination) gleichsam eingebaut ist: Jeder kann bestimmtes Handeln bei anderen unterstellen und darum sein eigenes Handeln vor dem Eintreten von Konsequenzen des Handelns anderer planen und realisieren.

8.2.2. Die beiden Komponenten Symbolischer Führung

Mit dieser erweiterten Sicht der Dinge setzt sich das Modell der Symbolischen Führung auseinander; in der Tab. 8.2. sind ihre Grundannahmen denen der Situativen Führung gegenübergestellt.

Wie oben schon erwähnt, hat Symbolische Führung einen zweifachen Ansatz: Zum einen betont sie, daß jeder Handelnde in einer Organisation von Führungs-Ersatz gleichsam umstellt ist, weil in den organisatorischen Tat-Sachen Führung geronnen (*symbolisiert*) ist. Zum anderen agieren Vorgesetzte im wesentlichen nicht als unmittelbare Macher, die in eigener Anstrengung physische Situationsveränderungen her-

	Situative Führung	Symbolische Führung
Empirismus	Abbildung der vorherrschenden Praxis (kein normativer Anspruch) Aufdecken lediglich empirischer Regelmäßigkeiten Uneinheitliche, instabile Ergebnisse (keine Generalisierungsmöglichkeiten) Zerstückelung in bivariate Beziehungen Fragwürdige Vergleichbarkeit der Studien (Populationen, Maße, Kriterien, Zeiten...)	Ebenfalls ausgehen von "Fakten" - aber Frage nach ihrem Sinn (Verweisungen, Kontext) Re-Konstruktion, Nachvollzug von Deutungen ("Verstehen") keine Generalisierung auf "fremde" Populationen
Determinismus	Black-Box-Ansatz (S-R-Modell): Trivial-Maschinen-Modell Führen ist Re-Agieren ("Führen ohne Führer") "Es" (= die Situation) führt Ausblenden der politischen Dimension (Gestaltungsspielräume) Es gibt einen objektiv besten Führungsstil, der sich sachlich begründen läßt	Retrospektive Sinngebung Vernetztes Denken; nicht-triviale Maschinen; Selbstregulation komplexer Systeme Betonung von Wahlmöglichkeiten ("strategic choice")
Objektivismus	Situationen werden als gegeben (nicht: geschaffen) angesehen Operationalisierung wird für Objektivität ausgegeben (Fragwürdige Maße der UV-IV-AV) Unvergleichbarkeit der Variablen Naturalistische (deutungsfreie) Situationsauffassung; Vernachläss. versch. Perspektiven	Konstruktion der Wirklichkeit Deutungsmuster, Stereotypisierungen "Negotiated order": Durchsetzung und/oder Aushandlung von An-Sichten Interpretativer Ansatz Vorgesetzte sind selbst Bestandteil der Situation (und stehen ihr nicht objektiv gegenüber)
Individualismus	Führung wird nach dem Modell des individuellen, rationellen Akteurs modelliert Vorgesetzte als souveräne Strategiewähler - angesichts von Restriktionen	Berücksichtigung apersonaler Steuerung (Strukturen, Regeln, Erwartungen, Mythen...) Unselbständigkeit, Abhängigkeit von Führungskräften
Rationalismus	Situationen und Reaktionen lassen sich wohlgeordnet, transparent, handhabbar darstellen, systematisch zerlegbar Vorgesetzte sind nur der Sache oder dem Unternehmensziel verpflichtet	Rechnen mit Intransparenz, Widersprüchlichkeit, Mehrdeutigkeit, Unvorhersehbarkeit, Inkonsequenz Vorgesetzte handeln spontan, "irrational", verfolgen eigene Interessen, nutzen Nischen und bauen sie aus

Tab. 8.2.: Situative Führung vs. Symbolische Führung

beiführen, sondern wirken vermittelnd (*symbolisierend*), indem sie Handlungen ausführen, die von anderen (sinnvoll) gedeutet werden und geregeltes (regeltreues) Anschlußhandeln auslösen. Diese beiden Bedeutungsinhalte sollen im folgenden näher erläutert werden:

8.2.2.1. Symbolisierte Führung

Dieser erste, aus Vorgesetztensicht eher passive oder defensive Aspekt Symbolischer Führung, unterstellt, daß Führung (Handlungssteuerung) in Fakten "verborgen" ist: In Sprachregelungen, sozialen Institutionen und Artefakten wird Handeln verläßlich kanalisiert.

Damit stellt sich der Ansatz Symbolischer Führung gegen die Auffassung, Vorgesetzte wirkten direkt (un-mittel-bar) auf Unterstellte ein. In Abb. 8.6. ist veranschaulicht, daß sie dies immer nur vermittelt tun können, z.B. durch eine Handlung **x**, die vom Unterstellten registriert und (richtig) gedeutet werden muß. Außerdem stehen Vorgesetzte gleichsam in Konkurrenz zu führungsgleichen anderen Einflüssen (**y**). Damit sind alle jene - zum Teil von den Vorgesetzten mitgeschaffenen - inner- und außerorganisatorischen Einrichtungen gemeint, die direkt (Pfeil 1: y - Mitarbeiter) oder wiederum über die Führungskraft vermittelt (Pfeil 2: y - Vorgesetzte(r) - Mitarbeiter) wirken. Beispiele für y sind: Bezahlungssystem, Vorschriften und Organisationsprinzipien, Aufgabeninhalt und -verteilung, anerzogene Leistungsmotivation, Kontrollpraktiken usw. In x und y ist Symbolische Führung verborgen. Generell gilt: Man kann nicht nicht symbolisch führen. Man hat nicht die Wahl entweder symbolisch zu führen oder nicht; man führt immer symbolisch. Die Frage ist lediglich, ob man es sich bewußt macht und ob man es bewußt macht.

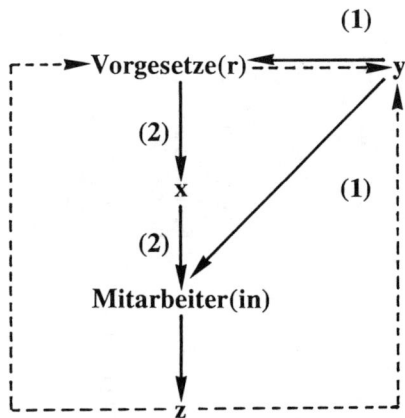

Abb. 8.6.: Der Prozeß der (symbolischen) Führung

Die Steuerungsmittel k und y sind konkret, sie sind soziale Fakten, Tat-Sachen. Der Unternehmenskultur-Ansatz hat die wichtigsten Gruppen dieser Versachlichungen untersucht (s. NEUBERGER & KOMPA, 1987). Er geht davon aus, daß Kultur "mentale Programmierung" (HOFSTEDE 1981) ist und daß sich diese "weiche" Fern-Steuerung verbirgt in verschiedenen Medien, nämlich

- *verbalen* (Geschichten, Sprachregelungen, Witzen, Reden, Slogans, Mottos, (Spitz-)Namen usw.),
- *interaktionalen* (also Regulierungen des Umgangs miteinander, die sich zeigen können in Ritualen, Gewohnheiten, Bräuchen, "Spielen", Taktiken usw.) und
- *artifiziellen* (z.B. Gebäuden, Statussymbolen, Logos, Druckwerken, Kontrolleinrichtungen, Maschinen etc.).

Diese Lenkungs-Mittel wirken personunabhängig (strukturell), weil sie als "Fakten" existieren (wie z.B. Formulare, Gebäude, Sprachregelungen, Umgangsformen, Rituale, Werkzeuge usw.), die Handlungen orientieren und sowohl diese wie die Handelnden aufeinander beziehen. Es ist dem einzelnen dann nicht mehr freigestellt, wie er sich verhalten will; vielmehr wird sozial verbindlich gemacht, wie er sich verhalten soll oder es wird sogar durch technologischen Sach-Zwang alternativenlos festgelegt, wie er sich verhalten muß.

Es geht hier also um Führungssubstitute, um geronnene Führung. Gehaltssysteme, Maschinenprogramme, organisatorische Abläufe, mechanische Zeiterfassung sind Beispiele für einen solchen Führungsersatz. Führung wäre ohne eine solche Ver-Sinnlichung (Konkretisierung, Materialisierung) sehr erschwert. Durch sachliche und soziale Einrichtungen, die abgelöst von der Führungskraft das Verhalten regulieren, werden im Grunde Führungskräfte vervielfältigt und allgegenwärtig gemacht. Es gibt keinen Disput mehr über Entgeltfragen, Vorgehensweisen, Anwesenheitszeiten usw., wenn durch zentrale, sachliche und "rationale" Verfahren und Apparate Handlungen erzwungen, gelenkt und überwacht werden. Es muß allerdings gemeinsame Deutungsmuster geben, damit in einem sozialen Kollektiv Dinge auf gleiche Weise gesehen und getan werden können. Ansichten müssen entsubjektiviert, also verdinglicht, standardisiert, sozial verbindlich gemacht werden.

Beispiele:

- Wer "wir" sind, weiß man erst, wenn diese *Ein-Heit* symbolisiert wurde (etwa in einem Namen, einem Slogan, einem Logo, einer Gründerfigur, einem Totem - z.B. einem Hauptprodukt, einem Gebäude, einem Aufnahmeritual...).
- Wer wichtig und "entscheidend" ist, muß seine *Potenz* erkennbar machen durch eine beeindruckende Selbstsymbolisierung, etwa durch Selbst-Vergrößerung (Größe der Räume, Kostbarkeit der Ausstattung, Unübersehbarkeit der Erscheinung, Thron, Insignien, Schmuck, Krone, Zugangsbarrieren, umfangreiche Dienerschaft oder Leibgarde),
- Die eigene Vortrefflichkeit oder *Fehlerfreiheit* wird verdeutlicht durch Zurschaustellung von Erfolg und Reichtum, Sauberkeit, Korrektheit, Modernität (etwa: kein ausgebesserter oder gar handgeschriebener Brief, keine unrasierten bärtigen Mitarbeiter, kein Schmutz an Boden und Menschen ...).

Dies läßt sich an weitverbreiteten "Organisationsmythen" zeigen, wie z.B.:
- *Wir haben alles im Griff.*
- *Wir sind unsterblich.*
- *Wir sind eine verschworene Gemeinschaft.*
- *Bei uns geht es fair zu.*
- *Leistung lohnt sich.*
- *Es geht rational und objektiv zu.*
- *Es wird nur das ökonomisch Sinnvolle getan.*

Solche Mythen wirken nicht als solche (als abstrakte Botschaften), sondern müssen, um soziale Geltung und Wirkung zu erhalten, zu Tat-Sachen gemacht werden. Was sein soll, muß verdinglicht oder konkretisiert werden, so daß den Unterstellten die an sie gerichteten Ansprüche von allen Seiten als objektive Gegebenheit selbstverständlich und unentrinnbar entgegentreten.

Um sinnbindend zu sein, kann das Management Sinn in Fakten einschmelzen. Es bietet sich an, dabei auf Schablonen zurückzugreifen, die die Gesellschaft bereithält. Damit entfällt aufwendige Legitimationsarbeit, weil die Berufung auf das Gültige und Unstrittige ein Leichtes ist.

Der Gewinn durch diese Art der Steuerung ist enorm. Es werden völlig neue Komplexitätsstufen handhabbar, die bei personaler Steuerung unbeherrschbar gewesen wären. Führung vervielfältigt sich, wenn sie in Fakten gebunden ist. Diese Fakten sind gewissermaßen Sinn-Depots, die automatisch entsprechendes gewolltes Verhalten anregen - wenn sichergestellt ist, daß die Sinn-Bilderschrift von allen einheitlich entziffert wird! Diese Gleichsinnigkeit (!) der Interpretation ist jedoch kein Zufall, sondern Ergebnis absichtlicher Steuerung und Bemühung. Insofern kann von "symbolic management" gesprochen werden, weil das Arrangement der Bedingungen, die Deutungen und Handlungen verläßlich auslösen sollen, sich nicht naturwüchsig herausbildet, sondern sozial gestaltet ist. Ausufernden Macher-Phantasien sind jedoch Grenzen gesetzt: Die Gesellschaft, in der Sinn-Produktion versucht wird, hält Deutungsmuster bereit, denen nicht zuwidergehandelt werden darf, will man nicht die Aufgabe auf sich nehmen, neue Werte-Grundlagen und Legitimations-Basen zu schaffen. Wegen deren mannigfacher Vernetzung und Verfestigung in Fakten wäre dies eine herkulische Arbeit. Von daher ist auch die Besorgnis verständlich, die Vermutungen über "Wertewandel" in der Gesellschaft begleitet und die in Anstrengungen mündet, eine "werteorientierte Personalpolitik" zu entwickeln und zu betreiben (ausführlich dazu: v. ROSENSTIEL & STENGEL 1987; v. ROSENSTIEL, NERDINGER, SPIESS & STENGEL 1989).

Damit wird übergeleitet zur zweiten Komponente Symbolischer Führung, bei der es darum geht, bedeutungshaltige Fakten zu verändern, um gewolltes Anschlußhandeln zu erzwingen oder anzuregen. Fakten sind nämlich nicht nur Sinn-Depots, sie sind auch Sinn-Deponien, in denen "Altlasten" verborgen sind, die sich als schädlich erweisen (oder auch Nutzstoffe, deren Recycling sich lohnte). Sinnfindung ist deshalb kein Automatismus. Vielmehr können bestimmte Sichtweisen von Fakten (etwa bislang übersehene Vernetzungen, Verweisungen, Perspektiven) propagiert, ent-deckt, zur Sprache gebracht werden, so daß nicht nur das Alte und Bewährte routinehaft wiederholt wird, sondern neue Handlungsmöglichkeiten erschlossen werden.

8.2.2.2. Symbolisierende Führung

Weil alle Fakten *auch* Sinn-Bilder und damit mehrdeutig sind und auf Verschiedenes verweisen können, ist es eine wichtige Aufgabe von Führung, "richtigen" Sinn zu *machen*. Wie mehrdeutige Symbole gelesen werden sollen, muß beeinflußt werden. Das imponierende Ambiente eines Vorstandszimmers könnte ja z.B. auch als Vergeudung, Protz, Byzantinismus und nicht als Erfolgs- und Potenznachweis gelesen werden.

Alles was ist, kann in Zusammenhang mit anderem gebracht werden, kann als Verweisung auf dieses andere gesehen werden. Etablierte Bezüge können aufgelöst und/oder ersetzt werden, so daß es zu einer neuen Deutung der Tat-Sachen kommt. Verfestigte Sichtweisen werden verflüssigt, es eröffnen sich damit neue Hinsichten und Handlungsanschlüsse.

Verschiedene Fakten im Unternehmen können durchaus "anders gelesen" werden:

Was haben z.B. folgende Tatsachen zu *bedeuten*?
- *Führungskräfte verdienen wesentlich mehr als Inhaber "niedrigerer" Positionen.*
- *Die Anwesenheitszeiten werden technisch erfaßt.*
- *Nur bestimmte Leute steigen auf.*
- *Viele Projekte werden in ökonomischer Hinsicht nicht seriös bewertet.*
- *In manchen Abteilungen gibt es eine hohe Fehlzeitenrate.*
- *Die Personalzusatzkosten sind zu hoch.*
- *Es gibt zu wenig Frauen in Managementpositionen.*
- *Der Sonntag ist kein Arbeitstag.*

Wenn das, was "ist", verändert werden muß, weil es ungewollte (Neben-)Wirkungen hat, dann kommt es darauf an, bisher gültige Selbstverständlichkeiten in Frage zu stellen und neue Sichtweisen durchzusetzen. Sonntagsruhe ist dann plötzlich nicht mehr heilige Tradition, sondern unökonomisches Relikt aus alten Zeiten, das Produktivität mindert und Arbeitsplätze gefährdet ...

Es geht bei *symbolisierender* Führung also nicht um das Deponieren von Sinn in Fakten, sondern vor allem um das Herauslesen neuen Sinns aus alten Fakten bzw. die Schaffung neuer Fakten und deren "richtige" Deutung, die durch entsprechende Dechiffrier-Anleitungen gesichert wird. Was ist, ist Symbol und kann - im Prinzip - anders gedeutet werden. Deshalb sind Anstrengungen zu unternehmen, die gewollte Lesart durchzusetzen.

Ein Unternehmen kann es sich nicht leisten, einen infiniten Deutungsregreß zuzulassen: Es muß ein Abbruch*kriterium* fürs Hinterfragen geben oder zumindest ein *Verfahren* dafür. Infragestellen darf nur die Ausnahme sein, weil es zu Destabilisierung führt und weil es gefolgt sein muß von Restabilisierung. Ohne solche Öffnung für Alternativen - so gefährlich sie auch sind - wäre das Unternehmen zu sklerotischer Erstarrung verurteilt. Veränderungen in Unternehmen erfolgen dadurch, daß anderer Sinn gesehen/erfunden wird oder daß innere Widersprüche glattes Anschlußhandeln verhindern und - vielleicht zufällig - neues Handeln generiert wird.

Weil man nur handeln kann, wenn es Ignoranz im System gibt (SIMON), führen jede Aufklärung von Ignoranz und jeder andere Anschluß zur Verstörung des Systems. Alternative Deutungen kann man autoritativ vorschreiben (z.B.: eindeutige(!?) Fakten(!) schaffen durch die "Strategie des Bombenwurfs", s. KIRSCH, ESSER & GABELE 1979) oder sie können konsensuell (gleichsinnig) erarbeitet oder kontraktuell vereinbart werden. Auf die letztere Strategie sind möglicherweise auch die Attraktivität und Bedeutung der sogenannten "kooperativen Führung" zurückzuführen. Konsens besteht immer nur vorübergehend und ist durch Mitgliederwechsel, Ressourcenveränderungen, neue Informationen usw. gefährdet. Kommunikative Verflüssigung - etwas aus der Ex-Kommunikation lösen und zur Sprache bringen - ist deshalb lediglich Zwischenstadium. Es muß wieder einmünden in stabile, generalisierte, typisierte institutionengebundene Deutungen, weil sonst der Koordinationsaufwand übergroß würde. Fixpunkte für gemeinsames Handeln sind deshalb umso nötiger. Darum ist Symbolisierung die unverzichtbare Begleiterscheinung, besser: Vor-Bedingung, für soziales Handeln in Kollektiven.

In der "symbolisierenden Führung", dem zweiten, "aktiven" Teil symbolischer Führung, geht es somit um Sinn-Entbindung, also die Geburt neuen Sinns. Neue Hin-Sichten können aufgezeigt oder vorgelebt und durch neue Fakten konkretisiert werden. Dies bedeutet Destabilisierung und löst Widerstand, Unsicherheit, Angst, Restaurationsbemühungen etc. aus.

Symbolische Führung ist deshalb ein Kreisprozeß, der zwischen *Verfestigung* (Symbolische Führung$_1$: Entzifferung des Sinns von Fakten) und *Verflüssigung* (Symbolische Führung$_2$: Schaffen neuer sinnhaltiger Fakten) dialektisch oszilliert.

Solche Ent- und Verschlüsselungen von Sinn können nicht einfach von einem autoritativen *Sender* auferlegt werden, sondern müssen angeboten, "verkauft", ausgehandelt werden, denn Sinn wird vom *Empfänger* gemacht.

An einem praktischen Beispiel soll der symbolische Gehalt von Fakten aufgezeigt werden, um den Blick für den Hinter-Sinn zu schärfen und die Führungs-Arbeit, die durch diese Führungs-Substitute abgenommen wird, zu würdigen. Damit wird zugleich deutlich, daß die Vorgesetzten keine souveränen Gestalter sind, sondern selbst ins Netz der symbolisch bedeutsamen Fakten eingesponnen sind und durch sie gesteuert werden.

Aus Platzgründen muß ich mich hier auf Hinweise beschränken, die genügen sollen, um die Prinzipien des Vorgehens zu veranschaulichen.

Wie jeder andere Ansatz, so muß auch Symbolische Führung auf zwei Grundsatzfragen Antworten geben: Wie kann die Lage (und damit der Führungsbedarf) *diagnostiziert* werden und welche Möglichkeiten der *Intervention* gibt es?

8.2.3. Diagnose und Intervention bei Symbolischer Führung

8.2.3.1. Zur Diagnose

Wie oben schon ausgeführt, beinhaltet Symbolische Führung auch eine neue methodologische Akzentsetzung, weil sie auf strukturierte, messende, objektivierende und quantifizierende Erhebungsverfahren verzichtet. Hochstrukturierte und standardisierte Fragebogen (z.B. der FVVB von FITTKAU-GARTHE & FITTKAU 1971 oder der LEAD-Fragebogen von HERSEY & BLANCHARD 1977) scheiden damit ebenso aus wie die Meßskalen und Prüflisten von FIEDLER, CHEMERS & MAHAR (1979) oder die Abfrage-Routinen von VROOM & YETTON (1973). Dem theoretischen Ansatz entsprechend muß die Methodologie offen, phänomenologisch, hermeneutisch sein.

Der Bezug zur Empirie wird dadurch gesichert, daß ausgegangen wird von einer möglichst detaillierten Beschreibung von Fakten, die anschließend jeweils sowohl im Hinblick auf ihren "offiziellen" (öffentlich proklamierten) wie auf ihren "latenten" Sinn gedeutet werden. Diese Beschreibungen und Interpretationen werden offengelegt, so daß sie der Nachprüfung und Kritik zugänglich sind. Das allgemeine Schema sieht wie folgt aus:

	Fakten	offizielle Bedeutung	latenter Hintersinn
1			
2			
3			
4			
usw.			

Beispiel: Schriftliche Führungsgrundsätze als Mittel Symbolischer Führung

Um das an einem Beispiel zu erläutern: Nehmen wir an, es ginge um die Untersuchung Symbolischer Führung durch schriftliche *Führungsgrundsätze*.

Im ersten Schritt wären dazu alle Fakten in der o.a. Tabelle untereinander aufzulisten, z.B. gegliedert nach formalen und inhaltlichen Aspekten. Bei den formalen Aspekten könnten folgende Merkmale registriert werden: Umfang, Papierqualität, Format, Typografie, Layout, Farbe, Datum, Unterschriften, Verteiler, Inhaltsübersicht usw. Inhaltlich kann man die Anzahl der Grundsätze, ihren thematischen Bezug, ihre Herleitung oder Begründung, die Art ihrer Formulierung (abstrakt, imperativisch, konjunktivisch), ihre Lesbarkeit, ihren Verbindlichkeitsgrad etc. unterscheiden.

Für jedes dieser Einzelmerkmale gibt es - s. die zweite Spalte der obigen Tabelle - offizielle funktionale Begründungen (Warum z.B. ein Din A 4- oder Anzugstaschenformat gewählt wurde, warum man die Grundsätze gebunden, geheftet oder als Faltblatt gestaltet hat, warum 10 anstatt 4 oder 16 Grundsätzen vorgegeben werden, warum sie als Soll-Vorschriften oder Ist-Beschreibungen formuliert wurden, warum über Delegation, nicht aber über Partizipation die Rede ist usw.).

In der dritten Spalte werden dann zu jedem Einzelmerkmal Hypothesen über "dahinterliegende Gründe" entwickelt. Etwa: Glanzpapier soll den Wert oder die Kostbarkeit der Grundsätze zum Ausdruck bringen, fehlende inhaltliche Überzeugungskraft kompensieren, Perfektion suggerieren und damit Kritik entmutigen usw. Oder: Wenn man sich intensiv über "Delegation" ausläßt, sollen Dezentralisierung und Machtabgabe dokumentiert werden, aber gleichzeitig wird die Ideologie erneuert, an der Spitze seien im Grunde Macht, Kompetenz, Information etc. konzentriert und würden von dort freiwillig und sachgerecht abgegeben...

Diese Form der Analyse führt zu keiner endgültig richtigen Diagnose derart, daß man danach eindeutig, objektiv und quantifiziert weiß, was oder wer womit, wen, wie, wo, wann, warum und wozu begrenzt, reguliert, behandelt, informiert etc. - aber es wird dazu angeregt, sich diese Fragen zu stellen und sich nicht mit der Oberflächen-Ansicht der Dinge zufriedenzugeben. (Etwa: "Führungsgrundsätze sind Leitbild und Prüfkriterium unseres Führungsverhaltens"). Damit wird das Führungsgeschehen von Hause aus nicht nur als ein sachrationales und zielbezogenes betrachtet, sondern auch in seinen politischen und ideologischen Dimensionen erhellt. Denn Vorgesetzten geht es *auch* darum, selbst Einfluß zu gewinnen und fremden Einfluß abzuwehren, eigene Wirklichkeitssichten durchzusetzen und verbindlich zu machen, widersprüchliche Anforderungen auszubalancieren etc.

Dieses skizzierte Programm kann man auch bei der Analyse von Arbeitsbewertungs-

oder Personalbeurteilungssystemen, bei der Untersuchung von Werkszeitungen und Vorstandsreden, Arbeitsplatzausstattungen und Zeiterfassungsgeräten, Firmenlogos und Beförderungspraktiken usw. usw. anwenden. Mit dieser Form der Diagnose wird eine ungleich größere Komplexität entfaltet als etwa bei Führerverhaltensfragebogen, die je einen Kennwert für "Mitarbeiter-" und "Leistungs-Orientierung" ergeben. Um handeln zu können, muß diese Komplexität jedoch wieder reduziert werden.

8.2.3.2. Intervention

Symbolische Führung will dem einzelnen Akteur (der Führungskraft) keine rezepto-logischen Handlungsanweisungen geben, sondern den Blick schärfen für das gleich-zeitige Wirken verschiedener Handlungszentren, die einander in Schach halten. Es geht also nicht um die Wiederbelebung des Heldenmythos ("Es kommt auf den Führer an"), sondern um das Gespür dafür, daß Vorgesetzte mit anderen Einflüssen konkurrieren - und daß der Ausgang dieser Konkurrenz unsicher ist. Intervention bei Symbolischer Führung (also die oben genannte Verflüssigung) bedeutet, daß

- ein sozialer Akteur (eine Person, eine Gruppe) Aktivitäten entfaltet und
- etwas anders macht als bisher (also bestehende Strukturen zu ändern sucht), und daß
- die Wirkungen dieser Änderung nicht völlig und eindeutig abgesehen werden können, weil sie von anderen Akteuren gedeutet und auf Grund deren Ansichten und Interessen beeinflußt werden.

Jeder Strukturwandel impliziert einen Sinneswandel und umgekehrt. Bei allen Inter-ventionen, die eine Führungskraft einleitet, ist deshalb wiederum nicht nur nach den intendierten, kalkulierten Zielen zu fragen, sondern auch nach den "Neben-Wirkun-gen". Wie an anderer Stelle bei der Diskussion eines Kommunikationsmodells ausge-führt (NEUBERGER 1985), haben soziale Handlungen eine Mehrzahl von Bezugs-und Wirkungsebenen:

a) Sie legen offen, was der Fall ist, beschreiben Tat-Sachen;

b) sie "verraten" die Absichten, Motive, Ängste, Vorurteile usw. des Handelnden;

c) sie etablieren und definieren eine soziale Beziehung (z.B. als hierarchisch, partnerschaftlich, vertrauensvoll, rivalisierend, doppelbödig etc.);

d) sie lenken oder manipulieren den jeweiligen Adressaten und

e) verändern - durch ihren Vollzug - auch den Akteur selbst.

Auf dem Hintergrund eines solchen Analyse-Rasters lassen sich dann Führungs-Ak-tionen - wie z.B. "Management by wandering around", "Telling", Reorganisations-maßnahmen (in denen Stellenzuschnitt, Kompetenzen und Berichtswege verändert werden), Kritikgespräche, vorbildliches Führungsverhalten etc. - interpretieren. Da-bei müssen systematisch zu jedem der eben genannten Kriterien a) - e) Aussagen ge-macht werden. Daraus leitet sich für die einzelne Führungskraft keine eindeutige

Handlungsempfehlung ab - andererseits aber wird sie auch nicht entmündigt durch Vorschriften, Programme und Anweisungen, die ihr Handeln zu standardisieren suchen und der realen Komplexität der Führungssituation nicht gerecht werden ("Wenn die Reife niedrig, führe direktiv!"). Die Institution "Führung" gibt es ja nur deshalb, weil objektive organisatorische Regulierungen der widersprüchlichen, instabilen und mehrdeutigen Realität nicht Herr werden können. Führung zu rationalisieren - das ist ungefähr so wie das Licht einzuschalten, um herauszufinden, wie die Dunkelheit aussieht. Symbolische Führung hat somit ein grundsätzlich anderes Paradigma als Situative Führung: Während jene technische Anweisungen zur Behandlung des Objekts Mitarbeiter verspricht, ist Symbolische Führung eine Anleitung zum Dialog mit dem Subjekt Mitarbeiter. Dieser Dialog wird - wie gesagt - nicht frei geführt, weil viele Voraus-Setzungen (Fakten) unausgesprochen bleiben. Betrachtet man das Führungsgeschehen nicht mehr nur vom Führer, sondern von den Geführten aus (und jeder Führer ist auch ein Geführter), dann erschließen sich neue Einsichten. Die alltägliche Mehrdeutigkeit, Intransparenz, Widersprüchlichkeit, Instabilität etc. muß man dann nicht als zu beseitigende Störungen eines ansonsten durch und durch rationalen Prozesses begreifen, sondern als Chance zur Nutzung und Erweiterung von bislang unausgeschöpften Handlungsmöglichkeiten.

8.3. Politik im Unternehmen (Mikropolitik)

Wenn in herkömmlicher Weise über Führung geredet wird, dann steht im Hintergrund das unausgesprochene Bild der pyramidalen Hierarchie: es geht um die Regulierung der *vertikalen* Beziehungen im Rahmen definierter (abgegrenzter) Befehlsstränge: Nach dem Prinzip der "Einheit der Leitung" kann jedes Mitglied eine und nur eine Führungskraft angeben, der es unmittelbar unterstellt ist und die allein autorisiert ist, ihr Anweisungen zu geben.

Diese *monokratische* Auffassung von Führung wird im Ansatz der Mikropolitik zugunsten einer *polyzentrischen* aufgegeben: *Jede* Position in Organisationen (auch jede Führungsposition) ist sowohl Quelle wie Ziel einer großen Zahl von Einflußlinien, die quasi nach allen Seiten gehen: Man beeinflußt und wird beeinflußt von Vorgesetzte(n), Kollegen, Unterstellte(n), Stäben, Außenstehende(n) usw. Das üblicherweise stillschweigend unterstellte Einflußmonopol der Führungskraft in einer geradlinigen Befehlskette gibt es nicht mehr.

Entscheidend ist, daß nicht von der "stummen Macht der Verhältnisse" ausgegangen wird, wie sie im Ansatz der "Führungs-Substitute" und der "Symbolisierten Führung" besprochen wurde. Der mikropolitische Ansatz ist stattdessen dem *handlungstheoretischen* Paradigma verpflichtet: Personen(gruppen) versuchen, in ihren Handlungen ihre Interessen und Absichten zu verwirklichen.

Mikropolitik nenne ich das Arsenal jener alltäglichen 'kleinen' (Mikro-!)Techniken, mit denen Macht aufgebaut und eingesetzt wird, um den eigenen Handlungsspielraum zu erweitern und sich fremder Kontrolle zu entziehen.

Redet man von Mikro-Politik, dann denkt man an den Gegenpol Makro-Politik. Die 'große' Politik ist das sichtbare Ergebnis jener unzähligen unentwirrbaren Mikro-Ereignisse, die wie bei einem Eisberg zu neun Zehnteln unter der Oberfläche liegen und - wenn überhaupt - nur schemenhaft erkennbar sind. Eine politische Perspektive unterscheidet sich von der normalerweise üblichen sachrationalen Betrachtungsweise der Führung. Bei dieser wird davon ausgegangen, daß es um effektive bzw. effiziente Problemlösung und Entscheidung geht: das Ziel ist bekannt, die besten Wege zum Ziel müssen gefunden werden. Zu diesem Zweck kommt es auf eine möglichst umfassende und verzerrungsfreie Analyse der Lage an. Anders der politische Ansatz:

"Unsere Grundannahme ist, daß ein Unternehmen eine politische Koalition ist und daß der Leitende Angestellte in der Unternehmung ein politischer Makler ist. Die Zusammensetzung der Unternehmung ist nicht gegeben; sie ist ausgehandelt. Die Ziele der Unternehmung sind nicht gegeben; sie sind vereinbart" (MARCH 1962, S. 672). Oder: "Unternehmen sind kooperative Systeme, die aus nutzbaren Attributen von Menschen zusammengesetzt sind. Sie sind auch soziale Systeme, in denen Menschen um Vorwärtskommen

rivalisieren; dabei benutzen sie andere. Verhalten wird als politisch identifiziert, wenn andere als Ressourcen in Konkurrenzsituationen benutzt werden ... Politik ist das Ausbeuten physischer wie menschlicher Ressourcen, um mehr Herrschaft über andere zu erlangen und damit sicherere, angenehmere oder zufriedenstellendere individuelle Existenzbedingungen zu haben" (BURNS, 1962, S. 257).

SANDNER (1988) hat den "Begriff des Politischen in der Betriebswirtschaftslehre" untersucht und fünf Bedeutungen unterschieden:

1. Politik als Setzung grundlegender Ziele. Es geht hier um die 'originären Entscheide', die 'oberste Stufe unternehmerischer Willensbildung', durch die die Strategie eines Unternehmens langfristig festgelegt wird. Dies ist normalerweise mit dem Begriff der "Unternehmenspolitik" gemeint. Wenn dadurch alle Folgeentscheidungen ihren Rahmen vorgegeben bekommen haben und nur noch als sachrationale Ziel-Verwirklichung betrachtet werden, dann liegt nach SANDNER eine eindrucksvolle Leistung zugrunde: *"Es ist ihr erfolgreich gelungen, normative, interessenorientierte Prozesse aus dem Bereich eines interesseorientierten Politikverständnisses herauszuholen und als technische Mittel-Zweck-Relationen scheinbar 'objektiv' zu untersuchen" (1988, S. 49).*

2. Das Kerngruppenkonzept. Hier geht es um die Frage wie es zu 'autoritativen' Entscheidungen kommt, mit denen eine Kerngruppe ihre "Ziele für die Organisation" zu "Zielen der Organisation" macht. SANDNER zitiert in diesem Zusammenhang KIRSCH: *"Politische Entscheidungen sind also jene schlechtstrukturierten, innovativen Entscheidungen in der Organisation, für die es keine verbindlichen, d.h. autorisierten Wertprämissen gibt ..."* (nach SANDNER a.a.O., S.51). Kritisch merkt SANDNER an: *"Politische Prozesse würden nach Kirsch via Autorisierung offizielle Wertprämissen produzieren, die im Augenblick ihrer Offiziellwerdung Voraussetzung für un(!)politische Prozesse würden. Soziale Prozesse werden damit entpolitisiert und entideologisiert. Sie fallen zurück auf Sachzwangrelationen, deren politischer Gehalt außer Diskussion gestellt wird" (a.a.O.).*

3. Politik als Sicherungshandeln. Diese Auffassung stellt die Sicherung der Durchsetzung eigener Zielvorstellungen gegenüber den konfligierenden Zielvorstellungen anderer in den Mittelpunkt. Dabei wird von gegebenen Grundzielen ausgegangen, deren Zustandekommen nicht reflektiert wird.

4. Diskursorientierter Politikbegriff. Im Anschluß an HABERMAS und die Erlanger konstruktivistische Schule wird hier zwischen einem technischen und einem normativen Rationalitätsbegriff unterschieden. Jene Prozesse werden politisch genannt, *"die auf argumentativer Verständigung beruhen, d.h. auf die Erzielung von Konsens oder rationaler Vereinbarung angelegt sind"* (SANDNER, 1988, S. 56, der hier STEINMANN zitiert).

5. Mikropolitik. In diesem Ansatz geht es um alltägliche Interessensdurchsetzung, die ego-orientiert, prozessual und machtbegründet erfolgt. SANDNER unterstellt diesem Ansatz, daß er mit dem Machtbegriff zusammenfalle, also praktisch nichts anderes als "Macht im Einsatz" sei und - zentraler Kritikpunkt - die Bedeutung von Kontexten und Strukturen vernachlässige.

Meine folgende Darstellung der Politik im Unternehmen folgt der letzten Begriffsverwendung, allerdings nicht mit der Einengung, die ihr SANDNER akzentuierend zuschreibt. Ich gehe von folgenden Begriffsbestimmungen aus:

1. *Akteursperspektive und Handlungsorientierung.* Nicht anonyme Kräfte des Systems determinieren das Geschehen, sondern Strategien von Akteuren. Voraussetzung ist, daß es Wahlmöglichkeiten ("Kontingenz") gibt, daß die Wahlen unter zumindest teilweiser Intransparenz und Unsicherheit erfolgen und daß die Beteiligten intra- und interindividuelle Inkonsistenzen in Entscheidungen und Zielen haben. Politisches Handeln erfordert, daß Handlungsspielraum (anstelle lückenloser Determination oder Programmierung) existiert bzw. hergestellt werden kann, so daß ein gewisses Maß an nutzbarer Unvorhersehbarkeit gegeben ist.

2. *Interessenbezug.* Die Akteure suchen ihre Interessen zu wahren oder durchzusetzen, Vorteile zu erringen oder Nachteile zu verringern. Dabei konkurrieren sie um knappe Güter (Ressourcen, Positionen) oder Rechte. Nicht sachrationale Problemlösung (als technische Optimierung), sondern Verhandlung (als Interessensdurchsetzung oder -ausgleich) ist das zentrale Analyse-Schema.

3. *Sozialität.* Es steht nicht die Bewältigung der sachlichen (objektiven), sondern der sozialen Welt im Zentrum. Dabei muß der Handelnde in Rechnung stellen, daß das "Objekt" seines Handelns ein Subjekt ist. Damit ist grundsätzlich Reflexivität in die Beziehungen eingebaut: Ich muß unterstellen, daß der andere sich Gedanken macht über meine Absichten, Interessen etc. und dies werde ich in meinen Handlungen berücksichtigen, was aber wiederum der andere ebenfalls in Rechnung stellen wird - und so weiter ad infinitum. Damit kommt ein unauslöschliches Moment der Unkalkulierbarkeit (oder Freiheit) ins Spiel.

4. *Koalitionen stehen im Mittelpunkt.* Es wird im Prinzip abgegangen vom souveränen individuellen Akteur: Jemand hat Gewicht und Einfluß nur aufgrund der sozialen Netze und Strukturen, in denen er verankert ist. Als individuelles Subjekt ist er bedeutungslos; es kommt allein darauf an, wieviel soziale Unterstützung er notfalls mobilisieren kann. Ohne seine Stütz-Systeme ist der mächtigste Vorstand bedeutungslos, denn nicht in ihm liegt die Macht, sondern in den aktivierbaren Strukturen.

5. *Dialektik von Gegnerschaft und Abhängigkeit.* Einerseits ist das Gegner-Schema Voraussetzung allen politischen Handelns: Konkurrierende Parteien stehen sich gegenüber. Andererseits bedürfen diese Parteien einander, um jeweils ihre eigenen Interessen zu realisieren. Gegnerschaft *und* gegenseitige Abhängigkeit sind somit konstitutiv für eine politische Beziehung. Andere werden wahrgenommen oder etikettiert als Gegner, Freunde oder (noch) nicht gebundene.

6. *Zeit spielt eine wichtige Rolle* - und zwar in mehrfacher Hinsicht: Politik geht es um die Gestaltung der Zukunft. Politik lebt von Instabilität, Wandel und Veränderung. Der "günstige Moment" (timing, Chance) ist oft - mehr als die inhaltliche Qualität - ausschlaggebend.

7. *"Gemischte Motivation".* Die Konfrontation im Gegner-Schema (siehe oben) bedeutet nicht, daß der Gegner in *allen* Fragen Gegner ist; es mag sein, daß einer in einer bestimmten Frage Gegner, in einer anderen Verbündeter, in einer dritten Neutraler ist. Politisches Handeln unterstellt weder Null-Summen-Spiele (Was einer gewinnt, verliert der andere), noch "Positive-Summen-Spiele" (alle profitieren von der Zusammenarbeit), sondern "gemischt-motivierte Situationen", in denen sowohl die Möglichkeit zur Kooperation wie Konkurrenz besteht.

8. *Legitime Ordnung als Basis.* Es herrscht kein regelloser Krieg aller gegen alle, der die Stärksten oder Gerissensten siegen läßt. Mikropolitik setzt institutionell gesicherte Strukturen voraus. Mikropolitik ist somit nicht regellose Interessendurchsetzung (wie SANDNER zu unterstellen scheint), sondern interessegeleitetes Handeln auf dem Hintergrund einer gültigen Ordnung oder Struktur. Die Lücken, Unklarheiten oder Widersprüche dieser geltenden Rahmen-Ordnungen

werden eigennützig ausgebeutet. Gültige Normen oder Werte sind die stärksten Koalitionspartner; es wäre zumindest unklug, sich offen gegen sie zu stellen.

Ein wichtiges Charakteristikum der *Mikro*politik ist, daß sie in ihren Aktionen zugleich ihre eigene Existenz verbirgt oder leugnet; sie wirkt unerkannt am besten, so daß von den Akteuren prinzipiell der *Anschein* der Legitimität gewahrt werden muß. Die Anschlußhandlungen der Mikropolitiker beziehen sich nur scheinbar auf Voraushandlungen der Partner bzw. Gegner, haben aber eine zusätzliche, nicht offenkundige (latente) andere Perspektive (wobei dies durchaus doppelsinnig gemeint ist: eine andere An-Sicht und eine andere Ab-Sicht). Geht man davon aus, daß Handlungen ihren Sinn aus ihrer Einbettung in Zusammenhänge erhalten, dann wirkt Mikropolitik dadurch, daß Kontexte verwischt werden oder mit ihnen jongliert wird. Deswegen kann Mikropolitik auch nicht direkt beobachtet, sondern muß erschlossen werden.

Die behandelten Aspekte tauchen in verschiedenen Definitionen von Mikropolitik auf, von denen einige im folgenden Kasten wiedergegeben sind. Vorauszuschicken ist, daß es im Deutschen keine allgemein verwendete Übersetzung für das amerikanische "organizational politics" gibt. Gemeint sind "politische Prozesse in Organisationen" (s. SCHOLL, im Druck) ; während unter "Unternehmenspolitik" (policy) meist Politik im Sinn von grundsätzlicher und langfristiger Ausrichtung *der bzw. für die Organisation* verstanden wird, geht es bei "politics" um praktische Politik *in der Organisation.*

"Organisationale Politik ist das Management von Einfluß, um Ziele, die von der Organisation nicht gebilligt werden oder gebilligte Ziele durch nichtgebilligte Mittel zu erreichen" (MAYES & ALLEN, 1977).

(Politisches Verhalten in Organisationen kann definiert werden als)
"1. Soziale Einflußversuche,
2. die ungeregelt sind (d.h. die außerhalb der Verhaltenszonen liegen, die durch die formale Organisation vorgeschrieben oder verboten sind),
3. die so beabsichtigt (geplant) sind, daß sie die Eigeninteressen von Individuen und Gruppen (Einheiten) fordern oder schützen und
4. die Eigeninteressen anderer (Individuen, Gruppen) bedrohen" (PORTER, ALLEN & ANGLE 1981).

"Organisationale Politik ist die Verkörperung der Machtausübung. Sie ist repräsentiert in den Strategien und Taktiken, die Akteure im tagtäglichen, laufenden, gegenwärtigen Organisationsgeschehen nutzen, um sich durchzusetzen - sie ist Macht in Betrieb" (FROST, 1987, S. 518).

"Politische Verhaltensweisen (sind) die Aktivitäten von Organisationsmitgliedern dann, ... wenn sie Ressourcen nutzen, um ihren Anteil an einer Transaktion auf eine Weise zu vergrößern oder zu sichern ... die Widerstand auslösen würde oder deren Wirkung Widerstand auslösen würde, wenn sie von der oder den anderen Partei(en) der Transaktion erkannt würde" (FROST & HAYES, 1977, S. 8; zit. in GANDZ & MURRAY 1980, S. 238)

"(Mikro-)Politik bezieht sich auf Person- oder Gruppenverhalten, das informal, scheinbar auf den eigenen Bereich beschränkt, typischerweise entzweiend und vor allem im technischen Sinn illegitim ist - gedeckt weder durch formale Autorität oder akzeptierte

> *Ideologie, noch durch nachgewiesenes Expertentum (obwohl sie all diese in Anspruch nehmen kann)" (MINTZBERG, 1983, S. 172).*

Die mitlaufende Selbstverleugnung hat zur abschätzigen Beurteilung von Mikropolitik beigetragen: mit ihr werden Unfairness, Machiavellismus, Egoismus, Hinterlist, Unmoralität usw. assoziiert. Diese Anrüchigkeit motiviert zu Versuchen, Mikropolitik zu bekämpfen und auszurotten. Bevor auf den Erfolg solcher Versuche und die ethische Problematik von Mikropolitik näher eingegangen wird, sollen zunächst mögliche Ursachen untersucht werden.

Im folgenden wird die These vertreten, daß Mikropolitik kein bedauerlicher und vermeidbarer Betriebsunfall oder ein unerklärliches Krebsgeschwür im ansonsten gesunden Organismus des Unternehmens, sondern unausweichlicher Bestandteil organisierten sozialen Handelns ist. Dazu ist es sinnvoll, sich Bedingungen für Mikropolitik und deren funktionale Äquivalente vor Augen zu führen.

Bedingungen der Möglichkeit von Mikropolitik

1. Allgemeine Voraussetzung ist, daß *politisches Handeln* möglich und nötig ist (s. die oben aufgeführten Merkmale). Im einzelnen gilt:

-   Die Handelnden (Personen oder Gruppen) sind zum Teil voneinander abhängig oder aneinander interessiert (haben also Interessen, zu deren Befriedigung sie den jeweils anderen gebrauchen können).

-   Die Handelnden konkurrieren miteinander um (materielle und positionale) Güter, genauer: um Verfügungsrechte. Nur in wenigen Fällen werden Güter buchstäblich einverleibt; ansonsten geht es um Besitz-, Eigentums- oder Nutzungsrechte, die von einer Gemeinschaft garantiert werden müssen. Die Voraussetzungen für den rechtmäßigen Erwerb der Verfügungsrechte sind im Regelfall schlecht definiert, oft nicht objektiv meßbar und zum Teil nur nach erheblicher zeitlicher Verzögerung erkennbar (s. etwa die Kriterien *Leistung, Erfolg, Fähigkeiten etc.* im organisationalen Bereich). Weil man diese Anspruchs-Berechtigungen vorweisen(!) können muß und sie einem zugeschrieben(!) werden, kommt der geeigneten Selbst-Präsentation eine fundamentale Bedeutung zu.

-   Situationen und Ziele sind mehrdeutig, inkonsistent, intransparent und instabil (bzw. können so gesehen oder gestaltet werden). In all diesen Fällen können Situationen und Ziele *artikuliert* werden, d.h. sie können konturiert und ausgesprochen oder veröffentlicht werden - und wer *seine* Deutung sozial verbindlich machen kann, hat Vorteile.

-   Es gibt Entscheidungs*alternativen*, so daß sich Folgen nicht automatisch einstellen, sondern Wahlmöglichkeiten bestehen.

-   Ressourcen und Beiträge sind verteilt und können nicht von einer Zentralstelle kontrolliert und verläßlich mobilisiert werden, weil sie im Verfügungsbereich partiell unabhängiger und "eigensinniger" Subjekte sind. Vorgesetzte müssen um Kooperation werben und dafür etwas bieten.

- Es kommt auf zeitgerechtes - und das heißt im wirtschaftlichen Bereich oft: schnelles - Reagieren an. Man kann grundsätzlich nie rational entscheiden, weil dies heißen würde, *alle* Alternativen im Hinblick auf *alle* Folgen und Nebenfolgen zu prüfen. Also kommt abkürzenden Verfahren, die Argumentation und Beteiligung einschränken, zentrale Bedeutung zu. Wer deren Prinzipien gestaltet und den Zugang zu den Entscheidungsgremien kontrolliert, bestimmt den Ergebniskorridor.

- Die Teilnehmer an den Interaktionen stehen nicht definitiv fest, sondern können variieren; bisher Externe können sich unerwartet und ungewollt einschalten.

2. Ein spezifisch *mikropolitisches* Element kommt hinzu durch Eigenheiten der "Spiele", die die Beteiligten miteinander spielen; es sind

- *"ungerechte (nicht-faire) Spiele, d.h. bestimmte Spieler sind schon von den Spielregeln her durch geringere Gewinnchancen benachteiligt;*

- *nicht-symmetrische Spiele, d.h. ein Austausch der Spieler würde das Spiel verändern;*

- *unbestimmte Spiele, die mehrere Lösungen zulassen;*

- *Spiele mit unvollständiger Information;*

- *Spiele mit sowohl kontextabhängigen als auch persönlichen Zügen der Spieler;*

- *Spiele, in denen Täuschen oder Bluffen (Zurückhaltung, Filterung oder Verzerrung von Informationen) konstitutierend sind" (ORTMANN, 1988, S. 21).*

Würden diese Charakteristika offengelegt werden, dann würde ihre Bearbeitung und Veränderung Zeit und Energie binden und Vorteile durch geschicktere Handhabung der Intransparenz, die sich eine Seite verspricht, zunichte machen. Für Mikropolitik besteht grundsätzlich ein Rumpelstilzchen-Effekt: In dem Moment, wo sie bei ihrem Namen genannt (aufgedeckt) wird, verliert sie viel von ihrer Kraft. Entscheidend ist nicht so sehr die Heimlichkeit des Geschehens - denn viele der Beteiligten wissen, "was alles läuft" - , sondern die Exkommunikation des Themas. Es darf nicht offiziell, d.h. vor einer kritischen Öffentlichkeit und/oder in einer dokumentierbaren bzw. autorisierten Form darüber geredet werden. Damit wird erschwert oder verhindert, daß jener wirklichkeitsbildende Prozeß in Gang kommt, der "soziale Validierung" genannt wird: Durch Verständigung wird das Geschehen bezeichnet, gedeutet, rechtfertigungspflichtig, erhärtet, gültig. Läßt man aber in der Schwebe, was wirklich (!) der Fall war, dann sind alle Deutungen dem Vorbehalt der Vermutung unterworfen; die Möglichkeiten des Dementierens oder Bestreitens können alle vermeintlichen Sicherheiten in Ab-Rede stellen.

Aus einer funktionalen Perspektive muß dies nicht negativ bewertet werden, weil auf diese Weise Sklerotisierung (durch starre Regelbindung) oder Paralyse (durch endloses Nachfragen, das Handlungsaufschub bewirkt) unterbunden werden. Mikropolitik dynamisiert und irritiert zugleich; sie muß zur Kontrolle ihrer negativen Wirkungen in Schach gehalten werden durch antagonistische Prinzipien. Einige dieser Methoden der Handlungssteuerung, die in einem System von Checks und Balances gegeneinander stehen, sind in Tab. 8.3. zusammengestellt. Diese Abbildung soll auch verdeutlichen, daß nicht etwa nur Vorgesetzte und Unterstellte mikropolitisch tätig sind; die Zeilen der Tab. 8.3. führen vor Augen, welch große Anzahl von Akteuren zu berücksichtigen ist. Damit wird die Lage unübersichtlich: eine ideale Voraussetzung für Mikropolitik. Keine der Steuerungsstrategien darf jedoch ein Monopol erhalten, dies würde gravierende Nachteile mit sich bringen (Man muß sich nur vorstellen, welche Konsequenzen zu gewärtigen wären, würde eine Organisation *nur* durch bürokratische Vorschriften, oder *nur* durch Technisierung und Roboterisierung, *nur* durch Mikropolitik, *nur* durch Charisma einzelner gesteuert werden ...). Jede dieser Techniken trägt den Keim zur Selbstzerstörung des Systems in sich, der sich mit verheerender Wirkung gerade in Mono-Kulturen entwickelt, die *eine* der Techniken ausufernd werden ließen. Allerdings ist es nicht möglich, die technizistische Illusion zu realisieren, die bestmögliche Kombination der verschiedenen Methoden zu "errechnen" und dann zu "programmieren" - dies wäre ja genau ein Rückfall in *eine* der Strategien und damit definitionsgemäß schädlich.

Politisches Agieren sichert den Handlungsfortgang bei nicht vorhandenem vollständigen und expliziten Konsens über Lagebeurteilung, Verfahren, Ziele, Werte, berechtigte Teilnehmer usw., wobei aber in all diesen Aspekten ein Minimalkonsens gegeben sein muß, der den Korridor der zulässigen Inhalte und Wege wenigstens vage beschreibt. Politik kann sich nicht in einem ungeregelten Freiraum abspielen. Deshalb sind zugrundeliegende "Selbstverständlichkeiten", Moralen und Kulturen von so ausschlaggebener Bedeutung.

Vorgesetzte und Unterstellte müssen die mikropolitischen Taktiken kennen - auch wenn sie sie selbst nicht anwenden können oder wollen. Ich habe Beispiele für solche Taktiken - die im folgenden Kasten aufgeführt sind - aus verschiedenen Quellen zusammengetragen:

- Zum einen aus Angaben, die ich selbst bei Führungsseminaren in *Gruppenarbeiten* zum Thema "Was tun Sie, wenn Sie ein wichtiges Anliegen unbedingt durchsetzen möchten?" gesammelt habe. Beispiele konkreter Fragen sind: "Was muß jemand in Ihrem Haus tun, wenn er schnell befördert werden möchte?" "Wie gelingt es jemand in Ihrem Hause, bei einem allgemeinen Personalabbau für sich eine Ausnahme durchzusetzen?".

- Fragen dieser Art liegen auch der zweiten Datenquelle zugrunde, nämlich *schriftlichen Erhebungen*, die sich mit Inhalt und Verbreitung mikropolitischer Techniken in Unternehmen befaßt haben, s. etwa die Studien von KIPNIS und seinen Mitarbeitern (1980, 1981), aber auch COATES & PELLEGRIN 1957, FALBO 1977, GEMMIL & DeSALVIA 1977, MAYES & ALLEN 1977, ALLEN u.a. 1979, GANDZ & MURRAY 1980, MADISON u.a. 1980, SCHILIT & LOCKE 1982, MAIER & ORTLIEB 1984, VREDENBURGH & MAURER 1984.

Agenten Organe Instanzen	Regeln, Rechte, Vorschriften, Programme, Systeme, Institutionen (formelle informelle)	"Sachzwänge", Technologie, Ökologie der Arbeit	Ziele, Pläne, Strategien, Projekte	Ressourcenzuteilung (Personal, Budgets, Informat.)	Werte, Philosophien, Grundannahmen, Ideologien, Ethik	Selbst-Abstimmung in Gruppen, Vereinbarungen, Mikropolitik	personaler Einfluß (Positionsautorität, Charisma)
1. Unternehmensleitung							
2. unmittelbare(r) Vorgesetzt(er)							
3. Gleichgestellte, Kollegen							
4. Unterstellte (Mitarbeiter)							
5. Untereinheiten (Gremien, Gruppen)							
6. Betriebsrat, Sprecherausschuß							
7. organ. Interessenvertretung (Gewerkschaft, Arbeitgeberverbände, Parteien..)							
8. Unternehmensberater; Anbieter von Soft- und Hardware							
9. Markt, Konkurrenz, Konjunktur							
10. Staat, Gemeinde							
11. Gesellschaft, Massenmedien, Öffentlichkeit							
12. Wissenschaft							

Tab. 8.3.: Akteure und Methoden der Handlungssteuerung im Unternehmen

- Die dritte Quelle sind - meist qualitativ ausgewertete - *Fallstudien*, die mikropolitisch interessante Abläufe in Organisationen beschreiben, z.B. DALTON 1959, STRAUSS 1962, MICHENER & SUCHNER 1972, PETTI-GREW 1973, IZRAELI 1975, KANTER 1977, WENDER 1983.

- Eine letzte Fundgrube sind praxiserprobte Einsichten, Erfahrungen und Ratschläge, die in meist unsystematischer Form - quasi als *Management-Folklore* - in Artikeln der Management-Presse, Manager(auto)biografien und "Erfolgs-Ratgebern" von Journalisten, Unternehmensberatern und Wissenschaftlern zu finden sind (MARTIN & SIMS 1956, MECHANIC 1962, JAY 1968, ZALEZNIK 1970, SCHOOMAKER 1971, KORDA 1975, BOSETZKY 1977, COMMER & RINDERMANN 1977, SCHEIN 1977, PFEFFER 1978, MERRELL 1979, KLEIN 1980, PORTER u.a. 1981, FARRELL & PETERSEN 1982, HAUFF 1983, POURROY 1986).

A) Informationskontrolle

1.
- Informationsfilterung, Informationszurückhaltung, Informationsüberflutung (z.B. weitschweifig, ausführlich, ermüdend informieren);
- Informationsverzerrung, -verfälschung, - fälschung; geschönte, gezielte Situationsbeschreibung;
- Lügen bzw. Falschmeldungen verbreiten (und dann widerrufen oder dementieren: "etwas bleibt immer hängen"), Glaubwürdigkeit in Zweifel ziehen/bestreiten;
- Vernichtung von Unterlagen, Falschablagen, Daten "verschwinden" lassen;
- Halbwahrheiten verbreiten, Wahrheiten dosiert aussprechen (nicht "die ganze Wahrheit");Versuchsballons steigen lassen; Ausreden, Ausflüchte, Entschuldigungen;
- geschickte Informationspräsentation (z.B. hinsichtlich: Reihenfolge, Einbettung, Medien, Kanälen, Sendern...)
- Verbindungs- u. Kommunikationsmöglichkeiten kappen, erschweren, behindern; sich oder jemand abschotten;
- Einflußnahme auf die Gestaltung von Beschlüssen, Berichten oder Protokollen; vorbereitete Formulierungen scheinbar spontan vorschlagen;
- Fachjargon, Spezialausdrücke, Fremdsprachen einsetzen (um einzuschüchtern, zu bluffen, sich unangreifbar zu machen);
- durch irrelevante Informationen andere ablenken, täuschen, irreführen oder in Sicherheit wiegen; Nebenkriegsschauplätze eröffnen und damit Zeit und Energie binden, Verwirrung stiften ("Nebelwerfer"), Doppelzüngigkeit;
- Gerüchte (Tratsch & Klatsch) verbreiten, am "office schmoozing" sich beteiligen, Anspielungen oder Andeutungen machen (von denen man sich aber jederzeit wieder distanzieren kann ("falsch verstanden", "aus dem Zusammenhang gerissen").

2.
- Informationssysteme so gestalten/einrichten/kontrollieren, daß privilegierte Nutzung möglich ist;
- Zugang zu Informationsspeichern kontrollieren oder erschleichen;
- in strategischen Positionen Informanten (Spitzel) plazieren;
- Kontaktpflege, um sich Informationsquellen zu erschließen oder zu erhalten.

3.
- Insider-Informationen Dritten zuspielen und von diesen verbreiten lassen; verpfeifen (whistleblowing), Informationen lancieren, Tips geben, etwas "durchsickern" lassen;
- Vertraulichkeits- oder Geheimhaltungsabsprachen verletzen;
- Dossiers anlegen und mit ihnen drohen; Anschwärzen, diffamieren, hinhängen, Mängel "an die große Glocke hängen"; schmutzige Wäsche waschen (z.B. Informationen über erotische Beziehungen, Alkoholismus, Unkorrektheiten etc. anderen zuspielen);
- Intrigieren;
- vor Dritten schlecht aussehen lassen, Image demontieren;
- einem anderen helfen, sein Gesicht zu wahren, um dafür später Gegenleistungen erwarten oder fordern zu können.

4.
- Expertenstatus beanspruchen und "inkompetenten Laien" keine Diskussion, Beiträge oder Einwände zugestehen; Spezialwissen ansammeln, eigene Ausbildung, Erfahrung,

Spezialfähigkeiten betonen und sich so gegen Kritik immunisieren;
- bestellte Schiedrichter, Gutachter oder Experten in Streitfällen als "neutrale Dritte" heranziehen;
- Monopole erwerben, sich unentbehrlich machen;
- personenbezogenes Sonderwissen einsetzen (z.B. über "Leichen im Keller");
- Schmerzgrenzen oder Sollbruchstellen kennen und dieses Wissen in Verhandlungen oder Konfrontationen nutzen.

B) Kontrolle von Verfahren, Regeln und Normen
1.
- Einfluß nehmen auf die Formulierung von Kontroll- bzw. Bewertungs-Maßstäben oder -richtlinien;
- mehrere, unscharfe, widersprüchliche Kriterien/Richtlinien etablieren;
- passende/günstige Maßstäbe/Richtlinien auswählen;
- den Alternativen-Raum definieren: bestimmte Alternativen überhaupt nicht zur Diskussion oder Entscheidung zulassen ("abwürgen"; Personen oder Inhalte "exkommunizieren").

2.
- Scheinbar geringfügige Zusätze zu formalen Regeln anregen oder durchsetzen;
- Regeln im eigenen Sinn "dehnen", einseitig auslegen;
- mit Geschäftsordnungs-"Tricks" ablenken, ermüden, blockieren;
- sich berufen auf gekonnt ausgewählte bzw. interpretierte legitime Rechte, Verfahren, Amtsautorität;
- Präzedenzfälle, Gewohnheitsrechte, Besitzstände, Traditionen geltend machen;
- Entscheidungsprozeduren festlegen/kontrollieren.

C) Beziehungspflege
1.
- Verdeckte Koalitionsbildung bzw. -absprachen, Netzwerkbildung, Hausmacht aufbauen, Geheimzirkel pflegen, "mauscheln", Seilschaften und Promotionsbündnisse; Gemeinsamkeiten betonen (Herkunft, Ziele, Ausbildung, Geschlecht ...);
- Teilen und Herrschen (gegnerische Front zersplittern, Zwietracht säen, Kontrahenten gegeneinander ausspielen: "lachender Dritter" sein);
- Nepotismus, Günstlingswirtschaft, die richtigen Leute kooptieren, Leute eigenen Vertrauens in bestimmte Positionen bringen, Schaltstellen mit loyalen Personen besetzen;
- Beziehungen spielen lassen, Positionen in externen Organisationen nutzen ("geliehene Autorität"), auf "mächtige Verbündete" hinweisen;
- Lobbyismus: langfristige Beziehungspflege, im Vorfeld von Entscheidungen intervenieren, Korruption.

2.
- Dem Gegner aus dem Weg gehen, ihn umgehen, hinter seinem Rücken handeln, an ihm vorbei informieren/handeln.

3.
- Unbequeme Leute isolieren, abschieben, "kaltstellen", ausbooten, schlecht aussehen lassen; jemand ignorieren, schneiden, abblocken;
- jemandem die Gefolgschaft abspenstig machen;
- jemanden zum Sündenbock machen, eigene Fehler anderen "in die Schuhe schieben", jemand "zum Abschuß freigeben";
- Verantwortung für Entscheidung auf Nichtanwesende abschieben.

4.
- Ressourcen-Allokation steuern (andere systematisch, aber verdeckt bevorzugen oder benachteiligen);
- Entzug von Privilegien; Zuschachern von Pfründen;
- mit kleinen Geschenken Freundschaften erhalten;
- bestechen, korrumpieren.

5.
- Loyalität belohnen;
- Don-Corleone-Prinzip: an frühere Gefälligkeiten erinnern und Gegenleistungen einfordern.

6.
- Den Kontakt zu wichtigen Mentoren/Sponsoren pflegen; Kontakte zu "abgestorbenen Ästen" (einflußlosen Personen) abbrechen, meiden;
- sich in den Schutz eines "Patrons" begeben, der dann für einen sorgen muß;
- vorgeben, im Auftrag oder im Sinn eines Höheren zu handeln, sich auf höhere Autorität berufen (Gott, Vorstand, Firmengrundsätze, Traditionen ...).
- Beziehungspflege auch zu Hilfspersonal, z.B. Fahrer, Telefonist, Sekretär(in), Assistent(in) usw., um Zugang zu Insider-Informationen zu haben.

7.
- Personenkult zelebrieren/mitmachen, schmeicheln, loben, schleimen, hofieren, "radfahren", nach dem Munde reden; Komplimente machen;
- demonstrative Konformität; sich in Meinung und Erscheinung angleichen (mimicry).

8.
- Privilegierte Beziehungen einrichten;
- Dienstweg umgehen (können), "Bypass-Operation": freien/leichteren Zugang zu Mächtigeren gewinnen: das Ohr eines Einflußreichen haben ("Es ist wichtiger, wen du kennst, als was du kannst");
- besondere Kontakte zu wichtigen Segmenten der Organisationsumwelt knüpfen/nutzen; "geliehene Autorität" einsetzen können, die aus Beziehungen zu oder Mitgliedschaft in externen Gruppen (Partei, Kirche, Verband etc.) stammt;
- zur Durchsetzung eigener Positionen darauf hinweisen, daß man vielseitig begehrt, umworben ist, Angebote der Konkurrenz hat, alternative Koalitionen eingehen könnte, sich unabhängig machen könnte.
- Drohen mit der Aufkündigung von Beziehungen (Abspringen, das Lager wechseln und wichtige Informationen und Beziehungen mitnehmen).

D) Selbstdarstellung
1.
- Andere öffentlich herausfordern, die Stirn bieten, Streit suchen, um sich selbst als furchtlos, stark, kampfbereit darzustellen und so unzufriedene Gefolgschaft zu sammeln
- ins Bockshorn jagen, verunsichern, bluffen;
- selbstbewußt, dominant, mit unbedingtem Führungsanspruch auftreten;
- befehlen, "anschnauzen", explodieren, einschüchtern, tyrannisieren;
- sich stur stellen, auflaufen lassen, sich konstant weigern, Meuterei, offene Befehlsverweigerung; "Zähne zeigen"; Rückgrat zeigen, dosierten Widerstand praktizieren (Wissen, wie weit man gehen kann);
- cool bleiben, "bei Treffern keine Wirkung zeigen", poker face, andere im Unklaren lassen über Ressourcen und Schmerzgrenzen;
- "broken record": Forderungen unbeirrt und unablässig wiederholen, auf die Nerven gehen, sich nicht abwimmeln lassen, am Ball bleiben, Beharrlichkeit, Stehaufmännchen, Ausdauer; Kompromißbereitschaft erkennen lassen, es nicht zum Äußersten (Abbruch, Feindseligkeit) kommen lassen, durch Pseudofreundlichkeit "einwickeln";
- sich schwach und hilflos geben, das Helfersyndrom herausfordern, (flehentlich) bitten, Unterwerfungsgesten machen.
2.
- Im Gespräch bleiben, sich ins Gespräch bringen, in aller Munde sein, bekannt sein;
- vorteilhafte Selbstdarstellung, impression management; gut über sich reden (lassen), eigene Handlungen günstig etikettieren; Erfolge aufs eigene Konto verbuchen;
- Imponiergehabe, Selbstinszenierung, Fassadentechniken;
- sich mit Statussymbolen umgeben, "Eindruck schinden";
- Show abziehen, sich attraktiv machen, (erotische) Ausstrahlung oder Charme gezielt einsetzen; Vorbildwirkung einsetzen, Charisma nutzen;
- die eigene "Sichtbarkeit" erhöhen durch auffällige Aktionen.

E) Situationskontrolle, Sach-Zwang
1.
- Etwas Fragliches als unstrittiges Faktum hinstellen/behandeln;
- scheinbar unabsichtlich Fehler machen, blockieren, verzögern;
- Schwejkismus, Dienst nach Vorschrift, Sabotieren, sich dumm stellen, absichtlich Fehler

machen, jemand "hängen lassen", einen anderen über Chancen und Gefahren nicht richtig oder rechtzeitig informieren.

2.
- Vollendete Tatsachen schaffen;
- Neuerungen in kleinen unmerklichen Schritten einführen;
- Absichten und/oder Auswirkungen verschleiern, verharmlosen; mit scheinbar geringfügigen Änderungen unmerklich den "Einstieg" in weitreichende Änderungen schaffen.

F) Handlungsdruck erzeugen

1.
- Emotionalisieren, Begeisterung wecken, Kritik ausschalten;
- gespielte Empörung oder Entrüstung (um Nachfragen abzublocken);
- ad personam argumentieren, um von der Sache abzulenken (Motive unterstellen, Eigenheiten karikieren, lächerlich machen, abwerten, öffentlich beschämen ...);
- verleumden ("etwas bleibt immer hängen");
- für geeignete Stimmung, richtiges Ambiente, Claque sorgen; Anhänger ("die Straße") mobilisieren;
- (künstliche) Krisen erzeugen und/oder nutzen, um sich als "Retter in der Not" zu präsentieren und besondere Handlungsfreiheiten in Anspruch nehmen zu können;
- Ansprüche wecken, den Mund wässrig machen, mit Verheißungen locken, um ein Handlungsmandat zu bekommen.

2.
- Einschüchtern, unter Druck setzen, drohen, erpressen;
- formelle Verfahren in Aussicht stellen (Gerichtsweg, Beschwerde, Untersuchungsausschuß: den "Gang durch alle Instanzen", die "Ausschöpfung des Rechtswegs" androhen;
- Sanktionen ankündigen oder androhen;
- eigenen Rückzug (Kündigung) androhen, Beziehung aufkündigen, "im Regen stehen lassen"; anonyme Anklage.

3.
- Schikanieren, Politik der kleinen Nadelstiche, zermürben, im Kleinkrieg demoralisieren;
- jemand mit Kleinigkeiten unterfordern, sein Engagement an Nebensachen verschleißen, ihn auf ein Abstellgleis abschieben, auflaufen lassen.

4.
- Scheinbar fairen Tauschhandel anbieten, "Leistung gegen Gegenleistung";
- Pokern; unrealistisch überhöhte Forderungen stellen und sich herunterhandeln lassen;
- präparierte Mitbestimmung: sich vorbereitete Zugeständnisse abhandeln lassen, Kuhhandel. "Speckpolster", Vorräte, Puffer, Slack (als Verhandlungsmasse) anlegen, um in schlechten Zeiten Tauschgeschäfte anbieten zu können (etwa bei Sparaktionen nach dem Besuch von Unternehmensberatern).

5.
- Termine setzen, kontrollieren, verschieben, nicht einhalten - um dadurch andere unter Druck zu setzen oder von sich abhängig zu machen.

G) Chancen nutzen, Timing

1.
- Gelegenheiten oder Zufälle nutzen bzw. den günstigsten Zeitpunkt abwarten können, um längst vorbereitete Pläne mit Überraschungsvorteil durchsetzen zu können;
- verfügbar, mobil, flexibel sein, "Mehrzweckwaffe" sein ("der Mann für alle Gelegenheiten") und sich so für Feuerwehr- und Sonderaufgaben empfehlen bzw. einen Namen machen.

Tab. 8.4.:   **Beispiele mikropolitischer Techniken im Unternehmen**

Diese Auffrischung und Veralltäglichung von Machiavellis Ratschlägen ähnelt einer Anleitung zu List und Tücke, Lug und Trug. Wie in einem Gruselkabinett wird Bekanntes und Mögliches in grotesk verzerrten Dimensionen vorgeführt; der Schauer, der einem dabei über den Rücken läuft, wird jedoch lustvoll genossen, weil man sich selbst beruhigt: Es handelt sich ja nicht um ein Abbild der Realität, sondern nur um ihre Karikatur! Eine Karikatur entlarvt durch Vergröberung; die Entstellung stellt heraus, was sonst verborgen bliebe; aber ihre Technik, die Laster in/von Personen auszumalen, ist selber wieder eine Verhüllung, weil sie ablenkt auf das Subjekt, was doch dem Objektiven anzulasten ist: Die *Bedingungen* schreiben Mikropolitik vor, einzelne *Menschen* aber haben unterschiedliches Geschick, das Stück aufzuführen.

Politisches Handeln ist nicht nur (empirisch) alltäglich, sondern auch (theoretisch) unausweichlich. Nur wer allein und mit sich selbst identisch ist, kennt keine Politik. Wenn es aber Sub-Systeme gibt, muß es Grenzen geben und Grenzen markieren Unterschiede. Wer anders ist als andere, hat (deswegen !) andere Interessen.

Wenn und weil es im Unternehmen unterschiedliche Sub-Systeme gibt, steht politisches Handeln stets auf der Tagesordnung. Dies läßt sich auch nicht durch Konsens-Formeln hinwegreden ("Wir sitzen alle in einem Boot", "Wir sind eine starke Gemeinschaft", "Wir verfolgen alle das gleiche Ziel: Erfolg!", "Wir denken ans Ganze"), vielmehr sind solche Beschwörungsformeln selbst Ausdruck einer politischen Strategie, die auf das Ungeschehenmachen oder gar Verschleiern von Unterschieden setzt.

Politisches Handeln bedeutet nicht Chaos, geboren aus dem Kampf aller gegen alle im selbstsüchtigen Verfolg von Eigeninteressen. Im Gegenteil: Politisches Handeln ist auf soziale Ordnung gerichtet. Aber eben keine mechanische oder bürokratische, sondern eine, die aus dem "Spiel" der Kräfte resultiert. Eine solche Ordnung ist beweglich, sie paßt sich neuen Lagen schneller an als ein starres formales Regelwerk. Darin liegt eine unverzichtbarer Beitrag zur Systemstabilisierung: Stabilität durch Instabilität.

Wie gesagt konkurriert Mikropolitik dabei mit anderen Steuerungstechniken (s. Abb. 8.3. auf S. 268), die gleichzeitig eingesetzt werden und einander partiell widersprechen. Sie halten sich gegenseitig in Schach; dieses System von Checks and Balances verringert zentralen Kontrollaufwand und ist flexibel: Mikropolitik ist z.B. einerseits Korrektiv für Formalisierung und Standardisierung (*Bürokratie*), wie sie andererseits aber von dieser wiederum begrenzt werden muß, damit sie (die Mikropolitik) nicht anarchisch ausufert. Durch Mikropolitik werden *Pläne* sowohl aktualisiert wie unterminiert, Mikropolitik schafft und überwindet technische *Sach-Zwänge*, sie setzt verbindliche *Wertordnungen* voraus und interpretiert sie neu, verletzt und entwickelt sie (dadurch) weiter; Mikropolitik benötigt verläßliche *Koalitionen und Übereinkünfte* und muß sie bei Bedarf oder Chance durch neue ersetzen können ...

Wie verbreitet ist Mikropolitik?

Es versteht sich von selbst, daß die Listen des betrieblichen Alltags nicht der Normalfall sein können; wäre das der Fall, würde die sogenannte Grenzmoral immer weiter absinken, so daß letztlich der Zustand jenes anarchischen Chaos erreicht wäre, den HOBBES im "Leviathan" beschreibt.

Exkurs über Grenzmoral und Schwarzfahrer-Verhalten

Der Begriff der *Grenzmoral* ist 1920 von BRIEFS in die Diskussion eingeführt worden (BRIEFS 1980). Mit dem wieder modischen Blick auf den Untergang des Abendlands durch Werteverfall wird Grenzmoral jene Minimalmoral genannt, die man haben oder zeigen muß, um nicht aus dem gesellschaftlichen Verkehr ausgeschlossen zu werden. Unterstellt wird, daß moralisches Handeln Kosten verursacht und sei es auch nur dadurch, daß vorteilhafte Gelegenheiten nicht genutzt werden, wenn und weil sie den Einsatz moralisch fragwürdiger Methoden voraussetzten.

Die Argumentationsfigur ist: Moral nötigt Verzicht und Kosten auf, das lasterhafte Leben dagegen ist das bessere und freie. Un-Moral lebt vom sofortigen und privat(isiert)en Vorteil; wer es aber zu lange zu öffentlich zu bunt treibt, provoziert Ausstoßungsreaktionen (Kontaktabbruch, Ausschluß, Sanktionen).

Setzt sich auf breiter Front ein Unterschreiten der ethischen Standards durch, dann ist derjenige benachteiligt, der sich an die strengeren Normen hält. Ein rationaler Akteur wird sich deshalb als Moral-Anpasser verhalten und seine Standards auf das marktübliche Maß senken, so daß es zum unaufhaltsamen Verfall der Sitten kommt. BRENNAN & BUCHANAN (1987) gebrauchen für dieses Phänomen die Bezeichnung "Gresham's law of politics" (schlechte Sitten verdrängen gute Sitten) in Anspielung an das bekannte Greshamsche Gesetz, demzufolge schlechtes Geld gutes Geld verdrängt.

Ein ähnlicher Gedanke liegt dem *"Free-Rider-Verhalten"* zugrunde: Bei öffentlichen Gütern können Schwarz- oder Trittbrettfahrer, die sie sich privat aneignen, profitieren - aber nur, wenn die meisten anderen sich moralisch verhalten. Je mehr Personen parasitär sind, desto aufwendiger wird es, die Einhaltung der Regeln zu überwachen (Polizei, Kontrollen, Prozesse, Strafen usw.), so daß die Transaktionskosten der Vertragsgarantie steigen und die Produktion der Güter deshalb aufs Ganze gesehen immer teurer wird. Die Transaktionskosten sind am niedrigsten, wenn man darauf vertrauen kann, daß sich alle an die Regeln halten. Vertrauen erlaubt kostengünstige Produktion und Versorgung und ist somit ein ökonomisch wichtiger Faktor.

Innerbetrieblich ist die Erosion der Moral vermutlich leichter zu stoppen als außerbetrieblich, weil die Sanktions- und Kontrollmöglichkeiten größer sind; zudem kommt dem Verhalten von prominenten "sichtbaren" Persönlichkeiten eine besondere Bedeutung zu, weil sie durch ihr Vorbild die Gültigkeit und Verbindlichkeit der gewollten Standards unterstreichen; imponierende Modelle können die sich selbst erfüllende Prophezeiung, niemand halte sich mehr an die Maximen, demonstrativ widerlegen. Es ist jedenfalls langfristig gesehen ökonomisch, auf egoistische Vorteilsnutzung zu verzichten, um zur allgemeinen Achtung der Spielregeln beizutragen, weil man davon selbst profitieren wird. Würde man bei dauerhaft angelegten Geschäftsbeziehungen (repeat business) eine kurzfristige Monopolstellung ausnutzen, würde der Vertragspartner bei nächster Gelegenheit auf eine Alternative ausweichen: man würde sich also langfristig selbst schaden. Deshalb ist es ökonomisch, auf Vorteilnahme zu verzichten. Das allerdings bedeutet eine andere Zeitpräferenz, d.h. weniger kurzfristiges als vielmehr langfristiges Kalkül. Moralisches Handeln ist - so gesehen - kein altruistisches Geschenk, sondern rationales Kalkül, weil es Stabilisierung der Verhaltenserwartungen sichert.

"Ethik ist ein Korrektiv gegen Ökonomie- bzw. Marktversagen, weil sie die Kosten von Sanktion und Kontrolle senkt" (KOSLOWSKI 1988, S. 30). Dieses volkswirtschaftliche Argument gilt zwingend für den nutzenmaximierenden homo oeconomicus, der zeitlos und allwissend ist, nicht aber für den realen Menschen, der ein wankelmütiger,

lernfähiger und vergeßlicher Vorteilssucher ist.

Zurück zur Frage: Wie verbreitet ist Mikropolitik? Sie liegt ja nicht offen zutage, sondern muß erschlossen und unterstellt werden, weil sie typischerweise verdeckend und vertuschend inszeniert wird. Man ist auf Erfahrungsberichte angewiesen - und das sind vorwiegend nicht Tat-, sondern Leidensgeschichten.

Befragungen sind aus methodischen Gründen problematisch (s. etwa die Diskussion bei MAIER & ORTLIEB 1984 im Anschluß an die Darstellung der Resultate einer Befragung von Führungskräften über die Bedingungen ihrer Karriere). Es liegt im Wesen von Mikropolitik, unöffentlich zu sein und erschlossen werden zu müssen. Deshalb können bei der Diagnose Beschönigungs- oder Rechtfertigungstendenzen ebenso wie Neidreaktionen oder hämisches Umdeuten nicht gegönnter Erfolge eine Rolle spielen. Befragungsergebnisse sind also nur als ein erster orientierender Überblick zu werten. Ihnen zufolge ist Mikropolitik sehr verbreitet - verbreiteter jedenfalls als ihre Behandlung in den Lehrbüchern: Bei einer Analyse von 70 US-amerikanischen Lehrbüchern haben PORTER, ALLEN & ANGLE 1981 festgestellt, daß nur 0,2% des Inhalts dem Thema des "politischen Verhaltens" gewidmet waren!

GANDZ & MURRAY (1980) berichten als Ergebnis einer schriftlichen Befragung von 428 Führungskräften, daß politisches Verhalten in Organisationen an der Tagesordnung ist.

Der Feststellung: "Die Existenz von Politik am Arbeitsplatz ist in den meisten Organisationen üblich" stimmten 93,2% der Befragten zu (1980, S. 244). Allerdings gibt es besonders politikanfällige Bereiche. In der folgenden Tab. 8.5. sind die Ergebnisse abgedruckt:

Prozeß	Mittlerer Rang (zw. 1 u. 11)	Mittlere Einstufung[1]	% "immer" oder "häufig"
Beförderungen u. Versetzungen	7.4	1.65	59.5
Einstellung	4.7	1.03	22.5
Bezahlung	5.4	1.21	33.1
Budgetzuteilung	5.5	1.27	37.6
Zuteilung von Mitteln und Ausstattung	6.6	1.48	49.2
Delegation von Autorität	7.3	1.65	58.7
Koordination zw. Abteilungen	7.8	1.77	68.4
Personalpolitik	5.2	1.14	28.0
Disziplinarmaßnahmen	4.5	.98	21.5
Bewertung der Arbeit	6.2	1.37	42.4
Beschwerden und Klagen	5.4	1.22	31.6

[1]Einstufung: 0 = nie, 1 = manchmal, 2 = häufig, 3 = immer

Tab. 8.5.: **Wahrgenommene Politisierung organisationaler Prozesse (nach GANDZ & MURRAY 1980, ". 242)**

Es mag sein, daß Befragte die Häufigkeit mikropolitischer Taktiken übertrieben darstellen:

- Sie wollen ihren eigenen Mißerfolg in der Konkurrenz um Vorteile rechtfertigen und tun dies vor sich und anderen dadurch, daß sie den Erfolgreichen unfaire Strategien vorwerfen. Diese Technik der Dissonanz-Reduktion ist in einem Entschuldigung und Anklage.

- Vielleicht haben mikropolitische Schachzüge als eher seltene Ereignisse in der Routine des betrieblichen Alltags einen höheren Aufmerksamkeits- und Behaltenswert. "Mann beißt Hund" ist eine Nachricht (wert), "Hund beißt Mann" ist nicht der Rede wert. Man kann sich vor einem Befrager wichtig machen, wenn man Besonderes und Unerhörtes berichtet - was einem dieser auch dankt durch Staunen und Zuwendung. Außerdem erscheint das eigene Ausharren in einer solchen Hölle als Leistung, die zumindest Mitleid verdient.

Diese Überlegungen erklären, warum im kleineren Kreis oder hinter vorgehaltener Hand von den Betroffenen gern über die Mikropolitik - der anderen! - geredet wird. Aber sie erklären nicht, warum es Mikropolitik gibt, wo doch in fast allen Unternehmen ethische Prinzipien (der Fairness, Offenheit, Kooperation usw.) hochgehalten werden.

Zudem bewerten Führungskräfte Mikropolitik ambivalent:

"BRENNER & MOLAND (1977) stellen in einem Überblicksartikel fest, daß sich die Einstellung von Managern gegenüber der moralischen Integrität des Verhaltens ihrer Kollegen zwischen 1960 und 1976 deutlich geändert hat. Obwohl vier Fünftel der Befragten angaben, daß sich organisatorische Entscheidungen nach moralischen Kriterien zu richten hätten, gab nahezu die Hälfte aller Manager zu, sich in der Praxis nicht an moralischen Standards zu orientieren. Als Gründe wurden Erfolgsorientierung, fehlende organisatorische Verstärkung bzw. Belohnung moralischen Verhaltens, Wettbewerb und Konkurrenzdruck etc. angegeben. Zwei Drittel der Befragten berichteten außerdem von weithin akzeptierten, wenig moralischen Praktiken innerhalb ihrer Organisation. In RICKLEES (1983) Untersuchung gaben vier von zehn befragten Führungskräften sogar an, zu unmoralischem Verhalten aufgefordert worden zu sein" (VOGEL 1989).

MADISON u.a. (1980, S. 92) berichten, daß auf eine offene Frage nach Wirkungen der Mikropolitik für die Organisation unter anderem folgende Antworten gegeben wurden:

a) *schädliche:*

Ablenkung von organisatorischen Zielen (44,8% der Befragten),

Mißbrauch von Ressourcen (32,3%),

Zwietracht, Kämpfe, Spaltungen (21,8%),

Klima: Spannungen, Frustrationen (19,5%),

Beförderung Inkompetenter (14,9%).

b) nützliche:

Erreichen von Zielen, eine Arbeit zum Abschluß bringen (26,4%),

Überleben und gesundes Funktionieren der Organisation (26,4%),

Sichtbarkeit von Ideen und Leuten etc. (19,5%),

Koordination, Kommunikation (18,4%).

Mikropolitik ist als eine Realität der Führung zu bezeichnen (s. auch die 12. Kategorie im LOS von LUTHANS u.a., das auf S. 168 abgedruckt ist, und die ebenfalls zitierten Angaben bei KOTTER, s. S. 174 f.). Mikropolitik ist unvermeidlich und nützlich, aber auch parasitär und gefährlich, weil ihr Ausufern zentrale Werte der Unternehmung aushöhlen kann. Es ist deshalb wichtig, Mikropolitik zu kontrollieren oder einzudämmen. Dies kann auf sehr verschiedene Weise geschehen. Es ist hier noch einmal an die Tab. 8.3. auf S. 268) zu erinnern; jede der anderen Steuerungstechniken, die in dieser Matrix aufgeführt ist, kann dazu benutzt werden, Mikropolitik in Schach zu halten. Im folgenden werde ich auf eine spezifische Thematik - Führungsethik - näher eingehen.

9. Führungsethik

Welchen Vorteil hat jemand davon, *nicht* mikropolitisch, sondern anständig, offen, kooperativ, gerecht, solidarisch, ehrlich, lauter, human, usw. - kurz: moralisch zu handeln? Dazu ist es nötig, das von mir zugrundegelegte Verständnis von Moral offenzulegen. Allgemein gesagt ist eine Absicht oder Handlung dann moralisch, wenn sie "gut" oder "richtig" ist. Mit diesem Abstraktionsniveau ist noch nicht viel Klarheit geschaffen. Bevor ich meine Definition im folgenden erläutere, gebe ich zunächst ein Überblick über ihre Bestimmungsstücke.

Definition von Moral:

Vorauszuschicken ist, daß ich keinen Unterschied zwischen Moral und Ethik mache. Es wird zwar zuweilen zwischen *Moral* als der sittlichen Begründung praktischer Handlungsvollzüge und *Ethik* als der systematischen Reflexion dieser Begründung getrennt, aber diese Differenzierung hat sich nicht allgemein durchgesetzt.

Moralisch entscheidet, wer berücksichtigt, daß die beabsichtigte Handlung
1. a) von anderen und
   b) von dem oder der Handelnden selbst
   c) im Bewertungsschema "(sittlich) gut - schlecht" bewertet werden soll
      und wer ferner
2. attraktive Alternativen kennt und ausschlägt,
3. sich dabei Ansprüchen unterwirft, die im Prinzip für jedermann gelten sollten
   und
4. die Entscheidung sich selbst zurechnet (Verantwortung übernimmt).

Diese Aspekte werde ich im folgenden erläutern:

1.a) Moral reguliert das Zusammenleben *mit anderen*, indem sie deren Bewertungen vorwegnimmt und eigene Pläne und Handlungen daran orientiert. Diesen "äußeren" Aspekt betont z.B. LUHMANN (1988), der von Moral spricht, wenn das Bewertungsschema Achtung-Mißachtung angewandt werden kann. Die frühere Vorstellung vom gottgefälligen Leben (die Achtung des obersten Richters finden), wird säkularisiert: es kommt nun auf den Anderen an. Gemeint ist damit nicht ein *konkreter* Anderer, der zum Beispiel als Vorbild imponiert, sondern der *generalisierte* Andere, der stellvertretend für alle ("in weltbürgerlicher Absicht") steht.

Plastisch wird diese Sicht der Dinge in einem jüngst empfohlenen moralischen Imperativ: "Handle so, daß Du Dein Handeln im Fernsehen vor der nationalen Öffentlichkeit begründen kannst!" MARQUARD formulierte das in einer

Teamdiskussion so (APEL u.a. 1984, S. 255 f): *"Ich möchte so handeln, daß ich mich vor anderen nicht unmöglich mache ... ich möchte mein Handeln vor einer Kommunikationsgemeinschaft rechtfertigen."* Diese reale unmittelbare Konfrontation mit anderen ist nicht gleichzusetzen mit einem *idealen* Diskurs (s. unten).

Wird das Streben, die Achtung anderer zu gewinnen oder nicht zu verlieren, überwertig, dann resultieren rückgratlose Anpassung, Duckmäusertum, Konformität. Der Moral-Anpasser läuft Gefahr, einzelne Personen oder Gruppen als Sitten-Richter zu akzeptieren und sich ihrem willkürlichen Diktat zu unterwerfen. Deshalb kommen als Norm-Geber und -Wächter nur die fiktive gesamte Menschheit oder eine etablierte Gemeinschaft in Frage (letztere mit ihren Richt-Linien Recht und Sitte). Ein Korrektiv gegen die Fremdbestimmung durch "die anderen" ist, sich unabhängig zu machen von ihrer (Ver-)-Achtung und die moralische Instanz in sich selbst zu suchen (s. 1.b):

1.b) Moral ist *Selbst-Bewertung*: Das autonome vernunftbegabte Subjekt ist sich selbst genug, für seine Absichten, Taten oder deren Folgen (Ver-)Achtung, Scham oder Schuld bzw. Stolz und Bestätigung zu fühlen. Moralisch handeln hieße dann, selbst-bestimmt ein (sittlich) gutes Leben führen: sich "gut" finden. Allerdings bestünde die Gefahr, sich zu irren in seinen Standards, sich selbst zu betrügen, unaufgeklärt zu sein über unbewußte Gründe und weitreichende Folgen und Nebenfolgen - so daß ein zirkuläres Korrektiv darin läge, sich im "herrschaftsfreien Diskurs" *mit anderen* über das Gebotene aufzuklären (s. 1.a).

1.c) Das *allgemeine* Differenzschema der Moral, das Fremd- *und* Selbstbewertung umfaßt, ist "gut - schlecht" (und nicht etwa: wahr - falsch, schön - häßlich, wirksam - unwirksam, also Geltungsansprüche, die für Wissenschaft, Kunst, Technik etc. formuliert werden können). Es geht somit um die Vorzugs*würdigkeit* bestimmter Handlungen, die Maßstäbe der Präferenz. Der moralische Wert einer Entscheidung liegt in ihrem Bezug zu diesen übergeordneten Kriterien und kann nicht aus der Entscheidung selbst (immanent), sondern nur aus ihrer Begründung erschlossen werden.

2. Eine moralische Bewertung setzt voraus, daß es die - attraktive - Möglichkeit zum Anders-Handeln gegeben hätte. Es muß also Wahlmöglichkeit oder Kontingenz zwingend unterstellt werden; dies meint z.B. LUHMANNs Konzept der "doppelten Negation": Das Handeln darf weder notwendig noch unmöglich sein. Gegen eine rein kognitive Moralauffassung spricht, daß man das, was richtig (oder gut) ist, nicht bloß wissen kann. Moral ist als Kalkulationsproblem nicht erschöpfend beschrieben, es geht immer auch um Selbst-Bestimmung (im Doppelsinn: seinen Standort finden und sein Handeln selbst gestalten), und diese Bestimmung erfolgt unter Zeitbegrenzung, Entscheidungsdruck, Unsi-

cherheit, Uneindeutigkeit und begehrenswerten Alternativen. Um es plastischer auszudrücken: Moralische Entscheidungen fallen schwer, man ringt sich zu ihnen durch (und ist dann mitgenommen), sie fallen nicht nur im Kopf, sondern auch im Bauch. Wohlgemerkt: das gilt für moralische *Entscheidungen*, nicht generell für moralische *Handlungen*, die routinehaft ablaufen können und nachträglich als "gut" etikettiert werden.

3. Moralisch handeln erfordert, die *Auswirkungen auf andere*, und zwar im Prinzip auf jedermann zu bedenken, und das heißt, Ansprüche zu formulieren, die für jedermann (auch für einen selbst) gelten.

"Ein moralischer oder ein ethischer Satz ist eine Feststellung über eine Rangordnung der Präferenz zwischen Alternativen, die für mehr als eine Person gelten soll. Eine Präferenz, die nur für eine Person zutrifft, ist 'Geschmack' (BOULDING, zit. in KURZ 1988, S. 68).

Die Ableitung einer solch allgemein verbindlichen Präferenzordnung erfordert die Mitbeteiligung aller Betroffenen. Was vereinfachend das "größte Glück für die größte Zahl" genannt wird, kann nicht stellvertretend durch einen überlegenen Entscheider oder objektiv kalkulierend (z.B. durch interpersonale Aggregation individueller Präferenzen) ermittelt werden, sondern ist durch die Betroffenen selbst zu definieren.

4. Schließlich darf sich das entsprechende Handeln nicht automatisch einstellen, sondern muß *einem Subjekt zuzurechnen* sein. Nicht "es" (die Situation, die Strukturen, die Geschichte usw.) vollzieht sich, sondern eine Person kann als Aktionszentrum ausgemacht werden; die Verantwortung, die es zugeschrieben bekommt, ist eine dreistellige Relation: *von* jemand, *für* etwas, *gegenüber* jemand. Selbst wenn sich eine Person in ihrem Handeln an moralischen Prinzipien orientieren sollte, ist ihr die aktuelle Entscheidung dadurch nicht abgenommen. Unter Berufung auf ARISTOTELES bemerkt HÖFFE dazu: *"Das Wissen der praktischen Philosophie ist typos, d.h. Grundrißwissen. Es werden die Prinzipien, Grundfiguren, Grundstrukturen und Methoden genannt; aber das Leben müssen wir alle selber führen - angesichts der wechselnden Randbedingungen persönlicher und allgemeiner Art" (in APEL u.a., 1984, Bd.2, S. 365).*

Diese Überlegungen präsentieren Maßstäbe für alles Handeln, damit natürlich auch für mikropolitisches Handeln in Organisationen. Mögliche *Kriterien zur Beurteilung mikropolitischen Handelns* sind, in die Form eine Prüfliste gebracht:

zu 1a)   Was sagen die anderen dazu (z.B. Achtung - Verachtung)?

zu 1b)   Wie finde ich mich selbst dabei (z.B. Achtung - Verachtung)?

zu 1c) Worauf gründen sich diese Bewertungen (Wert-Maßstäbe des Gut-Schlecht-Urteils) und wie ist das Verfahren der Begründung?

zu 2 Welche Alternativen wurden bewußt ausgeschlossen?

zu 3 Sind die Geltungsansprüche der Entscheidungsgründe verallgemeinerbar? Dürfte/sollte jedermann nach diesen Prinzipien handeln?

zu 4 Kann die Entscheidung oder Handlung mir zugerechnet werden (oder waren z.B. Zufall, Gewalt etc. im Spiel)?

Fast nie dürften auf diese Fragen eindeutige Antworten möglich sein. Damit aber wird deutlich, daß es unstrittige und klare Ja-Nein-Entscheidungen in Fragen der Moral nicht geben kann; Moral läßt sich nicht digitalisieren.

9.1. Gibt es eine spezielle Führungsethik?

Zur Zeit haben Diskussionen über Wirtschafts- und Unternehmensethik wieder einmal Konjunktur. Es handelt sich dabei nicht nur um eine modische Zeitströmung; vermutlich sind sozioökonomische Bedingungen dafür verantwortlich:

Es fällt immer schwerer, die Augen zu verschließen vor den Folgen ungehemmten quantitativen wirtschaftlichen Wachstums: Zerstörung der Umwelt, Vergeudung nichtregenerierbarer Ressourcen, Verelendung weiter Teile der Weltbevölkerung. Man könnte es als eine raffinierte Taktik interessierter Kreise interpretieren, die Probleme zu *moralisieren*, um damit ihre *rechtliche* Regelung zu hintertreiben: Wenn sich Unternehmen freiwillig an (selbst bestimmte) moralische Standards binden, braucht der Gesetzgeber nicht tätig zu werden. Selbstbindung läßt sich wesentlich flexibler handhaben und bei Bedarf auch leichter und folgenärmer außer Kraft setzen als gesetzliche Regelungen.

Ich will die Berechtigung einer solchen Vermutung nicht in Abrede stellen; die Entwicklungen zu Themen wie Unternehmensverfassung oder Sozialbilanzen haben gezeigt, daß Unternehmen so lange wie möglich rechtliche Regelungen zu vermeiden suchen. Andererseits aber ist die Gegenüberstellung von Recht und Moral als quasi gleichwertige oder konkurrierende Alternativen fragwürdig. Es ist vielmehr ein Begründungsverhältnis des Rechts durch Moral anzunehmen und damit ein Primat der Moral (Eine genaue Analyse müßte für jede Handlungsnorm sogar einen Dreischritt bedenken: Moralische Begründung - rechtliche Inkraftsetzung - soziale Durchsetzung; s. APEL in APEL u.a. 1984, Bd. 2, S. 76). Moralische Normen schaffen Geltungsansprüche, denen gegenüber sich jede Praxis, auch die Praxis der Rechtssetzung, zu rechtfertigen hat. Sollte also die Unterstellung einer Taktik der Gesetzesvermeidung zutreffen, um stattdessen das Feld der Auseinandersetzung auf das ungefährlichere, weil "weichere" Gebiet der Ethik zu verlagern, dann wäre dies wohl sehr kurzsichtig. Eine intensivierte Ethik-Diskussion könnte nämlich sowohl erhöhte Moralisierung wie Verrechtlichung nach sich ziehen. Es kommt deshalb aus Unternehmenssicht darauf an, die Moraldiskussion in die "richtigen" Bahnen zu lenken, z.B. mit symbolischen Aktionen (Beispiel: Erarbeitung von Führungsgrundsätzen) und der Personalisierung von Moral (und somit der Ausklammerung von *institutioneller* Moral) Kritikpotential zu kanalisieren und Legitimationsdruck zu verringern. Ob solchen Strategien, wenn sie denn tatsächlich versucht würden, Erfolg beschieden wäre, ist fraglich. Die Geister, die man rief, wird man so leicht nicht wieder los.

Ein weiteres Problem ist die Segmentierung der Moral: Gibt es eine spezielle Führungs-Ethik (oder Wirtschafts-Ethik oder Unternehmens-Ethik), die sich unterscheidet von einer für alle (anderen) gültigen Ethik? Sicher nicht in dem Sinn, daß Sondermoralen einzelne Personen oder Kollektive von allgemeinen Geltungsansprüchen ausnähmen (etwa im Sinne einer 2-Klassen-, Standes- oder Herren-Moral, die *Privilegien* rechtfertigt). Spezialmoralen können nur mit höheren *Verpflichtungen* gekoppelt werden, die zu allgemein gültigen Forderungen *hinzukommen*. Damit sind nicht inhaltliche Forderungen gemeint, weil Universalisierbarkeit als grundsätzliches ethisches Postulat ohnehin keine Sonderreservate erlaubt. Wenn aber Gefährdungen und Versuchungen in Führungspositionen größer sind, kann es durchaus sinnvoll sein, nicht etwa strengere Maßstäbe anzulegen, sondern den Begründungs- oder Rechtfertigungszwang zu erhöhen. Wenn Entscheidungen von Führungskräften mehr Lebensbereiche (und/oder diese intensiver und nachhaltiger) berühren, ist es billig zu fordern, daß diese Folgen gründlicher bedacht und auf allgemeingültige Wertvorstellungen bezogen werden. Darum spielen Strategien der Moralbegründung eine zentrale Rolle.

Zudem darf nicht übersehen werden, daß Handeln durch Institutionen vor-geregelt ist: es gibt eine den einzelnen entlastende *"institutionelle Außenstützung der Motivationen"* (HÖFFE, 1981, S. 44). Damit kommt die sogenannte "institutionelle Ethik" ins Blickfeld, die die Rahmen-Ordnung betrifft, die eine Art Pauschal-Legitimation bietet für alle, die ihr unterworfen sind. Statt jedem einzelnen heroischen Widerstand gegen die Vorgaben abzuverlangen, haben Institutionen (z.B. Unternehmen) ihre moralische Fundierung generell zu begründen und zu rechtfertigen.

9.2. Moralbegründungen

In der Geschichte der Ethik gibt es unterschiedliche Strategien der Begründung moralischer Forderungen.

Meine Behandlung der verschiedenen Ansätze habe ich nach folgendem Schema geordnet:

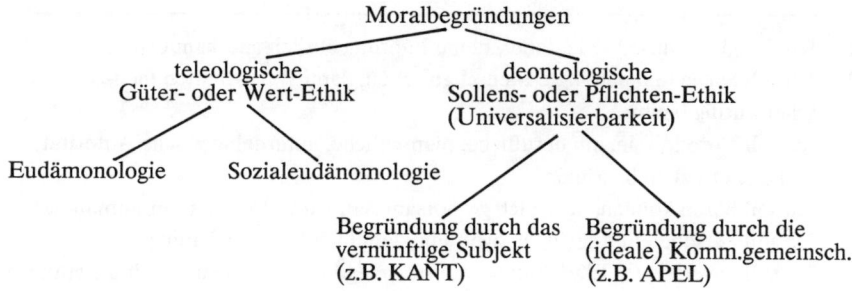

Moralbegründungen

teleologische
Güter- oder Wert-Ethik

deontologische
Sollens- oder Pflichten-Ethik
(Universalisierbarkeit)

Eudämonologie   Sozialeudänomologie

Begründung durch das
vernünftige Subjekt
(z.B. KANT)

Begründung durch die
(ideale) Komm.gemeinsch.
(z.B. APEL)

9.2.1. Teleologische Ethik

"Während in der Antike die Ethik ganz im Zeichen der Frage nach dem Guten, dem höchsten Gut steht, und dabei die Frage des Sollens, der Verbindlichkeit, fast völlig zurücktritt, ist nach einer langen Übergangszeit ... die neuzeitliche Ethik seit KANT überwiegend Sollensethik" (KUHLMANN, in APEL u.a. 1984, Bd. 2, S. 17). Die historisch früheste und bis heute vermutlich unter Praktikern am meisten verbreitete Richtung ist die "materiale" Ethik, die versucht, inhaltliche Maßstäbe zu identifizieren, die sittlichem Handeln zugrundezulegen sind. Es geht hier um die Frage, welches Ziel (telos) ein Leben anzustreben hat, das als ein *gutes* zu betrachten ist. Ein solches Leben ist durch Glück(seligkeit) ausgezeichnet (modernisiert würde man heute vermutlich von einem "sinnerfüllten" Leben sprechen). Die entsprechende ethische Richtung wird als "Eudämonologie" (Lehre vom Wohlbefinden, vom glücklichen oder gelungenen Leben) bezeichnet.

Eudämonologie

Charakteristisch für diesen Ansatz sind Wert- oder Tugendkataloge, in denen das Gebotene kategorial geordnet ist. Max WEBER spricht plastisch von einem "Polytheismus" der Wertegötter, die miteinander um Vorherrschaft ringen. Als zentrale Tugenden sind z.B. immer wieder genannt worden: Gerechtigkeit, Wahrheit, Weisheit, Toleranz, Friedfertigkeit, Solidarität, Menschlichkeit, Maß bzw. Mäßigung, Verantwortlichkeit ... Solche Wert-Inventare beanspruchen überzeitliche und übergesellschaftliche Gültigkeit, geben aber selbst keine kritisierbare Begründung ihrer Ableitung, so daß es auch schwierig ist, die immer erneuten und variierten Zusammenstellungen zu bewerten. Oft wird mit unmittelbarer Einsicht und Nacherlebbarkeit argumentiert (Intuitionismus; s. etwa SPAEMANN 1989).

Auf Führungshandeln bezogene Beispiele für die Ableitung von "Sollpunkten" aus "Kardinaltugenden" nennt KIEFER (1985, S. 70):

1. Ich soll glaubwürdig sein, damit meine Führung ehrlich anerkannt wird.
2. Ich soll Sache und beteiligte Menschen sehen, damit Wirtschaften menschenwürdig bleibt.
3. Ich soll Vorbild sein, um berufliche, menschliche, unternehmerische Autorität und Sicherheit zu begründen.
4. Ich soll hören können, damit ich ge-horsam sein kann (Informationsaufnahme).
5. Ich soll personell und sachlich loyal sein, damit ich treu sein kann.
6. Ich soll anvertrautes Eigentum bewahren, pflegen und mehren, damit die sittliche Grundlage der Zusammen-Arbeit rechtschaffen bleibt.
7. Ich soll - durch Zielgebung, Anerkennung, Hilfe und Tadel - so führen, daß ich auch die sachlichen und personellen Folgen mit meinem Gewissen vereinbaren kann.

Dieser Katalog ist zugleich ein Beispiel für die Beliebigkeit, mit der moralische Forderungen erhoben werden können, wenn man sich nicht der Mühe einer Normbegründung unterzieht.

Utilitarismus (Sozialeudämonologie)

Während sich die Eudämonologie dem Glücksverlangen der *einzelnen* Person inhaltliche Ziele gibt, hat die Sozialeudämonologie den Anspruch, die Bedingungen größtmöglichen Glücks für Kollektive zu nennen. Bekannteste Richtung ist der *Utilitarismus*, bei dem es sich also keineswegs um eine Anleitung für individuelle Lustmaximierung handelt. HÖFFE (1981, S. 54 f) nennt vier zentrale Prinzipien:

1. *Folgenprinzip*: Die Richtigkeit des Handelns bestimmt sich aus seinen Folgen (und nicht etwa aus Absichten oder Gesinnungen des Handelnden).

2. *Nutzenprinzip*: Damit ist nicht irgendein Nutzen gemeint, sondern die Nützlichkeit (Utilität) für das Erreichen des an sich Guten.

3. *Lustprinzip*: Als höchster Wert gilt die Erfüllung menschlicher Bedürfnisse und Interessen: maximales Glück.

4. *Sozialprinzip*: Nicht die Lust einzelner Personen oder Gruppen ist gemeint, sondern das Wohl *aller* von der Handlung betroffenen.

Als utilitaristisches Prinzip formuliert HÖFFE (a.a.O.): *"Die Handlung bzw. Handlungsregel ist im sittlichen Sinn gut bzw. richtig, deren Folgen für das Wohlergehen aller Betroffenen optimal sind."*

Verbesserungen des "Wohls aller" bedürfen eines Maßstabs und einer Meßoperation. Im allgemeinen wird das Pareto-Optimum herangezogen, demzufolge eine Handlung dann und nur dann vozuziehen ist, wenn sich durch sie wenigstens eine Person besser, keine aber schlechter stellt. In einer Gesellschaft mit extrem ungleicher Verteilung von Besitz oder Rechten könnte eine Umverteilung zu Lasten der Privilegierten damit moralisch nicht vertreten werden, weil sich ja die bislang Begünstigten nach einer solchen Aktion in ihrer Lage beeinträchtigt sähen. Als Hauptargument gegen den Utilitarismus wird deshalb angeführt, daß er *"Fragen der Gerechtigkeit nicht angemessen lösen kann und die Idee unveräußerlicher Menschenrechte nicht begründen kann"* (HÖFFE, 1981, S. 57).

Wie oben bei der Diskussion von Grenzmoral und Schwarzfahrer-Verhalten schon ausgeführt, kann Moral als *öffentliches Gut* gesehen werden, denn sie ist Ausdruck von und Garantie für Stabilisierung oder Verläßlichkeit von Verhaltenserwartungen. Es lohnt sich, nicht kurzsichtig jeden möglichen Vorteil zu realisieren, sondern Regel- und Gesetzestreue zu praktizieren, weil dann die (meisten) anderen das auch tun werden. Damit werden fremde und eigene Aktionen kalkulierbarer, und dies senkt Transaktionskosten.

Schon 1927 hat LISOWSKI (S. 432 f) in diesem Zusammenhang vom *"Rentabilitätsfaktor Ethik"* gesprochen; daß diese Sichtweise ungebrochen gilt, läßt sich durch ein Referat des BMW-Personalvorstands KÖHNE belegen, der davon ausgeht, daß *"wir die Ethik ständig nach der Seite ihrer Brauchbarkeit für das Unternehmen betrachten müssen ... sie dient der Befreiung - und damit der Steigerung - menschlicher Leistungspotentiale"* (1984, S. 9).

Wirtschaften setzt die Gültigkeit und Verbindlichkeit von institutionellen Rahmenbedingungen voraus, vor allem die Erwartung, daß Vereinbarungen, Kontrakte, Spielregeln eingehalten werden - anders als bei einer Verbrecherbande, die Vereinbarungen sofort bricht, wenn sich günstigere Gelegenheiten bieten. Bei *idealer* Marktkonkurrenz scheint man auf kollektive ethische Standards verzichten zu können, weil Fehlverhalten automatisch bestraft wird. Daher die moralische Askese der Chicago boys, die sich in den Satz fassen läßt: The business of business is business.

"Die Realexistenz einer Situation, die diesen Idealbedingungen genügt, ist auszuschließen. Die Idealsituation der vollständigen Konkurrenz muß als bloße Modellannahme oder idealtypische Situation angesehen werden. Unterschiedliches Wissen von Anbietern und Nachfragern über die Tauschsache, quasi-monopolartige Vorteile und Renten aus Standort, Zeitpunkt oder Transaktionskosten durch Inflexibilität der Faktoren oder Kostspieligkeit der Vertragsüberwachung heben die Idealbedingungen des Überflüssigwerdens von Wirtschaftsethik auf... Für eine solche ideale Marktsituation gilt jedoch der Satz Frank Knights: 'Under perfect competition there is no competition'" (KOSLOWSKI 1988, S. 210).

Deshalb ist es rational, sich vorab auf Einschränkungen von Handlungsmöglichkeiten zu verständigen und sie vertraglich zu fixieren. Vor allem dann, wenn längere Handlungsketten verläßlich miteinander vernetzt werden sollen - wie vor allem im hier interessierenden Fall der *innerbetrieblichen* Koordination (= Organisation) im Unterschied zum marktlichen Tauschgeschehen.

Die Situation der Führungskraft unterscheidet sich von der des Unternehmers; Führungsethik setzt andere Akzente als Wirtschaftsethik. Der *Unternehmer* ist mit dem (anonymen) Markt und der Konkurrenz konfrontiert; er findet oder erzeugt Nachfrage, paßt sich in Mengen/Preisen an; er tauscht, minimiert Transaktionskosten, ist von den Tauschpartnern unabhängig und hat keine Dauer-Beziehung zu ihnen (sofern er nicht Monopolist ist).

Im Unternehmen ist die Situation anders. In längeren koordinierten Handlungsketten sind die Sozialbeziehungen weniger anonym, es gibt konkrete Menschen als dauerhafte Partner, die sich durch langfristige Verträge gebunden haben. Anstelle von Gleichgewichten, die sich auf der Basis perfekter Marktkonkurrenz einstellen, gibt es gelenkte Koordination (Fremdbestimmung). Man kann den Tauschverkehr zwischen den Beteiligten nicht allein über Preise regeln, denn die Menschen, die miteinander zu tun haben, haben keinen (Tausch)Wert, sondern Würde.

Strategische (folgenorientierte) Rationalität ist immer und grundsätzlich lokal oder eng: Man kann nicht alles wissen und berücksichtigen (sonst könnte man nicht mehr handeln). In ihrem Rationalitätskalkül hat die reine ökonomische Theorie bislang zu wenig berücksichtigt:

a) *Externalitäten* (die Betroffenheit Dritter, die nicht Tauschpartner sind, aber durch die Erzeugung und Nutzung der Güter in ihrer Lebensqualität beeinflußt werden).

b) *Zeitpräferenzen*, die sich zeigen im sofortigen Konsum des Naheliegenden und der Ab-Wertung von Möglichkeiten, die weiter in der Zukunft zu erwarten sind. Wie weit aber soll die Temporalität ausgedehnt werden? Wann soll das "Und dann - Fragen" abgebrochen werden? Welche Folgen und Nebenfolgen sind zu berücksichtigen?

c) Wirtschaftliches (und Führungs-) Handeln ist nicht "Spiel gegen die Natur", sondern *"Spiel gegen/mit Menschen"*. Das aber heißt: Im Mittelpunkt aller strategischen Kalküle stehen Erwartungserwartungen, "Bilder", Annahmen. Damit aber ist im strengen Sinne Unkalkulierbarkeit gegeben, und zwar schon nach wenigen Metaspiralen ("Ich denke, daß er denkt, daß ich denke, daß er denkt ..."). Die Klausel: "unter sonst gleichen Bedingungen" ist aufgehoben, jede Extrapolation wird fragwürdig.

d) Bedürfnisse, die sich nicht monetär ausdrücken lassen, werden vernachlässigt. Wirtschaft kennt nur die Sprache des Geldes, ihre elementare Operation ist die Zahlung; was nicht zu vergelden ist, kann nicht rational gehandhabt werden.

Aus einer *folgen*orientierten Perspektive kann man einen innerbetrieblichen Akteur dann und nur dann zu einem "moralischeren" Handeln bewegen, wenn in seinem Folgenkalkül *un*moralisches Handeln

- negative Folgen (Kosten) hätte;

- diese Folgen erwartbar (sehr wahrscheinlich) wären;
- die Produktsumme aus Kosten und Wahrscheinlichkeit (diskontiert auf den Entscheidungszeitpunkt) ein weniger attraktives Resultat ergäbe als moralisch(er)es Handeln.

Wie man sieht: Wer moralisch handeln will, muß gut rechnen können!

Systemkonforme Strategien der Moralsteigerung wären deshalb:

a) *Abschreckung, Strafe:* Negative Sanktionen für unmoralisches Handeln einführen und die Wahrscheinlichkeit steigern, daß

- unmoralisches Handeln erkannt und

- geahndet wird.

b) *Belohnung:* Die Attraktivität von moralischem Handeln steigern, indem

- die Belohnung dafür erhöht wird,

- das Handeln und die Belohnungen sichtbarer gemacht werden,

- die Koppelung von Handlungen und Belohnungen verstärkt wird.

Diese Gedanken sind dem Modell "*extrinsischer* Motivation" (Fremdmotivation) verpflichtet und können ihre Herkunft vom behavioristischen operanten Konditionieren nicht verleugnen (s. dazu S. 216 ff.).

Moral ist hier im Grunde Dressur. In KOHLBERGs Systematik würde dies ein recht niedriges Niveau moralischen Urteilens markieren (s. die Tabelle 9.1. aus HAUBL u.a. 1985, S. 73). Eine höhere Stufe wäre erreicht, wenn man nicht aus Gewohnheit, aus Angst vor Strafe oder um einer Belohnung willen "moralisch" handelte, sondern sich einsichtig legal gesetzten allgemeingültigen Ordnungen unterwürfe oder (in der höchsten Stufe) diese Ordnungen selbst wiederum einer prinzipiengeleiteten Prüfung unterzöge, die die Universalisierbarkeit ihrer Forderungen zum Gegenstand hätte.

	Kennzeichnung der moralischen Entwicklungsstufe	Soziale Perspektive	Geltungsbereich der Regeln zur Konfliktlösung	Als gerecht gilt eine Konfliktlösung, wenn sie	Vorausgesetzte kognitive Strukturen
präkonventionelle Moral	Stufe I: Orientierung an Strafe und Gehorsam	egozentrische Perspektive	natürliche und soziale Umwelt	keine negativen Konsequenzen für den Handelnden hat	konkret-operationale Strukturen
	Stufe II: Naiv-egoistische Orientierung	konkret individualistische Perspektive		dem „Wie du mir, so ich dir" folgt	
konventionelle Moral	Stufe III: „braves Kind"-Orientierung	wechselseitig als gemeinsam erkannte Perspektive	Gruppe der primären Bezugspersonen	von der unmittelbaren sozialen Umwelt gebilligt wird	partiell formal-operationale Strukturen
	Stufe IV: Autorität und soziale Ordnung aufrechterhaltende Orientierung	System- oder Gesellschaftsperspektive	Angehörige des politischen Verbandes	im Einklang mit Recht, Ordnung und Autoritäten steht	
postkonventionelle Moral	Stufe V: Orientierung an sozialen Abmachungen	gesellschaftsübergreifende Perspektive	alle Rechtsgenossen	demokratisch legitimierten Mehrheitsentscheidungen entspricht	vollständig formal-operationale Strukturen
	Stufe VI: Gewissens- oder Prinzipienorientierung		alle Menschen als Privatpersonen	allgemeine Grundwerte wie Freiheit, Menschenwürde oder Gleichheit berücksichtigt	

Tab. 9.1.: **Übersicht über Kohlbergs Entwicklungstheorie des moralischen Bewußtseins (aus HAUBL u.a. 1985, S. 73)**

9.2.2. Deontologische Normenbegründung

Wie oben schon gesagt, sind seit KANT substantielle Moralbegründungen zunehmend von prozeduralen oder formalen verdrängt worden. Diese sind offen für verschiedene inhaltliche Ergebnisse, solange die Normen-Begründung einen *universalisierbaren* Geltungsanspruch vertreten kann. Es wird hier also nicht mehr *hypothetisch* (bedingt) oder *folgen*orientiert argumentiert (z.B. "Wenn die Folgen gut sind, ist die Handlung erlaubt"), sondern *kategorisch* (unbedingt) oder *prinzipiell*: die Maxime des Willens muß sittlich gut, und - bzw. also - universalisierbar sein (s. KANT). Eine solche Ethik wird deont(olog)isch genannt (vom griechischen "deon": Erfordernis, Pflicht).

Eine solche Begründungsstrategie scheint der *institutionellen* Moral von Unternehmen zu widersprechen, denn hier werden Handlungen nicht nach guten Absichten, sondern nach ihren Ergebnissen bewertet. Eine Führungskraft, die mit guten Gründen das Beste gewollt hat, aber gescheitert ist, wird (dennoch) für das Resultat verantwortlich gemacht werden. Daraus kann aber nicht der Schluß gezogen werden, daß innerhalb von Unternehmen allein eine folgenorientierte Ethik zu vertreten ist.

9.2.2.1. Der kategorische Imperativ des vernünftigen Subjekts

KANT hat eindringlich darauf hingewiesen, daß es problematisch ist, moralisches Handeln an Folgen oder Zwecke zu binden, denn diese können sich wandeln, sie sind vielfältig und kulissenhaft. Die Begründung moralischer Normen oder Prinzipien muß deshalb formal, unbedingt, apriorisch und allgemeingültig (universalisierbar) sein und bei der Verwirklichung wird vorausgesetzt, daß es freie, mündige, bewußte Menschen sind, die Wahlhandlungen durchführen. In diesem Sinne ist der "kategorische Imperativ" zu interpretieren:

"§ 7 Grundgesetz der reinen praktischen Vernunft: Handle so, daß die Maxime deines Willens jederzeit zugleich als Prinzip einer allgemeinen Gesetzgebung gelten könne" (KANT 1986, S. 53).

Anders als die "Goldene Regel" (*"Handle so, wie Du behandelt werden willst"* oder *"Was Du nicht willst, daß man Dir tu, das füg' auch keinem anderen zu!"*) geht es dabei nicht um die Handlung als solche, sondern die Maxime, den Willen, das Prinzip der Handlung. Die Goldene Regel könnte z.B. einen Masochisten, der Lust an Qualen hat, dazu veranlassen, anderen Menschen Qualen zuzufügen, um ihnen Lust zu verschaffen. Eine sinnvolle Präzisierung der Goldenen Regel schlägt HÖFFE (1981, S. 66) vor: *"Wie du willst, daß man deine Bedürfnisse und Interessen berücksichtigt, so berücksichtige auch du die Bedürfnisse und Interessen der anderen."*

Universalisierbare Regeln, die aus vernünftiger Einsicht zu begründen sind *und* erwünschte Folgen berücksichtigen, stammen von JONAS und SINGER & HARE:

"Handle so, daß die Wirkungen deiner Handlung verträglich sind mit der Permanenz echten menschlichen Lebens auf Erden" (JONAS 1989, S. 36).

"Man sollte keine Handlung ausführen, deren allgemeine Ausführung schlechte Folgen hat" (SINGER & HARE, zitiert in HÖFFE, 1981, S. 62).

Empirische Situationen sind fast immer mit widerstreitenden und/oder undeutlich artikulierten Interessen durchsetzt. Ein einzelner kann sich - bei bestem Willen - über seine Motive täuschen, zu wenig oder falsche Informationen haben, den Umkreis der Betroffenen und deren Interessen nicht kennen oder falsch einschätzen. Es liegt darum nahe, nicht das einzelne vernünftige Subjekt, sondern alle Betroffenen zu Beteiligten zu machen und zwar nicht stellvertretend und fiktiv (der Entscheidende stellt sich vor, was wohl Betroffene vorbringen würden, wären sie anwesend, gefragt und zum Argumentieren befähigt). In einem realen Diskurs besteht die Gefahr, daß ein solches Vorbringen vielfachen verzerrenden Einflüssen unterliegt; deshalb wird die Leitidee des "idealen Diskurses" propagiert.

9.2.2.2. Kommunikative Ethik des herrschaftsfreien Diskurses

Eine *kommunikative Ethik* geht nicht vom autonomen, einsamen Subjekt aus, sondern versucht statt einer *individuellen kognitiven* Moralbegründung ("Ich denke"...) eine *dialogische soziale* Moralbegründung ("Wir sprechen"..., s. K.-O. APEL, 1988). Damit wird die regulative Idee eines herrschaftsfreien Diskurses eingeführt, an dem alle Betroffenen zu beteiligen sind. Mit einer regulativen Idee ist eine handlungsleitende Ideal-Norm gemeint: Es wird ein (unerreichbares) Ideal skizziert, das aber normative Kraft hat und als Richtschnur und Motor des Handelns dienen soll.

ULRICH nennt (1981, S. 68) folgende Bedingungen eines solchen Diskurses:

Verfahrensbedingungen

1. Beteiligung aller Betroffenen
   Authentische Einbringung aller Bedürfnisse und Wertungen
2. Argumentative Einigung (Konsensus)
   Nur allgemein akzeptierbare Argumente sind gültig
3. Chancengleichheit (Machtausgleich)
   Die Verhandlungsmacht aller Beteiligten muss gleich sein
4. Zwanglosigkeit
   Verzicht auf Persuasion und Sanktion
5. Unbeschränkte Information
   Alle vorhandenen relevanten Informationen sind allen Beteiligten zugänglich
6. Argumentative Kompetenz
   Dialogteilnehmer müssen fähig sein, vernünftig zu argumentieren

Verhaltensbedingung

7. Rationale Motivation ("Wille zur Vernunft")
   Dialogteilnehmer müssen gewillt sein, vernünftig zu argumentieren, Gegenargumente unvoreingenommen zu prüfen und einen allgemein akzeptierbaren Konsens zu erzielen.

ULRICH unterlegt der kommunikativen Ethik

"ein einziges, präzises ethisches Grundprinzip...: zu fordern ist von allen Dialogteilnehmern der unbeschränkte 'Wille zur Vernunft', d.h. die Bereitschaft zur wahrhaftigen und unvoreingenommenen Bemühung um einen für alle Beteiligten akzeptablen Konsens oder Kompromiß" (a.a.O., S. 67).

Es ist wichtig, die abstrakte und utopische Natur dieses Dialogs zu betonen, weil kein Zweifel besteht, daß jeder *empirische* Dialog einer Vielzahl von Verzerrungen unterworfen ist:

"Wollte man die Einigung in einem realen Kommunikationsprozeß zum Moralprinzip erheben, so sprechen dagegen mindestens sechs Argumente: 1) Reale Kommunikation führt 'weder notwendig noch bloß faktisch, weder immer noch auch nur meistens zu ei-

nem Konsens'; sie steht 2) unter Zeitdruck und Entscheidungszwang, und es können 3)
nicht alle Betroffenen in sie einbezogen werden. 4) Vermögen sich die Beteiligten auf-
grund ihrer unterschiedlichen außermoralischen Kompetenzen und Fähigkeiten unter-
schiedlich gut zur Geltung zu bringen; ein Konsens kommt häufig durch einen 'Diskus-
sionsdarwinismus' zustande. In einer realen Kommunikation wirken 5) zahlreiche ver-
zerrende Faktoren wie Selbsttäuschungen, emotionale Barrieren und ideologische Befan-
genheiten, und es gehen 6) Elemente in sie ein, die einer Moralbegründung geradezu wi-
dersprechen: Täuschung, Lüge, Drohungen. Ein realer Kommunikations- und Einigungs-
prozeß ist mithin ein ungeeignetes Mittel zur Normenbegründung" (HARTMANN 1988,
S. 113, der hier HÖFFE zusammenfaßt).

9.3. Führungsethik in der Unternehmenspraxis

Der kurze Abriß möglicher Moralbegründungen sollte die Unterschiedlichkeit der
Ansatzpunkte und ihre Anspruchsniveaus vorstellen. Im Kontrast dazu geht es im folgenden um einen Überblick über Möglichkeiten der Verbesserung der Führungsethik, wie sie *in der Unternehmenspraxis* diskutiert oder sogar realisiert werden (s.
auch den Überblick bei DAHM 1989 a). Für den vorliegenden Zusammenhang habe
ich die wichtigsten anwendungsbezogenen Strategien zusammengestellt, mit denen
die "Moralisierung" des Unternehmens versucht wird. Es ist klar, daß "Moralisierun-
gen" erfolgsstrategisch als effizienzsteigernde Techniken eingesetzt werden (können)
- s. Kasten S. 292 - , durch diese Instrumentalisierung aber ihre spezifische ethische
Qualität verlieren. Wenngleich - wie zu zeigen sein wird - einzelne der moralfördern-
den Vorgehensweisen in durchsichtiger Weise als "symbolic management" für andere
Zwecke herhalten müssen, ist es dennoch nicht gerechtfertigt, das Bemühen insgesamt als Alibi-Taktik abzutun. Zum einen ist nicht an der subjektiven Redlichkeit
einzelner engagierter Menschen zu zweifeln. Sie sind dabei nicht nur nützliche Idio-
ten für ganz andere Zwecke, sondern tragen dazu bei, daß neben sachrationalem
Problemlösen und politischem Agieren das moralische Räsonnement als wichtig oder
gar selbstverständlich akzeptiert wird. Damit werden langfristig Begründungs-
pflichten installiert, die die Chance steigern, daß bei Entscheidungen vorauseilend
schon moralisch argumentiert wird.

1) Ethische Grundsätze

Business ethics, ethical codes, Verhaltensleitsätze, Unternehmensverfassungen etc.
sind notwendigerweise allgemeine Maximen, die willkürliche Auswahlen regelungs-
bedürftiger Tatbestände vornehmen und nie alle Eventualitäten zweifelsfrei abdek-
ken können. Das können sie umso weniger, je konkreter sie formuliert sind.

Im folgenden Kasten ist ein Beispiel aus einem Industrieunternehmen abgedruckt:

Grundsätze der Führungskultur bei BMW (1985):

1. Jede Führungsebene hat eine Vorbildfunktion für die nachgeordneten hinsichtlich der Realisierung der Unternehmensziele und -strategien durch Effizienz des Arbeitseinsatzes, Sparsamkeit und Mitteleinsatz, konstruktive Zusammenarbeit.
2. Das Unternehmensinteresse geht vor Ressortinteressen: bei jeder Einzelentscheidung sind die Gesamtkonsequenzen zu berücksichtigen.
3. "Excellent führen" erfordert die volle Identifikation mit dem Unternehmen.
4. Entscheidungen oder Beschlüsse sind intelligent auszuführen, sie sind aber auszuführen.
5. Konstruktive Kritik zu üben und zu ertragen ist Pflicht jedes Mitarbeiters.
6. Probleme lösen, nicht Schuldige suchen.
7. Jeder darf Fehler machen, nur nicht zu viele und vor allem nicht den Fehler, ihn zum Schaden des Unternehmens zu verheimlichen.
8. Die Kompetenz der anderen, der Fachstellen anerkennen, heißt auch, konstruktives Hinterfragen anderer Fachstellen akzeptieren und kompetent beantworten.
9. Beherrschbare Risiken eingehen.
10. Leistung verlangt Gegenleistung.
11. Nur der Kunde entscheidet über die Güte unserer Leistungen.
12. BMW muß für alle externen Beziehungen als kompetenter, fairer, verläßlicher Partner gelten.
13. Gültige Gesetze und Vorschriften werden von BMW erfüllt; eine Beeinflussung erfolgt nur im Rahmen der geltenden Spielregeln.

Geht man davon aus, daß solche von oben erlassenen oder jedenfalls ratifizierten Anweisungen vermutlich dazu gedacht sind, existierende Mängel zu heilen, dann wirft das ein Licht auf die "Kultur", die mit diesen Regeln gebessert werden soll. Selbst wenn man absieht von der stellenweise schnoddrigen kryptoautoritären Sprache, gelten auch für diese Formulierungen die grundsätzlichen Fragen, die an alle derartigen Verhaltenskodices zu stellen sind:

- Wer hat sie erarbeitet und mit welcher Legitimation?
- Was ist ihre Geltungsgrundlage? Worauf berufen sie sich zur Legitimation?
- Ist auch/schon das Verfahren der Entwicklung und des Erlasses legitimiert?
- Wenn sie den Betroffenen oktroyiert werden, warum sollten diese sich daran halten? Was haben sie davon (innere Bejahung, Schutz vor Bestrafung, Vorteilsversprechen usw.)?
- Wie konkret und operational sind die Normen?
- Gibt es einen innerbetrieblichen "Verfassungsgerichtshof", bzw. einen Klageweg und Sanktionen bei Zuwiderhandeln?
- Wird offengelegt, aus welchem Universum die Regelungstatbestände ausgewählt wurden und warum bestimmte davon *nicht* kodifiziert wurden?

Nicht das *Ergebnis* "Leitsätze" ist wichtig, sondern das *Verfahren* ihrer Erzeugung bzw. Vermittlung und das Verbindlich-Machen. Wer konfrontiert wird mit dem fertigen Ergebnis ("Papier"), braucht Hilfe. Denn sein Verstehen muß ausgebliebene Verständigung ersetzen. Verstehen heißt noch nicht bejahen und bejahen heißt nicht befolgen; all das muß unterstützt, begleitet, gesichert werden (s.a. KIRSCH & ZU

KNYPHAUSEN 1988, die dazu ein konkretes Beispiel berichten).

In *strategischen* Fragen sollte es keine Alleinentscheidung geben, sondern kommunikative Ethik praktiziert werden, also Beratung, Dialog, Verständigung, Beteiligung der Betroffenen, "zwangloser Zwang des besseren Arguments", "sachgerechte Entscheidung": *"Man muß versuchen, eine interne Diskussion zu organisieren und alle Gesichtspunkte zur Geltung zu bringen ... Aber an Diskussion - da gibt es ein Defizit, auch im Unternehmerlager",* sagt EDZARD REUTER, der es wissen muß (s. FISCHER, 1989, S. 141).

Alle moralischen Imperative sind ideal, d.h. sie gelten als regulative *Ideen*, sind also Bezugspunkte, die den Abstand vom Soll zum Ist erkennen lassen. Konkretes moralisches Handeln muß situative Zwänge, neurotische Prägungen, Stimmungen, Gefühle, Unwissenheit, Zeitdruck, Bösartigkeit der anderen, Selbsterhaltung usw. in Rechnung stellen. Es ist gut, den Blick auf die Sterne zu richten, man muß aber auch acht haben auf die Gassen!

2) Ethische Praktiken

Die Routinen und Praktiken des Unternehmens, z.B. Personalbeurteilung, Beförderungen, Stellenbewertung, Gehaltssystem und -festsetzung, Personalauswahl und -abbau, müssen sich eine Wert-Analyse (und nicht nur eine Gemeinkosten-Wert-Analyse!) gefallen lassen.

Gemeint sind hier zum Beispiel Programme *"eines unternehmensbezogenen 'Wertsystem-Screening' on the job, bei dem im Wege von Ethics-Interviews am Arbeitsplatz die Wertsysteme der verschiedenen Führungsebenen und Unternehmensbereiche durchleuchtet ('screening') und zu einem 'Ethics Profile' des Unternehmens zusammengefaßt werden: per Computer-Analyse werden in diesem Profil Konvergenzen und Divergenzen in den leitenden Wertvorstellungen der Unternehmensbereiche wie auch latent problematische Zonen deutlich erkennbar, sie können gegebenenfalls mit der Hilfe von sogenannten Ethik-Beratern bearbeitet werden"* (DAHM, 1989, S. 589).

Die Probleme einer Operationalisierung, Messung und Quantifizierung von Moral werden bei einer solchen Programmatik überspielt.

Inhaltliche Maßstäbe einer solchen Bewertung könnten sein: z.B. Diskriminierungen, Transparenz, Öffentlichkeit, Nachvollziehbarkeit, Revisionsmöglichkeit... Formal müßte man nach der Art der Beteiligung der Betroffenen fragen, etwa wenn es um Auswahl und Einstufung der Werte geht.

Auch hier kann ein Versuch der BMW AG als Veranschaulichung dienen. In diesem Unternehmen wurde anfangs der 80er Jahre eine "Werteorientierte Personalpolitik" formuliert, die sich nicht nur durch das Bemühen auszeichnete, die (materialen) Wertgrundlagen offenzulegen, sondern auch den Beitrag der vorhandenen personalwirtschaftlichen Instrumente zur Werteverwirklichung analysierte (BIHL o.J.).

Moralische Standards müßten Inhalt der Mitgliedsrolle (also Arbeitsvertrags-
gegenstand) sein. Darin könnte dann - paradoxerweise - die Pflicht zur Zivilcourage
vorgeschrieben werden.

In diesem Zusammenhang wären auch die Probleme einer "institutionellen Ethik" zu
diskutieren, weil die in Institutionen eingebauten "Sach-Zwänge" *personale* moralische Entscheidungen vorwegnehmen oder verhindern können, so daß nicht Appelle,
sondern Strukturveränderungen angezeigt wären, wenn eine "Hebung der Moral" beabsichtigt ist (siehe z.B. Betriebsvereinbarungen über Auswahlrichtlinien, Mit-
bestimmungsrechte, strukturelle Rahmenbedingungen, Standard Operating Procedures, Artefakte, Rituale). Es geht also um den Einbau moralischer Normen in die
Handlungsroutinen, so daß moralisches Handeln automatisiert wird: man kann gar
nicht mehr anders handeln! Eine solche Technisierung der Moral nähme ihr die urei-
gene Qualität der Wahlmöglichkeit (s.o.): Es würde zwar eventuell moralisch gehandelt werden, weil die Achtung durch die *anderen* gesichert wäre, aber die *Selbst*achtung wäre davon nicht berührt, weil Selbstverständliches praktisch nicht Gegenstand
einer Bewertung ist.

3) Moralbilanz

Diese erst in Konturen sichtbare Möglichkeit wird als Ergänzung zu den Sozialbilanzen diskutiert. Eine Moralbilanz kann sich vermutlich nicht auf eine quantifizierende
und monetarisierte Rechnungslegungen beschränken, sondern müßte - wie das bei
den Sozialbilanzen erprobt ist - auch qualitative Daten berücksichtigen. Jedes Handeln hat Nutznießer und verursacht interne und externe Kosten. Abwägung ist also
immer nötig; zudem sind von jeder Entscheidung Dritte betroffen (entgegen dem
üblichen Modell der atomistischen Tausch-Dyade). Darum ist eine umfassendere,
alle stakeholders berücksichtigende, nicht nur finanzwirtschaftliche Kosten-Nutzen-
Analyse durchzuführen, bei der dann Externalitäten sichtbar werden: Mit welchen
Folgen hat man (= alle!) zu rechnen, wenn unmoralisch gehandelt wird? Wie wirkt
sich das auf andere und einen selbst aus? Moralisch relevante aktuelle Themen sind
z.B. die in Alltagsroutinen eingebaute Diskriminierung von Frauen, Ausländern, Be-
hinderten, älteren Mitarbeitern, oder die Folgen von Produkten und Produktions-
technologien für die Umwelt.

Pragmatisch gesehen gehen Moralbilanzen aus von der Maxime: "Es kommt alles
heraus" (man kann nichts geheim halten); nimmt das Unternehmen ihre Gestaltung
selbst vor, ist es eher vor unliebsamen Überraschungen gesichert. Aber möglicherweise sind gerade diese Überraschungen Hinweise auf blinde Flecken, die der Selbst-
aufklärung entgangen sind.

4) Ethik-Kommission und "Moralbeauftragter"

Ethik-Kommissionen stellen eine Art Moral-TÜV dar; sie fungieren als Moralordnungshüter, die das "management of values" (s. McCOY, 1985) besorgen oder zumindest kritisch begleiten. STEINMANN & OPPENRIEDER (1985) haben zum Problemkreis der "Ethik-Kommissionen" Stellung genommen und einen Verfahrensvorschlag vorgestellt, der sich an die Praxis der NESTLÉ AG anlehnt (s. sehr kritisch dazu: HARRISON 1988).

Erforderlich werden dann Beschwerde- und Einigungsstellen bzw. -routinen. Wie einen Datenschutz- und Sicherheitsbeauftragten gäbe es dann auch einen betrieblichen Moralbeauftragten oder Moral-Ombudsmann. Die Problematik einer solchen Institution wird klar, wenn man alternative Bezeichnungen, die polemisch gemeint sind (Sittenwächter, Moralapostel), auf sich wirken läßt. Wenn die Einrichtung nicht nur Ventilfunktion haben soll, müßten die Kompetenzen in der Verfolgung der aufgezeigten Mängel verbindlich geregelt werden.

Man kann sich zur Förderung ethischer Sensibilität auch externer Berater bedienen (s. den oben schon zitierten "Ethik-Berater"). Hier eröffnet sich ein neues Geschäftsfeld für Unternehmens-Berater, Philosophen und Theologen als Personalisierungen eines eingekauften Unternehmensgewissens, das vor allem zu alibihaften PR-Zwecken seine gut bezahlte Stimme erhebt.

Derartige Spezialeinrichtungen (Ethik-Kommission und Moralbeauftragter) erhöhen die Gefahr, das eigene Gewissen an Stabstellen oder Experten zu delegieren und Moral nicht mehr als eigenes, sondern als Expertenproblem zu betrachten.

Zur Verallgemeinerung ethischer Reflexion im Unternehmen könnte auch an reflexive Mechanismen gedacht werden, die moralisch relevante Themen oder Handlungen zurückspiegeln und zur Diskussion stellen (s. etwa Einrichtungen wie Hofnarren, advocati diaboli oder die Werkszeitung in entsprechenden Dauer-Rubriken).

5) Öffentlichkeit herstellen

Man kann Beispiele besonderen moralischen Verhaltens zur Sprache (!) bringen (z.B. in Betriebsversammlungen, in Artikeln der Werkszeitung usw.); aber auch unmoralisches Handeln an den Pranger stellen oder exemplarisch und sichtbar ahnden.

Die von v.a. höheren Vorgesetzten ständig wiederholte Aufforderung zur Zivilcourage wird in ihrer Doppelbödigkeit im Witz entlarvt: "Ich dulde keine Jasager! Ist das klar!" "Ja, Herr Direktor."

Es gäbe schließlich die Möglichkeit, moralische Dilemma-Situationen öffentlich zu diskutieren, bzw. dafür ein regelmäßiges Forum zu schaffen (etwa in der Form von Erfahrungsgruppen).

Durch einen "Moralpreis" (eine Auszeichnung analog dem "Kavalier am Steuer" !) kann man besonders vorbildliches Verhalten demonstrativ hervorheben (Hier fühlt man sich erinnert an den Orden, den österreichische Offiziere zu Kaiserszeiten erhielten, wenn sie in eigener Verantwortung befehlswidrig handelten - und dabei Erfolg hatten!) Wer aber sitzt im Preisgericht für eine solche Auszeichnung? Und was geschieht mit Personen, die "Sünden" der Unternehmung öffentlich angeprangert haben? Es besteht zudem die Gefahr, daß durch eine solche Einrichtung ausschließlich *personalisiert* wird - weil abgelenkt wird auf die kleinen Mutproben im betrieblichen Alltag - und die weit schwerwiegenderen Wirkungen der *institutionellen* Ordnung unkritisiert bleiben. Hervorhebungen dieser Art sind nicht so sehr als individuelle Auszeichnung zu sehen, sondern als symbolisches Management: Eine Instanz nimmt sich das moralische (!?) "Recht", über andere, die sich "richtig" verhalten haben, zu urteilen und sie dokumentiert zugleich plakativ unternehmensintern und -extern, daß es ein Moral-Monitoring gibt.

6) Sanktionsrepertoire schaffen und anwenden

- Hier könnte man an Einrichtungen denken, wie sie sich in den freien Berufen bewährt haben: Ehrenkodices (s. "Hippokratischer Eid") oder Ehren- und Standesgerichte. Allerdings setzen derartige Einrichtungen entweder Segmentierungen der Belegschaft voraus ("Standesethiken") oder aber eine sogenannte *s rke* Unternehmenskultur, die für alle verbindliche Orientierungen vorgibt; siehe das frühere (?) Daimler-Motto: "Das Beste oder gar nichts";

- Es werden Analoga zur "gelben/roten Karte" für Regelverstöße diskutiert (Strafpunkte-Konto à la Flensburg), wobei natürlich die Grenzen zu einer fragwürdigen Betriebsjustiz fließend sind. Auch die Institution "Strafbank" (penalty box, die von der IBM berichtet wird) ist im Gespräch für solche Personen, die innerbetriebliche Standards verletzt haben. Mit der "Strafbank" ist eine Insidern als solche bekannte Abstellgleis-Position gemeint, in der eine Zeitlang zur Bewährung pausiert werden muß.

- Stigmatisierung, Brandmarkung von schwarzen Schafen (bis hin zur Kündigung).

7) Ethik-Training und -Sozialisation

DAHM (1989 b, S. 588) berichtet, daß ein "früherer Präsident der Investment Industry" der Harvard Business School 30 Mio Dollar gespendet hat für die Entwicklung von Programmen zur ethischen Erziehung künftiger Finanzmanager. Ethik wird wie ein Pflichtfach behandelt, es gibt Curricula man und hofft, "Ethik-Defizite" auf diese Weise beseitigen zu können! DAHM hat an anderer Stelle (1989 a) einen materialreichen informativen Überblick über aktuelle Anstrengungen der Ethikvermittlung in Unternehmen vorgelegt.

Außer dem Training im Umgang mit moralischen Dilemmata gibt es auch spezielle Ethik-Schulungen, in denen man ethisch argumentieren bzw. moralisch begründen lernt, z.B. Übungen des stellvertretenden fingierten Diskurses, wenn Betroffene nicht da sind oder nicht argumentieren können (Natur, Tiere, spätere Generationen). Allerdings liegt hier in besonderem Maße die Gefahr nahe, daß damit nicht nur Bewußtsein geweckt wird für bisher ungesehene Ansprüche, sondern auch äußerliche Diskussionstechniken eingeübt werden, um sie in Konfrontationen vorwiegend defensiv oder manipulativ einzusetzen.

Der Erfolg von Moraltrainings, die oft sehr enthusiastisch angepriesen werden, muß wegen der Personalisierung des Problems skeptisch beurteilt werden; s. dazu beispielhaft HARTMANNs (1988) Kritik an KOHLBERGs Ethikpädagogik. In diesem Zusammenhang kommt der außerbetrieblichen (gesellschaftlichen) Sozialisation erhebliche Bedeutung zu (s. die Literatur zu "Arbeitstugenden" und "Wertewandel", jüngste Bücher von v. ROSENSTIEL und STENGEL).

Ein wesentliches Lehrziel von Ethik-Sozialisation müßte es sein, auf die immer vorhandenen Handlungs-*Spielräume* hinzuweisen und darauf zu dringen, diese Spielräume auch eigenverantwortlich zu nutzen und sich nicht dem Diktat der sogenannten Sachzwänge zu unterwerfen:

"Als individuelles Kernproblem ergibt sich dabei, den persönlichen Mechanismen der Gewissensberuhigung zu begegnen. Hierzu zählen Beruhigungsstrategien wie

'Ich bin ja doch nur ein kleines Rädchen'.

'Die anderen tun es ja auch'.

'Wenn ich's nicht tu, dann tut's ein anderer'.

'Ich kann meinen Arbeitsplatz nicht gefährden', usw." (PERRIDON & WAGNER, 1988, S.15).

Der zentrale Gedanke, der der Ethik-Sozialisation zugrundeliegt, ist in KÄSTNERs vielzitiertem Bonmot enthalten: "Es gibt nichts Gutes, außer man tut es". Nur wenn ethische Reflexion handlungsbestimmend wird und sich nicht in Wort-Fassaden oder Ersatz-Handlungen (wie Hochglanzbroschüren für Grundsätze) erschöpft, ist mit sichtbaren Wirkungen zu rechnen. Damit ist die *kommunikative Praxis* gemeint, die in sozialen Netzen wirksam ist und dort als Comment, Brauch, Gewohnheit oder (informelle) Norm wie selbstverständlich gilt und gegenseitig überwacht wird.

8) Vorbilder, Tradition

Man kann z.B. Great men, Gründer und Pioniere herausstellen und ihre Taten *aktuell* und *lebendig* halten. Wie im sogenannten Unternehmenskultur-Ansatz üblich, geht es dabei - man muß die Begriffe in ihrer verräterischen Direktheit auf sich wirken lassen - um "Werte-Infusion" oder "mentale Programmierung": die handlungsleitenden und identitätstiftenden Grundannahmen der Unternehmung sollen damit sowohl symbolisiert wie aktiviert werden.

In diesem Zusammenhang werden auch kritische Ereignisse der Vergangenheit, Krisen, Katastrophen, Wendepunkte immer wieder in Erinnerung gerufen, um damit Modelle für Nachahmung zu bieten. Dies läßt sich instrumentieren mit Jubiläumsfeiern, besonderen Auszeichnungen, Slogans, Artikeln in Publikationen usw.

Der klassische homo oeconomicus lernt nicht dazu (weil er schon alles weiß und eine stabile und konsistente Präferenzvorstellung hat); auch KANTs autonomes Subjekt ist lernunfähig, weil es prinzipiell (!) schon alles bedacht hat bzw. alles schon prinzipiell bedacht hat. Da aber (wichtigere) Entscheidungen *intertemporaler* Natur sind, kann sich zwischenzeitlich die Präferenz ändern (Sättigung, Altern...) und weil sie *sozial* sind, können sich durch die Veränderung des Teilnehmer- oder Betroffenenkreises völlig neue Situationen ergeben.

Orientierungshilfen durch Modelle und Traditionen erfüllen deshalb eine wichtige Funktion.

9) Rekrutierung

Das Programm ist, moralisch geeignete Leute zu gewinnen bzw. sich zu trennen von notorischen Sündern. Diese Strategie unterstellt, daß Moral eine Art Persönlichkeitszug ist, der stabil und übersituativ wirkt. Auch hier besteht die Gefahr, daß man auf Menschen zur Bewältigung abschiebt, was eigentlich durch die unaufgeklärte Widersprüchlichkeit der Institutionen fortwährend erzeugt wird.

Die in jüngster Zeit so hochgelobten und vielzitierten "Intrapreneurs" oder "Spielmacher" sind beispielhafte Stilisierungen, die mehr über die Verfassung der Unternehmen als über Charaktere verraten. Zur Meditation über die unverblümte Aufforderung zur Mikropolitik seien hier abschließend die 10 Regeln des Intrapreneurs (PINCHOT 1985) abgedruckt:

Die 10 Regeln des Intrapreneurs

1. Komme täglich zur Arbeit mit der Bereitschaft, dich feuern zu lassen.
2. Umgehe alle Anweisungen, die dich daran hindern, deinen Traum zu verwirklichen.
3. Unternimm alles, um dein Projekt fortzuführen, ganz gleich, was in deiner Stellenbeschreibung steht.
4. Suche dir Mitarbeiter, die dich dabei unterstützen.
5. Folge deiner Intuition, welche Leute du aussuchst, und arbeite nur mit den besten.
6. Arbeite im Untergrund solange du irgendwie kannst - Publicity löst den Immunmechanismus eines Unternehmens aus.
7. Setze nie auf ein Rennen, an dem du nicht beteiligt bist.
8. Denke daran, daß es einfacher ist, um Vergebung als um Erlaubnis zu bitten.
9. Bleibe deinen Zielen treu, aber bleibe auch realistisch im Hinblick auf die Wege zu ihrer Erreichung.
10. Erkenne deine Sponsoren an.

9.4. Schluß

Ökonomisches Handeln ist nicht nur Sach-Problemlösung, sondern auch Wert-Verwirklichung und damit interessengebunden. Moral als Gesamtheit gültiger, vernünftig begründeter Normen gibt für jede - und damit auch für wirtschaftliche - Praxis vor, wie in kritischen Situationen zu handeln ist. Als Sollensforderungen formulieren ethische Überlegungen regulative Ideen, an denen sich die immer unvollkommene Praxis orientieren kann. Für die Führungsethik ist ein konstitutives ungelöstes Problem die Vermittlung zur (externen) Wirtschaftsethik. Gilt die Maxime: *Im Unternehmen* fair, auf dem *Markt* mit List und Tücke vorteilsmaximierend? Zur Vereinigung der beiden Problembereiche Wirtschafts- und Unternehmensethik hat ULRICH (1986) Vorschläge gemacht, deren Begründung beeindruckt, deren Anwendung - sicher auch im Sinne des Autors - noch intensiver Diskussion bedarf. Erst wenn sich auch *im* Unternehmen die Einsicht durchsetzt, daß es um "repeat business" geht und daß "Free-Rider"-Verhalten die Grenzmoral zum eigenen Schaden senkt, können miteinander Standards entwickelt werden, die das Repertoire politischer Techniken begrenzen, ohne das *politische* Gestaltungsproblem zu einem *technischen* Rationalisierungsproblem verkümmern zu lassen.

10. Sach-Register

11. Autorenregister

12. Literaturverzeichnis

ADORNO, Th.W. 1973. Aufsätze zur Gesellschaftstheorie und Methodologie. Frankfurt: Suhrkamp

ADORNO, Th.W. 1973. Studien zum autoritären Charakter. Frankfurt: Suhrkamp

AEBLI, H. 1980. Denken: das Ordnen des Tuns. Bd. I: Kognitive Aspekte der Handlungstheorie. Stuttgart: Klett-Cotta

ALLEN, R.W., MADISON, D.L., PORTER, L.W., RENWICK, P.A. & MAYES, B.T. (1979): Organizational politics: tactics and characteristics of its actors. California Management Review, 22, 77-83

ALLERBECK, M. 1977. Ausgewählte Probleme der Führungsforschung. Eine empirische Studie. Dissertation. München

APEL, K.-O. (1988) Diskurs und Verantwortung. Das Problem des Übergangs zur postkonventionellen Moral. Frankfurt (Suhrkamp)

APEL, K.-O., BÖHLER, D. & KADELBACH, G. (Hrsg): Funk-Kolleg Praktische Philosophie/Ethik: Dialoge. Bd. 1 u. 2. Frankfurt: Fischer

ARAM, J.D. 1976. Dilemmas of administrative behavior. Englewood Cliffs: Prentice Hall

ARGYRIS, Ch. 1971. Beyond Freedom and Dignity by B.F. SKINNER. A Review Essay. Harvard Educational Review 41, 550-567

ASHOUR, A.S. 1973. The contingency model of leadership effectiveness: an evaluation. Organizational Behavior and Human Performance 9, 339-355

ATKINSON, J. 1901. Thought Force in Business. Chicago (zit. in BENDIX 1960, S. 348)

AVOLIO, B.J. & BASS, B.M. 1987. Transformational leadership, charisma, and beyond. In: HUNT, J.G., BALIGA, B.R., DACHLER, H.P. & SCHRIESHEIM, C.A. (Eds.): Emerging leadership vistas. Lexington , Mass. (Heath), S. 29-49

BABB, H.W. & KOPP, D.G. 1978. Applications of behavior modification in organizations: A review and critique. Academy of Management Review 3, 281-292

BALES, R.F. & SLATER, P.E. 1969. Role differentiation in small decision making groups. In: GIBB, C. (Ed.): Leadership. Harmondsworth (Penguin), 255-276

BASS, B.M. 1981. Stogdill's handbook of leadership. New York: Free Press

BASS, B.M. 1985. Leadership and performance beyond expectations. New York (Academic Press)

BAUMGARTEN, R. 1977. Führungsstile und Führungstechniken. Berlin: de Gruyter

BAUMÜLLER, K. 1968. Kommunikation in der Führungsorganisation. Dissertation. München

BAVELAS, A. 1960. Leadership: Man and function. Administrative Science Quarterly 4, 491-498

BAYES, M. & NEWTON, P. 1989. Frauen an die Macht: eine soziopsychologische Analyse. Organisationsentwicklung, 8, 47-62

BEISHON, R.J. u. PALMER, A.W. 1979. Untersuchung von Managerverhalten. in: ZÜNDORF, L. (Hrsg.): Industrie- und Betriebssoziologie. Darmstadt: Wiss. Buchgesellschaft, 183-209

BENDIX, R. 1960. Herrschaft und Industriearbeit. Frankfurt: Europ. Verlagsanstalt

BENNIS, W. & NANUS, B. 1985. The strategies for taking charge. New York (Harper & Row)

BERGER, P.L., BERGER, B. & KELLNER, H. 1975. Das Unbehagen in der Modernität. Frankfurt u. New York

BERTHOLD, H.C. Jr. 1982. Behavior Modification in the Industrial/Organizational Environment: Assumptions and Ethics. in: O'BRIEN, R.M., DICKINSON, A.M. & ROSOW, M.P. (Eds.): Industrial Behavior Modification. New York: Pergamon, S. 405-427

BIDDLE, B.J. 1979. Role theory. Expectations, identities, and behavior. New York.

BIHL, G. (o.J.): Werteorientierte Personalpolitik. Ein Diskussionsbeitrag zur Personalpolitik der Zukunft. BMW AG, Mitarbeiterinformation 7, S. 11-27

BION, W.R. 1971. Erfahrungen in Gruppen. Stuttgart: Klett

BLAKE, R.R. & MOUTON, J.S. 1968. Verhaltenspsychologie im Betrieb. Düsseldorf u. Wien: Econ

BLAKE, R.R. & MOUTON, J.S. 1980. Verhaltenspsychologie im Betrieb. Das neue Grid-Management-Konzept. Düsseldorf u. Wien (Econ)

BLAKE, R.R., MOUTON, J.S. & LUX, E. 1987. Verhaltensgitter der Führung (Managerial Grid). In: KIESER, A., REBER, G. & WUNDERER, R. (Hrsg.): Handwörterbuch der Führung. Stuttgart: Poeschel. 2015-2022

BLEICHER, K. & MEYER, E. 1976. Führung in der Unternehmung. Formen und Modelle. Reinbek: Rowohlt

BOAL, K.B. & BRYSON, J.M. 1987. Charismatic leadership: A phenomenological and structural approach. In: HUNT, J.G., BALIGA, B.R., DACHLER, H.P. & SCHRIESHEIM, C.A. (Eds.): Emerging leadership vistas. Lexington , Mass. (Heath), S. 11-28

BOSETZKY, H. 1974. "Dunkelfaktoren" bei Beförderungen im Öffentlichen Dienst. Die Verwaltung 7, 429-438

BOSETZKY, H. 1977. Machiavellismus, Machtkumulation und Mikropolitik. Zeitschrift für Organisation, 46, 121-125

BRAY, D. & GRANT, D.L. 1966. The assessment center in the measurement of potential for business management. Psychol. Monogr. General & Applied 80, 17

BRENNAN, G. & BUCHANAN, J. 1987. The reason of rules. Constitutional political economy. Notre Dame: University Press

BRIEFS, G. 1934. Betriebsführung und Betriebsleben in der Industrie. Stuttgart: Enke

BRIEFS, G. 1980. Zum Problem der Grenzmoral. Grenzmoral in der pluralistischen Gesellschaft. In: ders.: Ausgewählte Schriften. Berlin: Duncker & Humblot, S. 51-74

BRINKMANN, G. u.a. 1982. Führungskräfte kleinerer Unternehmen. Berlin: Duncker & Humblot

BROWN, J.A.C. 1956. Psychologie der industriellen Leistung. Reinbek. Rowohlt

BURKE, E. 1795 bzw. 1869. Thoughts and Details on Scarcity. in: derselbe: Works. Boston, Bd. V (zit. in BENDIX 1960, S. 108)

BURNS, J.M. 1978. Leadership. New York (Harper & Row)

BURNS, T. & STALKER, G.M. 1961. The management of innovation. London: Methuen

BURNS, T. 1954. The direction of activity and communication in a departmental executive group. Human Relations, 7, 73-97

BURNS, T. 1962. Micropolitics: Mechanisms of institutional change. Administrative Science Quarterly 6, 257-281

CALDER, B.J. 1977. An attribution theory of leadership. In: STAW, B. & SALANCIK, G. (Eds.): New Directions in Organizational Behavior. Chicago: St. Clair, 179-204

CAMPBELL, J. 1978. Der Heros in tausend Gestalten. Frankfurt (Suhrkamp)

CARLSON, S. 1951. Executive Behaviour. Stockholm: Strömbergs

CARROLL, S.J. 1960: Measuring the work of a personnel Department. Personnel 37, 49-56

COATES, A.W. & PELLEGRIN, R.J. 1957. Executives and supervisors: Informal factors in differential bureaucratic promotion. Administrative Science Quarterly 2, 200-215

COHEN, St., TAYLOR, L. 1977. Ausbruchsversuche - Identität und Widerstand in der modernen Lebenswelt. Frankfurt: Suhrkamp

COMMER, H., RINDERMANN, R. 1977. Der Krieg im Betrieb. Spielanweisung für Chefs und Mitarbeiter. München: Langen-Müller/Herbig

CONGER, J.A. & KANUNGO, R.N. 1987. Toward a behavioral theory of charismatic leadership in organizational settings. Academy of Management Review, 12, 637-647

COPEMAN, G., LUIJK, H. & HANIKA, F. de P. (Eds.) 1963. How the executive spends his time. darin: COPEMAN, G.: How British Executives Spend Their Day. London: Business Publications, 3-16

CROZIER, M. & FRIEDBERG, E. 1979. Macht und Organisation. Die Zwänge kollektiven Handelns. Königstein i. Ts.: Athenäum

DACHLER, P. 1984. Some explanatory boundaries of organismic analogies for the understanding of social systems. In: ULRICH, H. & PROBST, G. (Eds.): Self-Organization and Management of Social Systems. Berlin u.a. : Springer, 132-147

DAHM, K.-W. 1989a. Unternehmensbezogene Ethikvermittlung. Literaturbericht: Zur neueren Entwicklung der Wirtschaftsethik. Zeitschrift für Evangelische Ethik, 33, 2, 121-147

DAHM, K.-W. 1989b. Ethikbedarf und Managerschulung: Kann man Führungskräfte ethisch erziehen? Personalführung, 6, 586-591

DAHRENDORF, R. 1965. Homo sociologicus. Ein Versuch zur Geschichte, Bedeutung und Kritik der sozialen Rolle. Köln u. Opladen: Westdeutscher Verlag

DALTON, M. 1951. Informal factors in career achievement. American Journal of Sociology 56, 407-415

DALTON, M. 1959. Men who manage. New York: Wiley

DANIEL, C. 1981. Theorien der Subjektivität. Einführung in die Soziologie des Individuums. Frankfurt: Campus Studium

DANSEREAU, F. GRAEN, G. & HAGA, W.J. (1975). A vertical dyad linkage approach to leadership within formal organizations - a longitudinal investigation of the role making process. Organizational Behavior and Human Performance, 13, 46-78

DAVIS, T.R.V. u. LUTHANS, F. 1979. Leadership reexamined: A behavioral approach. Academy of Management Review 4, 237-248

DELHEES, K.H. 1987. Führungstheorien - Eigenschaftstheorie. In: KIESER, A., REBER, G. & WUNDERER, R. (Hrsg.): Handwörterbuch der Führung. Stuttgart (Poeschel), S. 748-756

DIENESCH, R. & LIDEN, R. 1986. Leader-member exchange model of leadership: A critique and further development. Academy of Management Review, 11, 618-634

DONAT, M. & MOSER, K. 1989. Die Arbeits- und Anforderungsanalyse als Grundlage der Gestaltung von Assessment Centern. In: LATTMANN, Ch. (Hrsg.): Assessment-Center-Verfahren der Eignungsbeurteilung. Heidelberg (Physica), S.155-182

DÖRNER, K. 1989. Logik des Mißlingens. Reinbek: Rowohlt

DREYER, H. 1985. Vierdimensionale Führungs-Konzeption. Die Zukunftsorientierung in der Führungs---aufgabe. Personalführung, (3), III - XVI

DREYER, H. 1987. Die zukunftsorientierte Führungskonzeption und ihre Bedeutung in der Praxis. Der Betriebswirt, (4), 1-8

DUBIN, R. & SPRAY, L.S. 1964. Executive behavior and interaction. Industrial Relations 3, 99-108

ESSER, H. 1965. Über das Verhältnis von Beliebtheit und Tüchtigkeit in Gruppen - eine Auseinandersetzung mit dem "Divergenztheorem". In: HIEBSCH, H. & VORWERG, M. (Hrsg.): Sozialpsychologie im Sozialismus, Berlin, S. 77-88

EVANS, M.G. 1970. The effects of supervisory behavior on the path-goal relationsship. Organizational Behavior & Human Performance 5, 277-298

EXNER, A., KÖNIGSWIESER, R. & TITSCHER, S. 1987. Unternehmensberatung - systemisch. Die Betriebswirtschaft, 47, 265-284

FALBO, T. 1977. Multidimensional scaling of power strategies. Journal of Personality and Social Psychology 35, 537-547

FARRELL, D & PETERSEN, J. 1982. Patterns of political behavior in organizations. Academy of Management Review, 7, 403-412

FIEDLER, F.E. 1967. A theory of leadership effectiveness. New York: McGraw Hill

FIEDLER, F.E., CHEMERS, M.M. u. MAHAR, L. 1979. Der Weg zum Führungserfolg. Ein Selbsthilfeprogramm für Führungskräfte. Stuttgart: Poeschel (amerik. Originalausgabe 1976: Improving leadership effectiveness. New York: Wiley)

FIELD, R.H.G. 1979. A critique of the Vroom-Yetton contingency model of leadership behavior. Academy of Management Review 4, 249-257

FINKLE, R.B. 1976. Managerial assessment centers. in: DUNNETTE, M.D. (Ed.): Handbook of industrial and organizational psychology. Chicago: Rand McNally, 861-888

FISCHER, G. 1989. Ethik. Der schöne Schein. Manager Magazin, 2, 138-146

FITTKAU, G. u. FITTKAU-GARTHE, H. 1971. Fragebogen zur Vorgesetzten-Verhaltens-Beschreibung (FVVB). Handanweisung. Göttingen: Hogrefe

FITTKAU-GARTHE, H. 1970. Dimensionen des Vorgesetztenverhaltens und ihre Bedeutung für die emotionalen Einstellungsreaktionen der unterstellten Mitarbeiter. Dissertation: Hamburg

FLEISHMAN, E.A. 1953. The description of supervisory behavior. Journal of Applied Psychology, 37, 1-6

FLEISHMAN, E.A. 1973. Twenty years of consideration and structure. in: FLEISHMAN, E.A. & HUNT, J.G. (Eds.): Current developments in the study of leadership. Carbondale & Edwardsville: South. Illinois Univ. Press, 1-37

FREUD, S. 1971 (zuerst 1921). Massenpsychologie und Ich-Analyse. Frankfurt: Fischer, 9-82

FREUD, S. 1986. Der Mann Moses und die monotheistische Religion: Drei Abhandlungen. In: FREUD, S.: Kulturtheoretische Schriften, Frankfurt (Fischer), S. 455-581

FROMM, E. 1954. Psychoanalyse und Ethik. Stuttgart: Deutsche Verlagsanstalt

FROMM, E. 1960. Der moderne Mensch und seine Zukunft. Frankfurt: Europäische Verlagsanstalt

FROMM, E. 1966. Die Furcht vor der Freiheit. Frankfurt: Europäische Verlagsanstalt

FROMM, E. 1974. Anatomie der menschlichen Destruktivität. Stuttgart: Deutsche Verlagsanstalt

FROST, P. & HAYES, D. 1977. An exploration in two cultures of political behavior in organizations. Paper presented at the Conference on Cross Cultural Studies in Organizational Functioning. Hawaii, Sept. 1977.

FROST, P.J. 1987. Power, politics, and influence. In: JABLIN et al. (Eds.): Handbook of Organizational Communication. Newbury Park, 503-548

GABRIEL, L. 1937. Führertum und Gefolgschaft. Sozialphilosophische Zeitschau. Wien - Leipzig: Deutscher Verlag für Jugend und Volk

GANDZ, J. & MURRAY, V. 1980. The experience of workplace politics. Academy of Management Journal, 23, 237-251

GEMMILL, G. & DESALVIA, D. 1977. The promotion beliefs of managers as a factor in career progress: A exploratory study. Sloan Management Review 18, 75-81

GENEEN, H, & MOSCOW, A. 1984. Manager müssen managen. Landsberg (Moderne Industrie)

GHISELLI, E.E. 1966. The validity of occupational aptitude tests. New York: Wiley

GOFFMAN, E. 1969. Wir alle spielen Theater. Die Selbstdarstellung im Alltag. München: Piper

GOMEZ, P. & PROBST, G. 1987. Vernetztes Denken im Management. Die Orientierung. Nr. 89 (Schweizerische Volksbank, Bern)

GOTTSCHALL, D. 1985. Zukunftsorientierte Führungslehre. Managen mit Blick nach vorn. Management Wissen, (10), 13-21

GRAEN, G., ALVARES, K., ORRIS, J.B. & MARTELLA, J. 1970. Contingency model of leadership effectiveness. Antecedent and evidential results. Psychological Bulletin 74, 285-296

GRAEN, G., NOVAK, M. & SOMMERKAMP, P. 1982. The effects of leader-member exchange and job design on productivity and satisfaction: Testing a dual attachment model. Organizational Behavior and Human Performance, 30, 109-131

GRAEN, G.B. & SCANDURA, T.A. 1987. Theorie der Führungsdyaden. In: KIESER; A., REBER, G. & WUNDERER, R. (Hrsg): Handwörterbuch der Führung. Stuttgart: Poeschel. S. 377-389.

GRAUMANN, C.-F. 1960. Eigenschaften als Problem der Persönlichkeitsforschung. In: LERSCH, Ph. & THOMAE, H. (Hrsg.): Persönlichkeitsforschung und Persönlichkeitstheorie. Handbuch der Psychologie, Bd. 4. Göttingen (Hogrefe), 87-154

GRAVES, D. 1979. Die Auswirkung kultureller Faktoren auf Einstellungen, Ansichten und die Verhaltensweisen von Managern in England und Frankreich. In: ZÜNDORF, L. (Hrsg.): Industrie- und Betriebssoziologie. Darmstadt (Wiss. Buchgesellschaft), 158-182

GRAY, B. & ARISS, S. 1985. Politics and strategic change across organizational life cycles. Academy of Management Review, 10, 707-723

GREEN, St.G. & MITCHELL, T.R. 1979. Attributional processes of leaders in leader-member interactions. Organizational Behavior and Human Performance 23, 429-458

GROSSMANN, G. 1975. Sich selbst rationalisieren. Methode zur Planung des Lebenserfolgs. München: Ratio

GRUNWALD, W. & LILGE, H.-G. 1980. Partizipative Führung. Betriebswirtschaftliche und psychologische Aspekte. Bern u. Stuttgart: Haupt

GUEST, R.H. 1956. Of time and the foreman. Personnel 32, 478-486

HABERMAS, J. 1984. Theorie des kommunikativen Handelns. Frankfurt: Suhrkamp

HABERMAS, J.1976. Moralische Entwicklung und Ich-Identität.in: HABERMAS, J.: Zur Rekonstruktion des Historischen Materialismus. Frankfurt: Suhrkamp

HARDTWIG, W. 1986. Die Sehnsucht nach Größe. Über das intensive Bedürfnis, historische Persönlichkeiten zu feiern. Süddeutsche Zeitung, 6.9.1986, S. 129

HARPER, D.G. & ARGENT, E.H.M. 1975. An empirical study of power and bargaining relationships in an Industrial organization. in: ABELL, P. Organizations as bargaining and influence systems. New York: Halsted, 72-102

HARRISON, P. 1988. Das Imperium Nestle. Praktiken eines Nahrungsmittelmultis am Beispiel Lateinamerika. Nördlingen: Greno

HARTFIEL, G. 1968. Wirtschaftliche und soziale Rationalität. Untersuchungen zum Menschenbild in Ökonomie und Soziologie. Stuttgart: Enke

HARTMANN, H. 1964. Funktionale Autorität. Stuttgart: Enke

HARTMANN, H.A. 1988. Moralität und Moral in sozialwissenschaftlicher und psychologischer Perspektive. In: SIEP, L. (Hrsg.): Ethik als Anspruch an die Wissenschaft oder: Ethik in der Wissenschaft. München & Zürich: Schnell & Steiner, 105-137

HÄSING, H., STUBENRAUCH, H. & ZIEHE, Th. (Hg.) 1979. Narziß - Ein neuer Sozialisationstyp? Bensheim

HAUBL, R., PELTZER, U., WAKENHUT, R. & WEIDENFELLER, G. 1985. Veränderung und Sozialisation. Opladen: Westdeutscher Verlag

HAUFF, H.J. 1983. Aufstieg zur Macht. München: Minerva

HAUSCHILDT, J. 1980. Zielsysteme. in: GROCHLA, E. (Hrsg.): Handwörterbuch der Organisation. Stuttgart: Poeschel, 2419-2430

HEERES-DIENST-VORSCHRIFT, Bonn, o.J. (HDV 100/200)

HEIDER, F. 1958. The psychology of interpersonal relations. New York: Wiley

HEIGL-EVERS, A. 1972. Konzepte der analytischen Gruppenpsychotherapie. Göttingen: Vandenhoek u. Rupprecht

HEINEN, E. 1976. Grundlagen betriebswirtschaftlicher Entscheidungen. Das Zielsystem der Unternehmung. Wiesbaden: Gabler

HEMPHILL, J.K. & COONS, A.E. 1957. Development of the leader behavior description questionnaire. In: STOGDILL, R.M. & COONS, A.E. Leader behavior. Its description and measurement. Research Monograph No. 88, Columbus, 6-38

HEMPHILL, J.K. 1967. Administration as problem-solving. In: HALPIN, A.W. (Ed.): Administrative Theory in Education. New York, 89-118

HENDERSON, J.L. 1968. Der moderne Mensch und die Mythen. In: JUNG, C.G. u.a. (Hrsg.): Der Mensch und seine Symbole. Olten u. Freiburg (Walter), S. 106-157

HEROLD, D. 1977. Two-way influence processes in leader-follower dyads. Academy of Management Journal, 20, 224-237

HERSEY, P. & BLANCHARD, K.H. 1977. Management of organizational behavior: Utilizing human resources. Englewood Cliffs: Prentice Hall

HEYSE, V. 1966. Auswahl diagnostischer Verfahren zur Führungskaderauswahl. Diplomarbeit: Jena (zit. in G. VORWERG 1971)

HINRICHS, P. 1981. Um die Seele des Arbeiters. Arbeitspsychologie, Industrie- und Betriebssoziologie in Deutschland 19871-1945. Köln: Pahl-Rugenstein

HITLER, A. 1931. Mein Kampf. München: F. Eher

HOCHSTRASSER, F. 1981. Der alltägliche Widerspruch. Handlungstheorie und gesellschaftliche Wirklichkeit. Weinheim: Beltz

HÖFFE, O. 1981. Sittlich-politische Diskurse. Frankfurt: Suhrkamp

HOFSTÄTTER, P.R. 1957. Einführung in die Gruppendynamik. Reinbek (Rowohlt).

HOFSTÄTTER, P.R. 1963. Einführung in die Sozialpsychologie. Stuttgart: Kröner

HOFSTÄTTER, P.R. 1987. Tiefenpsychologische Führungstheorien. In: KIESER, A., REBER, G. & WUNDERER; R. (Hrsg.): Handwörterbuch der Führung. Stuttgart: Poeschel, 922-931

HOFSTEDE, G. 1980. Culture's consequences. International differences in work related values. Beverly Hills: Sage

HOMANS, G.C. 1968. Elementarformen sozialen Verhaltens. Köln-Opladen.: Westdeutscher Verlag

HORKHEIMER, M., ADORNO, Th.W. 1972. Dialektik der Aufklärung. Philosophische Fragmente. Frankfurt: Fischer

HORNE, J.H. & LUPTON, T. 1965. The work activities of 'middle managers' - an exploratory study. The Journal of Management Studies, 2, 14-33

HOUSE, R.J. & SINGH, J.V. 1987. Organizational Behavior: Some new directions for i/o psychology. Annual Review of Psychology, 38, 669-718

HOUSE, R.J. 1971. A path goal theory of leader effectiveness. Administrative Science Quarterly 16, 321-338

HOUSE, R.J. 1977. A 1976 theory of charismatic leadership. in: HUNT, J.G. & LARSON, L.L. (Eds.): Leadership: The cutting edge. Southern Ill. University Press, 189-207

HOUSE, R.J. 1987. Führungstheorien - Charismatische Führung. In: KIESER, A., REBER, G. & WUNDERER, R. (Hrsg.): Handwörterbuch der Führung. Stuttgart: Poeschel, 735-747

HUBER, D. 1980. Das Divergenztheorem der Führung und seine Überprüfung an Hand von Arbeitsgruppen in einem Industriebetrieb. In: MOREL, J., MELEGHY, T. & PREGLAU, M. (Hrsg.): Führungsforschung. Kritische Beiträge. Göttingen: Hogrefe, 41-52

HUCK, J.R. 1973. Assessment Centers: A review of the external and internal validities. Personnel Psychology, 26, 191-212

HUCK, J.R. 1977. The research base. In MOSES, J. & BYHAM, W. (Eds.): Applying the assessment center method. New York: Pergamon Press

IACOCCA, L. & NOVAK, W. 1987. Iacocca. Eine amerikanische Karriere. Berlin (Ullstein).

IZRAELI, D.N. 1975. The middle manager and the tactics of power expansion. Sloan Management Review 16, 57-70

JABLONSKY, S.F. & DeVRIES, D.L. 1972. Operant conditioning principles extrapolated to the theory of management. Organizational Behavior and Human Performance 7, 340-358

JAGO, A.J. 1987. Führungstheorien - Vroom/Yetton-Modell. In: KIESER, A., REBER, G. & WUNDERER, R. (Hrsg.): Handwörterbuch der Führung. Stuttgart: Poeschel, 931-948

JANDA. K.F.. 1960. Towards the explication of the concept of leadership in terms of the concept of power. Human Relations, 13, 345-363

JAY, A. 1968. Management und Machiavelli. Düsseldorf u.a.: Econ

JAY, A. 1971. Corporation Man. New York: Random House

JESERICH, W. 1981. Mitarbeiter auswählen und fördern. Assessment Center Verfahren. München: Hanser

JONAS, H. 1989. Das Prinzip Verantwortung. Versuch einer Ethik für die technologische Zivilisation. Frankfurt: Suhrkamp

KAHN, R.L., WOLFE, D.M., QUINN, R.P., ROSENTHAL, R.A. & SNOEK, J.D. 1964. Organizational Stress: Studies in role conflict and ambiguity. New York: Wiley

KANFER, F.H. & GOLDSTEIN, A.P. (Hrsg.) 1977. Möglichkeiten der Verhaltensänderung. München u.a.: Urban u. Schwarzenberg

KANT, I. 1986. Kritik der praktischen Vernunft. Stuttgart: Reclam
KANTER, R. 1977. Men and women of the corporation. New York: Basic Books
KAROLY, P. 1977. Operante Methoden. in: KANFER, F.H. & GOLDSTEIN, A.P. (Hrsg.): Möglichkeiten der Verhaltensänderung. München u.a.: Urban u. Schwarzenberg, 220-260
KELLEY, H.H. 1972. Causal schemata and the attribution process. in: JONES, E., KANOUSE, D., KELLEY, H., NISBETT, R., VALINS, S. & WEINER, B. (Eds.): Attribution: Perceiving causes of behavior. Morristown: General Learning Press
KELLEY, H.H. 1973. The process of causal attribution. American Psychologist 28, 107-128
KELLY, G.A. 1955. The psychology of personal constructs. New York: Norton
KELLY, J. 1969. Organizational Behavior. Homewood Illinois
KERR, S. & JERMIER, J.M. 1978. Substitutes for leadership: Their meaning and measurement. Organizational Behavior and Human Performance 22, 375-403
KERR, S. & MATHEWS, C. 1987. Führungstheorien - Theorie der Führungssubstitution. In: KIESER, A., REBER, G. & WUNDERER, R. (Hrsg): Handwörterbuch der Führung. Stuttgart: Poeschel, 909-922.
KERR, St. & SCHRIESHEIM, C.A. 1974. Consideration, initiating structure, and organizational criteria - An update of KORMAN's 1966 review. Personnel Psychology 27, 555-568
KERR, St. & SLOCUM, J.W.Jr. 1981. Controlling the performances of people in organizations. in: NYSTROM, P.C. & STARBUCK, W.H. (Eds.): Handbook of organizational design. Vol. 2. Remodeling organizations and their environments. New York: Oxford Univ. Press, 116-134
KIEFER, Ch. F. & SENGE, P.M. 1984. Metanoic organizations. In: ADAMS, J.D. (Ed.): Transforming Work. Alexandria, Virginia (Miles River Press), 1-15
KIEFER, H.J. 1985. Grundwerte-orientierte Unternehmenspolitik und ethisches Vorbild der Führungskräfte. In: BAYER, H. (Hrsg.): Unternehmensführung und Führungsethik. Praxiserfahrungen und Perspektive. Heidelberg: Sauer, 59-73
KIPNIS, D., CASTELL, P.J., GERGEN, M. & MAUCH, D. 1976. Metamorphic effects of power. Journal of Applied Psychology, 61, 127-135
KIPNIS, D., SCHMIDT, S., WILKINSON, I. (1980). Intraorganizational influence tactics: Explorations in getting one's way. Journal of Applied Psychology 65, (4), 440-452
KIRSCH, W. & zu KNYPHAUSEN, D. 1988. Unternehmen und Gesellschaft. Die 'Standortbestimmung' des Unternehmens als Problem des Strategischen Managements. DieBetriebswirtschaft, 48, 4, 489-507
KIRSCH, W., ESSER, W.-M. & GABELE, E. 1979. Das Management des geplanten Wandels von Organisationen. Stuttgart: Poeschel
KLEIN, P. 1980. Fallstrick Intrige. Intrigen im Betrieb rechtzeitig erkennen und wirkungsvoll abwehren. Kissing: WEKA
KLIMOSKI, R.J. & STRICKLAND, W.J. 1977. Assessment centers: valid or merely prescient. Personnel Psychology 30, 353-361
KÖHNE, F. 1984. Überlegungen zur Führungsethik. BMW Mitarbeiterinformation
KOMAKI, J., BLOOD, M.R. & HOLDER, D. 1980. Fostering friendliness in a fast foods franchise. Journal of Organizational Behavior Management 2, 151-164
KOMPA, A. 1989. Assessment Center. Bestandsaufnahme und Kritik. München (Hampp)
KÖNIG, H.-D. 1987. Rambo. Zur Sozialpsychologie eines den amerikanischen Pioniergeist antikommunistisch wendenden Reagan-Films. Psychosozial 31 (Helden), 19-48
KÖNIG, M. 1986. Zukunftsorientiertes Führen, eine Selbstverständlichkeit. Ein Nachtrag zur "Vierdimensionalen Führungskonzeption von H. Dreyer. Personalführung (4)
KORDA, M. 1976. Power! How to get it, how to use it. New York: Ballantine
KORMAN, A.K. 1966. Consideration, initiating structure and organizational criteria - A review. Personnel Psychology 19, 349-361
KORMAN, A.K. 1968. The prediction of managerial performance: A review. Personnel Psychology 21, 295-322
KOSLOWSKI, P. 1988. Prinzipien der Ethischen Ökonomie. Grundlegung der Wirtschaftsethik und der auf die Ökonomie bezogenen Ethik. Tübingen: Mohr & Siebeck
KOTTER, J.P. 1982. The General Managers. New York u.a.: The Free Press
KRAUSS, Th.1985. Die vergesellschaftete Subjektivität und ihre Deutungsmuster. Zum Zusammenhang von Ideologie und Narzißmus. Frankfurt u.a.: Campus
KRCZAL, A. 1982. Die situative Führungstheorie von Hersey/Blanchard. Eine kritische Analyse. in: KRCZAL, A., KEHRER, A., KASPER, H. & SANDNER, K. (Hrsg.): Sozialpsychologische Aspekte der Führungsforschung. Wien: Service Verlag, S. 77-101

KRECH, D., CRUTCHFIELD, R. & BALLACHEY, E.L. 1962. Individual in society. New York

KRICHEVSKII, R.L. 1983. The phenomenon of the differentiation of the leadership role in small groups. In:: BLUMBERG, H., HARE, A.P. KENT, V. & DAVIES, M. (Eds.): Small groups and social interaction, Vol. 1, Chichester u.a.: Wiley, 431-436

KRUSE, L. 1987. Führung ist männlich: Der Geschlechtsrollen-Bias in der psychologischen Forschung. Gruppendynamik, 18, 251-267

KUCZYNSKI, J. 1962. Die Geschichte der Lage der Arbeiter unter dem Kapitalismus. Bd. 2, Berlin (DDR)

KUHLMANN, W. 1984, Warum Normenethik? In: APEL, K.-O., BÖHLER, D. & KADELBACH, G. (Hrsg.): Praktische Philosophie/Ethik: Dialoge (2). Frankfurt: Fischer, 11-30

KUHNERT, K.W. & LEWIS, Ph. 1987. Transactional and transformational leadership: A constructive/developmental analysis. Academy of Management Review, 12, 648-657

KURZ, H.D. 1988. Ökonomie und Ethik: Einige Anmerkungen. In: SIEP, L. (Hrsg.): Ethik als Anspruch an die Wissenschaft oder: Ethik in der Wissenschaft. München u. Zürich: Schnell & Steiner, 54-81

KUTTER, P. 1973. Über die Beziehung zwischen Individuum und Institution aus psychoanalytischer Sicht. in: KUTTER, P. (Hrsg.): Individuum und Gesellschaft. Stuttgart, 181-202

LAPPE, L. 1986. Kontrolle des Arbeitsprozesses. Journal für die Sozialforschung, 4, 417-445

LASCH, Ch. 1980. Das Zeitalter des Narzißmus. München: Steinhausen

LASSER, R. 1987. Symbolische Führung. In: KIESER, A., REBER, G. & WUNDERER, R. (Hrsg.): Handwörterbuch der Führung. Stuttgart: Poeschel, S. 1927-1938

LATTMANN, Ch. (Hrsg.) 1989. Das Assessment-Center-Verfahren der Eignungsbeurteilung. Heidelberg (Physica)

LATTMANN, Ch. 1975. Führungsstil und Führungsrichtlinien. Bern u. Stuttgart: Haupt

LATTMANN, Ch. 1982. Die verhaltenswissenschaftlichen Grundlagen der Führung des Mitarbeiters. Bern u. Stuttgart: Haupt

LAURENT, H. 1961. Summary report of the early identification of management potential research project in SO (NJ) and affiliated companies. SONJ, Social Science Research Division

LENT, R.H., AURBACH, H.A. & LEVIN, L.S. 1971. Predictors, criteria and significant results. Personnel Psychology 24, 519-533

LEWIN, K., LIPPITT, R. & WHITE, R.K. 1939. Patterns of aggressive behavior in experimentally created "social climates". Journal of Social Psychology 10, 271-299

LEWIS, G.H. 1972. Role differentiation. Administrative Science Quarterly, 37, 424-434

LIEBERSON, St. & O'CONNOR, J.F. 1972. Leadership and organizational performance: A study of large corporations. American Sociological Review 37, 117-130

LIKERT, R. 1967. The Human Organization. Its Management and Values. New York et al. (dt. Die integrierte Führungs- und Organisationsstruktur. Frankfurt 1975)

LILGE, H.-G. 1981. Menschenbilder als Führungsgrundlage. Zeitschrift für Organisation, 50, 14-22

LIPP, W. 1987. Autopoiesis biologisch, Autopoiesis soziologisch. Wohin führt Luhmanns Paradigmawechsel? Kölner Zeitschrift für Soziologie und Sozialpsychologie, 39, 452-470

LISOWSKI, A. 1927. Ethik und Betriebswirtschaftslehre. Zeitschrift für Betriebswirtschaft, 253-258, 363-372, 429-442

LOCKE, E.A. 1977. The myths of behavior mod in organizations. Academy of Management Review 1, 543-555

LORD, R.G. & FOTI, R. 1986. Schema theories, information processing, and organizational behavior. In: SIMS, H.P. & GIOIA, D.A. (Eds): The thinking organization. New York (Jossey-Bass), 20-48

LORD, R.G. 1985. An information processing approach to social perceptions, leadership and behavioral measurement in organizations. In: Research in Organizational Behavior, Vol. 7, (JAI), 87-128

LORD, R.G., DeVADER, C.L. & ALLIGER, G.M. 1986. A meta-analysis of the relation between personality traits and leadership perceptions: An application of validity generalization procedures. Journal of Applied Psychology, 71, 402-410

LORD, R.G., FOTI, R.J. & DE VADER, C.L. 1984. A test of leadership categorization theory: Internal structure, information processing, and leadership perceptions. Organizational Behavior and Human Performance, 34, 343-378

LORD, R.G., FOTI, R.J. & PHILLIPS, J.S. 1982. A theory of leadership categorization. In: HUNT, J.G., SEKARAN, U. & SCHRIESHEIM, C. (Eds.): Leadership: Beyond establishment views. Carbondale u.a.: Southern Illinois Univ. Press, 104-121

LUHMANN, N. 1964 (bzw. 1972). Funktionen und Folgen formaler Organisation. Berlin: Duncker & Humblot

LUHMANN, N. 1968. Die Programmierung von Entscheidungen und das Problem der Flexibilität. in: MAYNTZ, R. (Hrsg.): Bürokratische Organisation. Köln-Berlin, 364-391

LUHMANN, N. 1973. Zurechnung von Beförderungen im Öffentlichen Dienst. Zeitschrift für Soziologie 2, 326-351

LUHMANN, N. 1980. Komplexität. In: GROCHLA, E. (Hrsg.): Handwörterbuch der Organisation. Stuttgart: Poeschel, 1064-1070.

LUHMANN, N. 1984. Soziale Systeme. Frankfurt: Suhrkamp

LUHMANN, N. 1988. Organisation. In: KÜPPER, W. & ORTMANN, G. (Hrsg.): Mikropolitik. Rationalität, Macht und Spiele in Organisationen. Opladen: Westdeutscher Verlag, 165-185

LUHMANN, N. 1988. Paradigm Lost. Die ethische Reflexion der Moral. Stuttgart: Enke

LUTHANS, F. & KREITNER, R. 1975. Organizational Behavior Modification. Glenview et al.: Scott, Foresman

LUTHANS, F. & ROSENKRANTZ, S. 1987. Führungstheorien - Soziale Lerntheorie. In: KIESER, A., REBER, G. & WUNDERER, R. (Hrsg): Handwörterbuch der Führung. Stuttgart: Poeschel, 892-908

LUTHANS, F., HODGETTS, R. & ROSENKRANTZ, S. 1988. Real Managers. Cambridge, Mass.: Ballinger

MACCOBY, M. 1977. Die neuen Chefs. Reinbek: Rowohlt

MACHIAVELLI, N. 1969. Der Fürst. Stuttgart: Reclam

MADISON, D.L., ALLEN, R., PORTER, L., RENWICK, P. & MAYES, B. 1980. Organizational politics: An exploration of managers' perceptions. Human Relations, 33, 79-100

MAHONEY, T.A., JERDEE, Th.H., CARROLL, S.J. 1965. The Job(s) of Management. Industrial Relations 2, 97-110

MAIER, W. & ORTLIEB, M. 1984. Karriere - Gründe und Hintergründe. Personal-Report, 10-13

MALIK, F. & PROBST, G. 1984: Evolutionary Management. In: ULRICH, H. & PROBST, G. (Eds.): Self-Organization and Management of Social Systems. Berlin u.a. : Springer, 105-120

MALIK, F. 1984. Selbstorganisation, Evolution und Unternehmensführung. gdi impuls, 2, 44-54

MANN, R.D. 1959. A review of the relationship between personality and performance in small groups. Psychological Bulletin 56, 241-270

MANZ, C.C. & SIMS H.P. 1987. Führung in selbsteuernden Gruppen. In: KIESER, A., REBER, G. U. WUNDERER, R. (Hrsg.): Handwörterbuch der Führung. Stuttgart: POeschel, 1805-1823

MARCH, J.G. 1962. The business firm as a political coalition. Journal of Politics, 24, 662-678

MARCUSE, H. 1968. Der eindimensionale Mensch. Neuwied

MARPLES, D.L. 1967. Studies of managers - a fresh start? Journal of Management Studies 4, 282-299

MARTIN, N.H. & SIMS, J.H. 1956. Power tactics. Harvard Business Review, 25-29

MARTINKO, M. & GARDNER, W. 1987. The leader/member attribution process. Academy of Management Review, 12, 235-249

MARX, K. 1983. Das Kapital. Kritik der politischen Ökonomie. 3. Bd. in: MARX, K. u. ENGELS, F. Werke, Bad. 23-25, Berlin: Dietz

MASLOW, A. 1954. Motivation and personality. New York: Harper & Row

MAUKISCH, H. 1986. Erfolgskontrollen von Assessment Center-Systemen: Der Stand der Forschung. Psychologie und Praxis. Zeitschrift für Arbeits- und Organisationspsychologie, 30 (N.F.4), 86-91

MAUKISCH, H. 1989. Informationswert und Ökonomie der diagnostischen Prinzipien von Assessment Center Systemen zur Erfassung von Management Potential. In: LATTMANN, Ch. (Hrsg.): Assessment-Center-Verfahren der Eignungsbeurteilung. Heidelberg (Physica), S. 251-290

MAWHINNEY, Th.C. & FORD, J.D. 1977. The path-goal theory of leader effectiveness: An operant interpretation. Academy of Management Review 2, 398-411

MAWHINNEY, Th.C. & MAWHINNEY, R.R. 1982. Operant terms and concepts applied to industry. In: O'BRIEN, R.M., DICKINSON, A.M. & ROSNOW, M.P. (Eds.): Industrial Behavior Modification. New York: Pergamon, 115-134

MAYES, B. & ALLEN, R. 1977. Toward a definition of organizational politics. Academy of Management Review, 2, 672-678

McCALL, M.W. Jr. 1976. Leadership research: Choosing gods and devils on the run. Journal of Occupational Psychology 49, 139-153

McCALL, M.W.Jr. & LOMBARDO, M.M. 1983. Manager heute - keine Chance für Karrieristen. Psychologie heute 10, 5, 29-33

McCOY, C. 1985. Management of values. Boston u.a.

McELROY, J.C. & HUNGER, J.D. 1987. Leadership theory as causal attributions of performance. In: HUNT, J.G., BALIGA, B.R., DACHLER, H.P. & SCHRIESHEIM, C.A. (Eds.): Emerging leadership vistas. Lexington , Mass. (Heath), S. 167-182

McGREGOR, D. 1970. Der Mensch im Unternehmen. Düsseldorf, Wien: Econ

McKINNON, D. 1977. From selecting spies to selecting managers. in: MOSES, J. & BYHAM, W. (Eds.): Applying the assessment center method. New York: Pergamon Press, 13-29

MECHANIC, P. 1962. Sources of power of lower participants in complex organizations. Administrative Science Quarterly, 7, 349-364

MEHLIS, G. 1923. Der Typus des Führers. Der Arbeitgeber, 13, 23, 355-358

MEINDL, J. & EHRLICH, S. 1987. The romance of leadership and the evaluation of organizational performance. Academy of Management Journal, 30, 91-109

MEINDL, J., EHRLICH, S. & DUKERICH, J. 1985. The romance of leadership. Administrative Science Quarterly, 30,78-102

MERRELL, D.V. 1979. Huddling. The informal way to management succes. New York: AMACOM

MEWES, W. 1972. Die kybernetische Managementlehre (EKS). Frankfurt: W. Mewes

MEYER, W.V. & SCHMALT, H.-D. 1978. Die Attributionstheorie. in: FREY, D. (Hrsg.): Kognitive Theorien der Sozialpsychologie. Bern: Huber

MICHENER, H.A. & SUCHNER, R. 1972. The tactical use of social power. in: TEDESCHI, J.T. (Ed.): Social Influence Processes. Chicago: Aldine-Atherton

MINTZBERG, H. 1973. The nature of managerial work. New York: Harper & Row

MINTZBERG, H. 1975. The manager's job: folklore and fact. Harvard Business Review 53, 49-61

MINTZBERG, H. 1983. Power in and around organizations. Englewood Cliffs: Prentice Hall

MITCHELL, T.R. & WOOD, R.E. 1980. Supervisor's responses to subordinate poor performance. A test of an attributional model. Organizational Behavior and Human Performance 25, 123-138

MITCHELL, T.R. 1982. Führungstheorien - Attributionstheorie. In: KIESER, A., REBER, G. & WUNDERER, R. (Hrsg): Handwörterbuch der Führung. Stuttgart: Poeschel, 698-713

MOHN, R. 1985. Schaumschläger im Vorstandssessel. Der Faktor Eitelkeit im Leben des Managers. Die Zeit, 27.12.1985, S. 28

MOREL, J. 1980. Führungsrolle und Wertsystem, ein Beitrag zur Führungsforschung. in: MOREL, J., MELEGHY, T. & PREGLAU, M. (Hrsg.): Führungsforschung. Kritische Beiträge. Göttingen: Hogrefe, 53-73

MORITA, A. 1986. Made in Japan: Eine Weltkarriere. Bayreuth (Hestia) 2. Auflage

MORRIS, R.T. & SEEMAN, M. 1950. The problem of leadership: an interdisciplinary approach. American Journal of Sociology 56, 149-155

MÜLLER, D. 1974.Zur Konvergenzthese marxistischer Sozialpsychologen. Zeitschrift für Organisation, 43, 131-136

MÜLLER, G.F. 1989. Menschenbilder in der Organisationspsychologie. Kritik und Perspektiven. Psychologie & Gesellschaftskritik, 13, 61-71

MÜLLER, W.R. & HILL, W. 1977. Die situative Führung. Die Betriebswirtschaft 37, 353-378

MÜLLER, W.R. 1980, 1981. Führung und Identität. Habilitationsschrift, Basel 1980; unveränderter Nachdruck: 1981. Bern u. Stuttgart: Haupt

NACHREINER, F. 1978. Die Messung des Führungsverhaltens. Bern (Hans Huber) (als unveröfftl. Dissertation 1974 erschienen)

NEUBAUER, R. 1989. Implizite Eignungstheorien im Assessment Center. In: LATTMANN, Ch. (Hrsg.): Assessment-Center-Verfahren der Eignungsbeurteilung. Heidelberg (Physica), S. 191-222

NEUBERGER, O. & KOMPA, A. 1987. Wir, die Firma. Der Kult um die Unternehmenskultur. Weinheim: Beltz

NEUBERGER, O. 1972. Experimentelle Untersuchungen von Führungsstilen. Gruppendynamik 3, 192-219

NEUBERGER, O. 1976. Führungsverhalten und Führungserfolg. Berlin: Duncker & Humblot

NEUBERGER, O. 1983. Führen als widersprüchliches Handeln. Psychologie und Praxis. Zeitschrift für Arbeits- und Organisationspsychologie 27, 22-32

NEUBERGER, O. 1985. Die S.P.D.-Theorie der Führung. Eine Wende in den Beziehungen zu unseren amerikanischen Freunden. In: HEHL, F.-J., EBEL, V. & RUCH, W. (Hrsg.): Diagnostik und Evaluation bei betrieblichen, politischen und juristischen Entscheidungen. Bonn (Deutscher Psychologen Verlag), S. 105-151

NEUBERGER, O. 1985. Miteinander arbeiten, miteinander reden. München: Bayer. Staatsministerium für Arbeit und Sozialordnung.

NEUBERGER, O. 1987. Führungstheorien - Rollentheorie. In: KIESER, A., REBER, G. & WUNDERER, R. (Hrsg.): Handwörterbuch der Führung. Stuttgart (Poeschel), S. 867-879

NEUBERGER, O. 1987. Machttheorien der Führung. In: KIESER, A., REBER, G. & WUNDERER, R. (Hrsg.): Handwörterbuch der Führung. Stuttgart (Poeschel), S. 831-843

NEUBERGER, O. 1987. Moden und Mythen der Führung. In: KIESER, A., REBER, G. & WUNDERER, R. (Hrsg.): Handwörterbuch der Führung. Stuttgart (Poeschel), S. 1495-1510

NEUBERGER, O. 1988. Führung (ist) symbolisiert. Plädoyer für eine sinnvolle Führungsforschung. Düsseldorf (Schriften der Deutschen Gesellschaft für Personalführung), Bd. 52

NEUBERGER, O. 1988. Spiele in Organisationen, Organisationen als Spiele. In: KÜPPER, W. & ORTMANN, G. (Hrsg.): Mikropolitik. Opladen (Westdeutscher Verlag), S. 53-86

NEUBERGER, O. 1989. Assessment Center - Handel mit Illusionen? In: LATTMANN, Ch. (hrsg.): Assessment-Center-Verfahren der Eignungsbeurteilung. Heidelberg (Physica), S. 291-307

NICHOLLS, J. 1986. Beyond situational leadership - Congruent and transforming models for leadership training. European Management Journal, 4, 41-50

O'BRIEN, R.M. & DICKINSON, A.M. 1982. Introduction to Industrial Behavior Modification. In: O'BRIEN, R.M., DICKINSON, A.M. & ROSOW, M.P. (Eds.): Industrial Behavior Modification. New York: Pergamon

ORTMANN, G. 1988. Macht, Spiel, Konsens. In: KÜPPER, W. u. ORTMANN, G. (Hrsg.): Mikropolitik. Pladen: Westdeutscher Verlag. 13-26

PACKARD, V. 1966. Die Pyramidenkletterer. München, Zürich: Droemer-Knaur

PARKIN, P.W. & HEARN, J. 1987. Frauen, Männer und Führung. In: KIESER, A., REBER, G. & WUNDERER, R. (Hrsg): Handwörterbuch der Führung. Stuttgart: Poeschel. S. 326-339

PASCHEN, K. 1978. Führerspezialisierung und Führungsorganisation. Köln: Hanstein

PASCHEN, K. 1987. Duale Führung. In: KIESER, A., REBER, G. & WUNDERER, R. (Hrsg.): Handwörterbuch der Führung. Stuttgart (Poeschel), 157-162

PAUL, H. 1908. Deutsches Wörterbuch. Halle

PEDALINO, E. & GAMBOA, V.U. 1974. Behavior modification and absenteeism. Intervention in one industrial setting. Journal of Applied Psychology 59, 694-698

PELTZER, U. 1986. Lawrence Kohlbergs Theorie des moralischen Urteilens. Opladen: Westdeutscher Verlag

PERRIDON, L. & WAGNER, B. 1988. Ethische Verantwortung im Unternehmen. Manuskript eines Vortrags im Kontaktstudium Management. Universität Augsburg (30.9.1988)

PETERS, T.J. & WATERMAN, R.H. 1984. Auf der Suche nach Spitzenleistungen. Landsberg (Moderne Industrie)

PETERS, Th. & AUSTIN, N. 1986. Leistung aus Leidenschaft. Hamburg (Hoffmann und Campe)

PETTIGREW, A.M. 1973. The politics of organizational decision making. London: Tavistock

PFEFFER, J. 1977. The ambiguity of leadership. Academy of Management Review 2, 104-112

PFEFFER, J. 1978. The micropolitics of organizations. In: MEYER, M. & Assoc. (Eds.): Environments and organizations. San Franciso: Jossey-Bass, 29-50

PFEFFER, J. 1981. Power in organizations. Marshfield: Pittman

PINCHOT, G. 1985. Intrapreneurship: Why you don't have to leave the corporation to become an entrepreneur. New York: Harper & Row

POPPER, K. 1980. Die offene Gesellschaft und ihre Feinde. Bd. 1. München (UTB Francke)

PORTER, L., ALLEN, R. & ANGLE, H. 1981. The politics of upward influence in organizations. In: CUMMINGS, L. & STAW, B. (Eds.).: Research in organizational behavior, Vol. 3. Greenwich, Conn.: JAI-Press; 109-149

PORTER, N. & GEIS, F. 1981. Women and nonverbal leadership cues: When seeing is not believing. In: MAYO, C. & HENLEY, N. (Eds.): Gender and nonverbal behavior. New York (Springer), 39-61.

POURROY, G.A. 1986. Das Prinzip Intrige. Über die gesellschaftliche Funktion eines Übels. Zürich: Edition Interfrom

PREGLAU, M. 1980. Organisation, Führung und Identität. in: MOREL, J., MELEGHY, T. & PREGLAU, M. (Hrsg.): Führungsforschung. Kritische Beiträge. Göttingen: Hogrefe, 133-169

PROBST, G. 1987. Führungstheorien - Biokybernetik und Führung. In: KIESER, A. , REBER, G. & WUNDERER, R. (Hrsg.): Handwörterbuch der Führung. Stuttgart: Poeschel, 727-735

PROBST, G. 1987. Selbst-Organisation. Ordnungsprozesse in sozialen Systemen aus ganzheitlicher Sicht. Berlin u. Hamburg: P.Parey

RANK, O. 1909. Der Mythos von der Geburt des Helden. Wien (Deuticke)

RAVEN, B.H. & KRUGLANSKI, A.W. 1970. Conflict and power. in: SWINGLE, P. (Ed.): The structure of conflict. New York: Academic Press

REDDIN, W.J. 1970, 1977. Managerial effectiveness. New York (dt.: Das 3-D-Programm zur Leistungssteigerung des Managements. München 1977)

REDL, F. 1942. Group emotion and leadership. Psychiatry 5, 573-598

REDLICH, F. 1964. Der Unternehmer. Wirtschafts- und sozialgeschichtliche Studien. Göttingen (Vandenhoeck & Ruprecht)

REUPKE, H. 1931. Unternehmer und Arbeiter in der faschistischen Wirtschaftsidee. Berlin: Reimar Hobbing

RIEDESEL, P.L. 1974, Bales reconsidered: A critical analysis of popularity and leadership differentiation. Sociometry, 37, 557-564

RIESMAN, D. 1961. Die einsame Masse. Eine Untersuchung der Wandlungen des amerikanischen Charakters. Reinbek: Rowohl

RIGER, St. & GALLIGAN, P. 1980. Women in management. An exploration of competing paradigms. American Psychologist, 35, 902-910

ROSENSTIEL, v. L. & EINSIEDLER, H. 1987. Führung durch Geführte. In: KIESER, A., REBER, G., WUNDERER, R. (Hrsg.): Handwörterbuch der Führung. Stuttgart: Poeschel, 982-997

ROSENSTIEL, v. L. & STENGEL, M. 1987. Identifikationskrise? Zum Engagement in betrieblichen Führungspositionen. Bern u.a. : H.Huber

ROSENSTIEL, v. L., NERDINGER, W., SPIESS, E., STENGEL, M.. 1989. Führungsnachwuchs im Unternehmen. Wertkonflikte zwischen Individuum und Organisation. München: C.H. Beck

ROSS, M. 1977. The intuitive psychologist and his shortcomings: Distortions in the attribution process. In: BERKOWITZ, L. (Ed.): Advances in Experimental Psychology, New York, 10, 173-220

RÜHLE, H. 1982. Funktionsneutrale individuelle Qualifikationen für Arbeitstätigkeiten mit Handlungsfreiräumen. Ausbildungsbedarf, Ausbildungsinhalt, Forschungskonzeption. Dissertation. Augsburg

SANDNER, K. 1988. Unternehmenspolitik - Politik im Unternehmen. Zum Begriff des Politischen in der Betriebswirtschaftslehre. in: SANDNER, K. (Hrsg.): Politische Prozesse in Unternehmen. Heidelberg u. New York: Springer, 45-76

SARGES, W. 1974. Empirische Untersuchungen zum Zusammenhang zwischen Führungsstil und Leistung in Arbeitsgruppen. Ein Beitrag zur Organisationsforschung. Dissertation Hamburg

SAYLES,L.R. 1964. Managerial Behavior. New York: McGraw Hill

SCHEIN, E.H. 1965. Organizational psychology. Englewood Cliffs. N.J.: Jossey

SCHEIN, E.H. 1974. Das Bild des Menschen aus der Sicht des Managements. In: GROCHLA, E. (Hrsg.): Management. Düsseldorf, Wien, 69-91

SCHEIN, V.E. 1977. Individual power and political behavior. Academy of Management Review 2, 64-72

SCHELER, M. 1957. Vorbilder und Führer. In: ders.: Gesammelte Werke, Bd. 10: Schriften aus dem Nachlaß. Bern (Francke), S. 257-344

SCHETTGEN, P. 1989. Attributionsmodelle der Führung. Unveröffentlichtes Manuskript, Universität Augsburg [Teil der Dissertation mit dem Titel: "Führungspsychologie im Wandel" (1991), Wiesbaden (Deutscher Universitätsverlag)]

SCHILIT, W. & LOCKE, E. 1982. A study of upward influence in organizations. Administrative Science Quarterly, 27,304-316

SCHINDLER, R. 1973. Das Verhältnis von Soziometrie und Rangordnungsdynamik. in: HEIGL-EVERS, A. (Hrsg.): Gruppendynamik. Göttingen: Vandenhoek u. Rupprecht, 30-36

SCHLUCHTER, W. 1972. Aspekte bürokratischer Herrschaft. München: List

SCHMIDBAUER, W. 1981. Die Ohnmacht des Helden. Unser alltäglicher Narzißmus. Reinbek: Rowohlt

SCHNEIDER, E.E. 1974. Behavior modification in management: A review and critique. Academy of Management Journal 17, 528-548

SCHOLL, W. (im Druck): Politische Prozesse in Organisationen. In: FRESE, E. (Hrsg.): Handwörterbuch der Organisation, 3. Auflage. Stuttgart (Poeschel)

SCHOOMAKER, A.N. 1971. Executive career strategies. New York: American Management Association

SCHREYÖGG, G. 1987. Führungstheorien - Situationstheorie, In: KIESER, A., REBER, G. & WUNDERER, R. (Hrsg): Handwörterbuch der Führung. Stuttgart: Poeschel, 881-892

SCHRIESHEIM, C.A. & KERR, St. 1977. R.I.P. LPC: A Response to Fiedler. in: HUNT, J.G. & LARSON, L.L. (Eds.): Leadership: The Cutting Edge. Carbondale & Edwardsville: South. Illinois Univ. Press, 51-56

SCHRIESHEIM, C.A. & KERR, St. 1977. Theories and measures of leadership: A critical appraisal of current and future directions. in: HUNT, J.G. & LARSON, L.L. (Eds.): Leadership: The Cutting Edge. Carbondale & Edwardsville: South. Illinois Univ. Press, 9-45

SCHUBART, M. 1978. Braucht unsere Wirtschaft Führer. Psychologie Heute, (5), 43-48

SCHULER, H. & STEHLE, W. (Hrsg.) 1987. Assessment Center als Methode der Personalentwicklung. Stuttgart (Verlag für Angewandte Psychologie)

SCHULER, H. 1987. Assessment Center als Auswahl- und Entwicklungsinstrument: Einleitung und Überblick. In: SCHULER, H. & STEHLE, W. (Hrsg): Assessment Center als Methode der Personalentwicklung. Stuttgart (Verlag für Angewandte Psychologie); S. 1-35

SCHULER, H. 1989. Die Validität des Assessment Centers. In: LATTMANN, Ch. (hrsg.): Assessment-Center-Verfahren der Eignungsbeurteilung. Heidelberg (Physica), S. 223-250

SCHUMACHER, A. 1980. Zur Bedeutung der Körperhöhe in der menschlichen Gesellschaft. Dissertation. Hamburg

SCHUMPETER, J.A. 1980. Kapitalismus, Sozialismus und Demokratie. München: Francke UTB

SCHWARZ, G. 1985. Die "Heilige Ordnung" der Männer. Patriarchalische Hierarchie und Gruppendynamik. Opladen (Westdeutscher Verlag)

SCOTT, W.E. Jr. 1977. Leadership: A functional analysis. In: HUNT, J.G. & LARSON, L.L. (Eds.): Leadership: The Cutting Edge. Carbondale & Edwardsville: South. Illinois Univ. Press, 84-94

SCULLEY, J. & BYRNE, J.A. 1987. Meine Karriere bei PepsiCo und Apple. Düsseldorf u.a.: Econ

SEEMAN, M. 1953. Role conflict and ambivalence in leadership. American Sociological Review, 18, 373-380

SEIDEL, E. & JUNG, R. 1987. Geschichte der Führungstheorien. In: KIESER, A., REBER, G. & WUNDERER, R. (Hrsg): Handwörterbuch der Führung. Stuttgart: Poeschel, 774-789

SEIDEL, E. 1978. Betriebliche Führungsformen. Stuttgart: Poeschel

SENNETT, R. 1985. Autorität. Frankfurt (S. Fischer)

SENNETT, R. 1985. Paternalismus und Entfremdung. Neue Rundschau, 2, 82-105

SHAVER, K.G. 1975. An introduction to attribution processes. Cambridge Mass.

SIEGEL, J. 1987. Machiavellismus und Führung. In: KIESER, A., REBER, G. & WUNDERER, R. (Hrsg): Handwörterbuch der Führung. Stuttgart: Poeschel, 1357-1366

SIEVERS, B. 1989. Führung als Perpetuierung von Unreife. Gruppendynamik, 20, 43-50

SIMON, H.A. 1960. The new science of management decision. New York

SIMS, H.P. Jr. 1977. The leader as a manager of reinforcement contingencies: An empirical example and a model. In: HUNT, J.G. & LARSON, L.L. (Eds.): Leadership: The Cutting Edge. Carbondale & Edwardsville: South. Illinois Univ. Press, 121-137

SKEAFF, L.J. 1967. What do managers do? Personnel Journal 46, 630-637

SKINNER, W. & SASSER, W. 1977. Managers with impact: versatile and inconsistent. Harvard Business Review 55, 2, 6, 140-148

SLATER, Ph. 1971. Mikrokosmos. Eine Studie über Gruppendynamik. Frankfurt: S.Fischer

SLOAN, A.P. 1966. Meine Jahre mit General Motors. München (Moderne Industrie)

SPAEMANN, R. 1989. Glück und Wohlwollen. Stuttgart: Klett-Cotta

STADLER, E. 1924. Der Unternehmer als Führerpersönlichkeit. Hannover: E. Letsch

STAEHLE, W.H. 1980. Menschenbilder in Organisationstheorien. in: GROCHLA, E. (Hrsg.): Handwörterbuch der Organisation (2. völlig neu bearbeitete Auflage) Stuttgart, 1301-1313

STAEHLE, W.H. 1989. Management. Eine verhaltenswissenschaftliche Einführung. München: Vahlen

STÄRK, C. & WALLAT, K. 1975. Zu Arbeitstagaufnahmen der Leiter. Sozialistische Arbeitswissenschaft 19, 441-454

STEINLE, C. 1978. Führung. Grundlagen, Prozesse und Modelle der Führung in der Unternehmung. Stuttgart: Poeschel

STEINMANN H. & OPPENRIEDER, B. 1985. Brauchen wir eine Unternehmensethik? Die Betriebswirtschaft 1985, 45, 170-183

STEWART, R. 1965. The use of diaries to study managers' jobs. Journal of Management Studies 2, 228-235

STEWART, R. 1967. Managers and their jobs. London

STÖBER, A.M., BINDING, R. & DERSCHKA, P. 1974. Kritisches Führungswissen. Emanzipation und Technologie in wissenschaftssoziologischer Sicht. Stuttgart

STOGDILL, R.M. 1948. Personal factors associated with leadership. A survey of the literature. Journal of Psychology 25, 35-71

STOGDILL, R.M. 1963. Manual for the LBDQ Form XII. Columbus State University

STOGDILL, R.M. 1974. Handbook of Leadership. New York: Free Press

STRAUSS, G. 1962. Tactics of lateral relationships: the purchasing agent. Administrative Science Quarterly 7, 161-186

STREHL, F. 1987. Arbeitsrollen der Führungskräfte (nach Mintzberg). In: KIESER, A., REBER, G. & WUNDERER, R. (Hrsg): Handwörterbuch der Führung. Stuttgart: Poeschel. S. 33-46

SYDOW, J. 1985. Der sozio-technische Ansatz der Arbeits- und Organisationsgestaltung. Frankfurt u. New York: Campus

TAFERTSHOFER, A. 1980. Führung und Gruppe. In: MOREL, J., MELEGHY, T. u. PREGLAU, M. (Hrsg.): Führungsforschung. Kritische Beiträge. Göttingen: Hogrefe, 11-40

TERBORG, J.R. 1977. Women in Management: A research review. Journal of Applied Psychology, 62, 647-664

THOMAE, H. 1965. Die Bedeutungen des Motivationsbegriffs. in: THOMAE, H. (Hrsg.): Handbuch der Psychologie. Bd. II: Motivation. Göttingen: Hogrefe, 3-44

THORNTON, G. & BYHAM, W. 1982. Assessment centers and managerial performance. New York: Academic Press.

THORNTON, G. GAUGLER, B., ROSENTHAL, D. & BENTSON, C. 1987. Die prädiktive Validität des Assessment Centers - Eine Metaanalyse. In: SCHULER, H. & STEHLE, W. (Hrsg): Assessment Center als Methode der Personalentwicklung. Stuttgart (Verlag für Angewandte Psychologie), S. 36-60

TICHY, N. & DEVANNA, M.A. 1986. The transformational leader. New York (Wiley)

TOWNSEND, J. 1859 bzw. 1786. A dissertation on the poor laws by a well-wisher of mankind. in: McCULLOCH, J.R. (Ed.): A select collection of Scarce and Valuable Economic Tracts. London 1859 (zit. in: BENDIX, 1960, S. 107).

TRAMM, K.A. 1934. Führerschaft. Industrielle Psychotechnik 11, 33-34

TRIMMER, S. 1801. The economy of charity. London (zit. in: BENDIX, 1960, S. 99)

TSCHEULIN, D. u. RAUSCHE, A. 1970. Beschreibung und Messung des Führungsverhaltens in der Industrie mit der deutschen Version des Ohio-Fragebogens. Psychologie und Praxis, 14, 49-64

TUCKER, R.C. 1968. The theory of charismatic leadership. Daedalus, 97, 731-756

TUCKMAN, B.W. 1965. Developmental sequence in small groups. Psychological Bulletin 63, 384-399

TÜRK, K. 1981. Personalführung und soziale Kontrolle. Stuttgart: Enke

TÜRK, K. 1988. "Personalführung" oder "Politische Arena"? Zur Antiquiertheit von Theorien der "Führung". Manuskript eines Vortrags auf dem Symposium "Führung 2000" an der Universität zu Köln (1.06.88)

ULRICH, P. 1981. Wirtschaftsethik und Unternehmensverfassung: Das Prinzip des unternehmenspolitischen Dialogs. In: ULRICH, H. (Hrsg.): Management-Philosophie für die Zukunft. Bern u. Stuttgart: Haupt, 57-75

ULRICH, P. 1986. Transformation der ökonomischen Vernunft. Bern: Haupt

v. FOERSTER, H. 1984. Principles of self-organization - In a socio-managerial context. In: ULRICH, H. & PROBST, G. (Eds.): Self-Organization and Management of Social Systems. Berlin u.a.: Springer, 2-24

VAN FLEET, D.D. & YUKL, G.A. 1986. Military leadership. An organizational behavior perspective. Greenwich, Conn. & London: JAI Press.

VESTER, F. 1988 a. Neuland des Denkens. München: dtv

VESTER, F. 1988 b. Leitmotiv vernetztes Denken. München: Heyne

VOGEL, Ch. (1989): Mikropolitik in Organisationen. Unveröffentlichtes Arbeitspapier. Universität Augsburg

VORWERG, G. 1971. Führungsfunktion in sozialpsychologischer Sicht. Berlin: VEB Deutscher Verlag der Wissenschaften

VREDENBURGH, D. & MAURER, G. 1984. A process framework of organizational politics. Human rela-tions, 37, 47-66

VROOM, V.H. & YETTON, P.W. 1973. Leadership and decision making. Pittsburgh: Univ. of Pittsburgh Press

WAHL, H. 1985. Narzißmus? Von Freuds Narzißmustheorie zur Selbstpsychologie. Stuttgart u.a.:Kohlhammer

WALTER-BUSCH, E. 1977. Arbeitszufriedenheit in der Wohlstandsgesellschaft. Beitrag zur Diagnose der Theoriesprachenvielfalt betriebspsychologischer und industriesoziologischer Forschung. Bern: Haupt

WATZLAWICK, P., BEAVIN, J.H. & JACKSON, D. 1975. Menschliche Kommunikation. Formen, Störungen, Paradoxien. Bern: Haupt

WEBBER, R. 1970. Perceptions of interactions betweeen superiors and subordinates. Human Relations 23, 235-248

WEBER, M. 1972. Wirtschaft und Gesellschaft. Grundriß der verstehenden Soziologie. Tübingen: Mohr-Siebeck

WEBSTER, E. 1967. Eine Nasenlänge voraus. Oder: Wie besteht man im Konkurrenzkampf. Düsseldorf: Econ

WEICK, K. 1985. Der Prozeß des Organisierens. Frankfurt: Suhrkamp

WEINER, B., FRIEZE, I., KUKLA, A., REED, L., REST, S. & ROSENBAUM, R. 1972. Perceiving the causes of success and failure. in: JONES, E., KANOUSE, D., KELLEY, H.H., NISBETT, R. VALINS, S. & WEINER, B. (Eds.): Attribution: Perceiving the causes of behavior. Morristown: General Learning Press

WEINERT, A. 1987. Menschenbilder und Führung. In: KIESER, A., REBER, G. & WUNDERER, R. (Hrsg): Handwörterbuch der Führung. Stuttgart: Poeschel, 1427-1442

WEINSHALL, T.D. 1966. The communicogram. in: LAWRENCE, J.R. (Ed.): Operational research and the social sciences. London

WEISS, R. 1969. The American Myth of Success: From Horatio Alger to Norman Vincent Peals. New York

WENDLER, A. 1983. Entscheidungsspiele in Politik, Verwaltung und Wirtschaft. Opladen: Westdeutscher Verlag

WERHAHN, P.H. 1980. Menschenbild, Gesellschaftsbild und Wissenschaftsbegriff in der neueren Betriebswirtschaftslehre. Bern und Stuttgart: Haupt

WESTERLUND, G. & SJÖSTRAND, S.-E. 1981. Organisationsmythen. Stuttgart: Clett-Cotta

WHITE, W.H. 1958. Herr und Opfer der Organisation. Düsseldorf: Econ

WILD, J. 1974. Betriebswirtschaftliche Führungslehre und Führungsmodelle. in: WILD, J. (Hrsg.): Unternehmensführung. Festschrift für E. Kosiol. Berlin. 141-179

WIMMER, P. & NEUBERGER, O. 1981. Das Organisationsklima im Lichte kooperativen und konkurrierenden Verhaltens. In: LILGE, H.-G. & GRUNWALD, W. (Hrsg.): Kooperation und Konkurrenz in Organisationen. Bern u. Stuttgart: Haupt, 189-211

WIRTH, H. 1987. Die Sehnsucht nach Vollkommenheit. Zur Psychoanalyse der Heldenverehrung. Psychosozial 31 (Helden), 96-113

WITTENZELLNER, Ch. 1988. Ethik. Auf der Suche nach dem ruhigen Gewissen. Management Wissen, 12, 52-65

WITTENZELLNER, Ch. 1989. Ganzheitliches Denken. Expedition ins Innere der Systeme. Management Wissen, (6), 98-111

WÖRL, V. 1989. Unternehmer in der Umweltpflicht. Süddeutsche Zeitung, Nr. 178 (5.8.89), S. 33

WUNDERER, R. u. GRUNWALD, W. (unter Mitarbeit von MOLDENHAUER, P.) 1980. Führungslehre. Bd. I: Grundlagen für Führung. Bd. II: Kooperative Führung. Berlin, New York: de Gruyter

YUKL, G. 1971. Toward a behavioral theory of leadership. Organizational Behavior and Human Performance 6, 414-440

YUKL, G.A. 1981. Leadership in Organizations. Englewood Cliffs: Prentice Hall

ZALESNY, M. & GRAEN, G. 1987. Führungstheorien - Austauschtheorie. In: KIESER, A., REBER, G. & WUNDERER, R. (Hrsg): Handwörterbuch der Führung. Stuttgart: Poeschel, 714-727

ZALEZNIK, A. 1970. Power and politics in organizational life. Harvard Business Review 48, 47-60

ZALEZNIK, A. 1976. Das menschliche Dilemma der Führung. Wiesbaden: Gabler

ZELDITCH, M. 1955. Role differentiation in the nuclear family: A comparative study. In: PARSONS, T. & BALES, R.F. (Eds.): Family, socialization and interaction process. Glencoe, 307-351

ZIEHE, Th. 1975. Pubertät und Narzißmuß. Frankfurt

ZIEHE, Th.1976. Zur gegenwärtigen Motivationskrise Jugendlicher. In: THOMAE, H., WASMUND, K. u. ZIEHE, TH.: Politische Apathie. Hannover: Niedersächsische Landeszentrale für Politische Bildung, 57-83